Stefan Hradil

Die Sozialstruktur Deutschlands im internationalen Vergleich

Stefan Hradil

Die Sozialstruktur Deutschlands im internationalen Vergleich

2. Auflage

VS VERLAG FÜR SOZIALWISSENSCHAFTEN

Bibliografische Information Der Deutschen Bibliothek
Die Deutsche Bibliothek verzeichnet diese Publikation in der Deutschen Nationalbibliografie;
detaillierte bibliografische Daten sind im Internet über <http://dnb.ddb.de> abrufbar.

1. Auflage Oktober 2004
2. Auflage Mai 2006

Alle Rechte vorbehalten
© VS Verlag für Sozialwissenschaften | GWV Fachverlage GmbH, Wiesbaden 2006

Lektorat: Frank Engelhardt

Der VS Verlag für Sozialwissenschaften ist ein Unternehmen von Springer Science+Business Media.
www.vs-verlag.de

Umschlaggestaltung: KünkelLopka Medienentwicklung, Heidelberg
Druck und buchbinderische Verarbeitung: MercedesDruck, Berlin
Gedruckt auf säurefreiem und chlorfrei gebleichtem Papier
Printed in Germany

ISBN-10 3-531-14939-3
ISBN-13 978-3-531-14939-4

Inhalt

Vorwort 9

1.   **Einleitung: Zweck und Aufbau des Buchs** 11

2.   **Der Vergleichsmaßstab:**
    Die Modernisierung der Sozialstruktur 13
2.1   Der Gegenstand des Vergleichs:
      Was versteht man unter „Sozialstruktur"? 13
2.2   Die „Messlatte" des Vergleichs:
      Modernisierungtheorie und ein modernisierungstheoretisches
      Modell der Sozialstrukturentwicklung 16
2.2.1 Theorien der Modernisierung 17
2.2.2 Ein Modell der Sozialstrukturmodernisierung 25
2.3   Theorien der „Postmoderne" 31
2.4   Literatur 34

3.   **Die Bevölkerung** 37
3.1   Der Bezugsrahmen 37
3.1.1 Grundbegriffe 37
3.1.2 Das Modell des Ersten und Zweiten Demographischen
      Übergangs 38
3.1.3 Modernisierung als Ursache der Demographischen Übergänge ... 40
3.2   Empirische Befunde 43
3.2.1 Sterben 43
3.2.2 Geburten 47
3.2.3 Außenwanderungen 54
3.2.4 Bevölkerungszahl 63
3.2.5 Altersstruktur 69
3.2.6 Die ethnische Struktur der Bevölkerung 79
3.3   Fazit 83
3.4   Literatur 83

4.   Lebensformen, Haushalte und Familien   87
4.1   Der Bezugsrahmen   87
4.1.1 Grundbegriffe: Lebensformen, Haushalte, Familien und ihre
       gesellschaftliche Bedeutung   87
4.1.2 Das modernisierungstheoretische Modell   90
4.1.3 Theorien von Lebensformen, Haushalten und Familien   90
4.2   Empirische Befunde   94
4.2.1 Überblick   94
4.2.2 Konventionelle Lebensformen   99
4.2.3 „Unkonventionelle" Lebensformen   113
4.3   Fazit   125
4.4   Literatur   126

5.   Bildung   129
5.1   Der Bezugsrahmen   129
5.1.1 Das sozialstrukturelle Modell und die darin enthaltenen Begriffe   129
5.1.2 Theoretische Erklärungen   134
5.2   Empirische Befunde   140
5.2.1 Bildungsexpansion   140
5.2.2 Ungleichheit der Bildungschancen   149
5.2.3 Die Folgen ungleicher Bildung   159
5.3   Fazit   162
5.4   Literatur   163

6.   Erwerbstätigkeit   167
6.1   Der Bezugsrahmen   167
6.1.1 Modell und Grundbegriffe   167
6.1.2 Theorien   171
6.2   Empirische Befunde   173
6.2.1 Beteiligung am Erwerbsleben   173
6.2.2 Arbeitslosigkeit   177
6.2.3 Wirtschaftssektoren   184
6.2.4 Wirtschaftsleistung und Wohlstand   188
6.3   Fazit   192
6.4   Literatur   193

7.   Soziale Ungleichheit   195
7.1   Der Bezugsrahmen   195
7.1.1 Grundbegriffe   195
7.1.2 Das Modell   197
7.1.3 Theorien   200
7.2   Empirische Befunde   202
7.2.1 Einkommensverteilung   202
7.2.2 Vermögensverteilung   214
7.2.3 Armut   220

7.3   Fazit 232
7.4   Literatur 234

8.   Soziale Sicherung 237
8.1   Der Bezugsrahmen 237
8.1.1   Das Modell 237
8.1.2   Begriffe und Organisationsprinzipien 240
8.1.3   Theorien 242
8.2   Empirische Befunde 244
8.2.1   Zur historischen Entwicklung von Sicherungssystemen in
        Europa 244
8.2.2   Die Organisation der sozialen Sicherungssysteme der
        EU-Mitgliedsstaaten 245
8.2.3   Die Höhe der Ausgaben für die soziale Sicherung 248
8.2.4   Die Struktur der Sicherungsausgaben 251
8.2.5   Umverteilungseffekte 253
8.3   Fazit 255
8.4   Literatur 257

9.   Kultur und Lebensweise 259
9.1   Bezugsrahmen 259
9.1.1   Das Modell 260
9.1.2   Erklärende Theorien 262
9.2   Empirische Befunde 273
9.2.1   Der Wertewandel 273
9.2.2   Soziale Milieus und Lebensstilgruppierungen 278
9.2.3   Regionale, nationale und europäische Identitäten 290
9.3   Fazit 294
9.4   Literatur 295

10.   Ausblick 299

Verzeichnis der Abbildungen 301
Verzeichnis der Tabellen 304

Vorwort zur 2. Auflage

Die erste Auflage dieses Lehrbuchs wurde von der Leserschaft erfreulich schnell akzeptiert und war schon nach einem guten Jahr vergriffen. Dies gab Gelegenheit, das Buch durchzusehen und für die vorliegende zweite Auflage manche Flüchtigkeitsfehler zu korrigieren.

Mainz, im Januar 2006 *Stefan Hradil*

Vorwort

Die vorliegende Veröffentlichung ist das erste deutschsprachige Lehrbuch, das die Entwicklung der Sozialstruktur Deutschlands durchgehend mit den sozialstrukturellen Veränderungen in anderen Ländern vergleicht. Diese internationale Ausrichtung berücksichtigt die fortschreitende Vernetzung der Welt, aber auch die Erwartungen der Leser, deren Welt an Ländergrenzen immer weniger zu Ende ist. Ein Buch, das ausschließlich die Sozialstruktur Deutschlands berücksichtigt, macht m.E. keinen Sinn mehr.

Freilich ist es nicht möglich, in diesem Buch alle Teile der Welt gleichermaßen zu berücksichtigen. Dazu fehlt es an Platz, an Informationen und vermutlich auch an der Zeit der Leser. Die Darstellung folgt daher Prioritäten, die man sich als Zielscheibe mit konzentrischen Kreisen vorstellen kann: Im Mittelpunkt steht die Sozialstruktur Deutschlands, die am ausführlichsten vorgestellt wird. Fast durchgehend erfolgen Vergleiche mit den 15 Ländern, die im Jahr 2003 Mitglieder der Europäischen Union waren. Relativ häufig, aber keineswegs vollständig, sind auch die übrigen europäischen Länder einbezogen. Dort, wo es inhaltlich besonders aufschlussreich erscheint, geht der Text auf die übrigen Teile der Welt ein.

Dieses Buch ist aus meiner alljährlich gehaltenen Vorlesung „Die Sozialstruktur Deutschlands im internationalen Vergleich" entstanden. Trotz erheblicher Ausweitung des Inhalts wurde der Charakter einer einführenden Vorlesung bewahrt, die für Studierende vieler Disziplinen in den Anfangssemestern verständlich sein soll.

Zu danken habe ich vielen Hilfskräften, die in zeitraubenden Recherchen umfangreiche Materialien beschafften. Der Beitrag von Dominik Asef geht darüber weit hinaus. Er hat die von ihm besorgten Materialien so weitgehend vorstrukturiert, dass er wesentliche Hilfen auch zum Aufbau des vorliegenden Buchs geleistet hat.

Mainz, im April 2004   *Stefan Hradil*

1. Einleitung: Zweck und Aufbau des Buchs

Das Ziel der Veröffentlichung besteht darin, mit „dicken Strichen" Übersicht zu vermitteln. Fachleute werden an vielen Stellen weitergehende Informationen vermissen. Unberücksichtigt bleiben insbesondere methodische Fragen oder wissenschaftliche Dispute. Die Leser mögen das Buch danach beurteilen, ob der „Holzschnitt" die inhaltlichen Informationen enthält, die sie als wesentlich einschätzen.

Das vorliegende Buch enthält sehr viele Graphiken. Viele Informationen werden also mittels Abbildungen vermittelt. Dies berücksichtigt unsere veränderten Mediengewohnheiten. Die visuelle Übermittlung von Informationen hat das geschriebene und erst Recht das gesprochene Wort ein gutes Stück verdrängt. Sicher enthält diese Tendenz ihre Probleme. Aber sie bietet „Lesern" auch die Chance, vergleichsweise viele Informationen schnell aufzufassen.

Der folgende Text bietet keineswegs nur „facts and figures". Mancher Leser wird sich wundern, am Beginn dieses Buchs sowie am Anfang der einzelnen Kapitel vergleichsweise ausführliche theoretische Darstellungen zu finden. Der Grund hierfür liegt nicht nur in wissenschaftstheoretischer Einsicht, sondern auch in praktischen Unterrichtserfahrungen: Wer zeitliche und internationale Vergleiche auf einem so weiten Feld wie der Sozialstrukturanalyse vornehmen will, wird ohne theoretischen Bezugsrahmen schon sehr bald „den Wald vor lauter Bäumen nicht mehr sehen". Ohne Bezugsrahmen, ohne „Messlatte" der Vergleiche ist es nicht möglich, angesichts der vielen Befunde, Daten und anderen Einzelinformationen Übersicht zu behalten und Wichtiges von Unwichtigem zu unterscheiden. Dies gilt für Autor und Leser gleichermaßen.

Den allgemeinen Vergleichsmaßstab der folgenden Darstellungen bilden die Modernisierungstheorien der 1950er und 1960er Jahre sowie ein Modell der Sozialstrukturentwicklung, das großenteils darauf aufbaut (Kap. 2). Speziellere Theorien zur Erklärung der Entwicklung in einzelnen Sozialstrukturbereichen leiten die einzelnen Kapitel (Kap. 3 bis 9) dieses Buchs ein. Diese Theorien setzen Modernisierungstheorien fort oder setzen sich mit ihnen auseinander. Erst vor diesem Hintergrund werden in den Kapiteln 3 bis 9 die empirischen Befunde zu Bevölkerungsentwicklung, Bildungsstrukturen, Erwerbstätigkeit etc. ausgebreitet. Im Grunde wird in diesem Buch also danach gefragt, „wie weit" die Modernisierung in den einzelnen Ländern „fortgeschritten" ist.

Wenn in diesem Buch der Vergleichsmaßstab der Modernisierung zu Grunde gelegt wird – und zumal ein Maßstab in Gestalt der viel kritisierten, „den Westen" zum Vorbild erklärenden Modernisierungstheorien aus der Nachkriegszeit – so heißt das keinesfalls, dass der Verfasser dieses Lehrbuchs voraussetzt oder wünscht, alle Länder würden diesen Modernisierungsweg tatsächlich einschlagen. Es handelt sich um einen rein gedanklichen Maßstab. Er wurde verwendet, weil die verwendeten herkömmlichen Modernisierungstheorien sich zutrauten, alle Länder der Welt über einen Leisten zu schlagen, und weil in den Köpfen vieler Leser dieser Vergleichsmaßstab nach wie vor präsent ist. Die Befunde in den einzelnen Kapiteln werden zeigen, dass zahlreiche gesellschaftliche Entwicklungen in der Welt andere Modernisierungswege beschreiten oder überhaupt nicht mit Modernisierungstheorien vereinbar sind. Um wenigstens einige der vielfältigen Wege der (Nicht-)Modernisierung erklären zu können, sind in diesem Buch auch Theorien enthalten, in denen von Modernisierung ganz anders oder gar nicht die Rede ist.

2. Der Vergleichsmaßstab: Die Modernisierung der Sozialstruktur

Wer vergleicht, braucht und benützt stets einen Vergleichsmaßstab („tertium comparationis"). Dies fällt bei einfachen Vergleichen (z.B. bei einem unmittelbaren Größenvergleich zweier Menschen) oft nicht auf. Hier bleibt der Maßstab oft implizit. Wer jedoch so komplexe Gegebenheiten wie die Sozialstrukturentwicklungen vieler Länder vergleicht, wird aus logischen und inhaltlichen Gründen nicht umhin kommen, den genauen Gegenstand des Vergleichs ausdrücklich zu definieren und eine gemeinsame „Messlatte" des Vergleichs offenzulegen. Ohne Vergleichsmaßstab würde der Gesellschafts-„Vergleich" einer Vielzahl von Ländern in endlose und unübersichtliche Gegenüberstellungen ausufern.

Zunächst ist der Gegenstandsbereich des Vergleichs zu definieren. Es geht mithin um die Definition des Begriffes „Sozialstruktur".

2.1 Der Gegenstand des Vergleichs: Was versteht man unter „Sozialstruktur"?

Geht man von den beiden Wortbestandteilen aus, so ist nach der Bedeutung der Begriffe „Sozial-" und „Struktur" zu fragen.

Mit *„Sozial"* ist – wie immer in der Soziologie – nichts anderes als „zwischenmenschlich" gemeint, also jene direkten und indirekten Beziehungen, die zwischen Menschen bestehen. Mit „sozial" im Sinne von „gut zu Mitmenschen" ist das nicht notwendigerweise identisch.

Unter *„Struktur"* wird in der Soziologie eine relativ beständige, „innere" (d.h. äußerlich nicht unbedingt erkennbare) Zueinanderordnung von Elementen eines Ganzen verstanden. Die Untersuchung von Strukturen erfordert also zunächst ein Zergliedern des Gesamtzusammenhangs in die zugrundeliegenden Elemente und dann die Ergründung der jeweiligen Zueinanderordnungen, das heißt der Wirkungs- und Beziehungsgefüge zwischen den Elementen. In der Soziologie wird der Begriff „Struktur" ähnlich verwendet wie in vielen anderen Wissenschaften, etwa wenn von der „Molekularstruktur" einer chemischen Verbindung oder von der „grammatikalischen Struktur" einer Sprache die Rede ist. Auch sie sind relativ dauerhaft und bilden den „inneren" Aufbau, das „Gerippe" der jeweiligen Materien.

Betrachten wir die beiden Wortbestandteile im Zusammenhang, so kann man Sozialstruktur definieren als die „Gesamtheit der relativ dauerhaften sozialen Gebilde (Gruppierungen, Institutionen, Organisationen) einer Gesellschaft, der sozialen Beziehungen und Wirkungszusammenhänge innerhalb und zwischen diesen Gebilden sowie deren Grundlagen" (frei nach Schäfers 1998: 3ff.; vgl. Fürstenberg 1966: 439ff.; Geißler 1996: 19; Glatzer 1989: 647ff.; Hillmann 1994: 814ff.)

Um den im Folgenden verwendeten Begriff der „Sozialstruktur" näher zu bestimmen, erscheint es hilfreich, etwas auszuholen:

Menschen leben und arbeiten üblicherweise nicht isoliert, sondern in vielfältigen *sozialen Beziehungen* mit Mitmenschen. Viele dieser Beziehungen (z.B. zwischen Studierenden und Professoren) sind relativ unabhängig von konkreten Personen und ändern sich auch nicht ständig. Sie erweisen sich vielmehr als relativ dauerhaft und bilden zusammen mit anderen Beziehungen ganze Beziehungsgefüge. Sie formen so *soziale Gebilde*, etwa Universitäten, Freizeitcliquen, Familien, Betriebe und Wirtschaftsordnungen. Darin nehmen Menschen bestimmte *Positionen* ein: Sie sind Studierende oder Lehrende, zuständig für die Organisation des gemeinsamen Skifahrens, sie sind Mütter, Vorarbeiterin, Konsumenten usw. Auch diese Stellungen sind relativ beständig und relativ unabhängig von den Personen, die sie im Einzelfall besetzen. (Zum Beispiel bleiben die Aufgaben und Verhaltensvorschriften für eine Vorarbeiterin weitgehend die gleichen, wer auch immer diese Stelle besetzt.)

Gesellschaftliche Beziehungen, Beziehungsgefüge und darin enthaltene Positionen sind für die Sozialstrukturanalyse nur dann von Belang, wenn sie *gesamtgesellschaftliche Bedeutung* haben. Dies ist dann der Fall, wenn in ihnen mehr oder minder alle Gesellschaftsmitglieder leb(t)en, sei es zeitweise oder ständig. Dies trifft zum Beispiel nicht für Skifahrgemeinschaften, wohl aber für die aufgeführten Beispiele Familien, Bildungseinrichtungen, Betriebe und die Wirtschaftsordnung zu. Nicht alle gesellschaftlichen Strukturen zählen also zur Sozialstruktur. Die Sozialstruktur stellt einen Ausschnitt aus der Vielfalt sozialer Strukturen dar.

Diejenigen Menschen, die sich in gleichen Positionen, sozialen Beziehung(sgefüg)en und Gebilden befinden (z.B. Studierende in Universitäten oder soziale Schichten im Ungleichheitsgefüge) stellen *sozialstrukturelle Gruppierungen (Sozialkategorien)* dar.[1]

---

1   Eine rein positionelle, institutionelle oder anders „sachorientierte" Gesellschaftsanalyse (z.B. der didaktischen Prinzipien in Hochschulen oder der Wirkungsmechanismen unseres Wirtschaftssystems), in der zwar Strukturen offengelegt werden, aber keine sozialen Gruppierungen und deren Situationen zu erkennen sind, kann zwar soziologisch ungemein erhellend sein, ist jedoch keine Sozialstrukturanalyse. Es bedarf in der Sozialstrukturanalyse immer des sachlichen und personellen Aspekts zugleich.

Strukturelemente und die ihnen entsprechenden Gruppierungen der Sozialstruktur lassen sich auf drei Ebenen anordnen:

- Auf der Ebene des *unmittelbaren menschlichen Gegenübers* (in Cliquen, Familien etc.),
- auf der Ebene *formeller Organisationen*, in denen Menschen meist nur mittelbar miteinander in Beziehung treten (Betriebe, Universitäten, Sozialversicherungen usw.) und
- auf der Ebene *gesellschaftlicher Subsysteme* (das wirtschaftliche, politische, soziokulturelle System), wo Menschen in einem abstrakten, nur bedingt erfahrbaren Sinn miteinander zu tun haben.

Welche Beziehungsgefüge, Positionen und Gruppierungen unter dem Dachkonzept der Sozialstruktur im Einzelnen untersucht werden, welche soziologischen Kategorien und Dimensionen hierzu verwendet und welche Prioritäten hierbei gesetzt werden, ist eine Frage der theoretischen Ausrichtung der Sozialstrukturanalyse. So wird zum Beispiel eine marxistische Sozialstrukturanalyse dem wirtschaftlichen Bereich, vor allem den Produktionsverhältnissen und den hierbei bestehenden Eigentumsverhältnissen absoluten Vorrang zumessen. Viele andere Bereiche erscheinen als hiervon abhängig, also als sekundär wichtig. Andererseits wird eine strukturfunktionalistische Sozialstrukturanalyse davon ausgehen, dass die Werte und Normen einer Gesellschaft deren sozialstrukturellen Kern bilden. Die Funktionen von Familien, Betrieben, etc. mitsamt den hierin enthaltenen Beziehungen, Positionen und Gruppierungen bemessen sich nach Ansicht von Funktionalisten nach den gemeinsamen Zielvorstellungen und Werten einer Gesellschaft.

Die hier vorgenommene begriffliche Bestimmung des Gegenstandsbereichs „Sozialstruktur" ist zwar nicht theoretisch voraussetzungslos (so sind Handlungs- bzw. Mikrotheorien nur in Verbindung mit Struktur- bzw. Makrotheorien mit den o.a. Begriffen vereinbar), es ist aber nicht ihre Aufgabe, theoretische Vorentscheidungen zu treffen und eine Vielzahl von soziologischen Theorien auszuschließen. Daher wird im Folgenden ein vergleichsweise weites, mehrdimensionales Konzept der Sozialstrukturanalyse zu Grunde gelegt, das theoretische Zugänge aus verschiedenen Richtungen erlaubt.

Sozialstruktur wird in diesem Buch im Rahmen der folgenden Dimensionen behandelt. Sie alle schließen Beziehungsgefüge, soziale Gebilde, Positionen und Gruppierungen auf den genannten drei Ebenen ein:

- Bevölkerungsstrukturen
- Familien und Haushalte
- Bildungsstrukturen
- Erwerbstätigkeit
- Soziale Ungleichheit
- Soziale Sicherung
- Soziokulturelle Strukturen

2.2 Die „Messlatte" des Vergleichs: Modernisierungtheorie und ein modernisierungstheoretisches Modell der Sozialstrukturentwicklung

Für den Gesellschaftsvergleich innerhalb der genannten Sozialstrukturdimensionen soll eine sehr einfache „Messlatte" verwendet werden. Es soll *modellhaft* angenommen werden, dass sich alle Gesellschaften der Welt modernisieren: Sie entwickeln sich früher oder später, schneller oder langsamer in jene Richtung, die Modernisierungstheorien als „Modernisierung" kennzeichnen (2.2.1). Damit wird zugleich *modellhaft* unterstellt, dass auch die Sozialstrukturen aller Gesellschaften sich modernisieren werden. Was dies heißt, wird (in 2.2.2) in drei Modellen zusammengefasst. Sie skizzieren den Stand der Sozialstrukturentwicklung in drei Phasen der Modernisierung: Die typische Sozialstruktur von „Agrargesellschaften", von „Industriegesellschaften" und von „Postindustriellen Dienstleistungs- und Wissensgesellschaften". Diese drei Modelle werden in den folgenden Kapiteln als „Messlatte" dienen. Mit Hilfe dieser drei Modelle soll in den folgenden Kapiteln gefragt werden, „wie weit" die Modernisierung der einzelnen Gesellschaften innerhalb der o.a. Sozialstrukturdimensionen gediehen ist.

Wie erwähnt, wurden die herkömmlichen Modernisierungstheorien nicht deswegen als Grundlage dieses Vergleichsmaßstabs gewählt, weil der Verfasser dieses Buchs sie und die darauf beruhenden Modelle der Sozialstrukturentwicklung in jeder Hinsicht für zutreffend hält. Im Gegenteil bin ich der Auffassung, dass die vielfach daran geübte Kritik in wesentlichen Teilen zutreffend ist. Vielmehr sollen diese Theorien und die darauf aufgebauten Modelle als *heuristische* Vergleichsmaßstäbe dienen, um bei der Vielzahl von Gegenüberstellungen „den Wald vor lauter Bäumen nicht aus den Augen zu verlieren". Erst vor dem Hintergrund solcher Modellvorstellungen lassen sich nationale und regionale Unterschiede einordnen. Sei es, dass gewisse Gesellschaften oder Teile von ihnen aus modernisierungstheoretischer Sicht „fortschrittlicher" oder „rückständiger" als andere sind. Dies wäre mit den Modellvorstellungen vereinbar. Sei es, dass bestimmte Länder in mancher Hinsicht einen anderen Kurs als den modellgemäßen einschlagen. Wenn z.B. Spanien nie eine Industriegesellschaft war, wohl aber heute eine Dienstleistungsgesellschaft ist, kann dies im Lichte von Modernisierungstheorien und entsprechenden Sozialstrukturmodellen als anderer Entwicklungsweg qualifiziert werden als der, den Modernisierungstheorien vorsehen. Aber erst vor dem Hintergrund eines an Modernisierungstheorien ausgerichteten Modells der „normalen" Entwicklung wird die Eigenart dieser Entwicklung kenntlich. Sie bedarf dann einer eigenen Begründung, zumal dann, wenn sich andere als die modernisierungstheoretisch modellierten Entwicklungen häufen.

Überspitzt formuliert erweist sich der Vergleichsmaßstab, den uns die Modernisierungstheorien und diesbezügliche Entwicklungsmodelle bieten, erst dann als wirklich wertvoll, wenn er sich als (teilweise) unzutreffend erweist und dazu zwingt, (auch) nach anderen Erklärungen der jeweiligen gesellschaftlichen Entwicklung zu suchen.

Die Ausrichtung an Modernisierungstheorien wurde – trotz ihrer unverkennbaren Erklärungsmängel – vor allen deshalb gewählt, weil m.W. keine andere Theorie verfügbar ist, die beansprucht, international übereinstimmende Entwicklungen zu begründen, und so einen diachronen Vergleichsmaßstab bietet. Außerdem hat diese Theorie den Vorteil, dass sie die in den Köpfen der meisten Menschen vermutlich vorherrschende Entwicklungstheorie ist. Sie ist eine weit verbreitete Alltagstheorie. Jede(r) Leser(in) kann so prüfen, wo die eigenen Vorstellungen zutreffen und wo nicht.

2.2.1 Theorien der Modernisierung

Unter *„sozialem Wandel"* versteht man die Gesamtheit der relativ nachhaltigen und verbreiteten, jedoch nicht notwendigerweise in eine bestimmte Richtung verlaufenden Veränderungen gesellschaftlicher Strukturen. Darin eingeschlossen ist auch der soziale Wandel der Sozialstruktur. *„Soziale Entwicklung"* wird der soziale Wandel genannt, der in einer vorgedachten Richtung verläuft (z.B. einen „Fortschritt" oder einen Zerfallsprozess einer Gesellschaft darstellt). Als *„Modernisierung"* wird eine bestimmte, im Folgenden ausführlicher dargestellt Form „sozialer Entwicklung" bezeichnet (vgl. Zapf 2002). Modernisierung besteht also in der Entwicklung bestimmter Eigenschaften von Gesellschaften.

In den „herkömmlichen" funktionalistischen Modernisierungstheorien, die hauptsächlich in den 1960er Jahren formuliert wurden, werden diese Veränderungen überwiegend positiv gesehen (Hoselitz 1952; Parsons 1961; Parsons 1964; vgl. auch die meisten Beiträge in Zapf (Hg.) 1969). Modernisierung wird darin als eine Form der gesellschaftlichen Entwicklung hin zum Besseren gesehen. Viele soziologische Klassiker (u.a. Herbert Spencer, Emile Durkheim, Max Weber), aber auch viele neuere Modernisierungstheoretiker (u.a. Zygmunt Baumann; Shmuel N. Eisenstadt; Samuel P. Huntington; Ulrich Beck) sehen dagegen sowohl Vor- als auch Nachteile in Modernisierungsprozessen.

Was „Modernisierung" *verursacht*, wird in den vorliegenden Modernisierungstheorien recht unterschiedlich gesehen.

Funktionalistische Integrationstheorien – besonders bekannt wurden die Theorien von Berthod Hoselitz (1952) und Talcott Parsons (1961; 1964) – erklären das Zustandekommen und die Durchsetzung der Modernisierung aus dem besseren „Funktionieren" und der höheren Effizienz moderner Gesellschaften. Deshalb setzen sie sich in der Konkurrenz der verschiedenartigen Gesellschaften durch. Sie verdrängen die weniger modernen oder zwingen sie zur Anpassung.

Zuweilen können Modernisierungstheorien aber auch *Konflikttheorien* sein. Diese erklären die Entwicklung moderner Gesellschaften durch innergesellschaftliche Konflikte und durch die Herrschaft jener Gruppierungen, Klassen etc., die die Modernisierung gesellschaftlicher Strukturen in ihrem eigenen Interesse anstreben (Coser 1967 (1957): 278-294; Dahrendorf 1957; 1969).

Modernisierungstheorien können die Ursachen der Modernisierung auf der *Mikro*ebene der Akteure, auf der *Meso*ebene von Institutionen und Organisationen und/oder auf der *Makro*ebene gesellschaftlicher Subsysteme analysieren. Modernisierungstheorien können hierbei ganz unterschiedlichen Kräften die entscheidende Wirkungsmacht zusprechen: Eliten, technischen oder anderen Innovationen, soziokulturellem Wandel, sozialen Klassen oder anderen Faktoren (Zapf 1996: 74).

Was zeichnet nun aber „Modernisierung" aus? Welche Erscheinungsformen von Gesellschaften werden durch die oben angesprochenen Theorien erklärt? Im Folgenden werden die wichtigsten Aussagen von Modernisierungstheorien systematisch zusammengestellt. Was die soziologische Erklärung der *gesellschaftlichen* Modernisierung betrifft, so konzentriere ich mich dabei bewusst auf die „herkömmlichen" funktionalistischen Integrationstheorien mit ihrer optimistischen Perspektive.

Holt man zunächst weiter aus als soziologische Modernisierungstheorien, so wird Modernisierung als ein historischer Prozess aufgefasst, der sich ausgehend von Gedankenwelten über politische Forderungen zunehmend verbreitet hat und letzten Endes die gesamte Gesellschaft prägte. Die umfassende *gesellschaftliche* Modernisierung, die Soziologen vor allem interessiert, stellt hierbei die letzte Stufe der Verbreitung dar.

Seit dem 16. Jahrhundert: Geistige Modernisierung

Die Elemente der geistigen Modernisierung sind nicht neu. Einzelne „moderne" Gedanken reichen mindestens bis zur Antike zurück. In zusammenhängenden Gedankengebäuden wurden die Leitideen der Modernisierung in Westeuropa seit der Renaissance und Reformation, also seit dem 16. Jahrhundert und dem Beginn der „Neuzeit", von herausragenden Philosophen, Naturwissenschaftlern und Staatsrechtlern formuliert. Diese Grundgedanken finden sich u.a. im philosophischen Rationalismus von René Descartes (1596-1650), Baruch Spinoza (1632-1677) und Gottfried Wilhelm Fhr. v. Leibniz (1646-1716), im philosophischen Empirismus des John Locke (1632-1704), in den Staatstheorien von Thomas Hobbes (1588-1679) sowie bei den ersten „modernen" Naturwissenschaftlern wie Galileo Galilei (1571-1630), Johannes Kepler (1571-1630) und Sir Isaac Newton (1642-1727).

Die Leitlinien modernen Denkens lassen sich in sechs Punkten zusammenfassen (vgl. Vester 1985; Hradil 1990: 128ff.):

1. *Linearer Zeitbegriff:* Zeit wurde nicht länger statisch als ein Beharren aufgefasst, das immer wieder das Gleiche mit sich bringt. Zeit wurde auch nicht zirkulär verstanden (wie etwa im Buddhismus), wodurch nach einer gewissen Zeitspanne stets wieder das Gleiche auftritt. Zeit wurde

nun vielmehr als linear ablaufend begriffen, als „Geschichte", in der stets
etwas Neues geschaffen wird. Die Moderne ist daher zukunftsorientiert.

2. *Fortschrittsdenken:* Das Neue, das die ablaufende Zeit mit sich bringt, ist
   – modernem Denken zufolge – durchweg besser als das Vorhergehende.
   Modernem Denken ist so ein grundsätzlicher Optimismus zu eigen.

3. *Zweck-Rationalität:* Modernes Denken ist dadurch ausgezeichnet, dass
   ungeachtet bestehender Traditionen, religiöser Vorschriften etc. die ge-
   eignetsten Mittel gesucht werden, um die jeweiligen Ziele möglichst effizient zu erreichen. Dazu bedarf es Kenntnisse über gesetzmäßige Zusammenhänge von Ursache und Wirkung. Diese Kenntnisse sind nur zu
   erlangen, indem Menschen ihre Um- und Mitwelt in ihre Bestandteile
   zerlegen und nach den Wirkungskräften zwischen ihnen suchen. Analyse
   und „objektives", vom jeweiligen „subjektiven" Blickwinkel abstrahie-
   rendes Denken sind daher wesentliche Eigenschaften modernen Denkens.

4. *Aktivität, Autonomie und Individualität:* Geistige Modernisierung sieht
   den Menschen als einen aktiven Menschen, der in das Geschehen tätig
   eingreift und seine Welt gestaltet. Passivität, Schicksalsglaube etc. sind
   untypisch für modernes Denken. Moderne Zielvorstellungen sind daher
   individuelle Freiheit von Zwängen und individuelle Autonomie.

5. *Säkularisierung:* Die Ziele des menschlichen Strebens werden im Diesseits und nicht länger im Jenseits gesehen.

6. *Dualismus:* Die Grundlinien modernen Denkens unterscheiden sehr klar:
   zwischen richtig und falsch, zwischen Körper und Seele bzw. Geist, zwischen gut und böse etc.

Seit dem 18. Jahrhundert: Politische und normative Modernisierung

Seit der Aufklärung beschränkte sich die Modernisierung nicht länger auf
Gedankengebäude einzelner hervorragender Denker. Öffentlich wird gefordert, wichtige Grundgedanken der Modernisierung mit Anspruch auf Allgemeingültigkeit politisch durchzusetzen. Hieran waren in erster Linie Vertreter
der französischen Aufklärung mit ihren Schriften beteiligt: Charles de Mon-
tesquieu (1689-1755), Denis Diderot (1713-1784), François Marie Voltaire
(1694-1778), Jean le Rond d'Alembert (1717-1783) u.a. In Deutschland
wirkten hauptsächlich die Werke von Gotthold Ephraim Lessing (1729-1781)
und Christian von Wolff (1679-1754) sowie in England David Hume (1711-
1776) im Sinne der Aufklärung.

Wirkungen erzielten die Forderungen der Aufklärer zunächst vor allem
„von oben", unter anderem durch den „aufgeklärten Absolutismus" des Kö-
nigs Friedrich II. von Preußen, der Zarin Katharina der Großen von Russland
und des Kaisers Joseph II. von Österreich. Aber auch in der amerikanischen
Unabhängigkeitserklärung von 1776 und vor allem in der Erklärung der
Menschen- und Bürgerrechte im Zuge der Französischen Revolution von
1789 kommen aufklärerische Postulate zum Ausdruck. Gesellschaftliche und

politische Realität wurden u.a. konstitutionelle Monarchien, die Säkularisierung weiter Teile der Gesellschaft und das Aufkommen des politischen und wirtschaftlichen Liberalismus.

Die Forderungen der Aufklärung stellen in wesentlichen Teilen den Versuch dar, Grundgedanken der Modernisierung zu konkretisieren und allgemein verbindlich durchzusetzen. Dies zeigt sich u.a. in folgenden Forderungen:

1. Alle Menschen seien von Natur aus gleich, zur Vernunft fähig und entsprechend zu behandeln.
2. Nur Rationalität und Vernunft könnten Grundlage menschlichen Zusammenlebens und allgemein verbindlicher Entscheidungsprozesse darstellen.
3. Herrschaft über Menschen bedürfe der vernünftigen Begründung und Legitimierung.
4. Menschen seien vor allem durch Belehrung von äußeren Zwängen zu befreien und zur Autonomie zu führen.
5. Staat und Gesellschaft, Öffentlichkeit und Privatheit seien zu trennen.
6. Der Staat sei nach naturrechtlichen Grundsätzen aufzubauen. Er beruhe auf Gesellschaftsvertrag und Gewaltenteilung.
7. Ungleichheit im Sinne von gesellschaftlich geschaffenen Vor- bzw. Nachteilen zwischen Menschen könne nur auf ungleichen individuellen Beiträgen zum gemeinsamen Wohl beruhen.
8. Gesetze seien für alle Menschen gleich gültig.

Seit dem 19. Jahrhundert: Gesellschaftliche Modernisierung

Trotz mancher Wirkungen, die die Aufklärung vor allem in den USA, in England und in Frankreich in politischer und wirtschaftlicher Hinsicht erzielte, konnte man auch diese Gesellschaften bis weit in das 19. Jahrhundert nicht als „modern" bezeichnen. Ganz zu schweigen von Deutschland, wo diese Vorgänge mit erheblicher Verspätung abliefen.

Gesellschaftliche Modernisierung, das heißt die massenhafte Durchsetzung moderner Leitlinien in der Gesellschaft insgesamt, stellt einen Prozess dar, der in den USA und einigen europäischen Ländern seit dem Ende des 18. und dem Beginn des 19. Jahrhunderts seinen Anfang nahm. In Deutschland kann man – trotz Bauernbefreiung, Gewerbefreiheit, Schulpflicht, kommunaler Autonomie und anderer Reformen am Beginn des 19. Jahrhunderts – nicht vor Mitte des 19. Jahrhunderts vom Beginn der gesellschaftlichen Modernisierung sprechen. Als „moderne Gesellschaft" lässt sich Deutschland allenfalls seit dem Ende des Zweiten Weltkriegs bezeichnen.

Was zeichnet moderne Gesellschaften aus? Die soziologischen Modernisierungstheorien setzen in dieser Hinsicht zwar unterschiedliche Akzente. Diese fügen sich aber durchaus in ein gemeinsames Bild ein. Eine Synopse wichtiger Modernisierungstheorien ergibt, dass sich im Verlauf des Modernisierungsprozesses folgende Merkmale von Gesellschaft herausbilden (vgl.

zusammenfassend u.a.: Weymann 1998: 89ff.; Resasade 1984: 37ff.; Berger 1996: 47ff.; Andorka 2001: 499ff.):

Generelle Merkmale der Modernisierung sind unter anderem:

1. Gesellschaftliche Gebilde, Einrichtungen und Verhaltensweisen (z.B. Familienformen, Bildungseinrichtungen, Unternehmen und darin zu erfüllende Rollen) werden immer unterschiedlicher und sind immer spezifischer auf die Erfüllung jeweils bestimmter Aufgabenbereiche hin zugeschnitten (funktionale Differenzierung, Spezialisierung, Arbeitsteiligkeit).
2. Die Verzahnung der immer unterschiedlicheren gesellschaftlichen Teile wird immer enger (Integration). Vor allem der Markt und/oder der Staat bewirken immer mehr gegenseitige Abhängigkeit (z.b. von Wirtschaftsunternehmen und Berufen). Es vollzieht sich eine Entwicklung, die schon der soziologische Klassiker Herbert Spencer als Entwicklung von der „unverbundenen Gleichartigkeit" hin zur „verbundenen Ungleichartigkeit" kennzeichnete (1877, § 223).
3. Die Anpassungsfähigkeit von Gesellschaften und ihrer Mitglieder steigt, unter anderem deshalb, weil gesellschaftliche Gestaltung und menschliches Denken und Handeln immer mehr nach Nützlichkeitserwägungen (zweckrationaler) und immer weniger nach Traditionen ausgerichtet sind.
4. Auf der einen Seite erlangen grundlegende Wertvorstellungen und Normen (z.B. im Hinblick auf die Gleichheit zwischen Mann und Frau, oder hinsichtlich demokratischer, gewaltfreier Spielregeln) immer allgemeinere Gültigkeit (Universalisierung). Auf der anderen Seite steigen die Freiräume für unterschiedliche Werte, Normen, Kulturen, Lebensstile (Pluralisierung).

Betrachten wir die Ausgestaltung dieser allgemeinen Merkmale auf der *Makro*ebene, so wird deutlich, dass im Zuge der Modernisierung immer mehr gesellschaftliche *Subsysteme* entstehen. Dies sind relativ eigenständige und nach außen abgrenzbare Zueinanderordnungen gesellschaftlicher Gebilde und Einrichtungen, die zur Erfüllung bestimmter Aufgaben zusammenwirken. Unter anderen differenzieren sich folgende Subsysteme aus:

1. Bildung und Ausbildung werden aus Familie und Arbeit zunehmend ausgegliedert. Ein *Bildungssystem* entsteht. Die Menschen lernen immer mehr in darauf spezialisierten Bildungseinrichtungen.
2. Öffentliche Entscheidungsprozesse vollziehen sich immer weniger als Entscheidungen einzelner Herrscher und Familien. Es entsteht ein *politisches System* von Parteien, Regierungen, Verfahrensregeln etc.
3. Absicherung im Alter und bei Invalidität, Gesundheitspflege und Armenfürsorge sind immer weniger Aufgabe der Familie, sondern vollziehen sich in einem eigenen *System sozialer Sicherheit*.
4. Produktion und Konsum verselbständigen sich u.a. von Familien- und Gemeindeleben. Ein *Wirtschaftssystem* entsteht.

Der Blick auf die *Meso*ebene zeigt, dass Gesellschaften im Maße ihrer Modernisierung u.a. folgende *Institutionen und Organisationen* herausbilden.

1. hochentwickelte Technologie
2. Marktwirtschaft
3. Massenwohlstand
4. Massenkonsum
5. durch Leistung legitimierte soziale Schichtung
6. offenes Schichtungssystem, in dem Auf- und Abstiege möglich sind
7. Bürokratie
8. Nationalstaaten
9. Konkurrenzdemokratie mit einem Repräsentativsystem
10 generell gültige Werte und Normen, deren Gültigkeit nicht von zugeschriebenen Merkmalen (Familienzugehörigkeit, Geschlecht, Hautfarbe, Beziehungen etc.) abhängen.
11. Einrichtungen zur sozialen Absicherung der Verarmungs-, Alters- und Gesundheitsrisiken der Gesellschaftsmitglieder
12. Schulen und weitere Bildungseinrichtungen für alle Gesellschaftsmitglieder
13. ein allgemeines Rechtssystem mit universalistischen Rechtsnormen

*Mikro*ebene: In modernen Gesellschaften zeichnen sich die persönlich erfahrbaren Beziehungen zwischen Menschen sowie ihr Denken und Handeln durch folgende Merkmale aus:

1. geistige, regionale und soziale Mobilität
2. Leistungsmotivation
3. individuelles Autonomiebedürfnis
4. individuelle Konkurrenz, Aufstiegsstreben
5. Spezialisierung, Arbeitsteilung
6. mehr und unterschiedlichere Kontakte
7. Kontakte eher zwischen spezifischen Rollen als zwischen Personen
8. Affektive Neutralität, Zurückdrängen von spontanen Leidenschaften
9. Zukunftsorientierung, Planung
10. Streben nach Effektivität, nach Rationalisierung des Alltags, effizienter Umgang mit Zeit und „Verschnellerung" des Lebens
11. Vertrauen in die Steuerbarkeit der Umwelt

Aus der Zusammenfassung wichtiger *inhaltlicher* Aussagen ergibt sich, dass Modernisierungstheorien auch bestimmte *formale* Unterstellungen gemeinsam haben. Mehr noch als die zuvor genannten inhaltlichen Aussagen riefen einige der folgenden formalen Merkmale in der soziologischen Literatur zum Teil heftigen Widerspruch hervor:

1. Modernisierung stellt einen revolutionären Prozess dar. Die Gesellschaft wird letzten Endes radikal verändert.
2. Modernisierung ist ein komplexer Vorgang, der alle wesentlichen Bereiche der Gesellschaft verändert.

3. Modernisierung stellt einen zusammenhängenden Komplex von Einzelprozessen dar, die sich wechselseitig unterstützen. Modernisierungsprozesse, die sich auf Teile der Gesellschaft beschränken und ein Gegenüber von Fortschritt und Stagnation erzeugen, stellen eine Quelle von gesellschaftlichen Konflikten und Spannungen dar.

4. Modernisierungsprozesse sind unumkehrbar. Es gibt keine gravierenden Rückfälle. Auch Stagnationsprozesse und Zyklen treten nicht auf.

5. Modernisierung ist im Wesentlichen eine gesellschaftsinterne Leistung, wenn auch stimuliert durch internationale Konkurrenz, in der modernere Gesellschaften Vorteile haben.

6. Modernisierung vollzieht sich zwangsläufig in allen Ländern. Ihr kann sich kein Land entziehen, es sei denn um den Preis des Untergangs. Modernisierung findet so letzten Endes in allen Ländern der Welt statt. Es handelt sich um einen globalen Prozess.

7. Modernere Gesellschaften behindern die „Nachzügler" nicht, sondern fördern ihre Modernisierung. Die Modernisierungstheorie ist somit nicht nur eine Diffusions-, sondern auch eine Aufholtheorie (Zapf 1996: 64).

8. Modernisierungsprozesse münden in ein gemeinsames Ziel, einer einheitlichen „modernen Gesellschaft".

9. Modernisierung ist ein fortschrittlicher und somit wünschenswerter Prozess. Er verändert Gesellschaft hin zum Besseren.

10. Modernisierungstheorien sind zugleich faktisch und normativ ausgerichtet. Sie beschreiben (und erklären ggf.) tatsächliche Vorgänge. Sie enthalten aber auch Sollvorstellungen über wünschenswerte Vorgänge (z.B. Marktwirtschaft und Demokratisierung).

Kritik an Modernisierungstheorien

Modernisierungstheorien der dargestellten Art hatten in den 1950er und 1960er Jahren „Konjunktur". Zu dieser Zeit sind die meisten der Modernisierungstheorien entstanden, die oben zusammengefasst wurden. Als dann aber in den 1970er und 1980er Jahren immer mehr Folgeerscheinungen der Modernisierung (z.B. Umweltschäden, Rüstungswahnsinn) kritisch betrachtet wurden, sind die Modernisierungstheorien „ins Gerede geraten" (J. Berger 1986a). Ihnen wurde unter anderem immer wieder vorgeworfen:

1. Ethnozentrisch zu sein, indem Sie die Entwicklung westlicher Gesellschaften als alleiniges Modell der gesellschaftlichen Entwicklung propagieren und so auf die kulturellen Eigenarten vieler Gesellschaften und deren Eigenwert nicht eingehen.

2. Einem einseitig liberalen Menschenbild anzuhängen, dem zu Folge sich Gesellschaft aus relativ autonomen Individuen zusammensetzt. Kritiker (z.B. aus dem Lager der „Kommunitaristen") machten auf den Wert der gegenteiligen Perspektive aufmerksam: Hiernach bildet sich der Einzelne aus der Kultur und der Gemeinschaft heraus, in der er lebt, und nicht umgekehrt.

3. Auf die Wechselfälle und konkreten Ausgestaltungen des Modernisie-
    rungsprozesses zu wenig zu achten: „Herkömmliche" Modernisierungs-
    theoretiker unterschlagen nach Meinung ihrer Kritiker oft Konflikte, un-
    terschiedliche Wege der Modernisierung, die Abhängigkeit von jeweili-
    gen, einmal eingeschlagenen Entwicklungswege (Pfadabhängigkeit) und
    das hartnäckige Überleben „unmoderner", nicht sonderlich effektiver ge-
    sellschaftlicher Strukturen.
4. Übergeneralisiert vorzugehen: Indem Modernisierungstheorien nur auf
    Fortschritte achten, übersehen sie Niedergänge, Zusammenbrüche und
    Gegenmodernisierungen (Wehler 1975, zit. n. Weymann 1998: 94). Sie
    unterschlagen negative Folgen der Modernisierung (u.a. Beck 1986;
    1990).
5. Behinderungen und Ausbeutungen der weniger modernen Gesellschaften
    zu leugnen.

Neuere Modernisierungstheorien versuchen, einige diese Kritikpunkte aufzu-
nehmen. Sie anerkennen unterschiedliche Modernisierungswege (Eisenstadt
2000). Sie beziehen Konflikte um Modernisierung und Rückschritte ausdrücklich mit ein (Zapf 1990; 2000). Wie schon die Klassiker der Soziologie
(Emile Durkheim, Max Weber) weisen sie darauf hin, dass Modernisierungsprozesse auch Schattenseiten enthalten (Baumann 1995; Beck 1986; 1990;
Huntington 1993; vgl. Bulmahn 2000: 3ff.).

Aber auch dann, wenn Modernisierung im Sinne der neueren Theorien
weiter gefasst wird, können bestimmte Theorien sozialen Wandels *nicht* als
Modernisierungstheorien gelten.

So sind vor allem Theorien, in denen pessimistische Entwicklungsper-
pektiven eindeutig überwiegen, keine Modernisierungstheorien. Dies sind
etwa Theorien, die die Opfer von Kriegen und Gewalt, der Unterentwicklung
und der Randständigkeit stärker gewichten als Integrationsleistungen und
Wohlfahrtsgewinne. Ferner sind Theorien (z.B. die „Dependenz-Theorien"),
die wachsende internationale Ungleichheiten, die Stagnation der weniger
entwickelten Gesellschaften und ihre Ausbeutung durch modernere themati-
sieren, keine Modernisierungstheorien. Auch Theorien, die an der Hand-
lungsfähigkeit von Gesellschaften so starke Zweifel haben, dass sie überwiegend als Opfer (z.B. der Globalisierung) dargestellt werden, sind keine Modernisierungstheorien (Zapf 1996).

In der vorliegenden Veröffentlichung soll an dieser Stelle nicht entschieden werden, ob Modernisierungstheorien zutreffen oder nicht. Sollten sie zutreffen, kommt es hier auch nicht darauf an, die „richtige" oder „beste" Modernisierungstheorie zu ermitteln. In diesen Abschnitten wird vielmehr zu
Beginn des Buches ein Bezugsrahmen für den folgenden internationalen So-
zialstrukturvergleich eingeführt. In diesem Zusammenhang ist es nicht wichtig, ob die und ggf. welche Modernisierungstheorie „stimmt". Wichtig ist nur,
der folgenden Darstellung *gedanklich* eine inhaltlich eindeutige Modernisierungstheorie zu Grunde zu legen. Aus ihr sollten erstens modellhafte Aussa-

gen über den sozialstrukturellen Modernisierungsweg aller Länder der Erde abzuleiten sein. Diese sollen im folgenden als heuristische „Messlatte" der Entwicklung von Gesellschaften dienen. Zweitens sollte die zu Grunde gelegte Theorie auch populär und als Alltagstheorie in den Köpfen vieler Menschen präsent sein. Die Leser sollen einschätzen können, ob der tatsächliche Entwicklungsweg bestimmter Länder ihren Modernisierungsvorstellungen entspricht oder nicht. Beide Bedingungen erfüllen die „herkömmlichen" funktionalistischen Modernisierungstheorien der 1950er und 1960er Jahre. Aus diesen Gründen werden im Folgenden ihre Aussagen als Hilfsmittel zur Orientierung der Leser verwendet. Damit ist keinesfalls unterstellt, dass die funktionalistischen Modernisierungstheorien zutreffen. Inwieweit dies (nicht) der Fall ist, wird in allen und vor allem am Ende der einzelnen Kapitel immer wieder anhand empirischer Befunde geprüft werden.

2.2.2 Ein Modell der Sozialstrukturmodernisierung

Gesellschaften, die im Lichte von Modernisierungstheorien als modern zu bezeichnen sind, durchlaufen Entwicklungen. Um den Entwicklungsstand der Gesellschaften bestimmen zu können, wurden immer wieder Modelle typischer Entwicklungsphasen moderner Gesellschaften entworfen.

In unserem Zusammenhang sind Typisierungen von Interesse, die sich auf die Sozialstrukturentwicklung beziehen. So unterscheidet zum Beispiel Volker Bornschier (1998: 11) in „westlichen Gesellschaften" ein Nacheinander des „liberalen", des „klassenpolitischen" und des „sozialmarktwirtschaftlichen" Gesellschaftsmodells. Bornschier ist der Auffassung, dass diese Unterscheidung nicht nur eine modellhafte ist. Auch die reale Entwicklung verläuft seiner Meinung nach nicht stetig, sondern phasenweise. Die genannten Modelle charakterisieren ihm zufolge daher tatsächliche Entwicklungsphasen. Colin Crouch (1999: 34-47) hingegen unterscheidet im Hinblick auf die industriellen, kapitalistischen, liberalen und demokratischen Gesellschaften Westeuropas nach dem Zweiten Weltkrieg „The Mid Century Social Compromise" (ca. 1960) und „Post Industrial Societies" (ca. 1990), wobei er innerhalb der letzteren eine positiv getönte und eine negativ eingefärbte Modellvorstellung unterscheidet. Crouch versteht seine Modellvorstellungen nicht realistisch, sondern nominalistisch, als idealtypisch konstruierte „Momentaufnahmen" innerhalb kontinuierlich verlaufender Gesellschaftsentwicklungen.

Im Folgenden soll vergleichsweise konventionell eine vormoderne „Agrargesellschaft", eine moderne „Industriegesellschaft" und eine moderne „Postindustrielle Gesellschaft" mit je einer typischen Ausformung der Sozialstruktur unterschieden werden. Wie die ihnen zu Grunde liegenden Modernisierungstheorien sind diese drei Sozialstrukturtypisierungen allein zu *heuristischen* Zwecken eingeführte Modellvorstellungen. Sie besagen, dass alle modernen Gesellschaften in einer ersten Phase die typische Sozialstruktur einer „Industriegesellschaft" aufweisen und alle modernen Gesellschaften in einer zweiten Phase in die typische Sozialstruktur einer „postindustriellen Gesellschaft" hineinwachsen. Aber auch diese Vorstellungen sollen nur als *Denkmodelle* verstanden werden. Keineswegs soll damit behauptet werden, dass im Laufe des Modernisierungsprozesses *tatsächlich* alle Gesellschaften das Stadium einer „typischen Industriegesellschaft" und einer „typischen postindustriellen Gesellschaft" durchlaufen. Die empirischen Befunde in den folgenden Kapiteln werden zeigen, dass dies keineswegs immer der Fall ist.

Theorie der modernen Industriegesellschaft

Wieso kommt es zur Herausbildung moderner Industriegesellschaften und danach zu Postindustriellen Gesellschaften? Aufbauend auf Modernisierungstheorien wird in Theorien moderner Industriegesellschaften üblicherweise angenommen, das Aufkommen neuer Technologien (Dampfmaschine, Verbrennungs- und Elektromotoren) und die zunehmende Organisation der Produktion in arbeitsteiligen Großunternehmen (Fabriken) seien die Ursachen, die zur Veränderung der gesamten Gesellschaft führen. In Theorien der Industriegesellschaft ist also ein gutes Stück „technologischen Determinismus'" enthalten. Alle wirtschaftlichen, politischen und sozialen Gesellschaftsstrukturen, einschließlich der Sozialstruktur und der Denk- und Verhaltensweisen der Menschen, seien gezwungen, sich an die neuen Techniken und Produktionsweisen anzupassen (Andorka 2001: 502; Strasser/Randall 1979: 85). Die Industrialisierung zieht die Entstehung der Industriegesellschaft nach sich.
Charakteristisch für den „Code" der sich herausbildenden Industriegesellschaft seien (Toffler 1980: 58ff.):

- die *Standardisierung* (Festpreise, kollektive Arbeits- und Anstellungsbedingungen, immer wieder kehrende Arbeits- und Produktionsabläufe, die „Normalfamilie" etc.)
- die *Spezialisierung* (z.b. die Auffächerung der Berufe, die Trennung von Erwerb und Haushalt, die Trennung der Rollen von Mann und Frau, die Trennung von Produktion und Konsum),
- die *Synchronisierung und Rationalisierung* (zu erkennen z.B. an der „rush hour", der Fabriksirene, dem gemeinsamen „Feierabend" und an der Devise „Zeit ist Geld"),
- die *Konzentration* (z.B. der politischen Herrschaft, der Produktion in Fabriken, Konzernen und Monopolen),
- die *Zentralisierung* (von Bürokratien, Unternehmensleitungen etc.) und
- die *Maximierung* (immer höhere Gebäude und Produktionszahlen, immer mehr Autobahnen).

Theorien der Postindustriellen Gesellschaft

Theorien postindustrieller Gesellschaften gehen demgegenüber davon aus, dass Technisierung und Industrialisierung, also „die Maschine" und „die Fabrik", nicht länger die auslösenden Faktoren für gesellschaftliche Veränderungen sind. Vielmehr sei das theoretische Wissen zum „axialen Prinzip" der gesellschaftlichen Entwicklung aufgerückt. Mit seiner Hilfe erfolgen die Planungen, die Entscheidungsorganisationen und die Lenkung des Wandels. „Die Universität" löst gewissermaßen „die Fabrik" als zentrale und symbolträchtige Kerneinrichtung ab. Erkennbar wird der Übergang zur postindustriellen Gesellschaft an der Zunahme von Wissensbeständen, von hochqualifizierten Arbeitskräften und von Dienstleistungen in der Erwerbstätigkeit. Darum gruppierten sich die neuen Gesellschafts- und Sozialstrukturen (Bell 1975: 32ff.; Touraine 1972). Statt Standardisierung sei Pluralisierung (von Lebensformen, Arbeitsbedingungen etc.), statt Zentralisierung und Maximierung seien Regionalisierung, Partizipation und Individualisierung, statt Synchronisierung sei die Flexibilisierung (von Arbeitszeiten, Karrieren etc.) im Vordringen begriffen (Toffler 1980).

Wie die Verlegenheitsvorsilbe „*Post*" schon andeutet, kennzeichnen entsprechende Theorien die Postindustrielle Gesellschaft zu einem erheblichen Teil dadurch, dass bestimmte Strukturen nicht mehr bestehen. Die neu aufkommenden Strukturen sind dagegen erst in groben Umrissen deutlich. Es erweist sich wieder einmal, dass es sehr viel leichter ist, eine vergangene Gesellschaftsform aus rückblickender Distanz zu charakterisieren als einen sich erst entwickelnden Gesellschaftstypus zu überblicken und zu erklären.

Deswegen wurden in den vergangenen Jahren zahlreiche ergänzende und konkretisierende Strukturkonzepte zeitgenössischer moderner Gesellschaften und diesbezüglicher Theorien vorgestellt (vgl. Immerfall 1998; Kneer/ Nassehi/Schroer 1997; Pongs (Hg.) 2000): Die Theorien von der „Wissensgesellschaft", „Informationsgesellschaft", „Erlebnisgesellschaft", „Multikulturellen Gesellschaft", „Weltgesellschaft" bzw. „Globalen Gesellschaft", „ Zivilgesellschaft", „Individualisierten Gesellschaft", „Risikogesellschaft", „Multi-Options-Gesellschaft", „Single-Gesellschaft" etc. weisen jeweils auf spezifische Entwicklungsprozesse gegenwärtiger moderner Gesellschaften hin. In ihrer Gesamtheit machen sie aber auch klar, wie unklar den Sozialwissenschaftlern die grundlegenden und zukunftsweisenden Strukturen moderner Gesellschaften sind.

Regulationstheorien

Modernisierungstheorien sowie die spezifischeren „Abschnitts"-Theorien der Industriegesellschaft und der Postindustriellen Gesellschaft kommen zu durchweg *optimistischen* Aussagen. Diese werden in der Literatur teilweise heftig bestritten. Vor allem im Hinblick auf neuere Entwicklungen finden sich auch *pessimistischere* Theorien und Modelle. Beispielsweise betonen

Regulationstheorien bzw. Theorien des „Post-Fordismus" (Aglietta 1979; 2000; Böckler 1991; Hirsch 1990; 1995; Hirsch/Roth 1986; Jessop 1993; Jessop u.a. 1991; Lipietz 1985) nicht Kompetenz, Flexibilität und Freiheit, sondern wachsende Unsicherheit und Ungleichheit infolge neuer Technologien, Globalisierung und Deregulierung.

Regulationstheoretiker halten das kapitalistische System mit seinem Widerspruch zwischen Arbeit und Kapital nach wie vor für gesellschaftsprägend. Im Gegensatz zum herkömmlichen Marxismus wird dem Kapitalismus aber die Fähigkeit zuerkannt, sich anzupassen, fortzubestehen und unterschiedliche Formen anzunehmen. Dies leistet Regulation.

Die Regulationstheorie unterscheidet kapitalistische Phasen. Diese sind gekennzeichnet durch je relativ stabile Akkumulationsregimes, die sich auch nach Ländern und Regionen unterscheiden. Akkumulationsregimes stellen immer wieder ein relativ stabiles Verhältnis zwischen den jeweils produzierten Gütern und deren Konsumption her. Damit werden die jeweiligen Konflikte, Krisen und Probleme auf jeweils bestimmte Weise reguliert. Jedem Akkumulationsregime entspricht eine bestimmte Regulationsweise, d.h. Normen, Institutionen etc., die z.B. Lohn- oder Konkurrenzverhältnisse regeln. Diese Regulationsweisen entstehen durch Aushandlungsprozesse individueller und kollektiver Akteure, nicht zuletzt staatlicher Instanzen.

Die wichtigsten Akkumumulationsregimes bzw. Regulationsweisen, und damit die wichtigsten Phasen des Kapitalismus, stellen nach Ansicht von Regulationstheoretikern der *Fordismus* und der *Postfordismus* dar. Der Fordismus zeichnet sich durch arbeitsteilige Produktion, ökonomisches Wachstum, einen umverteilenden Wohlfahrtsstaat, allgemeinen Massenkonsum, standardisierte Produktionsnormen und Produkte sowie eine allgemein verbreitete Fortschrittskonzeption aus. – In den 1970er Jahren ist der Fordismus aus der Sicht der Regulationstheorien in die Krise geraten. Die kapitalistischen Staaten waren gezwungen, sozialstaatliche Transfers und die antizyklische Fiskalpolitik zu reduzieren, Produktionen in billigere Länder auszulagern und sich hin zu Flexibilität und Individualisierung umzuorientieren. Im Verlauf dieser „postfordistischen" Regulationsweise ändert der soziale Wandel seine Richtung. Zahlreiche bislang fortschrittliche Entwicklungen gehen zu Ende. So wachsen zum Beispiel soziale Ungleichheit und Armut. Die mittleren Schichten schrumpfen. Soziale Sicherheit schwindet.

Im Folgenden werden nicht die eben skizzierten regulationstheoretischen, sondern die optimistischeren Modernisierungstheorien (und die darauf beruhenden Theorien von Industriegesellschaft und postindustrieller Gesellschaft) zu Grunde gelegt. Dies geschieht, wie erwähnt, zum Zweck der gedanklichen Ordnung, nicht mit Anspruch auf Wirklichkeitsaussagen. Die nachfolgenden Kapitel werden zeigen, dass der Optimismus nicht immer zu Recht besteht.

Das modernisierungstheoretische Modell der Sozialstrukturentwicklung

Theorien und Konzepte der Modernisierung, der „Industriegesellschaft" und der „Postindustriellen Gesellschaft" enthalten vielfältige *Beschreibungen* der jeweiligen Ausgestaltung der Sozialstruktur. Der Kürze halber wurde in der folgenden Tabelle stichwortartig zusammengestellt, welche Sozialstruktur im Zuge der Herausbildung einer „typischen Industriegesellschaft" und welche Sozialstruktur innerhalb einer „typischen Postindustriellen Gesellschaft" erwartet wird. Inwieweit diese Erwartungen zutreffen, wird sich in den nächsten Kapiteln zeigen. Die Stichworte der Tabelle werden jeweils zu Beginn der folgenden Kapitel erläutert werden. Dort wird auch auf die *Ursachen* der Entstehung dieser typischen sozialstrukturellen Muster eingegangen werden. So wird zum Beispiel zu Beginn des dritten Kapitels dargestellt werden, was mit dem Begriff „demographischer Übergang" gemeint ist und wieso nach Auffassung von Modernisierungstheoretikern im Zuge der Industriegesellschaft ein „demographischer Übergang" entsteht.

Die in der rechten Spalte der Tabelle 2.1 sichtbare Typisierung einer „postindustriellen" Sozialstruktur stellt eine neue Phase der Modernisierung dar. Sie bleibt aber im Rahmen der Modernisierung. Sie enthält „moderne" sozialstrukturelle Elemente, denn sie kann mit den o.a. Theorien und Grundzügen der Moderne durchaus zur Deckung gebracht werden. So sind zum Beispiel die Pluralisierung von Lebensformen, die Herausbildung komplexer Strukturen sozialer Ungleichheit und die zunehmende Individualisierung mit den o.a. generellen Merkmalen moderner Gesellschaften (zunehmende funktionale Differenzierung, Zweckrationalität, Anpassungfähigkeit und Universalisierung) gut in Einklang zu bringen.

Allerdings wird seit den 1980er Jahren diskutiert, ob einige gesellschaftliche, darunter auch sozialstrukturelle Entwicklungen nicht viel weiter gehen und bereits eine Abkehr von der Modernisierung bedeuten. Sollten diese Diagnosen zutreffen, die von „postmodernen" Sozialstrukturen oder gar einer „postmodernen Gesellschaft" sprechen, so ginge mit der Modernisierung eine Epoche zu Ende, die seit ca. 500 Jahren im Gange ist, – und nicht nur die Industriegesellschaft, die sich seit max. 150 Jahren entwickelte.

Tab. 2.1: Das modernisierungstheoretische Modell der
         Sozialstrukturentwicklung

	Vormoderne Agrargesellschaft	Moderne Industriegesellschaft	Moderne postindustrielle (Wissens- und Dienstleistungs-)Gesellschaft
Bevölkerung	Heiratsbeschränkungen; maximale Anzahl von Geburten in Ehen; hohe Sterblichkeit; geringe Bevölkerungsvermehrung	Erster demographischer Übergang: wenige Geburten, längere Lebenserwartung, „sparsame" Bevölkerungsweise; sporadische Außenwanderungen; geringe Bevölkerungsvermehrung	Zweiter demographischer Übergang: Geburtendefizit; Alterung; systematische Zuwanderung
Haushalte	Das „ganze Haus" dominiert; Arbeiten und Wohnen am gleichen Ort	Zwei-Generationen-Kernfamilie dominiert. Urbanisierung; Trennung von Arbeiten und Wohnen; Männer erwerbstätig, Frauen im Haushalt	weniger und späteres Heiraten; spätere Geburten; geringere Stabilität von Ehen; mehr Frauen sind erwerbstätig; Pluralisierung von Lebensformen
Bildung	Grundbildung nur für Teile der Bevölkerung; Bildungschancen formell von Standeszugehörigkeit abhängig	Massenbildung für alle; formale Chancengleichheit zur Erlangung von Bildungsabschlüssen; soziale Stellung immer mehr an Bildungsgrad gebunden	a) Bildungsexpansion; weiterführende Bildung für viele; systematische Weiterbildung; b) organisatorische Ausdifferenzierung des Bildungssystems; c) mehr faktische Chancengleichheit
Erwerbstätigkeit	Die Landwirtschaft dominiert; Arbeit und Freizeit sind wenig getrennt	Der Landwirtschaftssektor schrumpft. Der Produktionssektor dominiert. Der Beruf ist die Schlüsselstellung der Menschen. Spezialisierung und Maschinenbedienung setzen sich durch. Lohnabhängigkeit dominiert. Trennung von Arbeit und Freizeit; standardisierte Arbeitsverhältnisse in arbeitsteiligen Großunternehmen (Fabriken)	a) zunehmende Erwerbstätigkeit, vor allem von Frauen; sinkende Arbeitslosigkeit; b) Landwirtschafts- und Produktionssektor schrumpfen. Tertiarisierung: Der Dienstleistungssektor dominiert. Höherqualifizierung der Arbeitenden; Flexibilisierung von Karrieren, Arbeitsverhältnissen und Arbeitsbedingungen; c) steigende Wirtschaftsleistung und wachsender Wohlstand

	Vormoderne Agrargesellschaft	Moderne Industriegesellschaft	Moderne postindustrielle (Wissens- und Dienst- leistungs-)Gesellschaft
Ungleichheit	Die jeweilige „Geburt" prägt die Stellung der Menschen im Ungleichheitsgefüge; Ständegesellschaft; sozialer Auf- und Abstieg kaum möglich	Erst Besitz, dann Beruf prägen Stellung im Ungleichheitsgefüge. Erst Klassen, dann Schichten entstehen. Zuerst viel, dann immer weniger Verteilungs- und Chancenungleichheit. Die Mittelschicht wächst; mehr Auf- und Abstiege	Außerberufliche Determinanten und Dimensionen sozialer Ungleichheit gewinnen an Bedeutung, aber Beruf bleibt wichtig. Klassen und Schichten fächern sich auf; immer bessere Ressourcenausstattung; noch gleichere Verteilung innerhalb und zwischen den Gesellschaften; noch mehr Chancengleichheit
Soziale Sicherung	Sicherung durch die Familie bzw. durch das „ganze Haus"	Großorganisationen zur sozialen Sicherung gegen Standardrisiken (Alter, Krankheit, Unfall, Arbeitslosigkeit, Armut)	Großorganisationen werden zu teuer, lösen neue Sicherungsprobleme nicht. Ein „welfare-mix" entsteht.
Lebensweisen, Massenkultur	zahlreiche lokale, religiöse Sonderkulturen	Einebnung lokaler, religiöser etc. Sonderkulturen durch Arbeits-, Klassen- und Schicht-Kulturen sowie nationalstaatliche Kulturen	Wertewandel; Individualisierung; soziokulturelle Differenzierung (Milieus, Lebensstile, ethnische Kulturen); kulturelle Verflechtung der Länder; weniger Arbeits-, mehr Freizeit- und Konsumgeprägte Orientierungen

2.3 Theorien der Postmoderne

In der Architektur, in der Literatur(wissenschaft), in Geschichtswissenschaft und Philosophie werden seit einiger Zeit Erscheinungen beobachtet, die nicht ins gewohnte Bild der Modernisierung passen. Sie werden nicht selten als Phänomene der „Postmoderne" interpretiert.

– In der *Architektur* dominierten jahrzehntelang funktionsorientierte Bauweisen. Berühmte Architekten, wie Frank Lloyd Wright, Le Corbusier und Mies van der Rohe, ja ganze Architekturschulen wie die des „Bauhauses", bauten nach der Devise „form follows function". Nüchterne zweckorientierte Bauten ohne Ornamente entstanden. In den letzten Jahren sehen wir aber häufig ganz andere Gebäude. Sie enthalten einen verspielten, oft gewagten Mix von Formen, Materialien, Farben und Stilrichtungen aus ganz unterschiedlichen Epochen. (Ein gutes Beispiel hierfür ist das vom weltberühmten „postmodernen" Architekten James Sterling errichtete Gebäude Reichpietschufer 50 in Berlin, in dem sich das Wissenschaftszentrum Berlin für Sozialforschung (WZB) befindet, eine der größten Sozialforschungeinrichtungen in Deutschland.)

– In der *Literatur* erkennt man in belletristischen Werken der letzten Zeit statt moderner Geradlinigkeit und an Stelle der klar erkennbaren Gattungen und Genres der Moderne (z.b. historischer Roman und Kriminalroman; Komödie und Tragödie etc.) häufig eine Vermischung geläufiger Kategorien, ein Neben- und Übereinander von heterogenen Handlungs-, Stil- und Bedeutungsebenen, eine Mehrfach-Codierung von Begriffen und Inhalten. (Wir finden dies zum Beispiel im Roman „Im Namen der Rose" des italienischen Schriftstellters und Semiologen Umberto Eco. Dieses Werk gilt als Musterbeispiel eines „postmodernen" Romans.)

– In der *Geschichtswissenschaft* wurde schon vor Jahrzehnten vom „Ende der Geschichte" (Gehlen 1974) gesprochen. Nach dem Ende der sozialistischen Staaten und dem Ende der Konkurrenz zwischen sozialistischen und kommunistischen Systemen verstärkte sich bei bestimmten Autoren (Fukuyama 1989) erst Recht der Eindruck, dass die gesellschaftliche Entwicklung zum Stillstand gekommen sei.

– Während seit dem 19. Jahrhundert vernunftorientierte Argumentationen zunehmend Allgemeingültigkeit erlangten, und „Unvernünftiges" der Ablehnung verfiel, gelangten in den 80er und 90er Jahren des 20. Jahrhunderts Esoterik, Mythen und Mystik in vielerlei Gestalt (wieder) in den Vordergrund.

– Ähnlich verhält es sich mit Arbeitsteilung und Spezialisierung: Nach dem jahrzehntelangen Vordringen analytischer und arbeitsteiliger Methoden und sind in den letzten beiden Jahrzehnten ganzheitliche Denk- und Vorgehensweisen (z.B. in der Medizin, in der Verknüpfung von Lebensstilen und Politik) auf dem Vormarsch.

Die dargestellten Erscheinungen lassen sich nicht mit den Grundzügen der Modernisierung vereinbaren. So widersprechen „postmoderne" Bauten dem modernen Grundsatz der Zweck-Rationalität. Postmoderner Literatur und Thesen vom „Ende der Geschichte" liegen zyklische oder statische, nicht aber moderne lineare Zeitbegriffe zu Grunde. Esoterik läuft aufklärerischem Vernunftglauben zuwider. Und Ganzheitlichkeit wirkt absichtlich moderner analytischer Sichtweise und der modernen funktionalen Differenzierung entgegen.

Wenn somit auch klar ist, inwiefern die genannten Erscheinungen *nicht* modern sind, so bleibt doch darzustellen, worin „postmoderne" Entwicklungen bestehen. *Der Grundgedanke der Postmoderne lässt sich im Begriff des „radikalen Pluralismus" zusammenfassen.* Damit ist gemeint, dass der Pluralismus der Postmoderne nicht wie der moderne Pluralismus aus einander ergänzenden, harmonischen, einem Ganzen angehörenden Bestandteilen zusammengesetzt ist (etwa die unterschiedlichen Bildungseinrichtungen des Bildungswesens), sondern aus gänzlich unvergleichbaren, einander gleichberechtigten, aus völlig unterschiedlichen Zeiten und Sphären stammenden (wie die Bedeutungsebenen im Roman „der Name der Rose" oder die Stilrichtungen im Gebäude des Wissenschaftszentrums Sozialforschung in Berlin oder die Geschehnisse nach dem „Ende der Geschichte"). Dieser „radikale Pluralismus" kann nur zu Stande kommen, wenn statt des modernen linearen ein statisches bzw. polyzyklisches Zeitverständnis herrscht. Das heißt: Richtungen, Geschwindigkeit und Phase zeitlicher Entwicklungen werden in der Postmoderne als unterschiedlich angesehen und dem entsprechend wird gehandelt. Neues steht darauf hin neben Altem und noch Älterem; Schneller Wandel vollzieht sich neben langsamem und neben Rückschritten; eine „Gleichzeitigkeit des Ungleichzeitigen" entsteht. (Der Roman „Der Name der Rose" spielt sowohl im Mittelalter als auch in der Zeit der „Neuen sozialen Bewegungen"; das WZB-Gebäude enthält Wilhelminische und moderne Fassaden, besteht aus behauenem Naturstein, Beton, Verputz, Metall und Glas etc.)

Auch die weiteren Grundgedanken der Modernisierung werden in der Postmoderne verlassen: Statt Fortschrittsoptimismus finden wir Zweifel an der Zivilisation und an den Segnungen der Technik. An die Stelle des „modernen" Ziels, die individuelle Autonomie, die verfügbaren Optionen und die aktive Gestaltung der Umwelt ständig auszuweiten, dringt (z.B. in der Ökologiebewegung und im Verhalten zu anderen Völkern) die Beschränkung des menschlichen Gestaltungsstrebens und die Beschränkung auf eine verantwortliche Gestaltung. Statt Analyse und Zweck-Rationalität dominieren in der Postmoderne Ganzheitlichkeit und das Spielen mit Möglichkeiten. Das klare Gegenüber von Richtig und Falsch weicht wissenschaftlichem und moralischem Relativismus, zum Beispiel im „Anything goes" des amerikanischen Wissenschaftstheoretikers Paul Feyerabend (1981). Das Subjekt, Dreh- und Angelpunkt der Modernisierung, erfährt De-Zentrierungen und droht zu „verschwinden".

Wieso kam es zu diesen „postmodernen" Erscheinungen? Es wird darauf hingewiesen, dass die Menschen in Kriegen, in Umweltproblemen etc. zu viele Erfahrungen der Machtlosigkeit und der Nicht-Gestaltbarkeit ihrer Welt gemacht haben (Gumprecht 1991: 367f.). So seien den Menschen die großen Zielvorstellungen (Mündigkeit, Freiheit, Autonomie, Zweckrationalität, Vernunft) abhanden gekommen. Sie erst hätten der Modernisierung den Weg gewiesen, die Zukunftsorientierung sich modernisierender bzw. moderner Gesellschaften mit Inhalt gefüllt und Entwicklungen als Fortschritte erkennen lassen. (So spricht der französische Philosoph Jean-François Lyotard (1986: 13f.) von der Verabschiedungen der „Meta-Narrationen" eines universalen, einheitlichen und konsistenten Wissens sowie der Zielsetzungen von Aufklärung und Marxismus.)

Gelegentlich wird die „radikale Pluralisierung" der „postmodernen" Phänomene begrüßt. Das chaotische Nebeneinander wird als Chance oder als Spielfeld gedeutet, woraus Kreativität und Neues entstehen kann. Häufig gilt die Postmoderne aber als Ausdruck von Resignation, und ihre Phänomene werden als ratloses Kramen in Beständen angesehen. Oft wird die „radikale Pluralisierung" der Postmoderne verurteilt, zumal von Soziologen, die sich der Aufklärung und Modernisierung verpflichtet fühlen. Diese sehen die

„Postmoderne" als rückwärtsgewandte Vermengung von Fortschrittlichem mit Reaktionärem. Heftig ist auch eine Kritik, die der „Postmoderne" und ihren intellektuellen Wegbegleitern Konzeptionslosigkeit und Wirrniss vorwirft. Wichtig ist in diesem Lehrbuch des sozialstrukturellen Gesellschaftsvergleichs, ob sich die „Postmoderne" auf bestimmte kulturelle Produkte der Architektur und Literatur sowie auf Teile des intellektuellen Diskurses beschränkt oder ob die „Postmoderne" auch zu einer Erscheinung geworden ist, die sich in gesellschaftlichen Strukturen verfestigt hat. Wenn ja, dann fragt sich, ob auch die Sozialstruktur oder Teile hiervon als „postmodern" angesehen werden können. Die Antwort auf diese Frage fällt nicht leicht. Zum Teil wurde die große Vielfalt neuerer Lebens- und Familienformen und neuerer Lebensstile ebenso als „postmodern" angesehen wie die „Regionalisierung", die „Individualisierung" und die „Globalisierung". Alle sie zeigen ein pluralistisches Nebeneinander von modernen, zu Zweckrationalität und funktionaler Differenzierung tendierenden Strukturen, ein Experimentieren mit Neuem jenseits der bisherigen Formen moderner Gesellschaften, aber auch ein Zurückgreifen auf überkommene Formen traditionaler Gesellschaften.

In den folgenden Kapiteln wird jedoch deutlich werden, dass sich zwar die gewohnten Sozialstrukturen seit den 1970er Jahren in vielen Ländern auffächerten. Von einer postmodernen Sozialstruktur, die im Sinne eines „radikalen Pluralismus" über die o.a. Grundgedanken und generellen Merkmale moderner Gesellschaften hinausgeht, kann man aber allenfalls in engen Bereichen sprechen. Hierzu zählen u.U. bestimmte Lebensstile und Lebensformen. Es ist kein Zufall, dass jene schmalen Sektoren der Sozialstruktur, denen man unter Umständen „postmodernen" Charakter zumessen kann, dem Denken und Handeln der eher intellektuellen Bevölkerungskreise nahe stehen. Denn die „Postmoderne" ist, so wie sie bislang erkennbar ist, in erster Linie eine im intellektuellen Diskurs aufzufindende Gegen- und Korrekturbewegung gegen bestimmte, als negativ empfundene Formen der Modernisierung. Unter anderem haben menschheitsbedrohende Rüstungs- und Technologierisiken, die übergroße Beschleunigung und Effizienzsteigerung des Alltags und die Ohnmacht, dagegen anzugehen, vielfach zu Zweifeln an den großen Zielen der Moderne geführt. Gerade in intellektuellen Gruppierungen und den von ihnen beeinflussten Lebensformen und -stilen, Kunstwerken und Gedankengebäuden haben sich so „postmoderne" Gegenbewegungen verbreitet. Neu sind solche Gegenbewegungen nicht. Die Romantik, die Jugendbewegung und manche andere waren vermutlich sogar folgenreicher. An der Modernisierung und am Leben der vielen haben sie letzten Endes wenig geändert (vgl. Hradil 1990).

2.4 Literatur

Aglietta, Michel 1979: A Theory of Capitalist Regulation, London
Aglietta, Michel 2000: Ein neues Akkumulationsregime. Die Regulationstheorie auf dem Prüfstand, Hamburg

Andorka, Rudolf 2001: Einführung in die soziologische Gesellschaftsanalyse, Opladen: Leske + Budrich

Baumann, Zygmunt 1995: Moderne und Ambivalenz, Frankfurt am Main

Beck, Ulrich 1986: Risikogesellschaft. Auf dem Weg in eine andere Moderne, Frankfurt am Main: Suhrkamp

Beck, Ulrich 1990: Der Konflikt zweier Modernen, in: Zapf, Wolfgang (Hg.): Die Modernisierung moderner Gesellschaften. Verhandlungen des 25. Deutschen Soziologentages in Frankfurt am Main 1990, S. 40-54

Bell, Daniel 1975: Die nachindustrielle Gesellschaft, Frankfurt am Main

Berger, Johannes (Hg.) 1986: Die Moderne – Kontinuitäten und Zäsuren, Soziale Welt, Sonderband 4, Göttingen: Schwartz

Berger, Johannes 1986a: Einleitung, in: Ders. (Hg.) 1986. S. 1-14

Berger, Johannes 1996: Was behauptet die Modernisierungstheorie wirklich – und was wird ihr bloß unterstellt? In: Leviathan 24, S. 45-62.

Böckler, Stefan 1991: Kapitalismus und Moderne. Zur Theorie fordistischer Modernisierung, Opladen: Westdeutscher Verlag

Bornschier, Volker 1998: Westliche Gesellschaft – Aufbau und Wandel, Zürich: Seismo

Bulmahn, Thomas 2000: Modernity and Happiness. The Case of Germany, Berlin: WZB Papier FS III 00-402

Coser, Lewis A. 1967: Sozialer Konflikt und sozialer Wandel, in: Dreitzel, Hans-Peter (Hg.): Sozialer Wandel. Zivilisation und Fortschaft als Kategorien der soziologischen Theorie, Berlin/Neuwied: Luchterhand, S. 278-294 (zuerst: Social Conflict and the Theory of Social Change, in: The British Journal of Sociology, VIII, Sept 1957)

Crouch, Colin 1999: Social Change in Western Europe, Oxford: University Press

Dahrendorf, Ralf 1957: Soziale Klassen und Klassenkonflikt, Stuttgart: Enke

Dahrendorf, Ralf 1969: Zu einer Theorie des sozialen Konflikts, in: Zapf, Wolfgang (Hg.): Theorien des sozialen Wandels, Köln/Berlin: Kiepenheuer & Witsch, S. 108-123 (zuerst 1958)

Eisenstadt, Shmuel N. 2000: Die Vielfalt der Moderne, Weilerswist: Velbrück

Feyerabend, Paul 1981: Wider den Methodenzwang. Skizze einer anarchistischen Erkenntnistheorie, Frankfurt am Main

Fürstenberg, Friedrich 1966: „Sozialstruktur" als Schlüsselbegriff der Gesellschaftsanalyse. In: Kölner Zeitschrift für Soziologie und Sozialpsychologie 18, S. 439-453

Fukuyama, Francis 1989: The Ende of History? In: The National Interest (summer 1989), S. 3-18

Gehlen, Arnold 1974: Ende der Geschichte? in: Ders.: Einblicke, Frankfurt am Main: Klostermann, S. 113-133

Geißler, Rainer 1996: Die Sozialstruktur Deutschlands. Die gesellschaftliche Entwicklung vor und nach der Vereinigung, 3. Aufl., Opladen: Westdeutscher Verlag

Glatzer, Wolfgang 1989: Sozialstruktur, in: Endruweit, Günter/Trommsdorff, Gisela (Hrsg.): Wörterbuch der Soziologie, Stuttgart: Enke 1989, S. 647-653

Gumprecht, H. U. 1991: Die Postmoderne ist (eher) keine Epoche, in: Weimann, R./Gumprecht, H. U. (Hg.): Postmoderne – globale Differenz, Frankfurt am Main, S. 366-369

Hillmann, Karl-Heinz 1994: Sozialstruktur, in: Ders.: Wörterbuch der Soziologie, 4. Aufl., Stuttgart: Alfred Kröner Verlag, S. 814-816

Hirsch, Joachim 1990: Kapitalismus ohne Alternative, Hamburg

Hirsch, Joachim 1995: Der nationale Wettbewerbsstaat, Berlin/Amsterdam: ID-Archiv

Hirsch, Joachim/Roth, Roland 1986: Das neue Gesicht des Kapitalismus. Vom Fordismus zum Postfordismus, Hamburg: VSA-Verlag

Hoselitz, Bertod F. 1952: The Progress of Underdeveloped Areas, Chocago: Univ. Press

Hradil, Stefan 1990: Postmoderne Sozialstruktur? Zur empirischen Relevanz einer „modernen" Theorie sozialen Wandels, in: Berger, Peter A./Hradil, Stefan (Hg.): Lebenslagen, Lebensläufe, Lebensstile. Soziale Welt, Sonderband 7, Göttingen: Schwartz, S. 125-150

Huntington, Samuel P. 1993: The Clash of Civilizations? in: Foreign Affairs 72

Huntington, Samuel P. 1996: Der Kampf der Kulturen. Die Neugestaltung der Weltpolitik im 21. Jahrhundert, München/Wien: Europaverlag

Immerfall, Stefan 1998: Gesellschaftsmodelle und Gesellschaftsanalyse, in: Schäfers, Bernhard/Zapf, Wolfgang (Hg.): Handwörterbuch zur Gesellschaft Deutschlands, Opladen. Leske + Budrich, S. 254f

Jessop, Bob 1993: The Transition to Post-Fordism and the Schumpeterian Workfare State, in: Burrows, Roger/Loader, Bob (eds.): Towards a Postfordist Welfare State, London/New York

Jessop, Bob u.a. 1991: The Politics of Flexibility. Restructuring State and Industry in Britain, Germany and Scandinavia, Aldershot: Elgar

Kneer, Georg/Nassehi, Armin/Schroer, Markus (Hg.) 1997: Soziologische Gesellschaftsbegriffe. Konzepte moderner Zeitdiagnosen, München: Fink

Lipietz, Alain 1985: Akkumulation, Krisen und Auswege aus der Krise. Einige Methodologische Anmerkungen zum Begriff der „Regulation", in: PROKLA 58, S. 109-137

Lyotard, Jean-Francois 1986: Das postmoderne Wissen. Ein Bericht, vollst. Überarb. Fass., Graz/Wien 1986

Parsons, Talcott 1961: An Outline of the Social System, in: Ders. u.a. (eds.): Theories of Society, 2 Bde., New York (deutsch: Parsons, Talcott 1969: Das Problem des Strukturwandels: eine theoretische Skizze, in: Zapf, Wolfgang (Hg.): Theorien des sozialen Wandels, Köln-Berlin, S. 35-54)

Parsons, Talcott 1964: Evolutionary Universals in Society, in: American Sociolocigal Review 29, S. 339-357 (deutsch: Parsons, Talcott 1969: Evolutionäre Universalien der Gesellschaft, in: Zapf, Wolfgang (Hg.): Theorien des sozialen Wandels, Köln-Berlin, S. 55-74)

Pongs, Armin (Hg.): In welcher Gesellschaft leben wir eigentlich? Gesellschaftskonzepte im Vergleich, München: Dilemma-Verlag 2000, S. 103-124

Resasade, Hadi 1984: Zur Kritik der Modernisierungstheorien. Ein Versuch zur Beleuchtung ihres methodologischen Basissyndroms, Opladen: Leske + Budrich

Schäfers, Bernhard 1998: Sozialstruktur und sozialer Wandel in Deutschland, 7., neu bearb. Aufl., Stuttgart: Enke

Spencer, Herbert 1877: Die Prinzipien der Sociologie, Stuttgart

Strasser, Hermann/Randall, Susan C. 1979: Einführung in die Theorien des sozialen Wandels, Neuwied: Luchterhand

Toffler, Alvin 1980: Die dritte Welle. Zukunftschance. Perspektiven für die Gesellschaft des 21. Jahrhunderts, München: Goldmann

Touraine, Alain 1972: Die postindustrielle Gesellschaft, Frankfurt

Vester, Heinz-Günter 1985: Modernismus und Postmodernismus – Intellektuelle Spielereien? In: Soziale Welt 36, S. 3-26

Welsch, Wolfgang 1986: Unsere postmoderne Moderne, Weinheim.

Weymann, Ansgar 1998: Sozialer Wandel. Theorien zur Dynamik der modernen Gesellschaft, Weinheim und München: Juventa Verlag

Zapf, Wolfgang (Hg.) 1969: Theorien sozialen Wandels, Köln/Berlin: Kiepenheuer & Witsch

Zapf, Wolfgang 1990: Modernisierung und Modernisierungstheorien, in: Zapf, Wolfgang (Hg.): Die Modernisierung moderner Gesellschaften. Verhandlungen des 25. Deutschen Soziologentages in Frankfurt am Main 1990, S. 23-39

Zapf, Wolfgang 1996: Modernisierungstheorie und unterschiedliche Pfade der gesellschaftlichen Entwicklung, in: Leviathan 24, S. 63-77

Zapf, Wolfgang 2002: Entwicklung und Sozialstruktur moderner Gesellschaften, in: Korte, Hermann/Schäfers, Bernhard (Hg.): Einführung in die Hauptbegriffe der Soziologie, 6. Aufl., Opladen: Leske + Budrich, S. 251-265

3. Die Bevölkerung

Vor dem Hintergrund der o.a. Modernisierungstheorien und -modelle sollen im Folgenden die einzelnen Bereiche der Sozialstruktur Deutschlands mit den Sozialstrukturen anderer Länder verglichen werden. Jedem Sozialstrukturbereich ist ein eigenes Kapitel gewidmet. Hierbei beginnt jedes Kapitel wiederum mit Modernisierungstheorien. Im Gegensatz zu den eingangs dargestellten „allgemeinen Modernisierungstheorien" handelt es sich bei den folgenden um „spezielle Modernisierungstheorien". Sie machen verständlich, *wieso* es zu den jeweiligen sozialstrukturellen Veränderungen z.b. im Bereich der Bevölkerung kam.

Hierbei steht das Kapitel „Bevölkerung" nicht zufällig am Beginn der abzuhandelnden sozialstrukturellen Bereiche. Denn die Bevölkerung, also die Zahl und Zusammensetzung der in einem Land lebenden Menschen, bildet das „Rohmaterial" für eine Vielzahl von gesellschaftlichen, politischen und wirtschaftlichen Prozessen. Wer genügend Informationen über die jeweilige Bevölkerung eines Landes hat, verfügt über eine notwendige, wenn auch nicht immer zureichende Voraussetzung, um viele Probleme, Möglichkeiten und Verhaltensweisen im betreffenden Land einschätzen zu können.

3.1 Der Bezugsrahmen

3.1.1 Grundbegriffe

Unter *Bevölkerung* sind, wie gerade erwähnt, die Menschen zu verstehen, die in einem bestimmten Gebiet längerfristig wohnen. Hierbei spielt es keine Rolle, welche Staatsangehörigkeit diese Personen haben. Als Bevölkerungs-*struktur* bezeichnet man die Untergliederung einer Bevölkerung u.a. nach Alter, Geschlecht und ethnischer Zugehörigkeit.

Zahl und Struktur einer Bevölkerung verändern sich ausschließlich durch Geburten, Sterbefälle und Außenwanderungen (d.h. Umzüge über die Grenzen des jeweiligen Gebiets hinweg). Im Leben der Einzelnen stellen Geburten, Sterbefälle sowie Ein- und Auswanderungen einschneidende biographische Ereignisse dar. Dies ist heute, wo Geburten und Sterbefälle seltener als früher geworden sind, mehr denn je der Fall. Dementsprechend hoch ist auch die Aufmerksamkeit der Menschen hierauf. Viele Gebräuche, Feste u. ä. ranken sich darum. Im Ganzen geschehen diese Ereignisse in jeder Gesellschaft aber täglich viele Male. Und erst in der großen Zahl ihrer Gesamtheit werden die einzelnen Geburten, Sterbefälle und Ein- bzw. Auswanderungen zu gesellschaftsprägenden *Bevölkerungsprozessen* (Höhn 1997: 71). So sind es die drei Bevölkerungsprozesse der Geburten, der Sterbefälle und der Außenwanderungen, die den Wandel von Bevölkerungen und Bevölkerungsstrukturen bewirken. Die genannten Bevölkerungsprozesse stellen an sich noch keine Ursachen des Wandels dar. „Hinter" ihnen stehen vielfältige Bestimmungsgründe. So wird zum Beispiel die Geburtenzahl durch Sicherheitsempfindungen, Nutzenkalkulationen der Menschen u.v.a.m. beeinflusst.

Bleiben die Proportionen von Geburten, Sterbefällen und grenzüberschreitenden Wanderungen über eine gewisse Zeit hin relativ stabil, so spricht man von einer *Bevölkerungsweise*. Das oben (in der ersten Zeile von Tabelle 1) skizzierte Modell des Ersten und des Zweiten Demographischen Übergangs unterscheidet drei Bevölkerungsweisen: eine vorindustrielle, eine industriegesellschaftliche und eine postindustrielle.

3.1.2 Das Modell des Ersten und Zweiten Demographischen Übergangs

Das Modell des ersten Demographischen Übergangs wurde zum ersten Mal von dem französischen Demographen A. Landry (1934) vorgestellt und nach dem Zweiten Weltkrieg vor allem von F. W. Notestein (1963) weiterentwickelt (vgl. Andorka 2001: 240; Immerfall 1994: 42; Mertins 1997: 9).

– Diesem Modell zu Folge sind in vorindustriellen Agrargesellschaften Geburten und Sterbefälle sehr häufig. Die Geburtenrate übersteigt die Sterberate im Allgemeinen etwas. Dies kann als *vorindustrielle Bevölkerungsweise* bezeichnet werden. Im Ergebnis wächst dadurch die Bevölkerung einer Agrargesellschaft langsam. Dies ist jedoch mit viel Arbeit und Leid der Menschen erkauft.

– Dann beginnt dem Modell gemäß die Sterberate zu sinken. Mit anderen Worten: Die Lebenserwartung der Menschen steigt. Die Geburtenzahl bleibt einstweilen unverändert hoch. Das Resultat ist klar: Die Bevölkerungszahl nimmt rasch zu.

– In einer weiteren Phase des „demographischen Übergangs" sinkt die Sterblichkeit weiter. Nun beginnt aber auch die Geburtenrate zu sinken. Die Menschen reduzieren die Zahl ihrer Kinder. Die Zahl der Bevölkerung wächst weiterhin.

– Sodann schwächt sich der Rückgang der Sterberate ab und stabilisiert sich. Die Lebenserwartung der Menschen wächst daher nur noch langsam. Die Geburtenrate jedoch schrumpft weiter. Das Bevölkerungswachstum verläuft also langsamer als bisher.

– Schließlich stabilisieren sich die Geburten- und die Sterberate auf niedrigem Niveau. Das heißt: Die Menschen bekommen nur noch wenige Kinder und leben recht lange. Dies lässt sich als *industriegesellschaftliche Bevölkerungsweise* bezeichnen. Da das Geburtenniveau immer noch etwas über dem der Sterblichkeit liegt, wächst die Bevölkerung langsam, ähnlich wie in der vorindustriellen Agrargesellschaft. Aber dieser begrenzte Zuwachs vollzieht sich nun mit „sparsameren" Mitteln. Es ist mit wesentlich weniger Leid und Mühe für die Menschen verbunden.

In den letzten Jahren wurde das Modell des „Ersten Demographischen Übergangs" durch den „Zweiten Demographischen Übergang" ergänzt (Hoffmann-Nowotny 1988; Lesthaeghe/van de Kaa 1986; van de Kaa 1987).

– Hiernach sinkt nach der Phase der industriegesellschaftlichen Stabilisierung die Geburtenrate erneut. Sie gerät dauerhaft unter die Sterberate. Dadurch schrumpfen die Bevölkerungen postindustrieller Gesellschaften.

– Diese Bevölkerungsverluste werden durch andauernde Zuwanderungen mehr oder minder ausgeglichen. Eine neue, relativ stabile *postindustrielle Bevölkerungsweise* entsteht.

In der folgenden Abbildung werden die beiden Demographischen Übergänge deutlich:

Abb. 3.1: Das Modell des Ersten und Zweiten Demographischen Übergangs

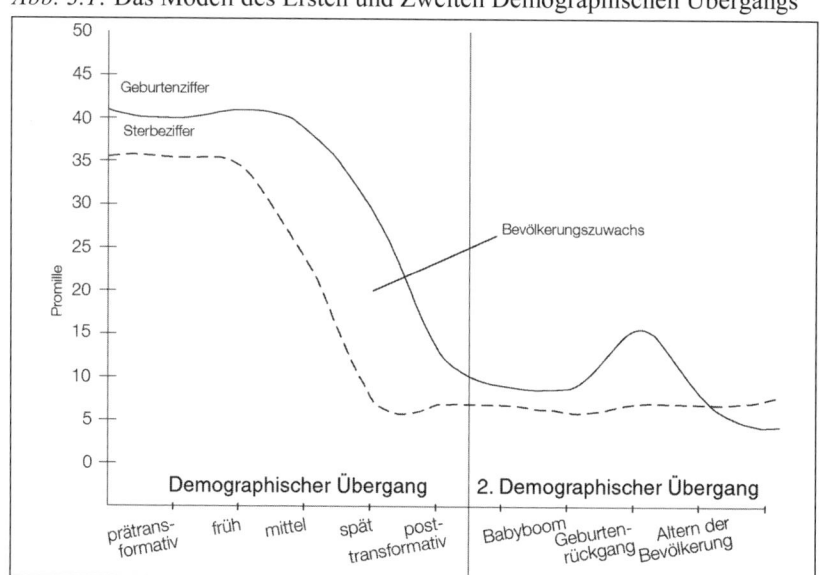

Quelle: Immerfall 1994: 42

Dem Modell zu Folge werden sich diese Wandlungsprozesse in allen Gesellschaften der Welt vollziehen, in den einen früher, in den anderen später. Die folgende Abbildung illustriert dies und hält fest, wie weit die heutigen Weltregionen im Hinblick auf die beiden Demographischen Übergänge „fortgeschritten" sind.

Abb. 3.2: Stand der Demographischen Übergänge in verschiedenen Weltregionen 1995 (Geburten- und Sterberate in Promille)

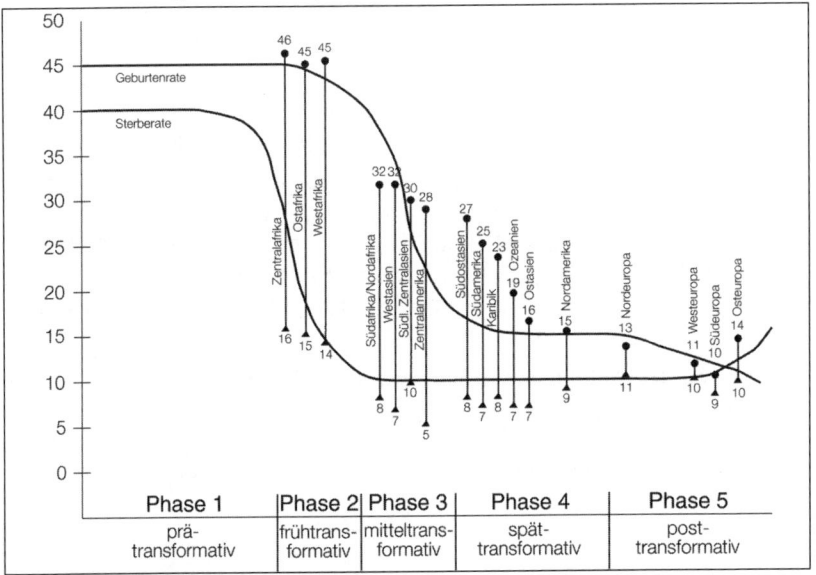

Quelle: Schmid 1999: 14

3.1.3 Modernisierung als Ursache der Demographischen Übergänge

Fragt man nach den Ursachen der beiden o.a. Demographischen Übergänge, so wird üblicherweise auf Modernisierungsprozesse hingewiesen. Die Abnahme der Sterblichkeit und das Schrumpfen der Geburtenrate werden vor allem mit der Technisierung und Industrialisierung von Gesellschaften, mit der Vermehrung von Wohlstand und Bildung sowie mit der Herausbildung „moderner" Mentalitäten begründet (vgl. Andorka 2001: 240; Mertin 1997: 14).

Überprüft man diese Begründungen, so ergibt sich aber, dass im Laufe der Geschichte die Sterbe- und Geburtenziffern in den einzelnen Gesellschaften bei sehr unterschiedlichem Stand der gesellschaftlichen Modernisierung zu schrumpfen begannen. So setzte in Frankreich der Geburtenrückgang bei viel früherem Modernisierungsgrad ein als in England. Dort sind sogar

Zweifel am Platz, ob sich das Modell des demographischen Übergangs überhaupt anwenden lässt (Sokoll 1998). In den heutigen Entwicklungsländern begann die Abnahme der Sterberate – gemessen an der Modernisierung – noch früher als vormals in Europa und sie schreitet auch schneller fort. Auch die Verringerung der Geburten setzte in einigen Entwicklungsländern recht früh ein, in anderen jedoch später, und in einigen lässt sie auch heute noch auf sich warten (Andorka 2001: 240).

Auch wenn man akzeptiert, dass es im Großen und Ganzen doch die Modernisierung ist, die die beiden „Demographischen Übergänge" in den einzelnen Ländern hervorruft, so ist doch unübersehbar, dass man solche Modernisierungserklärungen erheblich ergänzen und differenzieren muss, wenn man sie im internationalen Vergleich anwenden will.

Wenn allgemeine Modernisierungstheorien nur bedingt brauchbar zur Begründung des Modells der „Demographischen Übergänge" sind, dann hilft vielleicht ein Blick in speziellere Theorien der Fruchtbarkeit (Geburtenzahl) und Sterblichkeit (Lebenserwartung).

Ökonomische (Rational-Choice-)Theorien der Fruchtbarkeit (Becker 1960) gehen davon aus, dass es in modernen Gesellschaften immer weniger die Traditionen oder die Emotionen sind, die darüber entscheiden, ob und ggf. wie viele Kinder zur Welt gebracht werden, sondern zunehmend der „Nutzen" der Eltern bzw. Mutter. Übersteigt der „Nutzen" die „Kosten", so kommt es – dieser Theorie zu Folge – zu (weiteren) Geburten. Übersteigen die Kosten den Nutzen, so unterbleiben (weitere) Geburten. Dies mag befremdlich wirken. Bevor man aber dergleichen Theorien als indiskutabel verwirft, weil man meint, dass es ausschließlich aus emotionalen Gründen zu Geburten komme, sollte man sich vor Augen halten, was hier unter „Nutzen" und „Kosten" zu verstehen ist: Als „Nutzen" wird jedwede Erreichung der eigenen Ziele verstanden. Sie können sowohl finanzieller (Kinder als Arbeitskraft) und materieller (Kinder als Alterssicherung) als auch immaterieller Art sein, wie persönliches Glücksempfinden oder Identität. „Kosten" sind Aufwendungen jeder Art zur Erreichung dieser Ziele: finanzielle Aufwendungen, Mühe, Schmerzen, Opportunitätskosten (entgangener anderweitiger Nutzen) etc.

Welchen Einfluss hat die Modernisierung gemäß ökonomischen Theorien auf die Kinderzahl? Ihnen zu Folge wird die Kinderzahl wohl bis zu einem gewissen Niveau absinken: So sinkt im Laufe der Modernisierung der materielle Nutzen, den Kinder für Eltern haben, und immaterieller Nutzen für die Eltern lässt sich auch mit wenigen Kindern erzielen. Was die Kosten angeht, so steigen die Ansprüche an die Sorgfalt der Kindererziehung und -ausbildung im Zuge der Modernisierung und damit auch die Kosten hierfür. Allerdings sind mit wachsendem Wohlstand in modernen Gesellschaften auch mehr Ressourcen für Kinder verfügbar (vgl. Andorka 2001: 241).

Soziologische Theorien der Fruchtbarkeit besagen demgegenüber, dass sich Eltern an den vorherrschenden Werten und Normen einer Gesellschaft orientieren und hiernach ihre Kinderzahl ausrichten. Erscheinen in einer Gesellschaft viele Kinder wünschenswert, so bekommen die meisten Familien viele Kinder. „Wenn aber Familien mit zwei oder mehr Kindern für unverantwortlich, altmodisch oder einfach für dumm gehalten werden, dann sind nur wenige bereit, mehrere Kinder zu bekommen." (Andorka 2001: 242) Zweifellos gerieten im Zuge der Industrialisierung die zuletzt genannten Wertvorstellungen in den Vordergrund. Damit sagen soziologische Theorien den Geburtenrückgang in Industriegesellschaften voraus, den auch das Modell des Demographischen Übergangs vorsieht. Fraglich ist indes, was soziologische Theorien über die Geburtenhäufigkeit in postindustriellen Gesellschaften voraussagen. Manches spricht dafür, dass in postindustriellen Gesellschaften Werte und Normen vordringen, die wieder etwas kinderreichere Familien nahe legen. Damit würden soziologische Theorien der Fruchtbarkeit leichte Geburtenvermehrungen voraussagen. Unklar bleibt, ob diese höher liegen als die Sterbeziffern und damit im Widerspruch zu Modellen des Zweiten Demographischen Übergangs stehen. Unabhängig hiervon müssen sich soziologische Theorien der Fruchtbarkeit der Frage stellen, wieso es zu bestimmten Normen und Werten über die wünschenswerte Zahl von Geburten kommt. Steht dahinter die Sicht der Menschen auf ihre ökonomische Zukunft? Wenn ja, führen optimistische ökonomische Erwartungen dann zu Werten und Normen, die Geburtensteigerungen nahe legen? (so z.B. Andorka 2001: 242) Dies würde allerdings im Widerspruch zu den o.a. ökonomischen Theorien, zum dargestellten Modell der Demographischen Übergänge und zum realen Sinken der Geburtenzahlen im Deutschland der 1960er Jahre stehen. Es sind daher wohl andere Faktoren als die ökonomische Zukunftseinschätzung, die geburtenrelevante gesellschaftliche Werte prägen.

Theorien der Sterblichkeit verweisen in der Regel auf mehrere Faktoren: auf den wachsenden Lebensstandard und eine reichhaltigere Ernährung, auf bessere Hygiene, auf den medizinischen Fortschritt, auf Umweltfaktoren sowie auf gesündere Verhaltensweisen. Alle diese Komponenten stehen in engem Zusammenhang mit Modernisierungsvorgängen. Diese Faktoren wirkten in Mitteleuropa aber nicht alle gleich stark. Der Rückgang der Kinder- und Erwachsenensterblichkeit, der sich im 19. (und teilweise schon im 18.) Jahrhundert vollzog, war maßgeblich von der Steigerung des Lebensstandards und der Hygiene, und erst in zweiter Linie vom medizinischen Fortschritt bestimmt (Andorka 2001: 246).

Theorien der Sterblichkeit gelangen also, ebenso wie Theorien der Fruchtbarkeit, zu wesentlich differenzierteren Aussagen als allgemeine Modernisierungstheorien. Sie stehen aber letzten Endes zu Modernisierungstheorien nur selten im Widerspruch, sondern stärken sie eher (vgl. Hauser 1983; Michel 2000; Schmid u.a. 1976).

3.2 Empirische Befunde

3.2.1 Sterben

In den vorindustriellen Gesellschaften Europas war die Lebenserwartung der Menschen kurz. Noch um das Jahr 1700 konnten die Eltern eines Neugeborenen in Deutschland nur damit rechnen, dass ihr Kind weniger als 30 Jahre alt werden würde. Die hohe Sterblichkeit, insbesondere im Kindesalter, hatte in Mittelalter und früher Neuzeit vor allem drei Gründe: Erstens waren die Ernährungsverhältnisse häufig dürftig. Missernten zogen unausweichlich Hungersnöte und oft den Tod der Menschen nach sich, weil Nahrungsmittel weder aufbewahrt noch von anderer Stelle her transportiert werden konnten. Zweitens waren die hygienischen Verhältnisse durchweg miserabel. Wasserversorgung durch schlechte Brunnen, keine Fäkalien- und Schmutzwasserentsorgung, unzureichende Körperpflege und verdorbene Lebensmittel brachten viele Krankheiten und Infektionen mit sich. Drittens war in der Regel kaum eine medizinische Versorgung vorhanden, wenn doch, so war ihr Entwicklungsstand gering (Bolte/Kappe/Schmid 1980: 45f.).

Allerdings schwankte die Lebenserwartung in vorindustriellen Gesellschaften je nach den regionalen und zeitlichen Verhältnissen stark. Hungersnöte, Kriege und Seuchen ließen die Lebenserwartung unter Umständen noch stark unter den erwähnten Durchschnittswert sinken. Frieden und gute Ernten bedeuteten dagegen ein langes Leben für viele.

Erst etwa um 1750 begann in Deutschland die Sterblichkeit langsam zu sinken. Seit dem Ende des 18. Jahrhunderts sorgten dann eine verbesserte Ernährungslage und Fortschritte der Medizin für weitere Verlängerungen der Lebenserwartung. Aber noch um das Jahr 1875 kamen die Menschen im Deutschen Reich über eine Lebenserwartung von gut 35 Jahren für Männer und 38 Jahren für Frauen nicht hinaus. Im weiteren Verlauf des 19. Jahrhunderts ging dann vor allem die Kindersterblichkeit stark zurück. Dadurch ergab sich eine beträchtliche Verjüngung der Bevölkerung. In der ersten Hälfte des 20. Jahrhunderts sank mit der Verbesserung der allgemeinen Lebens- und Arbeitsbedingungen sowie mit der erfolgreichen Bekämpfung der großen Infektionskrankheiten dann auch die Sterblichkeit im mittleren Lebensalter. Die Sterblichkeit im höheren Lebensalter reduzierte sich erst nach dem Zweiten Weltkrieg entscheidend. Die Fortschritte der (teuren) Altersmedizin und die stark verbesserte finanzielle Versorgung der älteren Menschen machten dies möglich (Höhn 1997: 78f). Das Sinken der Sterblichkeit im Alter trägt zur Alterung der Gesellschaft bei, insbesondere dann, wenn – wie das in den letzten Jahrzehnten in Europa der Fall war – die Geburtenrate gering ist (Höhn 1996: 173).

Infolge der dargestellten Prozesse hat die Lebenserwartung der Männer bzw. Frauen in Deutschland schon vor dem Ersten Weltkrieg auf ca. 45 bzw. 48 Jahre zugenommen; vor dem Zweiten Weltkrieg ist sie dann auf etwa 60 bzw. 63 Jahre und bis zum Jahr 2000 auf 75 bzw. 81 Jahre gestiegen. Bis zum Jahr 2050 wird mit einer weiteren Zunahme der Lebenserwartung in Deutschland um mindestens vier Jahre gerechnet (Bolte/Kappe/Schmid 1980: 155; Dt. Bundestag 2002: 15)

Abb. 3.3: Die Lebenserwartung Neugeborener in Deutschland 1901 bis 2050

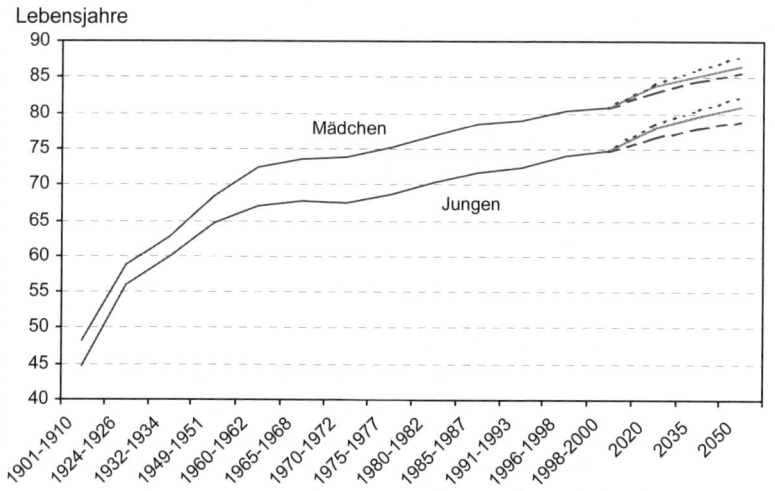

Die Werte sind für folgende Gebietsstände aufgeführt: 1901/1910 bis 1932/34 Deutsches Reich; 1949/51 bis 1985/87 früheres Bundesgebiet; ab 1991/93 Deutschland.

Ab 2020 Annahmen der 10. koordinierten Bevölkerungsvorausberechnung.

Quelle: Stat. Bundesamt 2003: 15

Dieser durchgehende Anstieg der Lebenserwartung der Menschen zeigt(e) sich in allen westeuropäischen Ländern und, zum Teil allerdings wesentlich später einsetzend, auch in den meisten übrigen Ländern der Welt. Er hält fast überall an.

Allerdings nimmt Deutschland im internationalen Vergleich der modernen Länder heute keinen „Spitzenplatz" der Lebenserwartung ein. Unter anderem leben in Frankreich, Italien, Island, Spanien, Schweden, der Schweiz und Japan die Menschen länger als in Deutschland. In Europa war im Jahre 2000 die durchschnittliche Lebenserwartung für Männer in Island (77,9 Jahre) und Schweden (77,1 Jahre) und für Frauen in Frankreich, der Schweiz und Spanien (alle 82,7 Jahre) am höchsten (Eurostat 2002: 36). Die Gründe für diese Unterschiede sind komplex und keineswegs in allen Einzelheiten erforscht. Es fällt auf, dass es nicht immer die modernsten Länder sind, die ihren Bewohnern das längste Leben ermöglichen. Offenbar spielen neben den Modernisierungsfaktoren Wohlstand, Bildung, Gesundheitsversorgung etc. auch kulturelle Faktoren wie Ernährungsgewohnheiten, Lebensweisen usw. wichtige Rollen.

Abb. 3.4: Die Lebenserwartung Neugeborener in ausgewählten Ländern
Europas 2000

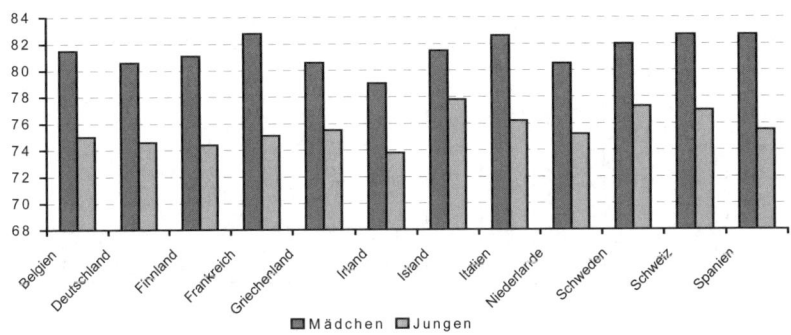

Quelle: erstellt nach Europ. Komm. 2002

Die niedrigsten Lebenserwartungen der Welt (knapp 40 Jahre) finden sich
heute in bestimmten Ländern Schwarzafrikas. Diese sind zugleich die ärmsten Länder der Welt (vgl. 3.6.2). In den meisten Entwicklungsländern können die Männer aber mittlerweile mit einer Lebenserwartung von ca. 60
Jahren rechnen, die Frauen mit noch einigen Jahren mehr (Stat. Bundesamt
2001: 219ff.). Eine Lebenserwartung von gut 60 Jahren wurde in Deutschland erst kurz vor und dann wieder kurz nach dem Zweiten Weltkrieg erreicht.

Insgesamt war in den vergangenen Jahrzehnten in fast der gesamten
Dritten Welt ein zügiger Anstieg der durchschnittlichen Lebensdauern zu beobachten. Zusammen mit den zwar fast überall sinkenden, aber teilweise
noch sehr hohen Geburtenraten hat diese Lebensverlängerung die derzeitige
Bevölkerungsexplosion auf der Südhalbkugel der Erde hervorgerufen (s.u.
3.2.2).

Auffällig ist, dass in nahezu allen Ländern der Welt Frauen länger leben
als Männer. In der EU zum Beispiel findet sich der geringste Unterschied
(3,6 Jahre) zugunsten der Lebenserwartung von Frauen in Island, der größte
(7,5 Jahre) in Frankreich. Lange wurde vermutet, dass sich die Lebenserwartungen von Männern und Frauen angleichen würden, wenn Frauen häufiger erwerbstätig und dadurch höher belastet sein würden. Das Gegenteil
scheint der Fall zu sein. Während in den frühen 1960er Jahren die Frauen in
den Ländern der Europäischen Union durchschnittlich 5,1 Jahre länger lebten
als die Männer, war diese Differenz bis in die späten 1990er Jahre auf 6,4
Jahre angestiegen (Europäische Kommission 2002: 37). Die Gründe für die
längere Lebenserwartung von Frauen sind nach heutigem Kenntnisstand sowohl biologischer als auch sozialer Art. Was die letzteren betrifft, so arbeiten
Frauen üblicherweise an gesundheitlich weniger belastenden Arbeitsplätzen
und gehen allgemein weniger Risiken ein; sie leben gesundheitsbewusster,

ernähren sich gesünder, konsumieren insbesondere weniger Tabak und Alkohol; sie betreiben bessere Hygiene und mehr Gesundheitsvorsorge als Männer.

Abb. 3.5: Die Lebenserwartung Neugeborener in ausgewählten Ländern der Welt 2000

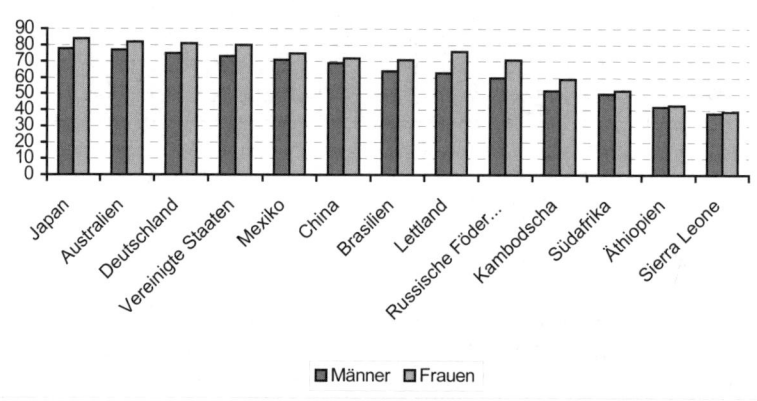

Quelle: Stat. Bundesamt 2002

Während fast überall auf der Welt der Menschheitstraum nach einem immer längeren Leben an Realität gewinnt, *sinken* in einigen Ländern die durchschnittlichen Lebensdauern. So haben in der russischen Föderation, in der Ukraine und in Weissrussland die Lebenserwartungen seit 1990 abgenommen. Die Verschlechterung allgemeiner Lebensbedingungen und der Gesundheitsversorgung, aber auch pessimistische Wahrnehmungen zukünftiger Aussichten nach dem Ende der dortigen sozialistischen Gesellschaftssysteme haben hierzu beigetragen (Eurostat kurz 10/2000: 6).

Auch in einigen armen Ländern Afrikas, in denen sehr viele Menschen an AIDS leiden, geht die durchschnittliche Lebenserwartung seit etwa 10 Jahren zurück.

Abb. 3.6: Die Lebenserwartung in den Entwicklungsländern und in den
Ländern mit der höchsten HIV-Infektionsrate 1950 bis 2000

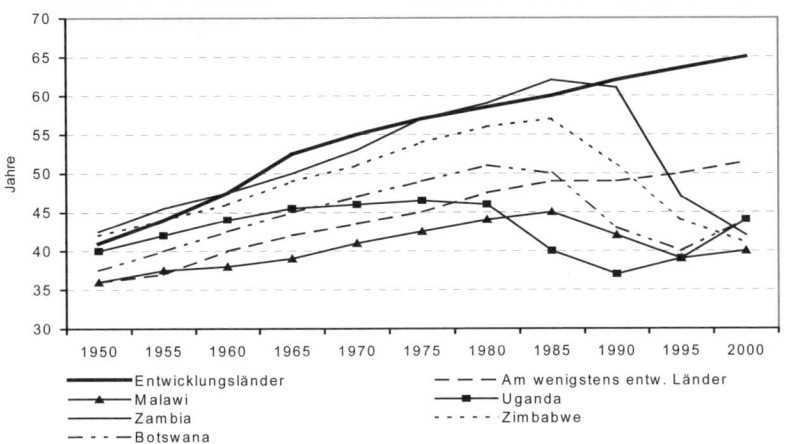

Quelle: Schulz 1999: 387

3.2.2 Geburten

Sieht man von den erheblichen regionalen und zeitlichen Schwankungen ab,
so ergibt sich, dass in Mittelalter und früher Neuzeit jede Frau in Deutschland
durchschnittlich ca. sechs Kinder lebend zur Welt brachte. Dies sind mehr als
vier Mal so viele Geburten wie heute. Dennoch blieb die Zahl der Geburten
im vorindustriellen Deutschland erheblich niedriger als jene, die sich bei un-
behinderter Fortpflanzung aller Bevölkerungsgruppen ergeben hätte. Warum
kam es „nur" zu durchschnittlich sechs Geburten pro Frau? Die Ursache hierfür lag darin, dass in vergangenen Jahrhunderten längst nicht alle Menschen
heiraten durften. Im Prinzip wurden von Grund- und Gutsherren (auf dem
Land) sowie von Magistraten, Zünften und Gilden (in der Stadt) nur solche
Personen zu Heirat und Familiengründung zugelassen, die eine Familie ernähren konnten. Dadurch war mehr als die Hälfte der Bevölkerung (Landar-
beiter, Gesinde etc.) von einer Heirat ausgeschlossen. Da außerhalb von Ehen
– sieht man von einigen Gebieten wie Bayern und der Steiermark ab – nur
sehr wenige Kinder zur Welt kamen, in den meisten Ehen dagegen die ma-
ximal mögliche Kinderzahl, kamen im Mittel etwa sechs Kinder zur Welt
(vgl. Bolte/Kappe/Schmid 1980: 42).

Während die Sterblichkeit in Deutschland und in den meisten westeuropäischen Ländern schon im Laufe des 18. Jahrhunderts und dann im 19. Jahrhundert immer schneller zurück ging, blieb die Geburtenrate (Zahl der durchschnittlichen Kinder pro Frau) bis etwa 1875 konstant hoch. Es blieb dabei,
dass innerhalb von Ehen in der Regel so viele Kinder zur Welt kamen, wie es

die Gesundheit der Eheleute erlaubte. Ja, die Geburtenrate erhöhte sich zeitweise noch, weil viele Heiratsbeschränkungen fielen. Dadurch kam es im 19. Jahrhundert zu einer wahren Explosion der Bevölkerungszahlen.

Abb. 3.7: Geburtenraten in Ost- und Westdeutschland 1952 bis 2000

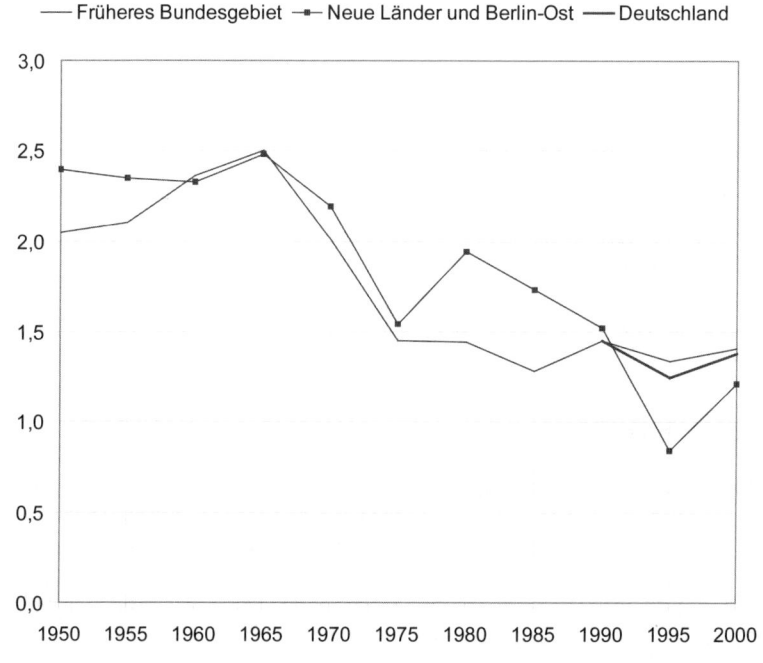

Quelle: Stat. Bundesamt 2003: 11

Erst ab ca. 1875 – also lange nach den Sterbezahlen – sanken die Kinderzahlen der Familien in Deutschland. Zu dieser Zeit brachte jede Frau noch fast fünf Kinder zur Welt. Zuerst gingen die Geburten langsam, dann nach 1905 stärker zurück. Zuerst reduzierten die Menschen in der Stadt und im Bürgertum die Zahl ihrer Kinder, dann – nach dem Ersten Weltkrieg – auch auch auf dem Land und in der Arbeiterschaft. Der Erste Weltkrieg hatte – wie alle Kriege – einen kurzen, aber erheblichen Geburteneinbruch mit sich gebracht. Erst 1934 kam der erste Geburtenrückgang in Deutschland zu einem Ende. Jede Frau hatte zu dieser Zeit im Durchschnitt nur noch ca. 1,8 Kinder. Damit kamen schon damals weniger Kinder zur Welt, als langfristig zur Erhaltung der Bevölkerungszahl erforderlich waren. Um die Personenzahl einer Bevölkerung in einer modernen Gesellschaft auf längere Sicht konstant zu halten, müssen nämlich ca. 2,1 Kinder pro Frau zur Welt kommen. Die Geburtenzahlen schwankten von da an bis zum Ende des Zweiten Weltkriegs, änderten sich aber im Grunde nicht. Die Bemühungen der Nazi-Regierung, (z.B. durch die Verleihung des „Mutterkreuzes") die Geburtenzahl zu steigern, waren nur wenige Jahre lang erfolgreich.

Nach dem Zweiten Weltkrieg wurden in Deutschland viele Geburten „nachgeholt", die der Krieg unmöglich gemacht hatte. Zudem führten die optimistische Grundstimmung jener Zeit und das „Wirtschaftswunder" zum sog. „Baby-Boom": In Westdeutschland stieg die Geburtenrate von 1952 bis Mitte der 1960er Jahre von 2,1 auf 2,5 Kinder pro Frau an. Die Bevölkerung begann aufgrund der Geburtenzahl im eigenen Land zu wachsen.

Von 1965 bis 1976 kam es zum seither viel diskutierten „Pillenknick". Die Menschen in Deutschland reduzierten die Zahl ihrer Geburten in nur 10 Jahren so stark und so nachhaltig wie nie zuvor. Die Zahl der Kinder, die jede Frau im Durchschnitt bekam, sank von 2,5 auf 1,4. An dieser Geburtenrate hat sich bis heute in Westdeutschland nichts Wesentliches geändert. Anders als oft behauptet wird, bekommen die Menschen in Westdeutschland also nicht immer weniger Kinder. Vielmehr blieben die (relativen) Kinderzahlen seit fast drei Jahrzehnten auf dem niedrigen Niveau von 1,3 bis 1,4 Kindern pro Frau. Damit kommen seit Mitte der 1970er Jahre in Westdeutschland nur noch zwei Drittel der Kinder zur Welt, die langfristig nötig wären, wollte man die Bevölkerungszahl konstant halten.

Bis etwa 1975 gab es keine wesentlichen Unterschiede in der Geburtenentwicklung zwischen West- und Ostdeutschland. Auch in der ehemaligen DDR stiegen die Geburtenzahlen der einzelnen Frauen bzw. Paare nach dem Zweiten Weltkrieg an und sanken seit den späten 1960er Jahren krass ab. Auch in der DDR brachte Mitte der 1970er Jahre jede Frau im Durchschnitt nur noch ca. zwei Drittel der Kinder zur Welt, die zu einer Bestandserhaltung der Bevölkerung nötig gewesen wären. In der zweiten Hälfte der 1970er Jahre förderte die Regierung der DDR jedoch die Familienbildung durch eine ganze Reihe von Maßnahmen (bezahlte Freistellung von Müttern in der Erwerbsarbeit; Verbesserung der Kinderbetreuung; bevorzugte Zuweisung von Wohnungen etc.). Dies führte zu einem Anstieg der Geburtenzahlen. Anfang der 1980er Jahre kamen in Ostdeutschland immerhin mehr als 1,8 Kinder pro Frau zur Welt. Danach jedoch sank die durchschnittliche Geburtenzahl in Ostdeutschland wieder allmählich ab. Zum Zeitpunkt der Wiedervereinigung war die Geburtenrate in Ostdeutschland fast wieder so niedrig wie in Westdeutschland. Dieses allmähliche Verpuffen der Wirkung staatlicher geburtenfördernder Massnahmen bestärkte die Skepsis vieler Bevölkerungssoziologen. Sie sind der Meinung, dass direkte staatliche Maßnahmen zur Geburtenförderung (finanzielle Zuwendungen, Freistellungen von der Arbeit) eher das Vorziehen ohnehin geplanter Geburten fördern, als zusätzliche Geburten bewirken.

Nach der Wiedervereinigung, ab 1990, kam es in Ostdeutschland zu einem schlagartigen Rückgang der Geburten. Die Geburtenrate sank weit unter die Westdeutschlands, wo nach wie vor knapp 1,4 Kinder pro Frau zur Welt kamen. 1993/94 wurden in Ostdeutschland nur ca. 0,8 Kinder pro Frau registriert. Die Gründe hierfür liegen in den Umbrüchen und Unsicherheiten nach der Wiedervereinigung, aber auch im Ausleben der neuen Freiheiten und in der Anpassung an die spätere Familienbildung in Westdeutschland. Zwar steigt die Geburtenrate im Osten Deutschlands seit Mitte der 1990er Jahre wieder, lag aber im Jahr 2000 mit 1,1 Kindern immer noch unter der Westdeutschlands.

Ursachen des Geburtenrückgangs

Seit 1875 haben die Menschen in Deutschland in zwei Prozessen des Geburtenrückgangs ihre Kinderzahlen bis weit unter das Niveau der Bestandserhaltung reduziert. Wer nach Mitteln sucht, die das Geburtenverhalten in Zukunft möglicherweise beeinflussen können, muss sich zunächst Klarheit über dessen Ursachen verschaffen.

Es gibt direkte und indirekte Ursachen des Geburtenrückgangs. Wenn Menschen aufgrund irgendwelcher Ursachen den Wunsch entwickeln, weniger Kinder zu bekommen und diese Bestrebung verwirklichen können, werden Ursachen direkt wirksam. Indirekt wirksam werden dagegen demographische Veränderungen (z.B. späteres Heiraten, die Erhöhung der Anzahl von Singles und Nichtehelichen Lebensgemeinschaften), die mittelbar dazu führen, dass zu einem gegebenen Zeitraum weniger Kinder als zuvor zur Welt kommen.

Direkte Ursachen des Geburtenrückgangs bestehen erstens darin, dass Lebensbedingungen *seltener* werden, die zuvor *für* zahlreiche Geburten gesprochen haben: Die eigenen Kinder werden seit dem 20. Jahrhundert weder als Alterssicherung, noch als Arbeitskräfte benötigt. – Die Werte und Normen der Mitmenschen (und seit den 1960er Jahren auch der Kirchen) propagieren nicht mehr eine maximale Kinderzahl, sondern das Ideal der „verantwortungsvollen Elternschaft" und damit der Kleinfamilie. – Schließlich zwingt das Sinken der Kindersterblichkeit Eltern nicht mehr dazu, viele Kinder in die Welt zu setzen, weil sie damit rechnen müssen, dass nur wenige überleben.

Direkte Ursachen des Geburtenrückgangs bestehen zweitens darin, dass Lebensbedingungen *häufiger* werden, die eher *gegen* Kinder sprechen: Die Berufswelt, die Karrierewege, der Wohnungsmarkt sind in Industriegesellschaften „strukturell rücksichtslos" (Kaufmann 1995: 169ff.) gegen Familien und Kinder. Besonders für Frauen ist es schwierig, den eigenen Beruf mit der Betreuung von Kindern zu vereinbaren. – Der Lebensstandard von Familien sinkt mit der Geburt jedes Kindes. Denn der sog. „horizontale Familienlastenausgleich" ist in Deutschland seit Jahrzehnten unzureichend. Die geringen finanziellen Mittel von Familien verschärfen wiederum den „Spagat" zwischen Familienbildung und der Berufstätigkeit von Frauen. – Außerdem widersprechen die langfristigen Verpflichtungen zur Betreuung und Erziehung von Kindern den Grundideen der Modernisierung, die auf eine Vermehrung von individueller Autonomie hin ausgerichtet sind. – Zudem verbreitete sich

seit den 1970er Jahren eine gewisse Zukunftsangst (wegen wachsender Um-
weltproblematik, Atomenergie, Rüstung), die dazu beitrug, Kinderwünsche
zu reduzieren.

Die beiden genannten Ursachenbündel ließen bei vielen Menschen im
Laufe des 20. Jahrhunderts den Wunsch nach weniger Kindern entstehen.
Aber erst seit den 1960er Jahren bestand die Möglichkeit, diese Wünsche zu-
verlässig zu verwirklichen: Erstmals in der Geschichte der Menschheit waren
problemlose Mittel zur Empfängnisverhütung (die „Pille") verfügbar. – Zudem wurden zu dieser Zeit auch die Normen gegen Abtreibung gelockert. –
Und auch die Moralvorstellungen veränderten sich: Sexualität und Elternschaft traten auseinander. Diese zusätzlichen Bestimmungsgründe führten
zum zweiten Geburtenrückgang.

Die genannten direkten Ursachen erklären etwa zwei Drittel des Geburtenrückgangs. Die nachfolgend dargestellten indirekten Faktoren erklären ca.
ein Drittel des Geburtenrückgangs, hauptsächlich des zweiten: So sank die
Heiratshäufigkeit seit den 1960er Jahren. Da außerhalb von Ehen nach wie
vor nur eine Minderheit der Kinder zur Welt kommt, schlug sich die Reduzierung der Heiratsquoten (vgl. Kap. 3) auf die Geburtenrate nieder. – Das
Heiratsalter stieg. Dadurch kam es zum gegebenen Zeitpunkt zu weniger Heiraten und zu weniger Kindern. – Die Zahl der Scheidungen nahm zu. Da ge-
schiedene Ehen weniger Kinder als andauernde aufweisen, reduziert auch
dieser Faktor indirekt die Geburtenraten. – Schließlich stieg die Zahl der
Nichtehelichen Lebensgemeinschaften. Da innerhalb dieser Lebensform in
Deutschland wenige Kinder zur Welt kommen, wirkte sich auch diese Veränderung negativ auf die Geburtenziffer aus.

Internationaler Vergleich der Geburten

Gelegentlich ist die Meinung zu hören, der Geburtenrückgang, insbesondere
der „Pillenknick", sei eine deutsche Spezialität. Dies ist nicht so. Die meisten
der eben genannten Gründe des Geburtenrückgangs treffen auch für viele andere Gesellschaften zu, der erste und der zweite Geburtenrückgang sind im
Prinzip in fast allen modernen Gesellschaften festzustellen. Zwar gab es unter
den modernen Gesellschaften Vorläufer und Nachzügler. Vorläufer waren
vor allem England und Frankreich. So begann in England und in Frankreich
der erste Geburtenrückgang schon Ende des 18. Jahrhunderts und war in
Frankreich schon Ende des 19. Jahrhunderts am Bestandserhaltungsniveau
angelangt (Höhn 1997: 74). In Deutschland war dies erst ca. 50 Jahre später
der Fall. Dennoch setzte überall in Europa und Nordamerika der erste Geburtenrückgang wesentlich später als der Rückgang der Sterblichkeit ein. Daher verzeichneten alle frühen Industriegesellschaften große Bevölkerungszu-
wächse.

Auch der Baby-Boom nach dem Zweiten Weltkrieg, der die beiden Geburtenrückgänge unterbricht, vollzog sich in praktisch allen Ländern Westeuropas und in den USA. Wie die folgenden Abbildungen verdeutlichen,

kommt Deutschland allenfalls insofern eine Sonderstellung zu, als der Zweite Geburtenrückgang hierzulande etwas früher und etwas abrupter verlief als in anderen Europäischen Ländern.

Abb. 3.8:   Geburtenraten in den EU-Mitgliedsländern 1950 bis 2000 (zusammengefasste Geburtenziffern)

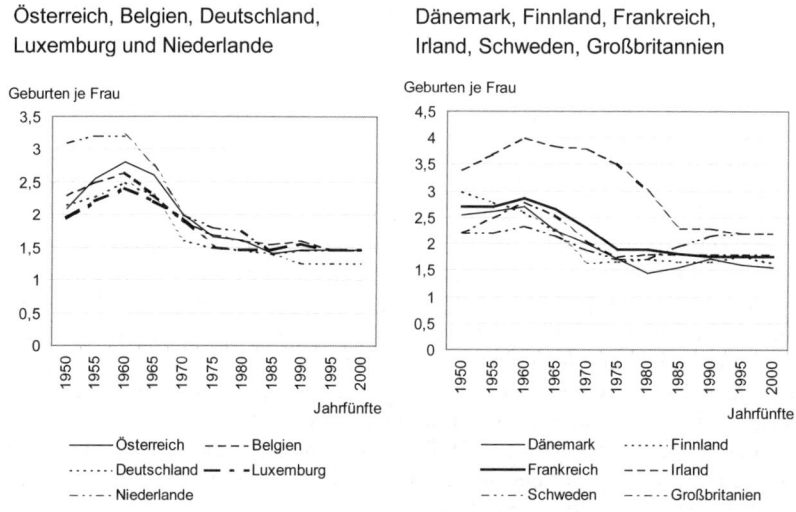

Österreich, Belgien, Deutschland, Luxemburg und Niederlande

Dänemark, Finnland, Frankreich, Irland, Schweden, Großbritannien

Quelle: Höhn 1996: 192f

Anders als viele wissen wollen, sind die Deutschen – trotz der wenigen Geburten in Ostdeutschland – nicht die „Weltmeister im Nicht-Kinder-Kriegen". Die Geburtenrate lag im Jahre 2000 in Deutschland nach wie vor bei 1,34 Kindern pro Frau. Zur gleichen Zeit kamen jedoch in Italien (1,25), Spanien (1,22) und Griechenland (1,30) weniger Kinder als in Deutschland zur Welt (Eurostat kurz 10/2000; Stat. Bundesamt 2001: 224). Warum sind Neugeborene gerade in diesen Ländern so selten? Die Gründe liegen in den traditionell kinderfreundlichen Mittelmeerländern nicht etwa in einer plötzlich aufgetretenen Abneigung gegen Kinder. Im Gegenteil: Gerade weil Kinder dort einen hohen „Wert" darstellen, aber die Möglichkeiten der öffentlichen Kinderbetreuung schlecht sind und immer mehr Frauen erwerbstätig sein wollen, sinken die Geburtenzahlen.

Tab. 3.1: Geburtenraten in ausgewählten Ländern der Welt 1990 bis 2000

	1990	1991	1992	1993	1994	1995	1996	1997	1998	1999	2000
Europäische Union (15 Staaten)	1,57	1,53	1,51	1,47	1,44	1,42	1,44	1,45	1,45	1,45	1,48
Belgien	1,62	1,66	1,65	1,61	1,56	1,55	1,55	1,55	1,53	1,61	1,66
Dänemark	1,67	1,68	1,76	1,75	1,81	1,80	1,75	1,75	1,72	1,73	1,77
Deutschland	1,45	1,33	1,30	1,28	1,24	1,25	1,32	1,37	1,36	1,36	1,38
Finnland	1,78	1,79	1,85	1,81	1,85	1,81	1,76	1,75	1,70	1,74	1,73
Frankreich	1,78	1,77	1,73	1,65	1,66	1,70	1,72	1,71	1,75	1,79	1,88
Griechenland	1,39	1,38	1,38	1,34	1,35	1,32	1,30	1,31	1,29	1,28	1,29
Irland	2,11	2,08	1,99	1,90	1,85	1,84	1,89	1,92	1,93	1,88	1,89
Italien	1,33	1,31	1,31	1,25	1,21	1,18	1,20	1,22	1,19	1,23	1,24
Luxemburg	1,61	1,60	1,64	1,70	1,72	1,69	1,76	1,71	1,68	1,73	1,80
Niederlande	1,62	1,61	1,59	1,57	1,57	1,53	1,53	1,56	1,63	1,65	1,72
Österreich	1,45	1,49	1,49	1,48	1,44	1,40	1,42	1,37	1,34	1,32	1,34
Portugal	1,57	1,57	1,54	1,52	1,44	1,40	1,43	1,46	1,46	1,49	1,52
Schweden	2,13	2,11	2,09	1,99	1,88	1,73	1,60	1,52	1,50	1,50	1,54
Spanien	1,36	1,33	1,32	1,27	1,21	1,18	1,17	1,19	1,15	1,20	1,23
Vereinigtes Königreich	1,83	1,81	1,79	1,75	1,74	1,71	1,72	1,72	1,71	1,68	1,64
Island	2,30	2,18	2,21	2,22	2,14	2,08	2,12	2,04	2,05	1,99	2,10
Japan	1,54	1,53	1,50	1,46	1,50	1,42	1,44	1,44		1,40	1,41
Norwegen	1,93	1,92	1,88	1,86	1,86	1,87	1,89	1,86	1,81	1,84	1,85
Schweiz	1,59	1,60	1,58	1,51	1,49	1,48	1,50	1,51	1,46	1,48	1,50
USA	2,08	2,07	2,07	2,05	2,04	2,02	2,04	2,06		2,05	2,06

(Stat. Bundesamt 2003)

Aber auch in den ehemals sozialistischen Ländern sind die Geburtenzahlen stark zurückgegangen. Mit Ausnahme Polens und der Slowakei weisen alle Länder Mittel- und Osteuropas seit mehr als einem Jahrzehnt niedrigere Geburtenraten als Deutschland auf. 2000 betrug die Geburtenrate zum Beispiel in Estland 1,24, in Lettland 1,12, in Litauen 1,16, in Tschechien 1,13 und in der Russischen Föderation 1,17 Kinder pro Frau (Stat. Bundesamt 2001: 224). Mit der Geburtenhäufigkeit Frankreichs oder Großbritanniens (ca. 1,8) kann kein mittel- oder osteuropäisches Land mithalten (Miegel 2002: 31), auch das katholische Polen und die Slowakei nicht. In allen diesen Ländern sind es die Umbruchsprobleme, Erscheinungen von Anomie und die oftmals pessimistischen Zukunftssichten der Bevölkerung, die die Geburtenziffern haben zurückgehen lassen.

Auch außerhalb moderner Gesellschaften sinken heute überall auf der Welt die Geburtenraten. Aber dieser Prozess ist sehr unterschiedlich weit fortgeschritten: So ist der Geburtenrückgang im bevölkerungsreichsten Land der Welt sehr weitgehend. Im China der frühen 1950er Jahre brachte jede Frau noch mehr als sechs Kinder zur Welt, 2000 nur noch gut 1,8 Kinder. Ähnlich große Geburtenrückgänge bis an den Rand des Bestandserhaltungsniveaus (ca. 2,1 Kinder pro Frau) sind z.B. auch in Brasilien, Tunesien, Korea und Thailand zu beobachten. – Im (gemessen an der Personenzahl) zweitgrößten Land der Erde, in Indien, ist der Geburtenrückgang dagegen nur mittelstark. Im Jahr 2000 brachte jede Inderin noch gut drei Kinder zur Welt. Deshalb wird auch erwartet, dass Indien zwischen 2025 und 2050 China an Bevölkerungszahl überholen wird. Mittelgroße Geburtenrückgänge finden wir z.B. auch in Ägypten, Algerien, Bangladesh und auf den Philippinen. – Schließlich finden sich Entwicklungsländer wie Afghanistan, Kamerun, Nigeria, Uganda und Pakistan, in denen sich der Geburtenrückgang noch in engen Grenzen hält. Dort bringt auch heute noch jede Frau mehr als fünf Kinder zur Welt.

Diese Unterschiede zwischen schon sehr weitgehenden und noch geringen Geburtenreduzierungen sind primär eine Frage des jeweiligen Entwicklungs- und Modernisierungsgrades. Je niedriger vor allem das Bildungsniveau und der wirtschaftliche Entwicklungsstand eines Landes, desto mehr Kinder bringen die Frauen dort zur Welt. Aber auch die jeweilige Religion, die spezifische Situation und Politik der Länder üben Einflüsse aus. Insgesamt ist aber festzustellen, dass die Geburtenrückgänge in den heutigen Entwicklungsländern wesentlich schneller vor sich gehen als zuvor in den heutigen Industrieländern. Dort dauerte der Geburtenrückgang 50 bis 100 Jahre lang (Höhn 1997: 173).

Im Ganzen schaffen die bereits stark gestiegenen Lebenserwartungen und die häufig noch recht hohen Geburtenraten in vielen heutigen Entwicklungsländern die bedrohliche Situation eines „Wettlaufs zwischen Storch und Pflug" (Josef Schmid). Selbst wenn ökonomische Fortschritte und mehr Arbeitsplätzen geschaffen werden, drohen diese durch die wachsende Zahl von Menschen und damit von Arbeitsplatzsuchenden und bald auch von Älteren aufgezehrt zu werden. Dieser Konflikt zwischen Bevölkerungsexplosion und prekärer ökonomischer Existenzgrundlage stellt sich in heutigen Entwicklungsländern viel schärfer als im Europa des 19. Jahrhunderts (Ortmayr 1997: 169). Zum einen verlief damals das hohe Bevölkerungswachstum zeitlich parallel mit der intensiven Industrialisierung und dem Zuwachs von Arbeitsplätzen. Zum andern heirateten die Menschen im 19. Jahrhundert noch vergleichsweise spät, und viele blieben ledig (vgl. 4.2.2).

3.2.3 Außenwanderungen

Nach dem großen Sterben im Dreißigjährigen Krieg, das weite Gebiete Deutschlands von Menschen entleert hatte, betrieben viele absolutistische Fürsten eine „Peuplierungspolitik". Sie bemühten sich, die Einwohnerzahlen in ihren Ländern wieder zu vermehren. Dazu förderten sie u.a. die Einwanderung und behinderten die Auswanderung. So nahmen beispielsweise die Kurfürsten von der Pfalz sowie die Markgrafen und Kurfürsten (seit 1701: Könige) von Preußen viele der Hugenotten auf, die König Ludwig XIV. aus Frankreich vertrieben hatte, nachdem er das (Glaubensfreiheit zusichernde) Edikt von Nantes 1685 aufgekündigt hatte. Andererseits verboten die Landesherren von Preußen, Mecklenburg, Sachsen, Hessen, Bayern und Baden die Auswanderung. Diese Behinderungen waren vor allem gegen die Einwanderungswerber der russischen Zarin Katharina II. gerichtet (Bolte/Kappe/Schmid 1980: 77f.).

Dennoch konnten die absolutistischen Fürsten Auswanderung nicht verhindern. So emigrierten im 18. Jahrhundert viele Menschen, besonders aus Südwestdeutschland, nach Nordamerika. Schon um 1750 wurde die Zahl der deutschen Siedler in den zehn neuenglischen Kolonien auf 100.000 geschätzt. Die Auswanderung aus Deutschland nach Nordamerika hielt während des gesamten 18. Jahrhunderts an. Auch Auswanderungen nach Osten wurden im 18. Jahrhundert wieder häufiger. Erst in der Napoleonischen Zeit ebbten diese Auswanderungsströme ab. Der Hauptgrund für die damalige Auswanderung lag in der zunehmenden Verelendung auf dem Lande infolge des südwestdeutschen Realteilungserbrechts. Es sicherte jedem Kind den gleichen Anteil am elterlichen Hof. Dadurch wurden die landwirtschaftlichen Nutzflächen zu klein, um das Überleben zu sichern, zumal die Kinderzahlen einstweilen hoch blieben und die Lebenserwartung schon zu steigen begonnen hatte. So zogen viele die Auswanderung vor.

Nach der Unterbrechung durch die Napoleonischen Kriege erreichte die Auswanderung aus Deutschland bis nach 1850 neue Höchstwerte. Wegen der immer noch zahlreichen Geburten und der immer längeren Lebenserwartung wuchs die Bevölkerung schnell an. Aber es standen außerhalb der Landwirtschaft kaum Arbeitsplätze zur Verfügung. Denn – im Unterschied etwa zu England – in Deutschland war die Industrialisierung noch kaum in Gang gekommen. Eine Unterschicht land- und zukunftsloser Menschen wuchs an und verelendete immer mehr („Pauperismus"). Hungersnöte (z.B. in Folge der Missernten 1846/47) sowie die gescheiterte Revolution 1848 und die darauf folgende politische Restauration veranlassten viele Deutsche zur Auswanderung. Allein im Jahre 1854 wurden 230.000 Emigranten aus Deutschland gezählt (Bolte/Kappe/Schmid 1980: 78f.).

Erst nach der Mitte des 19. Jahrhunderts begann die Industrialisierung Deutschlands. Neue Erwerbsmöglichkeiten entstanden. Die Menschen wanderten vom Land in die schnell wachsenden Städte. Die Auswanderung ging zurück. Aber sie hörte nicht auf. Man schätzt, dass auch noch von 1860 bis 1914 rund 3,5 Millionen aus Deutschland auswanderten. Ihr häufigstes Ziel waren die USA. Als die Regierung der Vereinigten Staaten 1890 die freie Siedlung auf Regierungsland beendete, ging die Zuwanderung aus Deutschland zurück und endete 1914 ganz.

Gleichzeitig war Deutschland aber auch zum *Einwanderungs*land geworden. Denn nach 1870 machte der Industrialisierungsprozess in Deutschland (infolge der Reichsgründung und des Kapitalzuflusses aus Reparationszahlungen nach dem gewonnenen deutsch-französischen Krieg von 1870/71) sprunghafte Fortschritte. Daher strömten zahlreiche Menschen aus ostelbischen deutschen und aus polnischen Gebieten vor allem in das Ruhrgebiet. Allein zwischen 1910 und 1914 wanderten 600.000 bis 800.000 Menschen aus Masuren und Polen dorthin. Die Integration dieser meist katholischen und polnisch sprechenden Menschen in das überwiegend protestantische

Ruhrgebiet ging nicht ohne Konflikte ab. Bis heute ist die damalige Zuwanderung an zahlreichen polnischen Familiennamen im Ruhrgebiet zu erkennen. Zwischen den beiden Weltkriegen kam es zu kleineren Auswanderungs-, aber auch Zuwanderungswellen, die sich letzten Endes die Waage hielten. Die Inflation (1923) und die Weltwirtschaftskrise (ab 1930) veranlassten viele Menschen, u.a. nach Südamerika auszuwandern. Gleichzeitig wurde aber bis 1933 ein Einwanderungsüberschuss von 200.000 Menschen verzeichnet.

Fasst man zusammen, so ergibt sich, dass *Deutschland bis zum Zweiten Weltkrieg im Großen und Ganzen ein Auswanderungsland war*. Seither ist es zum *Einwanderungsland* geworden. Wenigstens fünf Wellen von Zuwanderern lassen sich unterscheiden:

1. In der Nachkriegszeit sind ungefähr 12 Millionen Heimatvertriebene und Flüchtlinge aus den ehemals deutschen Ostgebieten nach Deutschland gekommen. Hiervon gelangten ca. 8 Millionen nach Westdeutschland und etwa 4 Millionen nach Ostdeutschland, meist noch zu Zeiten der Sowjetischen Besatzungszone. Ostdeutschland nahm also im Verhältnis zu Fläche und Bevölkerungszahl mehr Zuwanderer als der Westen auf. Die Integration dieser Menschen warf viele Probleme auf. So führten z.B. die Zwangseinweisungen von Heimatvertriebenen in die Wohnungen von Ortsansässigen und deren Pflicht zur Zahlung von „Lastenausgleich" zu heftigen Konflikten. Dennoch stellte die Aufnahme der Heimatvertriebenen und Flüchtlingen sowie die Schaffung von Arbeitsplätzen für sie eine der großen gesellschaftlichen und wirtschaftlichen Leistungen der Nachkriegszeit dar.
2. Bis zum Bau der Berliner „Mauer" im August 1961 flohen etwa 3 Millionen Menschen aus der Sowjetischen Besatzungszone bzw. aus der Deutschen Demokratischen Republik in die Bundesrepublik Deutschland. Es handelte sich hierbei überwiegend um gut ausgebildete und beruflich hoch motivierte Menschen, die in Zeiten des „Wirtschaftswunders" rasche Aufnahme fanden.
3. Seit den späten 50er Jahren, verstärkt aber nach der Schließung der Berliner Sektorengrenze durch die „Mauer" im August 1961, wurden „Gastarbeiter" aus den Mittelmeerländern nach Westdeutschland angeworben. Sie sollten den rasch steigenden Bedarf an Arbeitskräften in Westdeutschland decken. Nach dem Jahr 1973 bestand – nach den ersten wirtschaftlichen Rezessionserscheinungen – zwar ein „Anwerbestopp" für Arbeitskräfte, aber zahlreiche Familienangehörige zogen nach. Schließt man Familienangehörige und Nachkommen in die Rechnung ein, so leben heute etwa 7 Millionen „Gastarbeiter" in Deutschland.
4. Art. 116 des Grundgesetzes sichert Deutschstämmigen die deutsche Staatsangehörigkeit und das Aufenthaltsrecht in Deutschland. Unter Berufung hierauf wanderten seit 1950 etwa 4 Millionen (Spät-)Aussiedler nach Deutschland ein. Wachsende ökonomische Probleme und

die Lockerung der Ausreisebestimmungen in Osteuropa begünstigten dies. (Spät-)Aussiedler kamen vor allem aus Polen, Rumänien und den ehemaligen Staaten der Sowjetunion, der Tschechoslowakei und Jugoslawien. Allein von 1987 bis 1996 kamen mehr als 2 Millionen Menschen nach Deutschland, davon gut 1,4 Millionen aus dem Gebiet der ehemaligen Sowjetunion (Beauftragte 1997c: 235, zit. nach Hradil 2001: 338).

5. Schließlich wanderten seit dem Zweiten Weltkrieg zahlreiche politische Flüchtlinge und Asylbewerber nach Deutschland ein. Der größte Teil von ihnen kam in den 1980er und frühen 1990er Jahren. Obwohl viele von ihnen in ihre Herkunftländer zurückkehrten, lebten im Jahr 2001 ca. 1 Mio. Flüchtlinge und Asylbewerber in Deutschland. Sie verfügen über einen sehr unterschiedlichen Rechtsstatus, der ihnen ganz ungleiche Möglichkeiten der Erwerbstätigkeit und der Aufenthaltssicherheit gewährt. So haben Asylberechtigte Anspruch auf Erteilung einer unbefristeten Aufenthaltserlaubnis und können Eingliederungshilfen (z.B. Sprachkurse) in Anspruch nehmen. Andererseits erhalten Bürgerkriegsflüchtlinge nur eine Aufenthaltserlaubnis zur vorübergehenden Aufnahme, haben keinen Anspruch auf Erteilung einer Arbeitserlaubnis und keinen Anspruch, an einem von ihnen gewählten Ort zuleben. Sie müssen nach entsprechender Anordnung binnen vier Wochen das Land verlassen.

Im Gegensatz zur Bundesrepublik war die ehemalige DDR stets ein Auswanderungsland. Es war das einzige Land in Westeuropa außer Irland, aus dem bis in die 1980er Jahre hinein durchgehend mehr Menschen fortzogen als zuwanderten. 1989 lebten in der DDR noch nicht einmal 200.000 Ausländer, meist „Gastarbeiter" aus Vietnam und Mozambique. Sie wohnten meist kaserniert, durften keine deutschen Partner heiraten und waren so weitgehend „unsichtbar". Bis heute ist der Anteil von Ausländern in Ostdeutschland wesentlich geringer als in Westdeutschland (vgl. 3.2.6).

Wie sehr Deutschland zum Einwanderungsland geworden ist, geht auch aus folgenden Zahlen hervor: Seit 1954 sind – nach Abzug der Auswanderer – insgesamt rund 9 Millionen Menschen nach Deutschland eingewandert. Jährlich zogen also im Mittel fast 200.000 Menschen mehr zu als fort (Zuwanderungskomm. 2001: 15). Dennoch kann man Deutschland nicht nur als Einwanderungsland, sondern auch als „Drehtür" für Ein- und Auswanderungen bezeichnen. Denn die Mehrzahl der Zugewanderten ist keineswegs geblieben, sondern wieder fortgezogen. Seit 1954 zogen rund 31 Millionen Menschen nach Deutschland. Aber im gleichen Zeitraum verließen etwa 22 Millionen Menschen Deutschland (Zuwanderungskomm. 2001: 14). Seit 1990 wanderten im Durchschnitt jedes Jahr gut 1 Million Personen zu, aber in der gleichen Zeit wanderten auch gut 700 Tausend Personen jährlich aus.

Von 1987 bis 1994 wanderten sehr viele Menschen nach Deutschland ein. Von der Öffentlichkeit weitgehend unbemerkt sind diese Zuwanderungsüberschüsse im Laufe der 1990er Jahre sehr zurückgegangen. Sie betrugen 1998 nur noch 50.000 und 2001 etwa 280.000 Menschen. Infolge von Grundgesetzänderungen (insbes. durch die sog. „sichere Drittstaatenregelung", Art.16a, Abs. 2 GG) und wegen des geringeren Abwanderungsdrucks auf Deutschstämmige in den ehemals sozialistischen Gesellschaften kamen immer weniger Migranten (Stat. Bundesamt 2001a: 77; Stat. Bundesamt 2003a:). In den Jahren 1992 und 1993 hatte es dagegen noch einen Zuwanderungsüberschuss von jeweils etwa 800.000 Personen gegeben.

Abb. 3.9: Saldo der Wanderungen über die Grenzen Deutschlands 1954 bis 2001

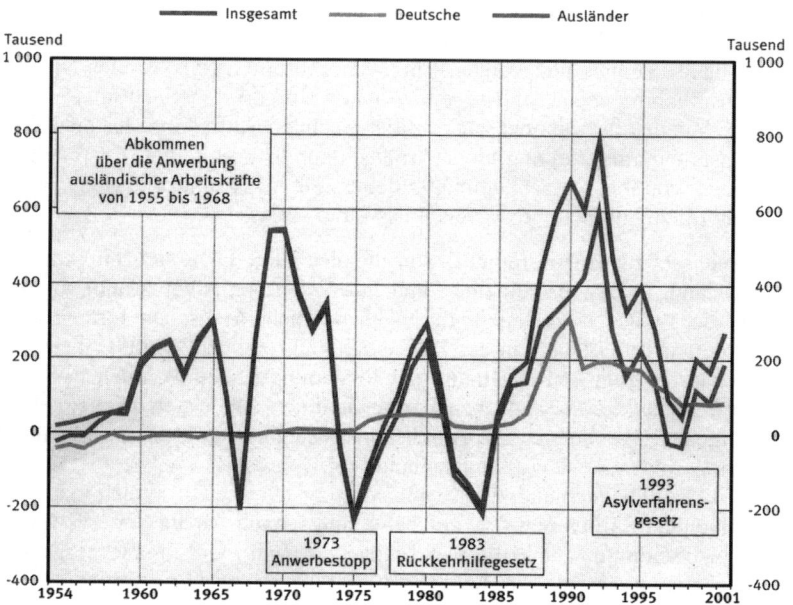

1) Wanderungsangaben bis einschließlich 1990 für das frühere Bundesgebiet; Wanderungen zwischen dem früheren Bundesgebiet und der ehemaligen DDR sind nicht einbezogen.

Quelle: Stat. Bundesamt 2003: 21

Abb. 3.10: Ausländische Bevölkerung in Deutschland 1950 bis 2001(in Mio.)

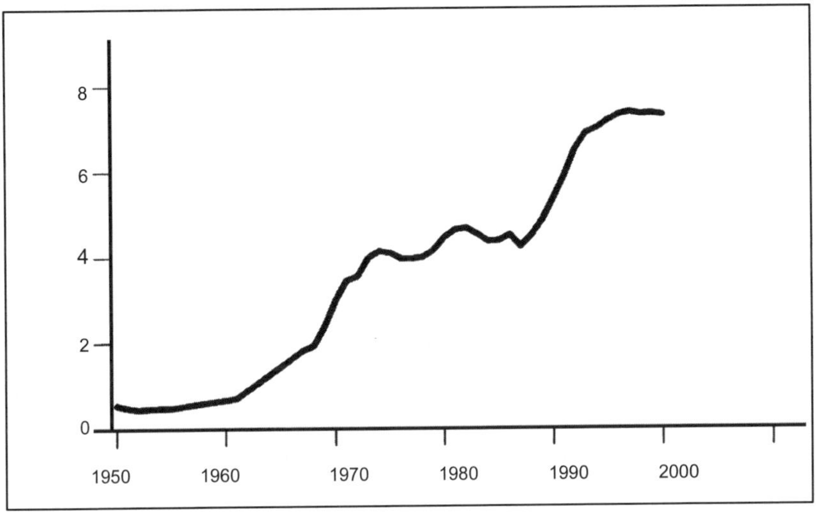

Quelle: Bundesinstitut für Bevölkerungsforschung

Ein- und Auswanderungen im internationalen Vergleich

Wie Deutschland, so waren auch viele andere europäische Länder bis zum Ende des 19. Jahrhunderts Auswanderungsländer gewesen. In besonderem Maße gilt das für Irland, das im 19. Jahrhundert nach Missernten und starkem Bevölkerungswachstum eine wahre Bevölkerungskatastrophe erlebte und einen großen Teil seiner Bewohner nicht mehr ernähren konnte. Aber auch aus Süditalien, aus Spanien und Portugal wanderten im Laufe des 19. und des beginnenden 20. Jahrhunderts viele Menschen aus, vor allem nach Nord- und Südamerika. Fast alle Mittelmeerländer waren noch bis in die frühen 1970er Jahre hinein Auswanderungsländer. Viele Menschen gingen als Arbeitsmigranten nach Deutschland und nach Frankreich.

Nachdem auch Irland und Portugal seit den 1980er Jahren keine Auswanderungsländer mehr sind, wurden im Laufe der 1990er Jahre alle Mitgliedsländer der Europäischen Union zu Zuwanderungsländern. Hierbei dominierte von 1985 bis 1994 die Zuwanderung nach Deutschland. Sie war größer als die restliche Zuwanderung in alle übrigen EU-Länder zusammen. Der Anteil Deutschlands an allen Netto-Zuwanderungen in die EU-Länder ging jedoch im Laufe der 1990er Jahre stark zurück. Der Anteil anderer EU-Staaten erhöhte sich deutlich. So nahmen z.B. im Jahr 2000 nach Abzug der Auswanderer Italien 200.000, Großbritannien 140.000 und die viel kleineren Niederlande 52.000 Zuwanderer auf (Stat. Bundesamt 2001: 209).

Seit der Gründung der Europäischen Union 1993 darf jeder Bürger eines EU-Landes im Prinzip in jedem anderen Land der EU leben und arbeiten.

Dennoch hält sich die Zahl der Umzüge von EU-Bürgern in andere EU-Länder in Grenzen. Auch findet keine Bevölkerungskonzentration in den reichsten EU-Ländern statt. Beispielsweise kamen im Jahr 1999 nur 137.000 EU-Ausländer nach Deutschland, 138.000 zogen von hier fort (Zuwanderungskomm. 2001: 14). Die beträchtlichen Ungleichheiten des Lebensstandards und der Arbeitsmarktchancen zwischen den Ländern der EU (vgl. 3.6.2; 6.2.2) reichen offenkundig nicht aus, um die „Kosten" (finanzielle Aufwendungen, Verlust von Freunden und Bekannten, sprachliche Umstellung, Verlust der „Heimat") einer Auswanderung zu überwinden und die Menschen massenhaft zur Auswanderung zu bewegen. Da die zukünftigen demographischen Herausforderungen durch Geburtenrückgang, Bevölkerungsrückgang und Alterung in allen EU-Ländern mehr (Italien, Spanien, Ostdeutschland) oder weniger (Skandinavien, Großbritannien, Frankreich) die gleichen sind, sind auch in Zukunft keine wesentlichen Wanderungen zwischen den bisherigen EU-Ländern aus demographischen und wirtschaftlichen Gründen absehbar.

Viele Zuwanderer in die Europäische Union kamen in den vergangenen Jahren aus Mittel- und Osteuropa. Die meisten davon waren Deutschstämmige, die nach Deutschland einwanderten. Diese Zuwanderung ist im Laufe der 1990er Jahre sehr zurückgegangen. Vielfach wird befürchtet, dass nach einer Aufnahme von Polen, Tschechien, Ungarn etc. in die Europäische Union mit einer Wiederbelebung der Ost-West-Wanderung zu rechnen ist. Nachdem die dortigen Geburtenraten aber seit mehr als einem Jahrzehnt weit unter dem Bestandserhaltungsniveau liegen, wird die Bevölkerungssituation dieser Länder schon in wenigen Jahren keine Antriebskräfte zur Auswanderung mehr enthalten. Das Ausmaß der künftigen Zuwanderung wird hauptsächlich von dem dann noch vorhandenen wirtschaftlichen Gefälle zwischen der EU und den genannten Ländern abhängen. Eine Faustregel (Miegel 2002: 33) besagt, dass Menschen über Sprach- und Kulturgrenzen hinweg erst dann auswandern, wenn der Lebensstandard im Zielland mehr als doppelt so hoch wie im eigenen Land ist.

Vergleicht man Migration weltweit, so zeigt sich, dass trotz erheblicher Zunahmen in den letzten Jahrzehnten die weit überwiegende Mehrzahl der Menschen (97%) im eigenen Lande bleibt. Von den gut 6 Milliarden Menschen auf der Erde lebten im Jahr 2000 nur ca. 150 Millionen außerhalb des Landes, in dem sie geboren wurden oder dessen Staatsangehörigkeit sie besitzen. 70 Millionen von ihnen befinden sich in industrialisierten, rund 80 Millionen in weniger entwickelten Ländern (Martin/Widgren 2002: 3).

Abb. 3.11: Migranten und Nicht-Migranten in der Weltbevölkerung 1965, 1985 und 2000 (in Mio. Personen)

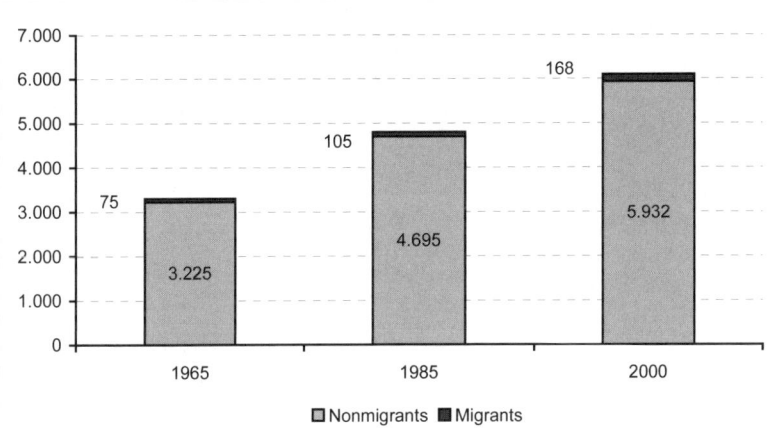

Quelle: Martin/Widgren 2002: 4

Die wichtigsten Ziele von Migranten auf der Welt sind Nordamerika, gefolgt von Westeuropa, Australien und den arabischen Golfstaaten. Darüber hinaus fliehen zahlreiche Menschen aus Krisengebieten über die Landesgrenzen in die unmittelbare Nachbarschaft. Die USA sind seit vielen Jahrzehnten das Land, das weltweit die meisten Zuwanderer aufnimmt. Allein von 1990 bis 2000 immigrierten 11,5 Millionen Menschen in die USA. Schon an zweiter Stelle unter den Aufnahmeländern im letzten Jahrzehnt finden wir Deutschland (3,6). Danach folgten Afghanistan (3,4), die Russische Föderation (3,3), Kanada (1,4), Italien (1,2), Australien (1), Mozambique (0,9), Großbritannien (0,9) und Äthiopien (0,85). In Deutschland wurden 1991 bis 1999 weltweit die meisten Asylbewerber registriert. In deutlichem Abstand folgten die USA, Großbritannien, Kanada und Frankreich (National Intelligence Council 2001: 10). Die Vereinten Nationen rechnen damit, dass auch in den kommenden fünf Jahrzehnten die Vereinigten Staaten und Deutschland die beiden Länder mit der zahlenmäßig größten Zuwanderung der Welt sein werden (United Nations Population Division 2000: 154).

Woher kommen diese Menschen? Dies ist aus historischen, kulturellen, sprachlichen und geographischen Gründen von Zielland zu Zielland sehr unterschiedlich. Die folgende Abbildung veranschaulicht zusammenfassend die wichtigsten globalen Migrationsströme. Über alles gesehen, waren 1990 bis 2000 die wichtigsten Auswanderungsländer der Welt China, Mexiko, Pakistan, Indien, Kasachstan, Iran, die Philippinen, Indonesien, Malawi und Ägypten (United Nations Population Division 2000: 153).

Abb. 3.12: Die wichtigsten Migrationsströme auf der Erde 2001

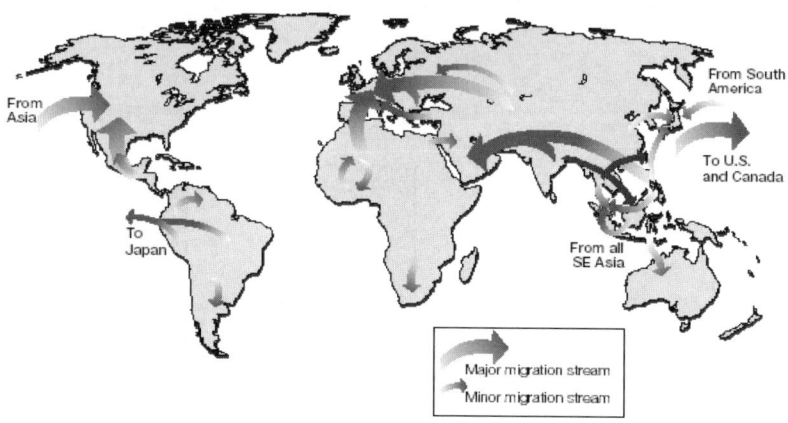

Quelle: Martin/Widgren 2002: 9

Allerdings sollte man sich vor Augen halten, dass die genannten absoluten Migrationszahlen sich auf Länder sehr unterschiedlicher Größe beziehen. Daher leben in Ländern mit absolut geringerer Zuwanderung prozentual u. U. sehr viel mehr Menschen, die nicht im Lande geboren wurden, als in Ländern mit größerer Zuwanderung. So enthält die Bevölkerung Australiens, Kanadas und der Schweiz etwa doppelt so große Anteile von Menschen mit ausländischem Geburtsort als die Bevölkerung der USA. Die Bevölkerung Deutschlands umfasst etwa gleich große Anteile von Migranten wie die der Vereinigten Staaten (National Intelligence Council 2001: 12).

Es gibt viele Ursachen und Beweggründe, die Menschen dazu zu verlassen können, ihr Geburtsland zu verlassen. Die folgende Tabelle vermittelt eine schematische Übersicht darüber:

Tab. 3.2: Bestimmungsgründe und Beweggründe globaler Migration

Migrantentyp			
	Pull-Faktoren	Push-Faktoren	Netzwerke / Übrige Faktoren
ökonomische Migration	Arbeitsplätze, höhere Löhne	Arbeitslosigkeit, Unterbeschäftigung, niedrige Löhne	Informationsströme über Jobs und Löhne
nichtökonomische Migration	Familienzusammenführung	Krieg und Verfolgung	Kommunikation, Transport, Hilfsorganisationen, Wunsch nach neuen Erfahrungen

Quelle: nach: Martin/Widgren 2002: 8

3.2.4 Bevölkerungszahl

Die bisher dargestellten drei Bevölkerungsprozesse (Sterbefälle, Geburten und grenzüberschreitende Wanderungen) prägen den Umfang, die Altersstruktur und die ethnische Zusammensetzung einer Bevölkerung. Diese drei Folgen der drei Bevölkerungsprozesse sollen nun dargestellt werden. Beginnen wir mit den Bevölkerungszahlen.

In der Geschichte verlief die Entwicklung der Bevölkerungszahl Deutschlands keineswegs stetig. Dies hat seine Gründe in den oben skizzierten historisch wechselvollen Geburten-, Sterbe- und Wanderungsprozessen.

Bis etwa zum Jahr 1100 wuchs – nach allem, was wir wissen – die Bevölkerungszahl Deutschlands nur langsam an. Unter den späten Karolingern (um das Jahr 900) dürfte das ostfränkische Reich 2,5 bis 3 Millionen Menschen umfasst haben. Die Einwohnerzahl des Reiches unter den Saliern (1024-1125) wird auf 3 bis 3,5 Millionen Menschen geschätzt.

Dieses gleichmäßig langsame Bevölkerungswachstum wird vom Beginn des 12. Jahrhunderts an abgelöst von einer Phase des raschen Bevölkerungsaufschwungs. Er reicht bis fast zum Ende der Stauferzeit (1138-1272). Hieran ist einerseits die räumliche Ausweitung des Deutschen Reiches nach Osten und die Kolonisation dieser Gebiete beteiligt, andererseits führte die zunehmende Städtebildung dazu, dass auf gleicher Fläche in Deutschland mehr Menschen als zuvor lebten.

In der ersten Hälfte des 14. Jahrhunderts schrumpfte die Bevölkerung. Hungersnöte (u.a. 1307 bis 1315) und Seuchen (wie die Pest 1348/49) kosteten etwa ein Viertel der Bevölkerung Deutschlands das Leben; in manchen Gebieten kamen auch zwei Drittel der Menschen zu Tode. In ganz Europa forderte die Pest (der „Schwarze Tod") zu Beginn des 14. Jahrhunderts 25 bis 35 Millionen Todesopfer (Herden 2002).

Erst um 1500 sind diese Verluste wieder ausgeglichen. Bis zum Beginn des Dreißigjährigen Krieges (1618) wächst die Bevölkerung weiterhin gleichmäßig an. Um 1600 lebten schon etwa 20 Millionen Menschen auf dem Gebiet des Deutschen Reiches.

Im Zuge des Dreißigjährigen Krieges (1618-1648) und anschließender Pestepidemien verlor Europa abermals rund ein Drittel seiner damaligen Bevölkerung. In Deutschland starben im Verlaufe des Krieges durch Kriegseinwirkungen und Truppendurchzüge etwa 40 Prozent der ländlichen und ein Drittel der städtischen Bevölkerung. Nachdem endlich wieder Frieden war, wanderten die Menschen in die vom Krieg entleerten Gebiete ein; vor allem aber betrieben die merkantilistischen Staaten in der zweiten Hälfte des 17. und im 18. Jahrhundert eine „Peuplierungspolitik": Sie füllten ihre Territorien planmäßig mit Menschen (Mackenroth 1953: 112ff.; vgl. Bolte/Kappe/ Schmid 1980: 38ff.). Dadurch stiegt die Bevölkerungszahl Deutschlands im Verlauf des 18. Jahrhunderts von 15 auf 22 Millionen Menschen an (Miegel 2002: 14).

Im Laufe des 19. Jahrhunderts sorgte dann, wie erwähnt, die sinkende Sterblichkeit bei noch anhaltend hohen Geburtenraten für eine rasche Bevölkerungsvermehrung auch auf dem Gebiet Deutschlands. Selbst Hungersnöte und Auswanderungen änderten hieran nichts. Die Bevölkerungszahl Deutschlands erhöhte sich bis zum Ende des 19. Jahrhunderts auf 56 Millionen Menschen (Miegel 2002: 14). Auf dem Gebiet der (späteren) westdeutschen Bundesländer lebten nach den Napoleonischen Kriegen 1816 erst 13,7 Millionen, zum Zeitpunkt der Reichsgründung 1871 schon 20,4 Millionen und im Jahr 1900 schon fast 30 Millionen Menschen (Stat. Bundesamt 2001: 44).

Zwischen den beiden Weltkriegen vermehrte sich die Bevölkerung recht langsam. Dafür sorgten auf der einen Seite die bis in die 1930er Jahre hinein rückläufigen und dann wechselvollen Geburtenraten und andererseits die steigende Lebenserwartung. 1925 lebten 40 Millionen Menschen auf dem Gebiet Westdeutschlands; 1939 waren es mit 43 Millionen nicht viel mehr. Auch die geburtenfördernden Maßnahmen der Nazis bewirkten also keine deutliche Bevölkerungsvermehrung. Die aggressive Nazi-Ideologie eines „Volks ohne Raum" war demographisch unbegründet.

Die Entwicklung der Bevölkerungszahl der Bundesrepublik Deutschland zerfällt in drei recht unterschiedliche Phasen: Bis Mitte der 1960er Jahre sorgten hohe Geburtenraten und umfangreiche Zuwanderungen (Heimatvertriebene, Flüchtlinge aus der DDR) für eine rapide Bevölkerungsvermehrung: 1946 lebten in Westdeutschland 46 Millionen, 1966 schon 59 Millionen Einwohner. Von da an wuchs die Bevölkerungszahl Westdeutschlands bis Ende der 1980er Jahre nur noch sehr langsam. Ohne Zuwanderungen von „Gastarbeitern" und ohne die weitere Verlängerung der Lebenserwartung hätten die seit den 1970er Jahren niedrigen Geburtenraten die Bevölkerung sogar schrumpfen lassen. 1988 wurden gut 61 Millionen Einwohner in Westdeutschland gezählt. In den 1990er Jahren war nach den enormen Einwanderungen von Asylbewerbern und Aussiedlern sowie aufgrund der Zuwanderungen aus Ostdeutschland wieder ein etwas schnelleres Bevölkerungswachstum festzustellen. 1999 lebten in Westdeutschland fast 67 Millionen Menschen.

Die DDR verlor Zeit ihres Bestehens an Einwohnern. 1950 gab es 18,4 Millionen, 1989 nur noch 16,6 Millionen DDR-Bürger. Seit den 1990er Jahren beläuft sich die Einwohnerzahl Gesamtdeutschlands daher relativ konstant auf etwa 82 Millionen Menschen.

Ohne Zuwanderungen wäre die Einwohnerzahl Deutschlands seit mehr als 30 Jahren gesunken. Denn seit 1971 starben in Deutschland in jedem Jahr mehr Menschen als geboren wurden. So starben z.B. im Jahr 1999 in Deutschland 850.000 Menschen, und nur 770.000 Kinder kamen zur Welt. Das größte Geburtendefizit wurde Mitte der 1970er Jahre mit gut 200.000 „fehlenden" Geburten pro Jahr verzeichnet. In manchen Jahren (z.B. 1990) war allerdings kaum ein Defizit zu registrieren.

Abb. 3.13: Die Bevölkerungszahl Deutschlands 1950 bis 2050

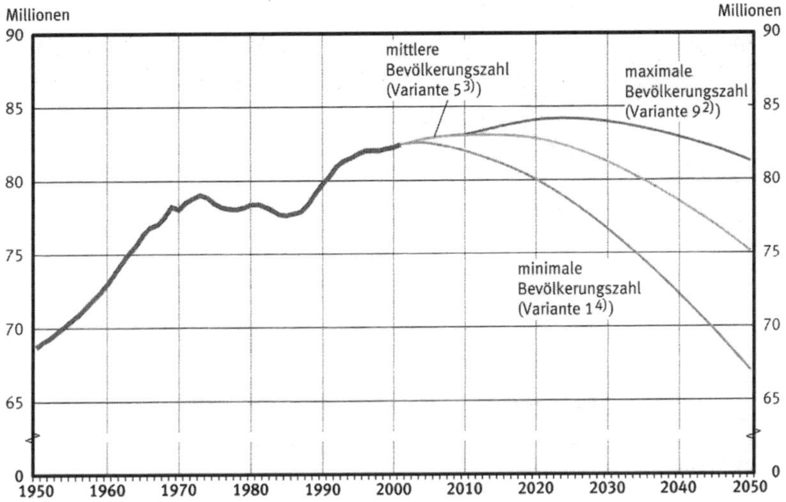

1) Ab 2002 Schätzwerte der 10. koordinierten Bevölkerungsvorausberechnung (absolute Werte sind im Anhang A, Tabelle 11 aufgeführt). - 2) Variante 9: Hohe Wanderungsannahme W3 (jährlicher Saldo von mindestens 300 000) und hohe Lebenserwartungsannahme L2 (durchschnittliche Lebenserwartung 2050 bei 83 bzw. 88 Jahren). - 3) Variante 5: Mittlere Wanderungsannahme W2 (jährlicher Saldo von mindestens 200 000) und mittlere Lebenserwartungsannahme L2 (durchschnittliche Lebenserwartung 2050 bei 81 bzw. 87 Jahren). - 4) Variante 1: Niedrige Wanderungsannahme W1 (jährlicher Saldo von mindestens 100 000) und niedrige Lebenserwartungsannahme L1 (durchschnittliche Lebenserwartung 2050 bei 79 bzw. 86 Jahren).

Quelle: Stat. Bundesamt 2003: 26

Allerdings hielten sich die Geburtendefizite in Deutschland in den letzten 30 Jahren noch in Grenzen. An der Gesamtzahl der Sterbefälle gemessen fehlte in den einzelnen Jahren nur ein Zehntel bis zu einem Fünftel der Geburten. Dies ist auf den ersten Blick nicht damit zu vereinbaren, dass seit Mitte der 1970er Jahre die Geburtenrate (1,3 bis 1,4 Kinder pro Frau) in Westdeutschland etwa ein Drittel unter dem Bestandserhaltungsniveau (ca. 2,1 Kinder) blieb. Es fragt sich also, warum trotz einer so niedrigen (relativen) Geburtenrate immerhin (absolut) so viele Kinder in Deutschland das Licht der Welt erblickten.

Die Antwort ist hauptsächlich in der Altersstruktur der Bevölkerung zu finden. In den 1980er und 1990er Jahren befanden sich die geburtenstarken Nachkriegsjahrgänge im „Elternalter". Es gab also, verglichen mit anderen Altersgruppen, viele Eltern. Und die große Anzahl der Eltern glich die geringe Kinderzahl der einzelnen Frauen bzw. Paare fast aus. Der sog. „Altersstruktureffekt" kompensierte den „Verhaltenseffekt" weitgehend.

Abb. 3.14: Geborene und Gestorbene in Deutschland 1946 bis 2002
(absolute Zahlen)

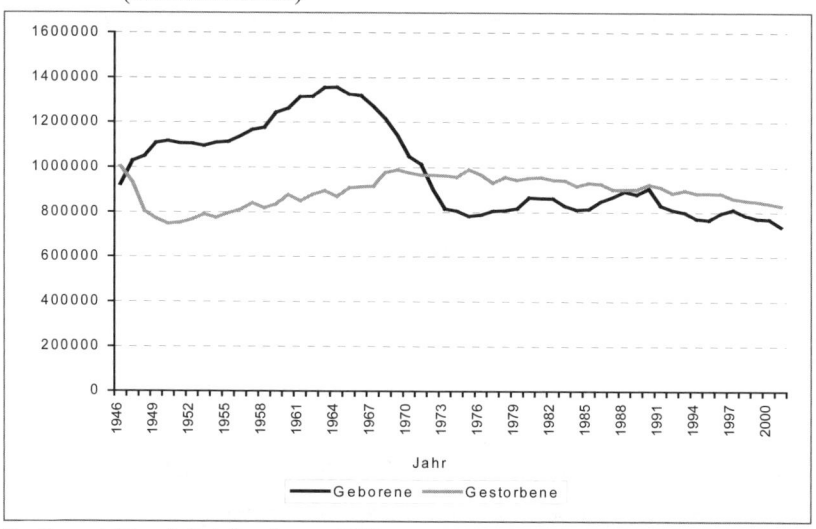

Quelle: erstellt nach Stat. Bundesamt 2002

Derzeit kommen aber die ersten geburtenschwachen Jahrgänge in das „Elternalter". Und mindestens dreißig Jahren lang werden wir in Deutschland, verglichen mit anderen Altersgruppen, relativ wenige Eltern haben. Vorausgesetzt, die Geburtenrate bleibt so niedrig, wie sie seit Jahrzehnten ist, wofür vieles spricht, so wird der „Altersstruktureffekt" den „Verhaltenseffekt" in Zukunft nicht mehr abschwächen, sondern im Gegenteil verstärken. Die absolute Zahl der in Deutschland geborenen Kinder wird zurückgehen und tief unter die Zahl der jährlichen Sterbefälle sinken. Betrug der Gestorbenenüberschuss im Jahre 1999 nur 76.000, so werden nach den vorliegenden amtlichen Vorausrechnungen schon im Jahr 2020 ca. 400.000 und im Jahr 2050 sogar mehr als 600.000 Geburten zum Niveau der Bestandserhaltung fehlen. Dies selbst dann, wenn jährlich 200.000 Menschen mehr zu- als abwandern (Stat. Bundesamt 2001: 18).

Wegen der anstehenden Geburtendefizite wird nach den amtlichen Vorausrechnungen die Bevölkerungszahl Deutschlands u.U. abnehmen (vgl. Abb. 3.13). Wenn jährlich (nach Abzug der Auswanderer) nur etwa 100.000 Personen zuwandern und die Erhöhung der Lebenserwartung eher gering ausfällt, so ginge die Bevölkerung Deutschlands von 82 Millionen im Jahr 2002 auf 67 Millionen im Jahre 2050 zurück. Rechnet man einen Zuwanderungsüberschuss von jährlich 200.000 Menschen (das ist etwa der Durchschnitt der letzten 30 Jahre) und eine mittlere Erhöhung der Lebenserwartung ein, so wird die Bevölkerung Deutschlands im Jahr 2050 noch 75 Millionen Menschen betragen. Unter der Voraussetzung einer starken Erhöhung der Lebenserwartung und einer jährlichen Netto-Zuwanderung von 300.000 Personen sagen die amtlichen Stellen keine Verminderung der Bevölkerung in den nächsten 50 Jahren voraus (Stat. Bundesamt 2003). Insgesamt kann also keine Rede davon sein, dass „die Deutschen aussterben" werden. Selbst wenn ein gewisser Bevölkerungsverlust eintreten sollte, so wird dies nach Meinung der Experten vergleichsweise unproblematisch sein. Er wird nur in jenen Regionen Probleme aufwerfen (z.b. Leerstände auf dem Wohnungsmarkt), wo zusätzlich Abwanderungsbewegungen auftreten.

Abb. 3.15: Sterbefälle und Geburten in Deutschland 2000 bis 2050

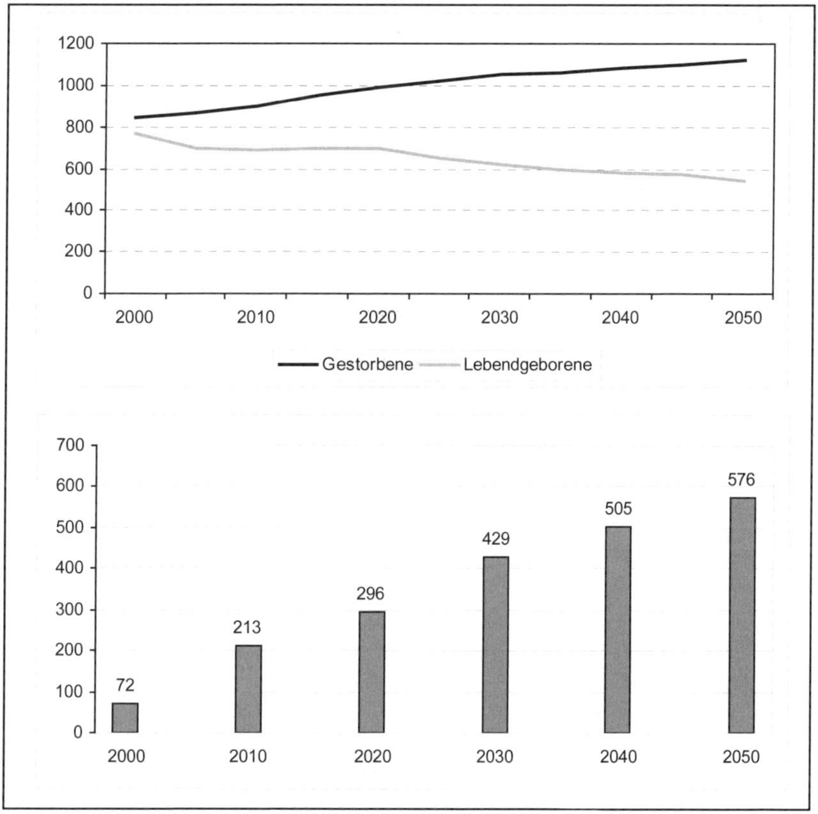

Differenz zwischen Gestorbenen und Lebendgeborenen

Ab 2002 Schätzwerte der 10. koordinierten Bevölkerungsvorausberechnung, Variante 5 „mittlere" Bevölkerung: Mittlere Wanderungsannahme W2 (jährlicher Saldo von mindestens 200ooo) und mittlere Lebenserwartungsannahme L2 (durchschnittliche Lebenserwartung 2050 bei 81 bzw. 87 Jahren).
Quelle: Stat. Bundesamt 2003: 27

Bevölkerungszahlen im internationalen Vergleich

Deutschland war 2001 mit gut 82 Millionen Einwohnern das bevölkerungs-
reichste Land der Europäischen Union. Dahinter folgten mit jeweils knapp 60
Millionen Großbritannien, Frankreich und Italien. Allein diese vier bevölke-
rungsstarken Länder umfassten 2001 mit ihren 260 Millionen Menschen
mehr als zwei Drittel der 377 Millionen Einwohner der Europäischen Union
(Europ. Komm. 2002: 14). Betrachtet man die Europäische Union als politische Einheit, so ist sie das bevölkerungsstärkste unter den modernen politischen Gebilden. Die Vereinigten Staaten folgten mit 278 Millionen und Japan mit 127 Millionen Einwohnern. Gleichwohl ist die EU von den größten
Ländern der Welt weit entfernt. In China lebten 2001 1,273 und in Indien
1,029 Milliarden Menschen. Allein in diesen beiden Ländern wohnte 2001
mehr als ein Drittel der Weltbevölkerung. Sie betrug 2000 gut 6 Milliarden
Menschen.

Während die Bevölkerung Deutschlands trotz Zuwanderung seit gerau-
mer Zeit stagniert, steigen die Bevölkerungszahlen vieler EU-Länder und
damit auch der EU im Ganzen (noch) leicht. Dies war allerdings 2001 in der
Summe bereits zu zwei Dritteln auf Zuwanderungen und nur noch zu einem
Drittel auf Geburtenüberschüsse zurückzuführen. Da aber mittlerweile in allen EU-Ländern, zum großen Teil schon seit 20 Jahren, geburtenschwache
Jahrgänge zu verzeichnen sind und pro Frau bzw. pro Paar weniger Kinder
zur Welt kommen, als längerfristig zur Bestandserhaltung notwendig sind
(Verhaltenseffekt), beruhen die Geburtenüberschüsse nur noch auf der großen Zahl von Eltern aus früheren geburtenstarken Jahrgängen (Altersstruktureffekt). Geburtenüberschüsse werden daher auch in den anderen Ländern der
EU bald der Vergangenheit angehören, weil auch dort die geburtenschwachen Jahrgänge (zum Teil schon sehr bald) bald ins Elternalter kommen werden. Starke Geburtendefizite werden also bald auch in unseren Nachbarlän-
dern erwartet. Daher prognostiziert man spätestens im Jahr 2020 einen Bevölkerungsrückgang in der Europäischen Union.

Auch die ostmitteleuropäischen Länder verzeichnen seit Jahren Geburtenraten weit unter dem Bestandserhaltungsniveau (s.o.). Auch ihre Bevölkerung stagniert. Auch sie gehen dann, wenn die geburtenschwachen Jahrgänge
Eltern werden, krassen Geburtendefiziten und Bevölkerungsrückgängen entgegen. Wenn dies auch etwas später als in den meisten EU-Ländern der Fall
sein wird, so ist doch absehbar, dass Tschechien, Ungarn, Polen etc. allein
schon aus demographischen Gründen in Zukunft kaum Auswanderungsländer
sein werden (s.o.).

Ganz anders stellt sich die Bevölkerungsentwicklung in Entwicklungsländern dar. Nahezu überall gehen die Geburtenraten zwar zurück. Sie liegen
aber in vielen Ländern, zumal in den ärmsten, noch sehr hoch über dem Bestandserhaltungsniveau (s.o.). Die Sterberaten sind jedoch fast auf der ganzen
Welt sehr zurückgegangen bzw. die Lebenserwartungen gestiegen (s.o.). Dadurch befinden sich viele Entwicklungsländer in einer Phase der rapiden Be-

völkerungsvermehrung. Sie wird nach allem, was wir wissen, noch einige Jahrzehnte anhalten. Die Situation vieler Entwicklungsländer ist der Mitteleuropas im 19. Jahrhundert also ähnlich. Die einzelnen Teile der Welt befinden sich in ganz unterschiedlichen Phasen des Demographischen Übergangs (Schmid 1999: 14).

Die Vereinten Nationen errechneten, dass in den Jahren 2000 bis 2005 die Bevölkerung der entwickelten Weltteile nur um 0,2% wächst, die Bevölkerung der weniger entwickelten um 1,2% zunimmt und die Bevölkerung der am wenigsten entwickelten Länder sich um 2,5% vermehrt (UNFPA 2001: 86).

Diese Situation enthält erhebliche Konfliktpotenziale: Zahlreiche Entwicklungsländer können ihre explosionsartig anwachsende, größtenteils junge Bevölkerung kaum ernähren. Ihre wirtschaftlichen Expansionschancen sind zudem durch den verschärften internationalen Wettbewerb („Globalisierung") begrenzt. Ein erheblicher Auswanderungsdruck besteht. Industrieländer dagegen schotteten ihre Grenzen bislang gegen Zuwanderung ab. Allenfalls qualifizierte, auf dem Arbeitsmarkt benötigte Zuwanderer konnten legal einreisen. Dies aber führte wiederum zur wirtschaftlichen Schwächung der betroffenen Entwicklungsländer. Besonders brisante Konfrontationen sind dort absehbar, wo (wie z.B. im Mittelmeerraum) besonders schnell wachsende (Ägypten, Algerien, Marokko) und schon schrumpfende Bevölkerungen (Italien, Spanien) unmittelbar nebeneinander zu finden sind.

Das „Licht am Ende des Tunnels" ist dennoch in Sicht: So vollzieht sich der Geburtenrückgang in den heutigen Entwicklungsländern im Durchschnitt viel schneller als der im 19. Jahrhundert in den damaligen (heutigen post-)industriellen Gesellschaften. Dadurch ist absehbar, dass die – heute vor allem von Entwicklungsländern ausgehende – Vermehrung der Weltbevölkerung nicht endlos andauern, sondern in einigen Jahrzehnten zu Ende gehen wird. Die Vereinten Nationen rechnen damit, dass bis 2050 die durchschnittliche Geburtenrate in der Welt unter das Bestandserhaltungsniveau sinken wird. Dann wird die Bevölkerung der Welt aber schon auf über 9 Milliarden Menschen angewachsen sein (UNFPA 2001: 86). Eine Generation später, in der zweiten Hälfte dieses Jahrhunderts, wenn auch in Entwicklungsländern die geburtenschwachen Jahrgänge Eltern sein werden, wird die Zahl der Menschen zurückgehen, die die Erde bevölkern (Birg 2001: 29).

3.2.5 Altersstruktur

In Deutschland wird ein möglicher Bevölkerungsrückgang, und sei es auch um 10 oder 20 Millionen in den nächsten 50 Jahren, nur in eng begrenzten Bereichen problematische Konsequenzen haben (z.B. auf dem Wohnungsmarkt in Abwanderungsgebieten). Die Veränderung der *Altersstruktur* wird dagegen massive Probleme aufwerfen. Durch das Hineinwachsen der geburtenschwachen Jahrgänge ins Erwachsenenalter, das kommende Geburtendefizit und die weiter steigende Lebenserwartung wird sich die Altersstruktur

der deutschen Bevölkerung noch wesentlich stärker zugunsten der älteren Menschen verschieben als dies bisher ohnehin der Fall war. Die Konsequenzen machen vielen Experten Sorgen.
Die folgende Abbildung zeigt, dass in der Bevölkerung Deutschlands

- vor 100 Jahren die Jugend dominierte,
- heute (1998) die Menschen im mittleren, erwerbsfähigen Lebensalter die Mehrheit stellen, weil sich die geburtenstarken Nachkriegsjahrgänge im Erwachsenenalter befinden und
- im Jahre 2050 die älteren Menschen vorherrschen werden, während die Bevölkerungsgruppen im erwerbsfähigen mittleren Alter und erst Recht die im jugendlichen Lebensalter wesentlich geringere Anteile der Bevölkerung als heute ausmachen.

In den Jahren nach 2050 werden die Menschen aus geburtenstarken Jahrgängen gestorben sein. Von da an werden alle Altersgruppen etwa gleich stark in der Bevölkerung vertreten sein. Die Alterung der deutschen Gesellschaft wird also nicht immer weiter fortschreiten, wie dies oftmals unterstellt wird, sondern in der Mitte dieses Jahrhunderts wieder zurückgehen.
Als sich in den 1980er und 1990er Jahren besonders viele Menschen im mittleren Lebensalter befanden, hatte dies manche Vorteile. Die vielen erwerbstätigen Menschen konnten staatliche und soziale Leistungen verhältnismäßig leicht finanzieren. Allerdings vermehrten die vielen Menschen im mittleren Lebensalter zugleich die Gefahren von Arbeitslosigkeit, weil viele Menschen auf den Arbeitsmarkt drängten.
Die Altersstruktur der Zukunft wird dagegen überwiegend Probleme mit sich bringen. Vier besonders drängende sind die folgenden:
Das erste Problem: Die Erwerbstätigen werden im Durchschnitt immer älter werden. Die Erstausbildung von immer mehr Arbeitenden wird immer länger zurückliegen. Erfahrung wird zum reichlich vorhandenen Gut, frisch erworbenes Wissen wird knapp werden. Es wird bezweifelt, dass der Erfahrungsvorsprung der immer zahlreicheren älteren Arbeitenden deren sinkende Anpassungs- und Mobilitätsfähigkeit ausgleichen wird. Die Alterung der Erwerbstätigen wird angesichts eines schnellen technischen und ökonomischen Wandels Qualifikationsrückstände hervorrufen und immer ausgedehntere Weiterbildungen notwendig machen.

Abb. 3.16: Die Altersstruktur der Bevölkerung Deutschlands 1920 bis 2050

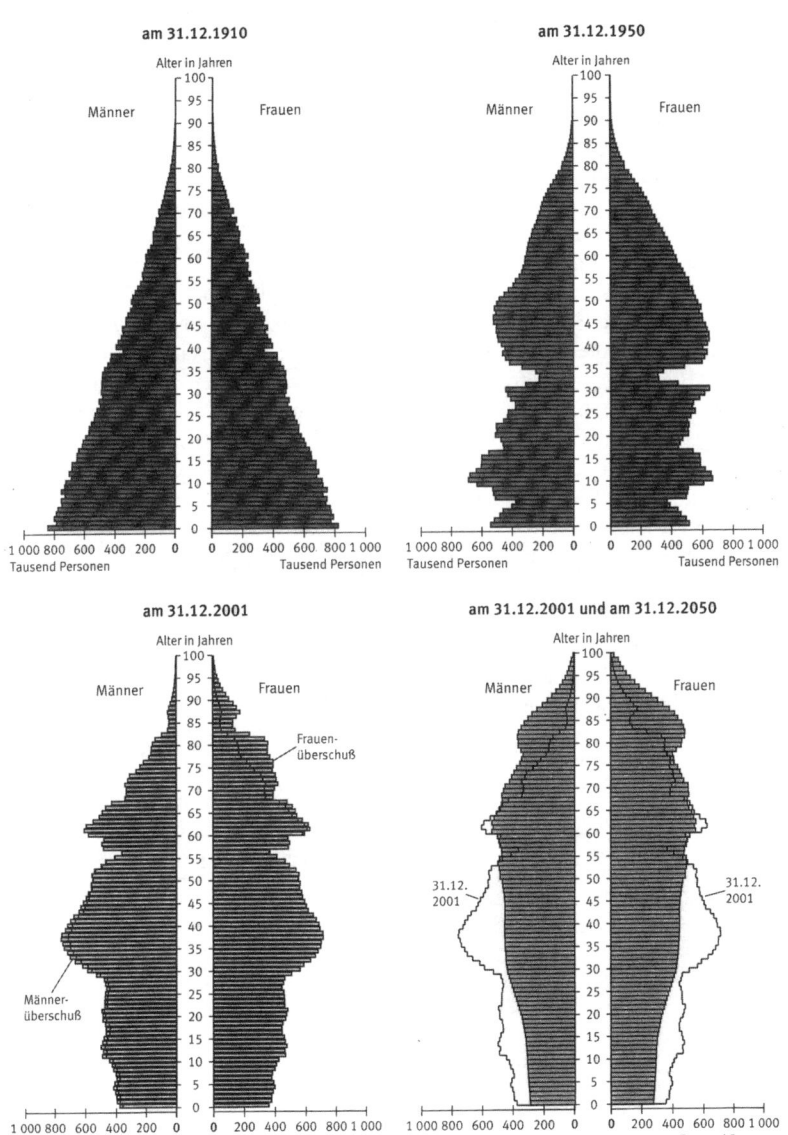

Quelle: Stat. Bundesamt 2003: 30

Das zweite Problem: Die Bevölkerung im erwerbsfähigen mittleren Lebensalter wird zurückgehen. Damit wird auch die Zahl verfügbarer Arbeitskräfte vor allem von 2010 an dramatisch schrumpfen. Nimmt man modellhaft an, der heutige Anteil der Erwerbspersonen an den Menschen im erwerbsfähigen Alter würde sich nicht ändern und es kämen keine Zuwanderer mehr nach Deutschland, dann würden wir in 50 Jahren 20 Millionen, d.h. fast die Hälfte unserer heutigen Zahl von Erwerbspersonen verlieren (vgl. die unterste Linie von Abb. 3.17). Arbeitskräfte würden nicht mehr, wie heute, im Überfluss vorhanden sein, sondern auf breiter Front fehlen, zuerst im Bereich der qualifizierten Dienstleistungen und der neuen Technologien (wo sie heute schon knapp sind), dann auch in anderen Bereichen qualifizierter Erwerbstätigkeiten. Dieser Arbeitskräftemangel würde so groß werden, dass auch wesentliche Wirtschaftsleistungen nicht mehr erbracht werden können. Zwar wird die Erhöhung der Arbeitsproduktivität es ermöglichen, dass weniger Erwerbspersonen mehr als heute hervorbringen. Aber gerade im Bereich der qualifizierten Dienstleistungen (Lehren, Forschen, Beraten, Heilen, Pflegen, Werben etc.) und neuer Technologien werden so viele neue Aufgaben entstehen und so geringe Produktivitätssteigerungen möglich sein, dass hier massiver Personalmangel absehbar ist.

Trotzdem wird – allen Voraussagen zufolge – die Arbeitslosigkeit anhalten. Denn auch in den nächsten Jahrzehnten werden immer weniger Arbeitsplätze für niedrig qualifizierte Arbeitende angeboten werden. Wir bewegen uns also in eine zwiespältige Situation hinein: Verbreiteter Mangel und Überschuss an Arbeitskräften werden auf unterschiedlichen Feldern des Arbeitsmarkts gleichzeitig bestehen.

Abb. 3.17: Das Erwerbspersonenangebot in Deutschland 2000 bis 2050

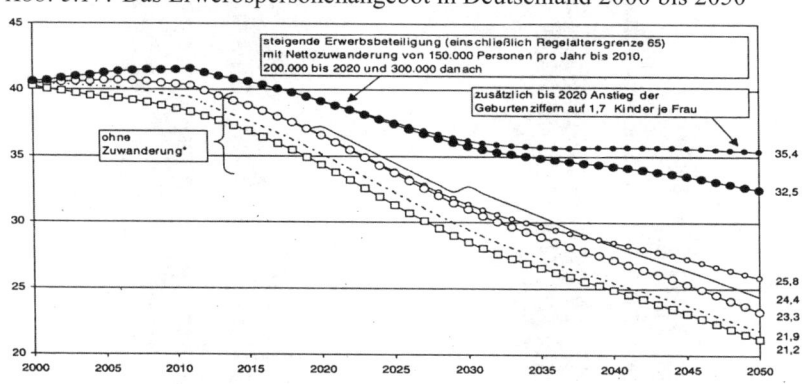

Quelle: Hof 2001: 29

Dieses negative Szenario wird wohl nicht in vollem Ausmaß Realität werden. Denn es ist absehbar (oder zumindest zu hoffen), dass drei Arten von Gegenmaßnahmen ergriffen werden:

In Zukunft drohen viel zu wenige (hoch-)qualifizierte und zu viele gering qualifizierte Erwerbspersonen einander gegenüberzustehen. Es bietet sich also *erstens* an, mehr Menschen als heute zu qualifizieren, entweder am Anfang ihres Berufsweges oder im Zuge von Weiterbildungsmaßnahmen. Diese Bildungsoffensive erscheint schon deshalb notwendig, weil Deutschland seit Anfang der 1990er Jahre im (Aus-)Bildungswettbewerb mit anderen modernen Gesellschaften ständig weiter zurückfällt und mittlerweile unterdurchschnittliche Bildungserfolge verzeichnet (vgl. Kap. 5).

Zweitens wird es notwendig werden, den Menschen im erwerbsfähigen mittleren Lebensalter mehr Möglichkeiten als heute zur Erwerbstätigkeit zu verschaffen. Diese Erhöhung der sog. „Erwerbsquoten" (vgl. Kap. 6) wird auf zwei Wegen erreicht werden können: Zum einen wird eine Verlängerung der Lebensarbeitszeit notwendig werden: Die Erwerbstätigen werden in Zukunft wohl in früherem Alter zu arbeiten beginnen und in späterem Alter aufhören. Die Ausbildungszeiten werden kürzer werden, und der Rentenbeginn wird später einsetzen. Nachdem viele Jahre lang auf Verkürzungen der Lebensarbeitszeit hingewirkt wurde, um mehr Arbeitsplätze zu schaffen und die Arbeitslosigkeit zu bekämpfen, ist nun das Gegenteil absehbar.

Zum andern werden in Zukunft viele Maßnahmen darauf hinzielen, mehr Frauen als heute die Erwerbstätigkeit zu ermöglichen. Die oftmals sehr gut (aus)gebildeten Frauen, die heute noch vergleichsweise schlechte Berufschancen haben, werden zu gesuchten Arbeitskräften werden.

Das *dritte* Maßnahmenbündel gegen den Schwund von Arbeitskräften richtet sich darauf, (erstmals nach der Zuwanderung von „Gastarbeitern") wieder Arbeitsmigranten zur Einwanderung einzuladen. Dies würde eine Vergrößerung des Bevölkerungsanteils von Personen im erwerbsfähigen Alter bewirken und nicht nur eine Erhöhung der Erwerbsquoten.

Die ersten beiden Maßnahmenpakete werden mit Sicherheit nicht ausreichen, um die absehbare Lücke auf dem Arbeitsmarkt zu schließen (siehe das untere Linienbündel in Abb. 3.17). Auch wenn das Qualifikationsniveau angehoben werden wird, wenn die Menschen länger als heute arbeiten werden und wenn mehr Frauen als heute erwerbstätig sein werden, wird die Zahl der zur Verfügung stehenden Arbeitskräfte durch die nachrückenden geburtenschwachen Jahrgänge immer noch erheblich schrumpfen. An einer neuen Arbeitsmigration wird kein Weg vorbei führen. Selbst wenn, angepasst an den langsam wachsenden Arbeitkräftemangel, bis 2010 jährlich 150.000, bis 2020 pro Jahr 200.000 und danach 300.000 Arbeitsmigranten nach Deutschland kommen werden (Hof 2001), dann verlieren wir bis 2010 überhaupt keine Arbeitskräfte, danach bis 2050 etwa 8 Mio., also etwa ein Fünftel der heutigen Zahl (siehe Abb. 3.17).

Aber die genannten drei Arten von Gegenmaßnahmen gegen den kommenden Arbeitskräftemangel erfordern aufwendige Begleitmaßnahmen. Ohne diese Flankierungen würden die Gegenmaßnahmen in den nächsten Jahrzehnten mehr Probleme schaffen als lösen. Die genannten Gegenmaßnahmen und die notwendigen Begleitmaßnahmen bewirken in ihrer Summe ganz erhebliche Veränderungen unserer Gesellschaft (Hradil 2000; Hradil 2001):

- Wenn das Qualifikationsniveau steigen und die Anteile der Menschen mit geringer Qualifikation sinken sollen, brauchen wir erheblich besser ausgestattete Vorschulen, Schulen und Hochschulen, als wir sie heute haben.

- Auch wenn die Menschen früher als heute ins Erwerbsleben gelangen sollen, dann bedarf es leistungsfähigerer Bildungseinrichtungen als jene, die wir heute besitzen. Wenn das Rentenalter später als heute beginnen soll, um dadurch dem Arbeitskräftemangel entgegenzuwirken, dann wird das ohnehin ansteigende Durchschnittsalter der Erwerbspersonen nochmals steigen. Um so dringlicher werden Maßnahmen der Weiterbildung der älteren Arbeitenden werden.

- Wenn in den kommenden Jahren mehr Frauen als derzeit erwerbstätig werden sollen, dann brauchen wir bedeutend mehr Kinderbetreuungseinrichtungen, Ganztagsschulen etc. Sonst wird es für Frauen noch schwieriger, Beruf und Familie zu vereinbaren, und eine Vermehrung der Frauenerwerbstätigkeit droht in einer Verminderung der Geburtenrate zu münden. Dies würde die Probleme in Zukunft erst recht schaffen, die mit den genannten Maßnahmen doch gelöst werden sollen.

- Mit Blick auf eine neue Arbeitsmigration ist zu bedenken, dass nach 2010 keine „Gastarbeiter", sondern qualifizierte Arbeitnehmer benötigt werden. Eine auf den ersten Blick einfache Lösung könnte darin bestehen, dass Arbeitskräfte zuwandern, die bereits in anderen Ländern qualifiziert wurden. Aber auf Dauer behindert dieser „brain drain" die Entwicklung der Herkunftsländer. Dies kann langfristig nicht in unserem Interesse liegen. Daher spricht vieles dafür, Arbeitsmigranten in Deutschland aus- und weiterzubilden. Weil die so vermittelten Qualifikationen auch hierzulande genutzt werden sollten, erscheint es vorteilhaft, in Zukunft auf eine dauerhafte Integration der Zugewanderten hinzuwirken und nicht länger tatenlos hinzunehmen, dass der größte Teil der Migranten das Land wie bisher wieder verlässt.

Setzt man voraus, dass die Zahl der Arbeitsplätze in Deutschland in den kommenden Jahrzehnten nicht nachhaltig sinken wird – dies erscheint angesichts der Arbeitsplatzentwicklung in der Vergangenheit (vgl. Abb. 6.2) realistisch –, so werden nach 2020 Arbeitskräfte in größerem Umfang knapp werden, auch wenn alle genannten Gegen- und Begleitmaßnahmen ergriffen werden. Längere Arbeitszeiten und mehr erwerbstätige Frauen können diesen Prozess zwar aufhalten, aber nicht verhindern. Auch eine neue Arbeitsmigration in realistischer Höhe wird den Arbeitskräftemangel langfristig nicht ganz vermeiden können. Dazu ist der Rückgang des Reservoirs an Erwerbspersonen einfach zu groß. Wollte man die Bevölkerung im erwerbsfähigen Alter (15 bis 64 Jahre alt) in Deutschland bis 2050 konstant halten, so bedürfte es fast 458.000 Zuwanderer pro Jahr (United Nations 2000a: 38). Eine Integration so vieler Menschen in Bildungseinrichtungen, Arbeitsplätzen, Wohnungen und Nachbarschaften erscheint jedoch ausgeschlossen.

Das dritte Problem: Der Eintritt der geburtenschwachen Jahrgänge ins Erwachsenenalter wird es mit sich bringen, dass immer weniger Menschen Beiträge für Sozialleistungen zahlen können. Denn auf jeden Menschen im erwerbsfähigen Alter werden immer mehr Menschen im Rentenalter kommen. Zwar wird die Zahl der Kinder und Jugendlichen, die auf 100 Erwerbsfähige kommen („Jugendquotient") in den kommenden Jahrzehnten zurückgehen. Hier findet also eine gewisse Entlastung statt, wenn auch eine geringe. Denn mehr Kindertagesstätten und bessere Ausbildungsstätten werden mehr kosten. Die Zahl der Menschen im Rentenalter, die auf die Menschen im erwerbsfähigen Alter entfällt („Altenquotient"), wird dafür um so mehr steigen. Sie wird sich bis zum Jahr 2015 nur mäßig erhöhen, dann bis 2030 aber drastisch steigen und bis 2050 auf sehr hohem Niveau verharren. Da auch in Zukunft nicht alle Menschen im erwerbs*fähigen* Alter wirklich erwerbs*tätig* sein werden, muss nach den heutigen Regelungen (z.B. des Renteneintritts und der Sozialbeiträge) nach 2030 jeder Erwerbstätige für mindestens eine Person im Rentenalter zahlen. Nimmt man die zu finanzierenden jungen und älteren Menschen zusammen, so wird im Jahre 2030 rechnerisch jede erwerbstätige Person für weit mehr als für eine weitere Person zahlen müssen (Stat. Bundesamt 2000: 16). In die dargestellte Belastungssteigerung der erwerbsfähigen Altersgruppen ist bereits eine Entlastung durch eine Arbeitsmigration (nach Abzug der Abwanderung) von 200.000 Personen jährlich eingerechnet. Wenn die Erwerbstätigen in Zukunft später als heute in Rente gehen, gehen diese Belastungen zwar weniger in die Höhe, aber sie steigen gleichwohl (vgl. Abb: 3.18).

Auch durch noch so viele Zuwanderer oder durch noch so langes Arbeiten lässt sich die künftige Mehrbelastung der zur Erwerbsarbeit fähigen Bevölkerung nicht vermeiden: Wollte man den Altersquotienten des Jahres 1995 konstant halten und damit keine Probleme der Renten- und Krankenversicherung entstehen lassen, so bedürfte es einer durchschnittlichen (Netto-) Zuwanderung von 3,4 Millionen (!) Personen jährlich oder eines durchschnittlichen Rentenalters von 77 Jahren. Die Gesamtbevölkerung Deutschlands würde dadurch auf fast 300 Millionen Menschen im Jahr 2050 ansteigen, von denen rund 80 Prozent Zuwanderer und deren Nachkommen wären (United Nations 2000a: 38). Andererseits würden sich ohne eine neue Arbeitsmigration, und wenn die Deutschen weiterhin so früh in Rente gehen werden wie heute, sich die Sozialversicherungsabzüge schon bis 2030 praktisch verdoppeln (Birg 2001: 31).

Abb. 3.18: Altenquotienten bei verschiedenen Altersabgrenzungen in
Deutschland 1970 bis 2050[1]

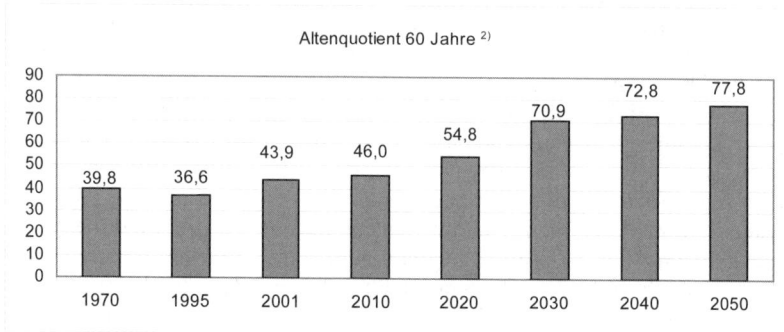

Altenquotient 60 Jahre [2]

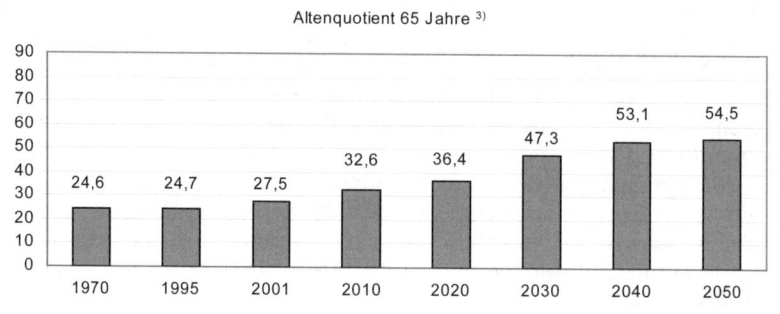

Altenquotient 65 Jahre [3]

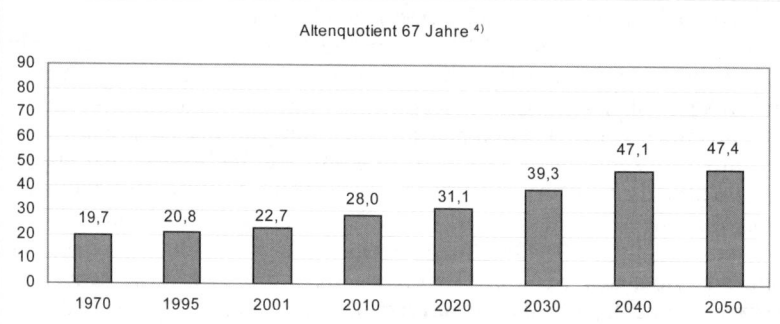

Altenquotient 67 Jahre [4]

1) Ab 2002 Schätzwerte der 10. koordinierten Bevölkerungsvorausberechnung, Variante 5 „mittlere" Bevölkerung: Mittlere Wanderungsannahme W2 (jährlicher Saldo von mindestens 200 000) und mittlere Lebenserwartungsannahme L2 (durchschnittliche Lebenserwartung 2050 bei 81 bzw. 87 Jahren). 2) 60-Jährige und ältere je 100 Personen im Alter von 20 bis 59 Jahren. 3) 65-Jährige und ältere je 100 Personen im Alter von 20 bis 64 Jahren. 4) 67-Jährige und ältere je 100 Personen im Alter von 20 bis 66 Jahren

Quelle: Stat. Bundesamt 2003

Aber auch realistische Zahlen von Zuwanderern und eine realistische Erhöhung des faktischen Rentenalters auf 65 Jahre würden bewirken, dass – bei unverändertem Sozialversicherungssystem – vom Bruttoerwerbseinkommen jedes Arbeiters und Angestellten im Jahr 2030 mindestens 26% als Rentenversicherungs- und etwa 20% als Kranken- plus Pflegeversicherungsbeitrag gezahlt werden müssten (Birg 2001: 185). Dazu kämen die Abzüge von Steuern. Da dies undurchführbar sein dürfte, wird unser Sozialversicherungssystem in der heutigen Form wohl keinen Bestand haben können.

Das vierte Problem: Der Bevölkerungsanteil Älterer Menschen (über 60 Jahre), Hochaltriger (über 70) und Hochbetagter (über 80) wird sehr stark zunehmen.

In Deutschland waren im Jahr 2000 23% der Bevölkerung Ältere Menschen. Dieser Anteil steigt seit vielen Jahren. Er wird bis 2020 weiterhin allmählich zunehmen. Von da an wird der Bevölkerungsanteil der Älteren schnell anwachsen und in den Jahren 2030 bis 2050 mit etwa 35% seinen Höhepunkt erreichen (vgl. Tab. 3.3). Der Bevölkerungsanteil der Hochbetagten betrug im Jahr 2000 knapp 4%. Er wird in den Jahren 2035 bis ca. 2050 auf 12% zugenommen haben (vgl. Tab. 3.3). Zu diesem Zeitpunkt werden nämlich die geburtenstarken Nachkriegsjahrgänge alle im Renten- und die geburtenschwachen alle im Erwerbsalter sein. Eine künftige Zuwanderung von (netto) 200.000 Personen jährlich ist in diese Zahlen eingerechnet. Sie wird aber an der eigentlichen Alterung erstaunlich wenig verändern.

Neu für unsere Gesellschaft wird dabei insbesondere sein, dass Hochaltrige und Hochbetagte zu „Sozialfiguren" werden, die erstmals einen nennenswerten und unübersehbaren Bevölkerungsanteil ausmachen. Hierzu wird beitragen, dass ältere Menschen – auch und gerade ältere Frauen – aktiver, da gesünder, gebildeter und finanzkräftiger als ihre Eltern und Großeltern sein werden.

Tab. 3.3: Der Bevölkerungsanteil älterer und hochbetagter Menschen in Deutschland 1953 bis 2050

Alter (in Jahren)	Jahr				
	1953	1971	2000	2020[1]	2050[1]
Bevölkerungsanteil:					
60 Jahre und älter	15,1%	19,9%	23,0%	28,5%	35,8%
80 Jahre und älter	1,1%	2,0%	3,6%	6,3%	11,3%
90 Jahre und älter	0,1%	0,1%	0,6%	1,0%	2,1%
Altenquotient[2]	*27,8*	*39,8*	*41,3*	*52,8*	*74,7*

1 Die Angaben für die Jahre 2020 und 2050 sind Schätzwerte auf der Grundlage der 9. Koordinierten Bevölkerungsvorausberechnung des Statistischen Bundesamtes (Variante 2: 200.000 Netto-Zuwanderer jährlich).

2 Altenquotient: Bevölkerung im Alter von 60 und mehr Jahren je 100 20- bis 59-Jährige.

Quelle: BMFSFJ 2002: 55 zit. n. Backes/Clemens 2003

Die Alters-„Pyramide" wird daher im Jahre 2040 einem Pilz gleichen. Die Älteren Menschen und die Hochaltrigen werden die größten Bevölkerungsjahrgänge stellen.

Abb. 3.19: Altersaufbau der Bevölkerung Deutschlands im Jahre 2040

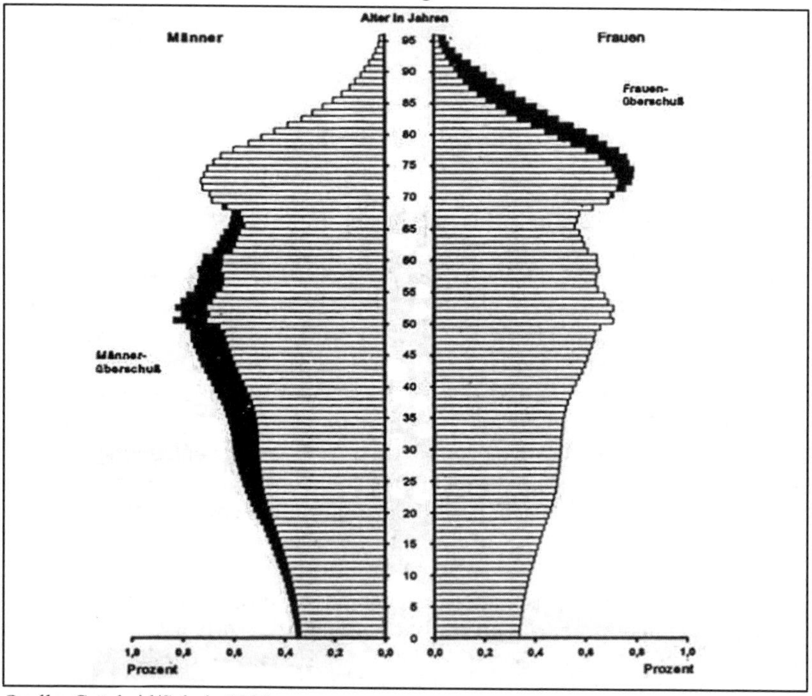

Quelle: Grünheid/Schulz 1996

Die Alterung wird den gesamten Charakter der Gesellschaft beeinflussen. Sie wird die Nachfrage nach vielen Konsumgütern zurückgehen lassen, die Nachfrage nach Dienstleistungen und insbesondere nach Gesundheitsdiensten dagegen in die Höhe treiben. Die Alterung wird insbesondere die Gesundheitsversorgung und die Alterssicherung verteuern (vgl. 8.2.4). Es wird damit gerechnet, dass die Gesamtkosten der Gesundheitssicherung und der Pflege direkt proportional zum wachsenden Bevölkerungsanteil der über 70-Jährigen ansteigen werden. Der schrumpfende Bevölkerungsanteil der Erwerbsfähigen wird also – wenn das Sozialversicherungssystem keine Veränderungen erfährt – enorm steigende Gesamtaufwendungen zu tragen haben.

Gelegentlich wird argumentiert, dass die älteren Menschen immer gesünder scin werden, und daher die Gesundheitskosten nicht so dramatisch zunehmen werden. Richtig ist zwar, dass Altersgleiche (z.B. 70-Jährige) heute im Durchschnitt gesünder als gestern sind und morgen hoffentlich gesünder als heute sein werden. Richtig ist aber auch, dass jedes neu hinzukommende Jahr der Lebenserwartung keineswegs aus Gesundheit, sondern zu mehr als zwei Dritteln aus Krankheit bestehen wird.

Nach 2040, wenn die geburtenstarken Jahrgänge der Nachkriegszeit nicht mehr am Leben sein werden, wird die Alterung der deutschen Gesellschaft langsam wieder zurückgehen. Die Bevölkerung wird in der zweiten Hälfte des 21. Jahrhunderts zahlenmäßig fast ausgeglichene Altersgruppen enthalten. Damit werden sich von diesem Zeitpunkt an auch die vier genannten Probleme entschärfen, die durch die „deformierte" Altersstruktur entstehen werden.

In den anderen Ländern Europas werden ähnliche Probleme auftreten. Teils werden sie etwas später spürbar (wie etwa in Italien, Spanien, und noch etwas später in den mittel-osteuropäischen Ländern); teils werden sie (wie in Frankreich, Großbritannien und in Skandinavien) etwas weniger krassere Ausmaße annehmen. Insgesamt aber sitzen die Länder Europas „im gleichen Boot". Daher werden sie sich gegenseitig allenfalls kurzfristig unterstützen können.

Viele Entwicklungsländer befinden sich dagegen zunächst noch in der Phase der Verjüngung der Bevölkerung. Die Altersstruktur ihrer Bevölkerung ist ebenfalls unausgewogen, jedoch spiegelbildlich zur der moderner Gesellschaften. Dennoch wird die Alterung auch die heutigen Entwicklungsländer erreichen. Denn die derzeitigen Geburtenrückgänge fallen in den meisten Entwicklungsländern sogar noch steiler aus als jene, die sich vormals in Europa vollzogen. Nachdem die Geburtenraten bis spätestens 2050 in fast allen Entwicklungsländern unter das Bestandserhaltungsniveau gesunken sein werden und die dortigen geburtenschwachen Jahrgänge spätestens in der zweiten Hälfte dieses Jahrhunderts ins Erwachsenenalter gekommen sein werden, wird die Alterung am Ende des 21. Jahrhunderts auch den meisten der heutigen Entwicklungsländer Probleme bereiten. Sie werden noch krasser sein als jene, denen Deutschland um das Jahr 2030 entgegen geht.

Die heutigen Industriegesellschaften haben die Chance, manche problematischen Begleiterscheinungen ihrer Alterung durch die Zuwanderung von qualifizierbaren oder qualifizierten Arbeitskräften abzupuffern. In der zweiten Hälfte des 21. Jahrhundert, wenn überall auf der Welt die Bevölkerungszahlen schrumpfen und die Bevölkerungen altern werden, wird diese Chance kaum noch bestehen. Insofern haben die frühzeitig modernen Gesellschaften Startvorteile.

3.2.6 Die ethnische Struktur der Bevölkerung

Steigende Lebenserwartungen, (absolut) sinkende Geburtenzahlen und mehr Zuwanderer werden in Deutschland nicht nur eine schrumpfende und alternde, sondern auch eine ethnisch vielfältiger zusammengesetzte Bevölkerung entstehen lassen.

Als sich im Laufe der Neuzeit die Nationalstaaten herausbildeten – in
Deutschland und Italien relativ spät – kristallisierten sich diese in der Regel
um eine bestimmte, sprachlich und kulturell abgegrenzte Ethnie. Ethnische
Homogenität wurde meist als Voraussetzung angesehen, um Nationalstaaten
bilden zu können. Dort, wo sie nicht gegeben war, wurde die ethnische Ge-
schlossenheit nicht selten mit Gewalt angestrebt: So hat man viele ethnische
Minderheiten (Basken, Katalanen in Spanien, Bretonen und Korsen in Frankreich, Sorben, Wenden und Dänen in Deutschland, Südtiroler, Albaner und
Griechen in Italien etc.) zum Teil jahrzehntelang unterdrückt.

Wenn ethnische Homogenisierung auch selten völlig durchgesetzt wer-
den konnte, und bestimmte Staaten (z.B. die Schweiz, Belgien, die USA und
Kanada) immer ethnisch heterogene Staaten blieben, so waren die meisten
Staaten Westeuropas nach dem Zweiten Weltkrieg doch weitgehend ethnisch
homogen geworden. Die Bewohner waren im Umgang mit andersartigen
Kulturen und Sprachen wenig geübt. Die immer zahlreicheren Zuwanderer,
die nach dem zweiten Weltkrieg kamen (z.B. in Deutschland seit den 1960er
Jahren; vgl. 3.2.3), wurden daher meist als „Fremde" erlebt und nicht selten
abgelehnt.

Abb. 3.20: Ausländeranteile in ausgewählten Staaten Europas 1999

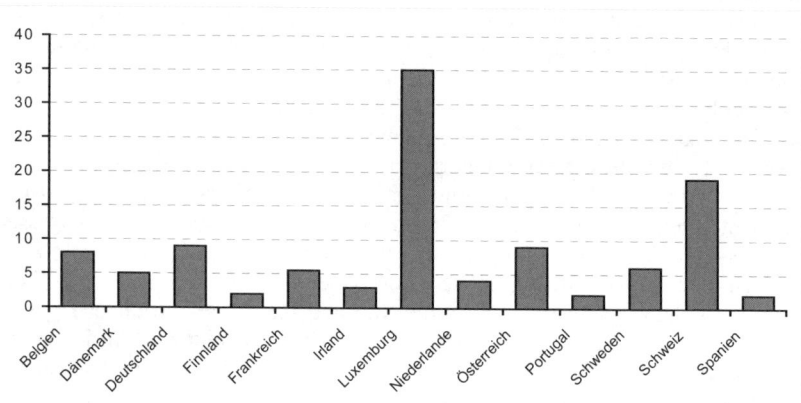

Quelle: Europ. Komm./Eurostat 2001

Im Jahre 1951 lebten in Westdeutschland nur 0,5 Millionen Ausländer. Auch
zehn Jahre später, im Jahre 1961, waren mit 0,7 Millionen kaum mehr Be-
wohner ohne deutschen Pass anzutreffen. Seither zogen aber immer mehr
Ausländer nach Westdeutschland. Als Folge der (in 3.2.3) dargestellten
Wanderungsbewegungen lebten 2001 in Deutschland mehr als 7,3 Millionen
Menschen ohne deutschen Pass. Das entspricht etwa 8,9% der Bevölkerung.
Ähnlich hohe Ausländeranteile fanden sich in der EU auch in Belgien und in
Österreich. Dagegen gab es in den Mittelmeerländern Italien, Portugal, Spa-

nien und Griechenland sowie in Finnland mit weniger als 2% erst wenige
Ausländer. Mittelhohe Anteile zwischen 4 und 6% machten die ausländischen Bevölkerungen in den übrigen EU-Ländern aus (Europ. Komm.
2001/2002: 83).

Ausländer ist, wer nicht die deutsche Staatsangehörigkeit besitzt. Diese
juristische Definitionsweise ist jedoch soziologisch oft wenig aussagekräftig.
So leben zum Beispiel viele Nachkommen von „Gastarbeitern" bereits in der
zweiten und dritten Generation in Deutschland, sprechen gut Deutsch, sind
beruflich integriert und kulturell weitgehend assimiliert. Gleichwohl gelten
sie als „Ausländer", solange sie keinen deutschen Pass besitzen. In Frankreich dagegen wurde bis vor kurzem jedes Kind einer ausländischen Familie
durch seine Geburt in Frankreich zum Französischen Staatsbürger. Nicht wenige von ihnen sind sprachlich und kulturell z.b. sehr viel mehr Maghrebiner
als Franzosen. So lassen sich die juristisch definierten Ausländeranteile an
den Bevölkerungen der einzelnen Länder wegen der unterschiedlichen Ein-
bürgerungsbestimmungen soziologisch kaum sinnvoll vergleichen. Aus den
genannten Gründen gehen internationale Organisationen mehr und mehr dazu
über, nicht die Ausländer im Sinne der Staatsbürgerschaft zu registrieren,
sondern die Menschen, die nicht im dem Land geboren sind, in dem sie leben. Diese Konzeption von „Migranten" ist soziologisch aussagefähiger als
die juristische Ausländerdefinition.

Fast jede(r) zehnte (9,5%) Bewohner Deutschlands war 1995 im Ausland
geboren. Sie leb(t)en fast alle in Westdeutschland. Auch wenn dieser Bevölkerungsanteil der Migranten hoch erscheinen mag: In manchen Ländern lebten noch wesentlich mehr Zugewanderte: In Australien wurden 23%, in Kanada 17%, in der Schweiz 16%, in den USA 9%, in Frankreich 8%, in den
Niederlanden 5% und in Großbritannien 3% Migranten registriert.

Einen Sonderfall stellt Luxemburg dar. Hier lebt der weltweit höchste Bevölkerungsanteil von Ausländern und im Ausland Geborenen. Sie arbeiten häufig in Banken oder Vermögensverwaltungen und leben daher in ganz anderen
Berufs- und Vermögensverhältnissen als Ausländer in anderen Ländern. Diese
arbeiten häufig in einkommensschwachen Berufen niedriger Qualifikation,
wohnen meist in schlechteren Verhältnissen als Einheimische, und die Kinder
von Ausländern haben vergleichsweise schlechte Bildungschancen.

Die ethnische Zusammensetzung von Ausländern bzw. Migranten unterscheidet sich in den einzelnen Ländern deutlich. Es sind vor allem vier Faktoren, die die jeweilige ethnische Bevölkerungsstruktur eines Landes prägen:
Zuwanderer kommen häufig a) aus benachbarten Ländern, b) aus Ländern
gleicher Sprache, c) aufgrund kolonialer und geschichtlicher Bindungen und
d) aufgrund von Rekrutierungen von Arbeitskräften.

In Deutschland leben nach entsprechenden Rekrutierungsmaßnahmen besonders viele Türken (29,4% der Ausländer), Migranten aus dem ehemaligen
Jugoslawien (9,1%), Italiener (8,5%) und Griechen (5%). Nach Frankreich dagegen kommen wegen ihrer französischen Sprachkenntnisse viele Migranten
aus den ehemaligen französischen Kolonien Algerien, Tunesien oder Marokko.

In Großbritannien leben viele englischsprachige Menschen aus den Commonwealth-Ländern Pakistan, Indien, Jamaika, Kenia und Bangladesh. Fast zwei Drittel der im Ausland geborenen Bevölkerung Portugals kommen aus Angola, Mosambik, Kap Verde und Brasilien, also großenteils aus ehemaligen Kolonien, in denen zum Teil bis heute Portugiesisch gesprochen wird (Eurostat kurzgefasst 10/1998). Mögen sich im Zuge der Modernisierung viele sozialstrukturelle Merkmale international angleichen, im Hinblick auf ethnische Strukturen werden moderne Gesellschaften bislang immer unterschiedlicher.

Der erste der vier genannten Bestimmungsgründe der Zuwanderung wird sich vermutlich schon bald abschwächen: Aus nahe gelegenen Ländern werden, abgesehen von den südlichen Anrainern des Mittelmeers, die Migranten nicht mehr in die Länder Europas kommen. Denn die Länder Westeuropas und Mittel-Osteuropas weisen fast alle schon heute Geburtenraten unter dem Bestandserhaltungsniveau auf. Viele werden schon bald mit absoluten Geburtendefiziten, Bevölkerungsschwund und alternden Bevölkerungen konfrontiert sein. Es wird also kaum noch demographische Gründe für eine Zuwanderung aus nahe gelegenen Ländern geben. Wenn die Ungleichheiten der Lebensstandards zwischen Westeuropa und Mittel-Osteuropa nicht mehr so krass sind wie heute, wird es auch immer weniger ökonomische Beweggründe für eine Zuwanderung von Ost-Mitteleuropa nach Westeuropa geben. Daher werden die in Europa schon bald benötigten Zuwanderer aus entfernteren Erdteilen kommen müssen. Auch das wird dazu beitragen, dass die Bevölkerungen der Länder Europas ethnisch immer heterogener werden. Viele Menschen werden in Zukunft z.B. in Deutschland bemerken, wie ähnlich ihnen doch die Immigranten aus Italien, Jugoslawien und selbst der Türkei waren, verglichen mit Zuwanderern aus Schwarzafrika und Fernost.

Wie viele dieser Zuwanderer in Zukunft in den einzelnen Ländern leben werden, sollen oder können, ist in vielen Ländern ein erbittert diskutiertes Thema. Für Deutschland wird eine Gesamtzahl von etwa 1,8 Millionen neuen Zuwanderern (einschließlich ihrer Kinder und Enkel) bis 2010 und etwa sieben Millionen bis 2040 prognostiziert, falls in jedem Jahr durchschnittlich 100.000 Zuwanderer kommen. Falls es doppelt so viele sind, lägen die entsprechenden Zahlen bei annähernd drei Millionen im Jahre 2010 und 11,5 Millionen in 2040 (Miegel 2002: 32f.).

Wie viele der Zugewanderten als Ausländer hier leben werden, ist schwer vorauszuberechnen. Das wird von den Einbürgerungsregeln und -aktivitäten der Zukunft abhängen. Höhere Nettozuwanderungen als heute müssen sich – sofern die Einbürgerung erleichtert werden wird – nicht unbedingt in höheren (juristisch definierten) Ausländeranteilen niederschlagen. Geht man von den heutigen Einbürgerungszahlen aus – sie sind im internationalen Vergleich eher gering – dann werden 2030 etwa 20-25% Ausländer in Deutschland leben.

Noch schwieriger ist es vorauszusehen, was diese Zahlen für den gesellschaftlichen Zusammenhalt und die Lebensweisen der Zugewanderten bedeuten. Je größer ihre Zahl, desto größer ist im Allgemeinen das Bestreben, die kulturelle Eigenständigkeit zu erhalten und sich einer kulturellen Assimilation zu verweigern. Ohnehin steigen die Bestrebungen von Migranten in postindustriellen Gesellschaften, nicht in einem „Schmelztiegel" der Gesamtgesellschaft aufzugehen, sondern die jeweiligen kulturellen Besonderheiten zu bewahren und hierauf die eigene soziale Identität zu gründen (Crouch 1999). Diese Verweigerung von Assimilation muss dem gesellschaftlichen Zusammenhalt und der gesellschaftlichen Entwicklung nicht abträglich sein, sofern die gesellschaftliche Integration in Bildung und Beruf gelingt und allgemeine „Spielregeln" des demokratischen Zusammenlebens anerkannt werden.

3.3 Fazit

Die (in 3.2) dargestellten empirischen Befunde und Vorausrechnungen zeigen, dass mit wachsendem Wohlstand und zunehmender Bildung überall auf der Welt der materielle Nutzen von Kindern sinkt und die Lasten steigen. Daher gehen die durchschnittlichen Kinderzahlen im Allgemeinen mit der gesellschaftlichen Modernisierung zurück. Mittelfristig sinken die relativen Geburtenraten überall auf der Welt unter das Bestandserhaltungsniveau. Damit schrumpfen spätestens eine Generation später auch die absoluten Bevölkerungszahlen. Dies wird in der zweiten Hälfte dieses Jahrhunderts fast überall in der Welt der Fall sein. Dies entspricht dem zu Anfang dieses Kapitels (in 3.1) dargestellten Modell des Ersten und des Zweiten demographischen Übergangs.

Im Gefolge ihres Übergangs von kinderreichen zu kinderarmen Gesellschaften erleben die Gesellschaften eine Phase der rapiden Alterung und einer sehr ungleichgewichtigen Altersstruktur. Dies schafft erhebliche Probleme. Die Bevölkerungsdefizite und die Alterung der heutigen modernen Gesellschaften lassen sich durch Zuwanderung aus (noch) bevölkerungsreichen Ländern abmildern, wie das im Modell des Zweiten Demographischen Übergangs vorgesehen ist.

Deutschland befindet sich als eines der ersten Länder, die in den Zweiten demographischen Übergang eingetreten sind, in einer vergleichsweise günstigen Situation. Das Land ist wohlhabend, und noch stehen Entsendeländer zur Verfügung. Dies wird für andere Gesellschaften mit „deformierter" Altersstruktur in einigen Jahrzehnten nicht mehr der Fall sein.

3.4 Literatur

Andorka, Rudolf 2001: Einführung in die soziologische Gesellschaftsanalyse, Opladen: Leske + Budrich
Backes, Gertrud M./Clemens, Wolfgang 2003: Hochaltrigkeit in Deutschland, in: Gesellschaft – Wirtschaft – Politik 52, H. 2, S. 183-194

Becker, Gary S. 1960: An Economic Analysis of Fertility. Demographic and Economic Change in Developed Countries, Princeton: Princeton University Press

Birg, Herwig 2001: Die demographische Zeitenwende. Der Bevölkerungsrückgang in Deutschland und Europa, München: Beck

Bolte, Karl Martin/Kappe, Dieter/Schmid, Josef 1980: Bevölkerung, Opladen: Leske + Budrich, 4. neu bearb. Aufl.

Bundesinstitut für Bevölkerungsforschung 2000: Bevölkerung: Fakten – Trends – Ursachen – Erwartungen, Mai 2000

Bundesministerium für Familie, Senioren, Frauen und Jugend (BMFSFJ) (Hg.) 2002: Vierter Bericht zur Lage der älteren Generation, Berlin

Crouch, Colin 1999: Social Change in Western Europe, Oxford: University Press

Dt. Bundestag 2002: Schlussbericht der Enquete-Kommission „Demographischer Wandel – Herausforderungen unserer älter werdenden Gesellschaft an den Einzelnen und die Politik", Berlin: Bundestagsdrucksache 14/8800

Europäische Kommission 2001: Eurostat Jahrbuch, Luxemburg: Amt für amtliche Veröffentlichungen der Europäischen Gemeinschaften

Europäische Kommission 2002: Eurostat Jahrbuch, Luxemburg: Amt für amtliche Veröffentlichungen der Europäischen Gemeinschaften

Eurostat: Statistik kurzgefasst 10/2000

Geißler, Rainer 2002: Die Sozialstruktur Deutschlands. Die gesellschaftliche Entwicklung vor und nach der Vereinigung, 3. Aufl., Opladen: Westdeutscher Verlag

Grünheid, Evelyn/Schulz, Reiner 1996: Bericht 1996 über die demographische Lage in Deutschland, in: Zeitschrift für Bevölkerungswissenschaften, Jg. 21, 4/1996, München: Harald Boldt Verlag im R. Oldenbourg Verlag, S. 345-459

Hauser, J. 1983: Ansatz zu einer ganzheitlichen Theorie der Sterblichkeit – eine Skizze, Zeitschrift für Bevölkerungswissenschaften, 9, S. 159-186

Herden, Rose-Elisabeth 2002: Die Bevölkerungsentwicklung in der Geschichte. Von den Anfängen bis zur Industriellen Revolution, www-Dokument: http://www.berlin-institut.org/pages/fs/fs_bev_entw_fertilitaet_historisch.html,

Höhn, Charlotte 1996: Bevölkerungsvorausrechnungen für die Welt, die EU-Mitglieder und Deutschland, in: Zeitschrift für Bevölkerungswissenschaft 21, Heft 2, S. 171-218

Höhn, Charlotte 1997: Bevölkerungsentwicklung und demographische Herausforderung, in: Hradil, Stefan/Immerfall, Stefan (Hg.): Die westeuropäischen Gesellschaften im Vergleich, Opladen: Leske+Budrich, S. 71-96

Höhn, Charlotte 2000: Demographische Probleme des 21. Jahrhunderts aus deutscher Sicht, in: Zeitschrift für Bevölkerungswissenschaften, Jg. 25, 3-4/2000, Opladen: Leske + Budrich, S. 375-398

Hof, Bernd 2001: Szenarien zur Entwicklung des Arbeitskräftepotentials in Deutschland, in: APUZ, B8/2001, S. 20-30

Hradil, Stefan 2000: Sozialer Wandel. Trends gesellschaftlicher Entwicklung, in: Schäfers, Bernhard/Zapf, Wolfgang (Hg.): Handwörterbuch zur Gesellschaft Deutschlands, 2. Aufl., Opladen: Leske + Budrich, S. 642-653

Hradil, Stefan 2001: Bevölkerungsentwicklung und Gesellschaftsveränderung in den kommenden Jahrzehnten, in: Gegenwartskunde, Heft 3, S. 377-403

Immerfall, Stefan 1994: Einführung in den europäischen Gesellschaftsvergleich: Ansätze – Problemstellungen – Befunde, Passau: Wissenschaftsverlag Richard Rothe

Kaufmann, Franz-Xaver 1995: Zukunft der Familie im vereinten Deutschland. Gesellschaftliche und politische Bedingungen, München: C.H. Beck

Landry, A. 1934: La révolution démographique, Paris: Sirey

Mackenroth, Gerhard 1953: Bevölkerungslehre. Theorie, Soziologie und Statistik der Bevölkerung, Berlin/Göttingen/Heidelberg: Springer

Martin, Philip/Widgren, Jonas 2002: International Migration: Facing the Challenge, in: Population Bulletin, Vol 57, Nr.1, (http://www.prb.org/content/NavigationMenu/PRB/abaout/PRB/Population_Bulltin2/IntlMigration_Eng.pdf (05.08.02))

Mertins, Günter 1997 : Demographischer Wandel in der EU und Perspektiven, in: Eckart, Karl/Grundmann, Siegfried (Hg.): Demographischer Wandel in der europäischen Dimension und Perspektive, Berlin: Duncker & Humblot, S. 9-32

Michel, Harald 2000: Sterblichkeitsrückgang im 18. Jahrhundert in Deutschland. Bestandteil, Voraussetzung oder Vorläufer der demographischen Transition, in: Zeitschrift für Bevölkerungswissenschaften, Jg. 25, H. 3-4, Leske + Budrich: Opladen, S. 509-512

Miegel, Meinhard 2002: Die deformierte Gesellschaft. Wie die Deutschen ihre Wirklichkeit verdrängen, Berlin/München: Econ Ullstein List

National Intelligence Council 2001: Growing Global Migration and its Implications for the United States (http://www.cia.gov/nic/graphics/migrations.pdf (05.08.02))

Notestein, F. W. 1963: Economic Problems of Population Change, in: Proceedings of the Eighth International Conference of Agricultural Economists, London: Oxford University Press, S. 13-31

Schmid, Josef 1999: Der harte Faktor der Weltveränderung: Die demographischen Entwicklungen bis zum Jahre 2050, in: APUZ B 52-53/1999, S. 12-22

Schmid, Josef/Bauer, Helmut/Schattat, Bettina 1976 : Einführung in die Bevölkerungssoziologie Reinbek: Rowohlt-Taschenbuch Verlag (http://www.berlin-institut.org/pdfs/ Schmi_%20 Bevoelkerungssoziologie.pdf)

Schulz, Reiner 1999: Entwicklung der Sterblichkeit und Gesundheit in den Regionen der Welt, in: Zeitschrift für Bevölkerungswissenschaften, Jg. 24, H. 4, Opladen: Leske + Budrich, S. 379-410

Statistisches Bundesamt 2000: Bevölkerungsentwicklung Deutschlands bis zum Jahr 2050. Ergebnisse der 9. koordinierten Bevölkerungsvorausrechnung, Wiesbaden

Statistisches Bundesamt 2001: Statistisches Jahrbuch 2001 für das Ausland, Stuttgart: Metzler/Poeschel

Statistisches Bundesamt 2001a: Statistisches Jahrbuch 2001 für die Bundesrepublik Deutschland, Stuttgart: Metzler/Poeschel

Statistisches Bundesamt 2002: Statistisches Jahrbuch 2002 für das Ausland, Stuttgart: Metzler/Poeschel

Statistisches Bundesamt 2003: Bevölkerung Deutschlands bis 2050. Ergebnisse der 10. koordinierten Bevölkerungsvorausrechnung, Wiesbaden: Stat. Bundesamt

Statistisches Bundesamt 2003a: Statistisches Jahrbuch 2003 für die Bundesrepublik Deutschland, Stuttgart: Metzler/Poeschel

United Nations Population Division 2000 (Hg.): World Population Prospects. The 2000 Revision, Vol. 3 (http://www.un.org/esa/population/publications/wpp2000/chapter4/.pdf (05.08.02), S. 139-154

United Nations Population Division 2000a: Replacement Migration. Is it a solution to Declining and Ageing Populations, New York (http://www.un.org/esa/population/ publications/publications.htm)

United Nations Populations Fund (UNFPA) 2001: Weltbevölkerungsbericht 2001, Hannover: Deutsche Stiftung Weltbevölkerung

Zuwanderungskommission 2001: Bericht der unabhängigen Kommission „Zuwanderung", Berlin, Juli 2001

4. Lebensformen, Haushalte und Familien

In diesem Kapitel geht es darum, wie Menschen im Alltag mit den ihnen am nächsten stehenden Mitmenschen zusammenleben. Dies ist keineswegs nur eine Frage der persönlichen Vorlieben. Hierfür gibt es gesellschaftliche „Muster". Daher stellen auch die Formen des Zusammenlebens einen Bereich der Sozialstruktur dar. Für das Denken, Verhalten und Wohlergehen der Menschen haben Lebensformen, Haushalte und Familien große Bedeutung.

4.1 Der Bezugsrahmen

4.1.1 Grundbegriffe: Lebensformen, Haushalte, Familien und ihre gesellschaftliche Bedeutung

Der allgemeinste der hier benötigten Grundbegriffe heißt „Lebensformen". Darunter sind die relativ beständigen Konstellationen zu verstehen, in denen Menschen im Alltag mit den ihnen am nächsten stehenden Mitmenschen zusammen leben. Bezeichnenderweise hat sich der allgemein gehaltene Begriff der „Lebensformen" in der Soziologie erst dann durchgesetzt, als die in den 1950er und 1960er Jahren vorherrschende Standardlebensform der Zwei-Generationen-Kleinfamilie aufbrach, und recht unterschiedliche Formen des Zusammenlebens Verbreitung fanden.

Lebensformen, in denen Menschen nicht nur zusammenleben, sondern auch zusammen wohnen und wirtschaften, nennt man „Haushalte". Ein Paar mit getrennten Wohnsitzen unterhält zwei Einpersonenhaushalte. In der Praxis werden viele Übergangsformen angetroffen, die es schwer machen zu entscheiden, wie viele Haushalte eine Lebensform einschließt. So ist bei vielen Wohngemeinschaften durchaus nicht klar, ob sie einen oder mehrere Haushalte umfassen. In der übergroßen Mehrzahl liegen die Verhältnisse jedoch klar: Familien und Paare (Alleinlebende ohnehin) wirtschaften „aus einem Topf" und bilden einen Haushalt.

Als „Familien" sollen jene Haushalte bezeichnet werden, in denen Erwachsene mit Kindern zusammen wohnen und wirtschaften, und diese Kinder sozialisiert werden. Es kommt dabei nicht darauf an, ob es sich um die leiblichen Eltern handelt, ob die Erwachsenen verheiratet sind, ob es sich um einen, zwei oder mehr Erwachsene handelt. Nach diesem Familienbegriff zählen die nicht im Haushalt lebenden Verwandten und die Kinder außer Haus nicht zur „Familie". Auch kinderlose Ehepaare bilden keine Familie. Andererseits bilden Alleinerziehende, Nichteheliche Lebensgemeinschaften oder Wohngemeinschaften im Sinne des hier benutzten Begriffs durchaus eine Familie, wenn sie mit Kindern zusammen leben. Der hier verwendete Familienbegriff unterscheidet sich von vielen anderen, die im Alltagsleben, im juristischen Bereich oder in der amtlichen Statistik gebräuchlich sind. Mit der hier vorgenommenen Begriffswahl soll jedoch keineswegs unterstellt werden, dass andere Familienbegriffe „schlechter" sind. Juristen zum Beispiel, die mit dem Erbrecht zu tun haben, verwenden aus guten Gründen einen anderen Familienbegriff. Es soll hier nur jener Begriff der Familie verwendet werden, der für die soziologischen Zwecke der Sozialstrukturanalyse am tauglichsten ist.

Das Zusammenleben von Menschen in Familien und Haushalten beruht auf anderen Grundsätzen als fast alle anderen Bereiche der Gesellschaft: Es handelt sich im Prinzip um solidarische Gemeinschaften, denen die Menschen hauptsächlich auf Grund gefühlsmäßiger Bindungen und nicht auf Grund von Nutzenkalkulationen angehören. Geben und Nehmen wird, abgesehen von Momenten der Krise, nicht gegeneinander aufgerechnet. Weder wird gegen Lohn gearbeitet, noch wird für jede Leistung eine unmittelbare Gegenleistung erwartet. Jedes Mitglied gibt nach seinem Vermögen und erhält nach seinen Bedürfnissen im Maße des insgesamt Vorhandenen. Die meisten Güter gehören allen gemeinsam. Dies wird gelegentlich als „Familienkommunismus" bezeichnet. Konkurrenz spielt keine tragende Rolle. Die Mitglieder sind nicht nur in Ausschnitten (z.B. im Hinblick auf ihre Arbeitskraft oder ihre Sexualität), sondern mit ihrer „ganzen" Persönlichkeit in Haushalte und Familien eingebunden. – Ganz sicher entsprach kaum je ein Haushalt oder eine Familie diesen Prinzipien vollständig, nicht in vormodernen und schon gar nicht in modernen Gesellschaften. Aber trotzdem können die genannten Grundsätze den Unterschied zur Außenwelt der Gesellschaft verdeutlichen, wo das unmittelbare Tauschprinzip oder der anonyme Markt, wo obrigkeitliche oder staatliche Regeln das Handeln regulieren (vgl. Crouch 1999: 54f.).

Familien stellen das wichtigste Bindeglied zwischen den Einzelnen und der Gesellschaft dar. Sie wurden immer wieder totgesagt und haben doch alle gesellschaftlichen Veränderungen überlebt. Wie wichtig Familien sind, läßt sich an den wichtigsten Aufgaben erkennen, die Familien verrichten (sollen) (Andorka 2001: 322):

– Die *Produktion* stellte früher eine der Hauptaufgaben der Familie dar. Vor allem in der Landwirtschaft, aber auch in der Stadt war die Familie zugleich Produktionseinheit. Nahrungsmittel, Gebrauchsgegenstände, Dienstleistungen u.v.a.m. wurden in der Familie hervorgebracht. Aber auch in modernen Gesellschaften wird in Familien (wieder) mehr produziert, als gemeinhin angenommen wird: In Familien wird gekocht, gepflegt, repariert, gebaut etc.

– Auch die *Konsumption* vollzog sich früher nahezu ausschließlich im Rahmen der Familie. Gekaufte und selbst hergestellte Güter und Dienstleistungen wurden in der Familie genutzt. Heute wird zwar oft in Kantinen gegessen, in Schulen gelernt, in Altersheimen Pflege genossen, etc. aber gleichwohl stellt die Familie auch in modernen Gesellschaften einen wesentlichen Ort der Konsumption dar. Zahlreiche Konsumgüter (von der Unterhaltungselektronik, über Haushaltseinrichtungen bis hin zum Automobil) und Dienstleistungen (Pflege, Heilung, etc.) werden in Familien genutzt.

– Familie dient der *Fortpflanzung* und damit zur Erhaltung von Gesellschaften. Dem widerspricht nicht, dass in modernen Gesellschaften immer mehr Familien erst im Hinblick auf entstehende oder vorhandene Kinder gegründet werden, und immer mehr Kinder in Familien leben, in denen sie nicht geboren wurden.

Die bisher genannten Aufgaben leisten Familien heute in geringerem Maße als ehedem. Dagegen erfüllen Familien die folgenden beiden Aufgaben heute häufiger als zuvor.

– Gerade weil Familien heute nur noch in begrenztem Umfang produzieren, versorgen und tätige Solidargemeinschaften sind, beruhen sie mehr denn je auf emotionalen Grundlagen. Sie stellen damit emotionale, ganzheitliche, persönliche „Gegenwelten" gegen die anonyme, rationale, funktional spezialisierte Außenwelt dar. Damit leisten sie viel für die *psychische Reproduktion* ihrer Mitglieder.

– Als klassische und daher bereits in der Definition festgeschriebene Aufgabe der Familie gilt die *Sozialisation* von Kindern. Auf der einen Seite wurden im Laufe der Modernisierung wesentliche Teile der Sozialisation und Erziehung (d.i. der bewußte und gezielte Teil der Sozialisation) aus der Familie ausgegliedert: Kindergärten, Schulen, Universitäten, Medien, Gruppen Gleichaltriger etc. stellen heute wesentliche Sozialisationsinstanzen dar. Auf der anderen Seite kommt in modernen Gesellschaften wegen der geringen Anzahl von Kindern in den einzelnen Familien und wegen der hohen Anforderungen der Gesellschaft an die Sozialisation von Kindern der frühkindlichen Sozialisation immer mehr Bedeutung zu. Der Sozialisation von kleinen Kindern wird in Familien heute viel größere Aufmerksamkeit als zuvor gewidmet.

4.1.2 Das modernisierungstheoretische Modell

Das eingangs vorgestellte, auf Modernisierungstheorien beruhende Gedanken-
modell (vgl. 2.2.2) besagt im Kern, dass in der vorindustriellen Gesellschaft das
„Ganze Haus" dominierte, in der Industriegesellschaft die „Kernfamilie" vor-
herrschte und in der modernen postindustriellen Wissensgesellschaft eine Pluralisierung der Lebensformen einsetzt. Im Großen und Ganzen sieht dieses
Modell im Laufe der Jahrhunderte eine Verkleinerung von Haushalten vor.

Das *„Ganze Haus"* findet sich in ländlichen Bauernhöfen sowie in städtischen Handwerksbetrieben und Handelshäusern der vormodernen Agrargesellschaft. Es umfasst nicht nur Eltern und Kinder, sondern auch Dienstboten,
Gesellen, Knechte und Mägde wie auch unverheiratete Verwandte und ggf.
auch bedürftige Nicht-Verwandte. Bei einem „Ganzen Haus" handelt es sich
also um einen gemeinsamen Haushalt, aber in der Regel um weit mehr als
nur eine Familie im o.a. Sinne.

Die typische *Kernfamilie* der frühmodernen Industriegesellschaft besteht
aus einem verheirateten Ehepaar mit wenigen (ca. 2) Kindern. Die geschlechtsspezifische Arbeitsteilung ist erheblich strenger als im „Ganzen Haus": Frau-
en sind in der Regel Hausfrauen und auf das Innere der Familie konzentriert;
Männer sind erwerbstätig und damit nach außen orientiert. Fast alle Menschen heiraten. Das Heiratsalter ist niedrig. Nur wenige Ehen werden geschieden. Fast alle Kinder kommen in Ehen zur Welt.

Unter der *Pluralisierung der Lebensformen* in modernen postindustriellen
Gesellschaften versteht man das Nebeneinander und die weitgehende Gleichbe-
rechtigung sehr unterschiedlicher Lebensformen. Die Rollen von Mann und
Frau vermischen sich. Im Unterschied zu vormodernen Gesellschaften, wo die
Menschen zumeist gezwungenermaßen in ihrer jeweiligen Lebensform lebten,
steht es – dem Modell zu Folge – in modernen Gesellschaften den Menschen
frei, in welcher Form sie leben wollen. Der Rückgang der Produktions- und
Konsumptionsleistungen und die damit einhergehende Emotionalisierung der
zwischenmenschlichen Bindung in Familien und Haushalten führt dazu, dass
die Grundlage des Zusammenlebens zerbrechlicher wird, die Menschen häufiger wieder auseinandergehen. Dadurch erleben viele Menschen die Pluralität
von Lebensformen auch nacheinander in ihrem Lebenslauf.

4.1.3 Theorien von Lebensformen, Haushalten und Familien

Die Abfolge typischer Lebens-, Haushalts- und Familienformen, die das Modell vorsieht, hat aus der Sicht von Modernisierungtheorien ihre Ursachen in
allgemeinen Modernisierungsprozessen der Gesellschaft. Der Grundgedanke
modernisierungstheoretischer Begründungen ist der, dass sich jene Lebensformen durchsetzen, die den Anforderungen einer sich modernisierenden
Wirtschaft und Gesellschaft am besten entsprechen. Es setzen sich die Le-
bens-, Haushalts- und Familienformen durch, die jene der o.a. Aufgaben am

besten lösen, die beim Stande der allgemeinen gesellschaftlichen Entwicklung von ihnen verlangt werden. Modernisierungstheorien sehen also eine Anpassung von Familie etc. an extern definierte Anforderungen vor.

Aus dieser Perspektive gesehen lebten die Menschen in *voragrarischen Jäger- und Sammlergesellschaften* in großen Horden- oder Stammesgemeinschaften, um sich so vor Feinden, Tieren und Unwettern besser schützen bzw. um gemeinsam besser jagen zu können. Wilhelm Heinrich Riehl (1823-1897) und Emile Durkheim (1858-1917) formulierten in diesem Zusammenhang das sog. „Kontraktionsgesetz", dem zu Folge die typischerweise verbreiteten Lebensformen von Menschen im Laufe der historischen Entwicklung immer kleiner wurden.

In *vorindustriellen Agrargesellschaften* ist das Zusammenleben so vieler Menschen nicht mehr nötig und auch nicht mehr zweckmäßig. Zur Bearbeitung von Ländereien – mehr als 80% der Menschen waren bis in das 18. Jahrhundert hinein landwirtschaftlich tätig – sind jedoch nach wie vor zahlreiche Menschen zugleich nötig. Vieles (vom hölzernen Löffel über die Bekleidung bis hin zu Werkzeugen) konnte und musste selbst hergestellt werden. Auch in den städtischen Handwerks- und Handelsbetrieben werden viele Hände gebraucht. Die Trennung von Wirtschaften und Konsumieren, Wohnen und Arbeiten war noch kaum vorhanden. Und noch sind auch kaum spezialisierte Bildungs-, Gesundheits-, Alterssicherungseinrichtungen etc. außerhalb von privaten Haushalten vorhanden. All die genannten Aufgaben waren daher in den Haushalten und Familien zu lösen. Daher stellt das „Ganze Haus" in jener Zeit eine ausgesprochen zweckmäßige Lebensform dar. Doch schließt dies nicht aus, dass in der historischen Wirklichkeit zahlreiche Menschen (Tagelöhner, wandernde Handwerker, Studenten u.v.a.m.) zur damaligen Zeit auch in kleineren Haushalten und Familien lebten.

Die *frühmodernen Industriegesellschaften* sind geprägt durch die Industrialisierung, die sich im Laufe des 19. Jahrhunderts in Mitteleuropa mehr und mehr durchsetzte. Es entstanden arbeitsteilige Großbetriebe zur Massenproduktion. Mit Hilfe von fossilen Energiequellen (Kohle, Öl) und von Maschinen wurden Produkte in großen Stückzahlen hergestellt. Viele Menschen strömen vom Lande, wo die Lebensbedingungen in Folge von sinkenden Sterberaten (vgl. Kap. 3) und Überbevölkerung immer schlechter geworden waren, in die Städte mit beginnenden Industriezentren. Diese erzwungene Mobilität war Großhaushalten wie jenen des „Ganzen Hauses" nicht möglich, wohl aber den alleinlebenden Arbeitskräften und den kleinen Kernfamilien. Kernfamilien setzen sich vor allem deswegen als Standardlebensform in Industriegesellschaften durch, weil sie über die schiere Anpassung an die Erwerbstätigkeit hinaus zahlreiche weitere Aufgaben (Ernährung, Bildung, Sicherung bei Krankheit, Alter, Armut, Unfall, Arbeitslosigkeit, etc.) erledigen konnten, für die Alleinlebende schlecht gerüstet waren. Deshalb bildete sich auch eine strikte Rollentrennung von Mann und Frau heraus. Männer waren nach außen hin auf die Erwerbstätigkeit ausgerichtet. Den Frauen kamen – in Anlehnung an die Rollenverteilung in großbürgerlichen Familien der ausgehenden Agrargesellschaft – die Aufgaben jenseits der Erwerbstätigkeit zu. Sie waren ins Innere der Haushalte und Familien orientiert. Freilich waren Kleinfamilien zur Erfüllung dieser weiteren Aufgaben, die einst das gesamte „Ganze Haus" erledigte, mehr schlecht als recht in der Lage. Diese Funktionsmängel führten dazu, dass in allen Industriegesellschaften Einrichtungen zur Bildung, zur Sicherung bei Krankheit, Alter, Armut, Unfall, Arbeitslosigkeit, etc. entstanden. Im Laufe der Herausbildung der Industriegesellschaft verloren Kleinfamilien denn auch viele Funktionen an Schulen, Universitäten, Krankenhäuser, Pflegeheime, Rentenversicherungen, Sozialhilfe usw. Die Aufgaben der Kleinfamilie konzentrierten sich im Laufe der Entwicklung der Industriegesellschaft immer mehr auf die Persönlichkeitsbildung von Kindern. Dies war auch zweckmäßig, denn an die Disziplin, Sprachfertigkeit, sozialen Kompetenzen etc. der Einzelnen wurden immer höhere Anforderungen gestellt.

In *postindustriellen Wissensgesellschaften* dringt die Modernisierung, die in Industriegesellschaften gewissermaßen vor den Haustüren der Kleinfamilien halt gemacht hatte, ins Privatleben vor. Es wird zweckrational ausgestaltet und funktional ausdifferenziert. Es ergibt sich eine Entstandardisierung, Pluralisierung, Differenzierung und Individualisierung der Lebenswelten.

– Zur *Entstandardisierung*: Industriegesellschaften sind gekennzeichnet durch die Standardisierung zahlreicher Bereiche (Toffler 1980): Normalarbeitszeiten, Festpreise, Tariflöhne, DIN-Normen, Rahmenprüfungsordnungen, serienmäßige Industrieprodukte, festgelegte Vertriebswege, Normalbiographien, etc. – auch die Standard-Lebensform der Kernfamilie – finden sich in „vorgestanzten", immer wiederkehrenden Formen. Dies geschieht nicht zufällig. Standardisierung schafft berechenbare und effiziente Lösungen. So ist es einfacher und billiger, Kleidung in Konfektionsgrößen zu festen Preisen zu kaufen, als sie einzeln zu bestellen, den Preis auszuhandeln und anfertigen zu lassen. – In postindustriellen Gesellschaften erweist sich jedoch diese Standardisierung zunehmend als Fessel. Die Menschen haben genügend Ressourcen (Geld, Informationen, Wohnungen, Geschmack, soziale Sicherheit etc.), um sich individuelle Produkte, Dienstleistungen, Lebensweisen und Lebensformen leisten zu können. Elektronische Informationsverarbeitung und Kommunikationstechniken erleichtern flexiblere Produktionen, Dienstleistungen und Lebensweisen.

– Zur *Pluralisierung*: Im Gefolge der modernen Industriegesellschaft entstanden mit der Rationalisierung und funktionalen Ausdifferenzierung zahlreiche Gebilde (Ämter, Betriebe, Ausbildungsstellen, Vereine, etc.) mit je eigenen inneren Logiken. Die Menschen werden dadurch in sehr unterschiedliche „soziale Kreise" (Simmel 1989, zuerst 1900) einbezogen, wenn auch nur mit einem Teil ihrer Persönlichkeit. Dadurch enthält das Leben sehr viel höhere Anforderungen. Die Menschen müssen sich in die einzelnen Sphären erst hineinfinden. Zudem bringt die Regelhaftigkeit der Abläufe in den jeweiligen Gebilden (Bürokratie, Industriebetrieb, Partei, Verein, etc.) für die Einzelnen Anpassungszwänge und Anonymität mit sich. Sie werden durch die Modernisierung in ein „ehernes Gehäuse der Hörigkeit" (Max Weber) eingespannt. Durch die Einbeziehung in Funktionsabläufe und „Menschenketten" werden die Menschen diszipliniert und zivilisiert (Norbert Elias). Andererseits bringt die Pluralität ihrer Lebenswelten und ihre nur teilweise Einbeziehung darin für die Menschen größere Wahlmöglichkeiten, höhere Freiheitsgrade, mehr Autonomie mit sich. – In postindustriellen Gesellschaften dringt die Pluralisierung der Lebenswelten dann auch in die privaten Bereiche vor. Die „normale" (in des Wortes doppeltem Sinn: übliche und erwartete) Kleinfamilie verliert ihr Monopol. Die Menschen wählen zum Teil andere, gesellschaftlich zunehmend akzeptierte Formen des Zusammenlebens (Alleinleben, Alleinerziehen, kinderloses Leben als Paar mit oder ohne Trauschein, etc.). Denn die langfristig angelegte Kleinfamilie mit ihrer geschlechtsspezifischen Arbeitsteilung entspricht den schnell wechselnden Anforderungen des Arbeitsmarkts in postindustriellen Gesellschaften nicht mehr in allen Fällen. Sie kollidiert oft mit der Erwerbstätigkeit von Frauen, mit Mobilitätszwängen, mit Weiterbildungsphasen, mit systematisch auftretenden Arbeitslosigkeits- und Umorientierungsphasen. Zudem wird die Kleinfamilie, die nur noch wenige Produktions- und Versorgungsaufgaben (für Frauen) erfüllt und fast ausschließlich auf emotionalen Grundlagen ruht, immer zerbrechlicher. Ein weiterer Grund für die fortschreitende Pluralisierung von Lebensformen liegt darin, dass Menschen in reichen, gebildeten, sozial abgesicherten Gesellschaften denkbare Alternativen auch nutzen wollen und so auf ihre persönlichen Wünsche zugeschnittene Lebensformen suchen.

– Zur *Differenzierung*: Die Ausdehnung der Modernisierung auf die „privaten" Lebensformen äußert sich auch darin, dass die Einzelnen ihre jeweilige Lebensform „zweckrational" wählen (Meyer 1993). Wer seine Ziele auf sich selbst bezieht, lebt zweckmäßigerweise alleine als „Single". Wer auf seinen Partner hin orientiert ist, lebt als kinderloses Paar. Wer auf Kinder hin ausgerichtet ist, lebt verheiratet in einer herkömmlichen Familie mit Kindern.

– Zur *Individualisierung*: Die Individualisierung als solche ist nicht neu. Die Individualisierung einzelner herausragender Wissenschaftler, Künstler und Staatslenker war ein wesentliches Element der geistigen Modernisierung zu Beginn der Neuzeit (vgl. Kap. 2.2.1). Die erste Phase der massenhaften Individualisierung vollzog sich im Zuge der industriegesellschaftlichen Modernisierung (Peuckert 1999: 269). Sie blieb im Wesentlichen auf Männer beschränkt. Ihre Individualisierung ergab sich, weil sie sich für den Arbeitsmarkt individuell qualifizieren und im Berufsleben individuell konkurrieren mussten und in Folge ihrer Erwerbstätigkeit dann auch mit individuellen Ressourcen („eigenes Geld", Wissen, Macht) ausgestattet waren. Die Frauen erlebten damals eher noch eine „Ent-Individualisierung". Als die Verdienste so gestiegen waren, dass die Familien sich leisten konnten, auf ihren Zuverdienst zu verzich-

ten, wurden Frauen auf ihre Rolle in der Familiengemeinschaft einge-
grenzt. – Seit den 1960er Jahren setzte in Deutschland ein zweiter mas-
senhafter Individualisierungsschub ein, der nun auch die Frauen erfasste
(Beck 1986). Infolge der schnell gestiegenen Einkommen, Bildungsgrade, sozialen Absicherung, Bildungs- und Berufskonkurrenz, Mobilität
und Frauenerwerbstätigkeit wurden Männer und erstmals auch Frauen
aus den traditionellen Gemeinschaften ihrer Klasse, Gemeinde und Familie
freigesetzt. Einerseits verschwanden dadurch zahlreiche Zwänge (z.B.
festgelegte Rollen als Hausfrau und Mutter). Eine zumindest von familiären und lokalen Einengungen freie Gestaltung der jeweiligen Biographie
wurde möglich. Die „Normalbiographie" wurde zur „Wahlbiographie"
(Ley 1984). Das „Dasein für Andere" der Frauen wurde zum „Anspruch
auf ein Stück eigenes Leben" (Beck-Gernsheim 1984: 34f.). Andererseits
schwanden aber auch zahlreiche Sicherheiten. Die Einzelnen waren gezwungen, relativ frei von vorgefertigten Rollen und Vorbildern ihre Lebensform, ihre Lebensziele und Lebenswege selbst zu gestalten, ja sogar
Sinn, Werthaltungen und Normen relativ frei zu wählen und in einer
„Bastelbiographie" (Hitzler 1988) zu kombinieren. Damit waren wesentlich höhere Risiken als zuvor verbunden. Diese Risiken nahmen auch
deshalb zu, weil die Einzelnen ohne die Einbettung in Klasse, Gemeinde
und Familie nun den Einwirkungen des Arbeitsmarktes, der Bildungseinrichtungen, der staatlichen Instanzen etc. unmittelbar ausgesetzt waren.

Die eben dargestellten modernisierungstheoretischen Erklärungen des o.a.
Entwicklungsmodells sozialstruktureller Lebensformen enthalten mehrere
Theoriekomponenten. Diese stimmen zwar im Groben überein, enthalten im
Einzelnen aber durchaus Widersprüche. So behaupten z.B. Theoretiker, die
den Gesichtspunkt der Individualisierung betonen, dass typische Lebensformen stark zerfasern, wesentlich stärker als aus der Sicht von Differenzierungstheoretikern.

Unterschiedlich wird auch die postindustrielle Entwicklung von Lebensformen, Haushalten und Familien *bewertet*. Optimistische Lesarten betonen
die gewachsenen Freiheiten und die höheren Wahlmöglichkeiten. Andere
Interpretationen heben die Zerrüttung, die persönliche Desorientierung und
die Risiken des Scheiterns hervor (vgl. Crouch 1999: 199ff.).

4.2   Empirische Befunde

4.2.1   Überblick

Größe der Haushalte

Um das Jahr 1900 lebten in Deutschland in jedem Privathaushalt durchschnittlich 4,5 Personen. Fast die Hälfte (44,4%) aller Haushalte umfasste 5

Personen oder mehr. Im Jahr 2000 bestand ein Haushalt im Mittel nur noch aus 2,2 Personen. Große Haushalte mit mehr als fünf Mitgliedern waren zur Seltenheit geworden (4,4%). Dagegen waren Einpersonenhaushalte, die es im Jahre 1900 noch kaum gab (7,1%), im Jahre 2000 mit 36% zur häufigsten Haushaltsgröße angewachsen.

Abb. 4.1: Haushaltsgrößen in Deutschland 1900 bis 2000 (in % der Haushalte)

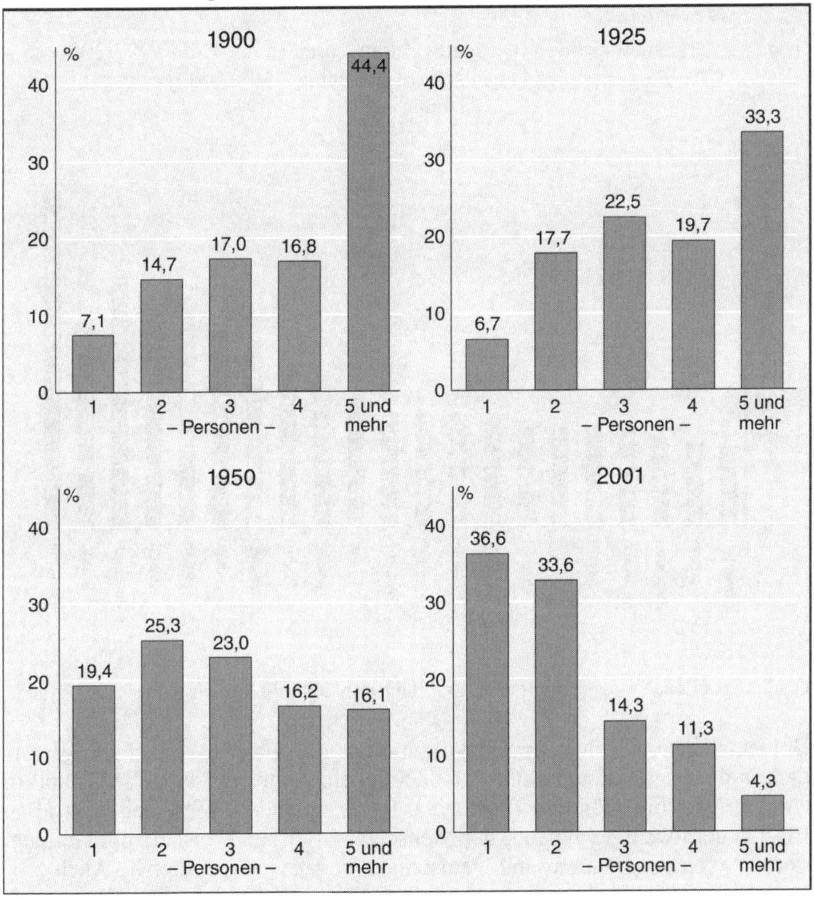

Quelle: Stat. Bundesamt: Datenreport 2002: 39

Diese Verkleinerung von Haushalten ist keine deutsche Spezialität. In den EU-Ländern ist allein von 1981 bis 1999 die durchschnittliche Haushaltsgröße von 2,8 auf 2,4 Personen gesunken (EU-Komm 2001: Soz. Lage: 25). Überall auf der Welt schrumpfen die Haushalte, aber die Verkleinerung ist nicht überall gleich weit fortgeschritten. In den skandinavischen und mitteleuropäischen Ländern lebten die Menschen im Jahr 2000 bereits in ähnlich

kleinen Haushalten wie in Deutschland. Im katholischen und weniger wohlhabenden Südeuropa, in Irland und in Mittel-Osteuropa waren die Haushalte
mit (fast) 3 Personen (noch) etwas größer. Um wesentlich größere durchschnittliche Haushaltsgrößen zu finden, deren Personenzahl noch den vorindustriellen Haushalten Mitteleuropas nahe kommt, muss man heute weit reisen: nach Senegal (9,0), Oman (7,0), Marokko (6,7), Kuwait (5,7) und Indien
(5,4) (Stat. Bundesamt 2002: Jahrbuch 2002: 207f.).

Abb. 4.2: Haushaltsgrößen in ausgewählten Ländern der Erde 1993/2000
        (in Personen; im Durchschnitt der Jahre 1993-2000)

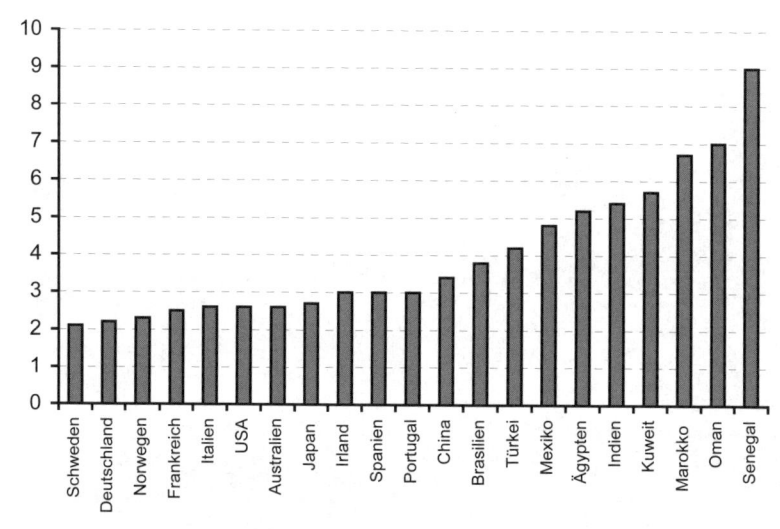

Quelle: erstellt nach: Stat. Bundesamt: Stat. Jahrbuch 2002 für das Ausland

Dementsprechend selten sind in Mitteleuropa die „großen" Haushalte geworden, in denen mindestens fünf Personen leben. Außer in Irland (18%) und in
einigen Mittelmeerländern (Portugal 11,1%, Spanien 13,9%) leben in allen
EU-Ländern weniger als 10% der Menschen in großen Haushalten, in einigen
skandinavischen Ländern und Deutschland sogar weniger als 5%. Auch z.B.
in Italien, wo vielfach noch Großfamilien vermutet werden, sind sie zur Seltenheit geworden. Spiegelbildlich hat sich dagegen der Anteil der Einpersonenhaushalte erhöht. In Mittel- und Nordeuropa besteht oft schon über ein
Drittel aller Haushalte aus nur einer Person (Stat. Bundesamt: Stat. Jahrb.
2002: 207). In Deutschland waren 2001 volle 37% aller Haushalte Einpersonenhaushalte. In ihnen lebten 17% aller Personen (Stat. Bundesamt 2002:
Mikrozensus 2001).

In allen genannten Ländern haben der Rückgang der Kinderzahlen, die steigenden Scheidungsraten und die zunehmende Zahl älterer Menschen die Verkleinerung von Haushalten begünstigt.

Die Entwicklung typischer Lebens- und Familienformen

In Veröffentlichungen wird oft der Eindruck erweckt, als lebte heute in Deutschland nur noch eine Minderheit der Menschen in Familien. Das ist nicht der Fall. Zwar ist der Bevölkerungsanteil der Familien gesunken, noch aber bilden die Familienmitglieder mit 54% der Bevölkerung die Mehrheit.

– Fast die Hälfte der Menschen (47%) lebte 2001 in Deutschland in einer Zwei-Eltern-Familie (mit Kindern). Weit überwiegend waren die Eltern verheiratet. Sehr viel seltener lebten sie in einer Nichtehelichen Lebensgemeinschaft.

– Jede vierzehnte Person (7%) in Deutschland war 2001 alleinerziehend oder ein Kind im Haushalt einer/eines Alleinerziehenden.

– Ein gutes Viertel (27%) der Einwohner Deutschlands lebte 2001 als Paar ohne Kinder, entweder mit oder ohne Trauschein.

– Etwas mehr als ein Sechstel der Menschen (17%) lebte 2001 – wie erwähnt – allein (Stat. Bundesamt 2002: Mikrozensus 2001).

Abb. 4.3: Lebens- und Familienformen in Ost- und Westdeutschland 2000

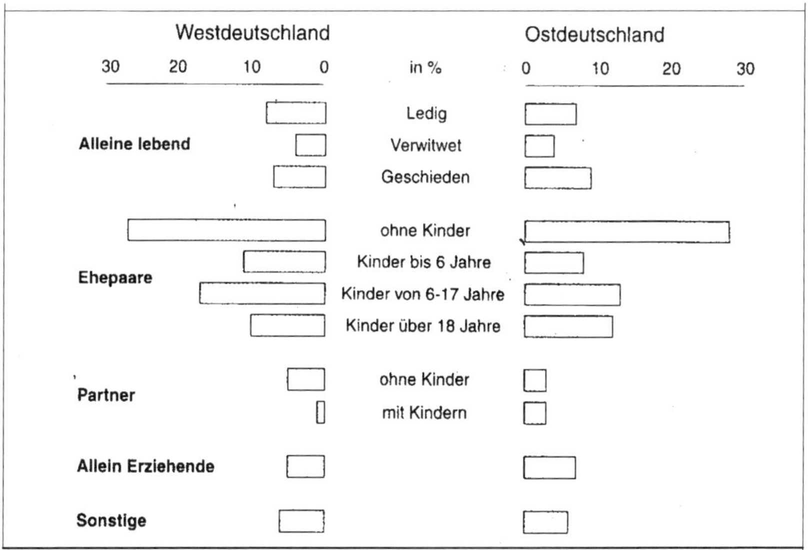

Quelle: Stat. Bundesamt: Datenreport 2000; Daten: ALLBUS 2000

Wenn man verheiratete Eltern und ihre Kinder sowie verheiratete Paare darin einrechnet, dann leben in Deutschland die meisten Menschen (noch?) in durchaus „konventionellen" Lebensformen. Allerdings leben seit den 1960er Jahren immer mehr Menschen in „unkonventionellen" Lebensformen (nicht-eheliche Lebensgemeinschaften, Alleinerziehende, Alleinlebende).

Tab. 4.1: Die Häufigkeit konventioneller und unkonventioneller
Haushaltsformen in Deutschland 1972 und 1996
(in % aller Haushalte bzw. Personen)

	Haushalt		Personen	
	1972	**1996**	**1972**	**1996**
Einpersonenhaushalte	26,4	36,8	9,9	16,8
Ehepaare ohne Kinder	23,2	24,2	17,5	22,3
NEL ohne Kinder	0,5	3,7	0,4	3,5
Zwei- und Mehrgenerationenhaushalte	49,9	25,3	72,3	57,4
Gesamt	100	100	100	100

Quelle: Wagner/Frankmann 2000: 151ff.

Vergleicht man diese Entwicklung mit der anderer Länder innerhalb der Europäischen Union, so finden sich drei Ländergruppen:

- In Nordeuropa (Dänemark, Finnland, Schweden) sind unkonventionelle Lebensformen mittlerweile besonders weit verbreitet.
- In Westeuropa (Österreich, Belgien, Luxemburg, Frankreich, England, Deutschland, Niederlande) ist die moderne Kleinfamilie, wenn auch mit abnehmendem Gewicht, immer noch die dominante Familienform.
- Die südeuropäischen Länder Griechenland, Italien, Portugal und Spanien sind neben Irland, was Lebensformen betrifft, die am stärksten an Konventionen orientierten Länder (Peuckert 1999: 311).

Der grobe Überblick zeigt, dass in weiten Teilen Europas der Übergang von vorindustriellen Lebensformen zur typisch industriegesellschaftlichen Lebensform der Kleinfamilie so weitgehend abgeschlossen ist, dass diese als „konventionelle" Lebensform erscheint. Die o.a. postindustriellen Entstandardisierungs-, Pluralisierungs-, Differenzierungs- und Individualisierungsvorgänge erscheinen (noch?) als „unkonventionelle" Lebensformen. Sie sind in den Ländern Europas unterschiedlich weit fortgeschritten.

Vergleichen wir Europa mit anderen Erdteilen, so wird deutlich, dass in Europa mittlerweile viele Aufgaben von den Familien zu überwiegend staatlichen Einrichtungen übergegangen sind: an die Schule, an Betriebe, an Renten-, Kranken-, Unfall- und Arbeitslosensicherungen, an Alten- und Pflegeheime etc. Europäische Familien sind nur noch bedingt Solidargemeinschaften; die „Familienbande" werden lockerer.

In großen Teilen der Welt stecken diese Prozesse jedoch erst in den Anfängen oder haben überhaupt nicht begonnen. Dementsprechend eng ist dort der Zusammenhalt der Familien und der Verwandtschaft. Es ist durchaus nicht sicher, ob die Familien dort jemals so viele Aufgaben abgeben werden wie die unsrigen. Denn kaum ein außereuropäisches Land hat z.b. bisher einen Wohlfahrtsstaat nach europäischem Muster hervorgebracht. Unter anderem führten kulturelle Gegebenheiten dazu, wie z.b. der Konfuzianismus in vielen asiatischen Ländern, dass Wohlfahrtsaufgaben nie „Sache des Herrschers oder religiöser Gemeinschaftsbindungen waren, sondern ausschließlich jene der Familien. Im Gegensatz dazu gab es im Abendland eine lange Tradition der Fürsorgepflicht feudaler Machthaber." (Ortmayr 1997: 174) Auch heute erweist sich dieser enge Familienzusammenhalt z.b. asiatischer Familien nach einer Auswanderung auch in moderne Gesellschaften (z.b. in die USA) keineswegs als Hindernis. Die gegenseitige Unterstützung ist im Gegenteil eher ein Erfolgsgeheimnis. Auch das weckt Zweifel, ob die industriegesellschaftliche Kleinfamilie oder gar die postindustrielle Auffächerung von Lebensformen weltweite Verbreitung finden wird.

Auf der anderen Seite zeigen sich in vielen Elendszonen Afrikas und Südamerikas familiäre Zerrüttungserscheinungen. Hier leistet ein großer Teil der Familien die o.a. Aufgaben nicht mehr und zerfällt (vor allem, indem sich Väter der Familie und ihren Aufgaben entziehen). Es handelt sich also durchaus um „Pluralisierungen", jedoch nicht um gewählte, sondern in der Mehrzahl um erzwungene.

4.2.2 Konventionelle Lebensformen

Heirat

Die „bürgerliche" Ehe und Kleinfamilie hat sich in Deutschland in den letzten 200 Jahren Zug um Zug durchgesetzt. Hatten noch im 18. Jahrhundert in Deutschland nur ein Teil der Menschen das Recht, zu heiraten und eine Familie zu gründen, so war Ehe und Familie in der Zeit nach dem Zweiten Weltkrieg im Gegenteil fast zur Pflicht geworden. Die Eheschließung galt zu dieser Zeit als kulturelle Selbstverständlichkeit. Von den 1950er bis Mitte der 1970er Jahre waren in Deutschland über 95% der einschlägigen Altersjahrgänge verheiratet. Und fast 90% davon hatten Kinder (Höhn u.a. 1990: 169). Wesentlich mehr Paare konnten schon aus biologischen Gründen keine Kinder bekommen. Es war die „Hoch-Zeit" der „Hochzeit" und das „goldene Zeitalter" der Familie. Ehe und Familie waren zu Standard-Lebensform geworden.

Ähnlich war es in den meisten Ländern Süd- und Westeuropas. Hierzu hat unter anderem auch der Einfluss der katholischen Kirche beigetragen. In Skandinavien, aus unterschiedlichen Gründen aber auch in Frankreich und in Irland, waren die Heiratsquoten um das Jahr 1960 zwar etwas niedriger als in anderen europäischen Ländern, aber sehr viel höher als heute.

Die Nachkriegszeit war jedoch in dieser Hinsicht kein „Normalzustand", sondern eine historisch vorübergehende Besonderheit. Seit Mitte der 1970er

Jahre ist die Heiratsneigung in Westdeutschland und anderen modernen europäischen Ländern beträchtlich zurückgegangen.

In Westdeutschland werden von den 1960 geborenen Männern schätzungsweise 30%, und von den gleichaltrigen Frauen wohl ca. 20% überhaupt nicht heiraten (Engstler/Menning 2003: 68). Vermutlich werden unter den danach Geborenen noch mehr ledig bleiben (Peuckert 1999: 312). Auffällig ist, dass es besonders häufig die hoch qualifizierten Männer und Frauen sind, die auf das Heiraten verzichten.

In einigen anderen Ländern Europas hat die Ehe noch mehr an Bedeutung verloren als in Deutschland. Die niedrigste Heiratsneigung in der EU wurde Ende der 1990er Jahre in Schweden und in den neuen Bundesländern Deutschlands ermittelt, wo jeweils nur noch ca. 45% der Menschen heirateten. In Schweden traten zum Teil die Nichtehelichen Lebensgemeinschaften an die Stelle der Ehe. In Ostdeutschland waren es die Umbruchserscheinungen, die die Menschen vom Heiraten abhielten.

In Deutschland, aber auch z.B. in Schweden und in den USA, hat man ermittelt (Crouch 1999: 224), dass Ehen vor allem nur noch dann geschlossen werden, wenn Kinder „geplant" oder „unterwegs" sind. Kinder – und nicht etwa die Partnerschaften – sind also zum Hauptzweck des Heiratens geworden. Ehe und Familie werden immer mehr zur bewussten Sozialisationsinstanz für Kinder (Nave-Herz 1984, zit. n. Peuckert 1999: 9). Das bestätigt die o.a. differenzierungstheoretischen Modernisierungstheorien, die eine wachsende Zweckrationalität des Alltagslebens behaupten (Meyer 1993).

Als in der Nachkriegszeit in Süd- und Westeuropa fast alle Menschen im einschlägigen Lebensalter heirateten und eine Familie gründeten, war damit eine Reihe weiterer Verhaltensweisen verbunden: Vergleicht man die Nachkriegszeit mit der heutigen Situation, so heirateten die Menschen damals sehr früh, die Frauen arbeiteten häufig als Hausfrauen, sie bekamen innerhalb der Ehen relativ viele, außerhalb von Ehen jedoch sehr selten Kinder, und die Ehen wurden sehr selten geschieden (Crouch 1999: 205). In den folgenden Abschnitten wird dargestellt, wie sich diese Lebensformen entwickelt haben:

Heiratsalter

In vorindustrieller Zeit wurden Ehen in Deutschland und anderen westeuropäischen Ländern häufig relativ spät geschlossen. Heiratserlaubnisse wurden in der Regel erst dann erteilt, wenn eine wirtschaftliche „Vollstelle" vorhanden war. Zusammen mit der vergleichsweise hohen Anzahl von Menschen, die vor der Industrialisierung ledig und meist kinderlos blieben, wurde dies als „European Marriage Pattern" (John Hajnal 1963, zit. n. Ortmayr 1997: 169) bezeichnet. Beide Faktoren trugen dazu bei, dass es in den Agrargesellschaften Westeuropas kaum (bzw. erst spät im 18. Jahrhundert) zu Überbevölkerungserscheinungen kam. In Osteuropa heirateten die Menschen dagegen früher und blieben seltener unverheiratet, weil die verheirateten Kinder häufiger in den Elternhaushalt aufgenommen wurden (Andorka 2001: 326).

Im Laufe des 20. Jahrhunderts heirateten die Menschen bis in die 1970er Jahre hinein immer früher. Schon lange bedurfte es keiner Heiratserlaubnis mehr. Und die wirtschaftliche Basis für die Gründung eines eigenen Haushalts schien häufig schon mit einer Gesellen- oder Fabrikarbeiterstelle erreicht. Diese Vorverlegung des Heiratsalters vollzog sich parallel zur Industrialisierung. Sie begann in den früh industrialisierten Ländern eher als in den spät industrialisierten. Abgeschlossen war dieser Prozess in Deutschland Mitte der 1970er Jahre. Dies war die Zeit der (damals oft beklagten) „Früh-Ehen". In anderen europäischen Ländern ging das Heiratsalter erst im Laufe der 80er Jahre so weit zurück.

Abb. 4.4: Erstheiratsalter in Deutschland 1911 bis 1938

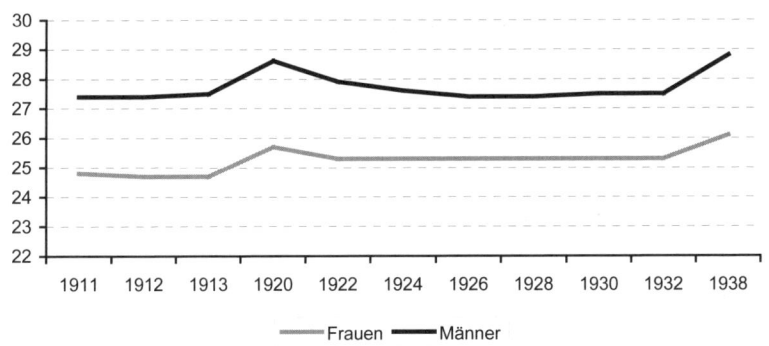

Quelle: erstellt nach: Cromm 1998

Seither heiraten die Menschen in Westeuropa immer später. Der Grund liegt auf der Hand: Die Ehe wird üblicherweise erst nach Abschluss der Ausbildung geschlossen und diese dauert immer länger. In der EU ist von 1980 bis 1999 das Erstheiratsalter der Männer von 26 Jahren auf fast 30 Jahre gestiegen; die Frauen heirateten 1980 im Mittel mit 23 Jahren, 1999 mit 27 Jahren (EU-Komm.: Soz Lage 2001: 70). In Deutschland war es nicht anders: Im Jahr 2000 heirateten ledige Frauen im Durchschnitt mit 28,5 Jahren und Männer mit 31,3 Jahren (Engstler/Menning 2003: 66). „Spitzenreiter" sind die Frauen in Dänemark, Schweden und Belgien. Dort heiraten die Frauen im Mittel mit 29 Jahren zum ersten Mal. Aber auch in Griechenland und in Portugal ist das Erstheiratsalter mittlerweile auf 24 bzw. 25 Jahren gestiegen (Peuckert 1999: 312). Auffällig ist, dass auch in Großbritannien, ähnlich wie in den USA und in Australien, viele Frauen noch in vergleichsweise jungem Alter heiraten. Daran ist sowohl die durchschnittlich kürzere Ausbildung in diesen Ländern, als auch die dort relativ große Häufigkeit ungewollter Schwangerschaften beteiligt.

Abb. 4.5: Erstheiratsalter in Ost- und Westdeutschland 1950 bis 2000

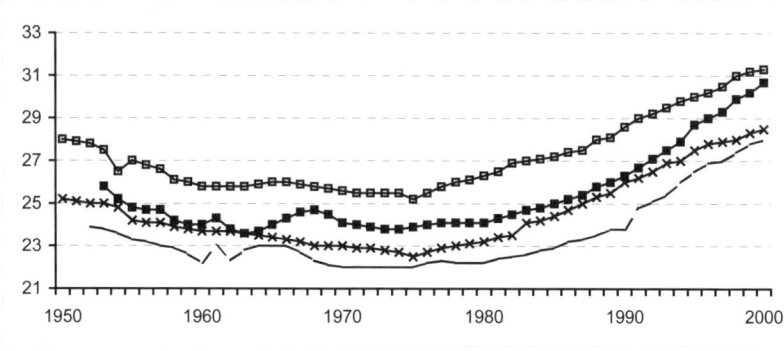

Quelle: Engstler/Menning 2003: 66; Daten: Statistisches Bundesamt – Statistik der Eheschließungen und gerichtlichen Ehelösungen

Abb. 4.6: Erstheiratsalter in den Ländern der EU 1998

dunkelgrau: Männer, hellgrau: Frauen

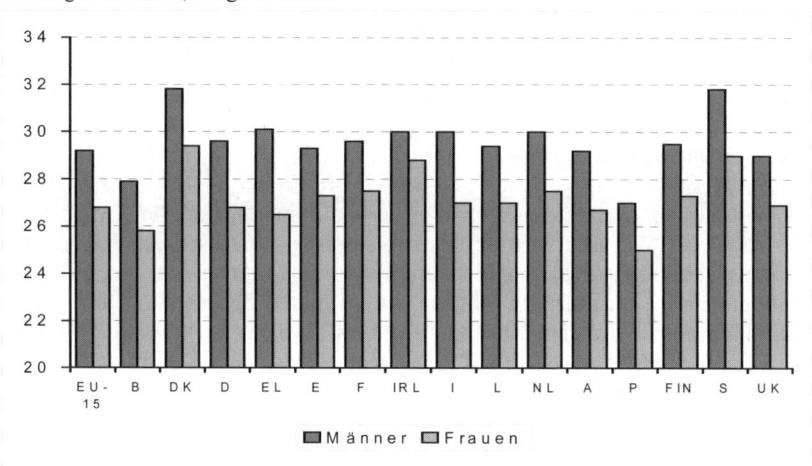

Quelle: Eurostat: soziale Lage 2000

Frauenerwerbstätigkeit

Im Laufe der Industrialisierung, in Deutschland also seit der Mitte des 19. Jahrhunderts, zogen sich die Frauen, wo immer es ihnen finanziell möglich war, aus der Erwerbstätigkeit in die Hausarbeit zurück. Dies hatte seine guten

Gründe: Familien wurden bei der Sozialisation von Kindern und Versorgung von Familienangehörigen kaum durch gesellschaftliche Einrichtungen unterstützt. Dieser Prozess der zunehmenden Arbeitsteilung von Mann und Frau erreichte in Mitteleuropa seinen Höhepunkt in den Jahren nach dem Zweiten Weltkrieg. Im Jahre 1950 bzw. 1960 waren in Westdeutschland 62,3% aller Männer, aber nur 31,3 bzw. 33,6% aller Frauen Erwerbspersonen, d.h. sie übten eine Erwerbstätigkeit aus oder suchten eine (vgl. 6.2.1). Von den verheirateten Frauen standen gar nur 25% im Erwerbsleben. Im Nachkriegs(west)deutschland hörten die Frauen, wo immer es ihnen möglich war, spätestens mit ihrer Heirat auf, außer Haus zu arbeiten. Es war die Zeit, in der die Männer, wo immer sie sich das leisten konnten, die Meinung vertraten: „Meine Frau hat es nicht nötig, arbeiten zu gehen".

Bis zum Jahr 2000 änderte sich an der Erwerbsbeteiligung der Männer nicht allzu viel. Der Anteil der Erwerbspersonen unter ihnen in Westdeutschland war nur leicht auf 56,2% gesunken, denn das Rentenalter begann immer früher, und die Ausbildungen dauerten immer länger. An der Berufstätigkeit von Frauen änderte seit dieser Zeit aber sehr viel: Im Jahr 2000 standen schon 50,3% aller verheirateten Frauen im Erwerbsleben. Familien mit einer erwerbstätigen Frau und Mutter waren in Westdeutschland fast „normal" geworden.

In Ostdeutschland waren schon in den 1970er und 1980er Jahren weitaus die meisten Frauen, auch verheiratete Frauen und Mütter, ganztägig erwerbstätig. Ca. 80% aller Frauen im erwerbsfähigen Alter standen in der ehemaligen DDR in den 80er Jahren im Berufsleben. Damit waren fast so viele Frauen erwerbstätig wie Männer. Im Selbstverständnis und im gesellschaftlichen Leitbild von Frauen spielte die Erwerbstätigkeit eine größere Rolle als die Mutterschaft (Cromm 1998). Dies trug viel zur Selbstständigkeit und Unabhängigkeit der Frauen in der DDR bei, allerdings auch zu ihrer Überlastung, denn Hausarbeit war auch in der DDR überwiegend Frauenarbeit.

Auch im Jahr 2000 hatten oder suchten in den neuen Bundesländern 72,2% aller Frauen im Alter von 15 bis 65 Jahren eine Erwerbstätigkeit (Erwerbsquote). Das waren wesentlich mehr als in Westdeutschland (62,1%). In Ostdeutschland wollen wesentlich mehr Frauen als in Westdeutschland erwerbstätig sein, und zwar in aller Regel ganztägig. Das Selbstverständnis fast aller Frauen in den neuen Bundesländern, in jedem Falle erwerbstätig sein zu wollen, hat sich seit der Zeit der DDR kaum verändert. Allerdings war 2000 der Anteil der ostdeutschen Frauen, denen es gelang, tatsächlich in Lohn und Brot zu stehen (Erwerbstätigenquote), nur knapp so hoch wie in Westdeutschland. Dagegen war der Anteil der Frauen, die eine Erwerbsarbeit suchten, mehr als doppelt so hoch wie im Westen.

Abb. 4.7: Erwerbsbeteiligung von Frauen in Deutschland 1957 bis 2002
(in % der 15- bis 64-jährigen Frauen)

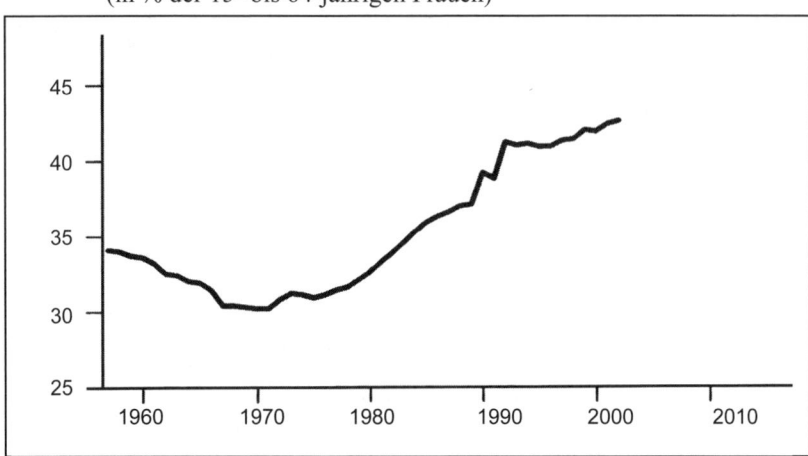

Quelle: Bundesinstitut für Bevölkerungsforschung

Auch in Westdeutschland entspricht es dem Wunsch der meisten Frauen, Familie und kontinuierliche Erwerbstätigkeit vereinbaren zu können. Allerdings zieht im Westen eine relative Mehrheit der Frauen im erwerbsfähigen Alter (47%) eine Teilzeitarbeit vor, um so Familie und Erwerbsarbeit vereinbaren zu können. Deshalb sind auch über vier Fünftel aller Teilzeitbeschäftigten Frauen (IW 2002: 114)

Bei genauerer Betrachtung zeigt sich, dass die wenigsten west- und ostdeutschen Frauen (3% bzw. 1%) schon anläßlich ihrer *Heirat* aus dem Beruf ausscheiden und Hausfrau sein wollen. Weitaus die meisten Frauen (81% der westdeutschen; 92% der ostdeutschen) wollen auch nach ihrer Heirat ganztags arbeiten. Allerdings will die Mehrheit der westdeutschen (65%) und eine Minderheit (18%) der ostdeutschen Frauen dann ihre Erwerbstätigkeit beenden, wenn sie *Kinder im Vorschulalter* haben. Diese Einstellung wird in Deutschland durch die Einrichtung des Erziehungsurlaubs gefördert. Ein Drittel der westdeutschen und zwei Drittel der ostdeutschen Frauen möchte in dieser Zeit halbtags arbeiten. Als Mutter eines Kleinkinds will fast keine Frau in Westdeutschland, aber immerhin 16% der ostdeutschen Frauen ganztags arbeiten. Auch dies spiegelt die Erfahrungen aus der Zeit der DDR, als volle Erwerbstätigkeit und die Unterbringung der Kinder in Betreuungseinrichtungen für Frauen die Regel war. Sind die Kinder bereits im *Schulalter*, so will nur noch jede fünfte Frau in Westdeutschland (22%) und sogar nur 6% aller ostdeutschen Frauen auf Erwerbstätigkeit ganz verzichten. Die weit überwiegende Mehrheit (72 bzw. 69%) bevorzugen dann eine Halbtagsarbeit. Ganztätig erwerbstätig zu sein, während die eigenen Kinder zur Schule gehen,

möchte fast niemand unter den westdeutschen (6%), aber ein Viertel der ostdeutschen Frauen (Spellerberg/Schäfgen 2000: 220).

Immer mehr Frauen in Deutschland sind also in den vergangenen fünf
Jahrzehnten neben ihrer Familientätigkeit erwerbstätig geworden. Die Zu-
nahme der Erwerbstätigkeit in der Bevölkerung insgesamt ist ausschließlich
auf die deutlich vermehrte Erwerbstätigkeit von Frauen zurückzuführen. Die
Erwerbstätigkeit von Männern war demgegenüber leicht rückläufig. Aber im
Vergleich zu vielen anderen europäischen Ländern liegt Deutschland, was
den Eintritt von Frauen in die Erwerbstätigkeit betrifft, lediglich im „oberen
Mittelfeld".

Innerhalb der EU stehen deutsche Frauen etwas überdurchschnittlich häu-
fig in Lohn und Brot. In Belgien, Griechenland, Spanien, Frankreich, Irland,
Italien und Luxemburg verdienen Frauen seltener „eigenes Geld" als in
Deutschland. In Dänemark, den Niederlanden, Österreich, Portugal, Finnland,
Schweden und Großbritannien sind es dagegen mehr Frauen als in Deutsch-
land, die einer bezahlten Arbeit nachgehen. Damit sind in den nördlichen EU-
Ländern Frauen fast so oft erwerbstätig wie Männer. In Südeuropa bleiben da-
gegen immer noch viele Frauen Hausfrauen. Hier sind viel weniger Frauen als
Männer ins Erwerbsleben einbezogen. In Deutschland liegen die Erwerbsquo-
ten von Männern und Frauen (mit 15 Prozentpunkten) mittelstark auseinander.

Abb. 4.8: Erwerbstätigenquote von Männern und Frauen in den EU-Ländern
2000 (im Alter von 15 bis 64 Jahren)

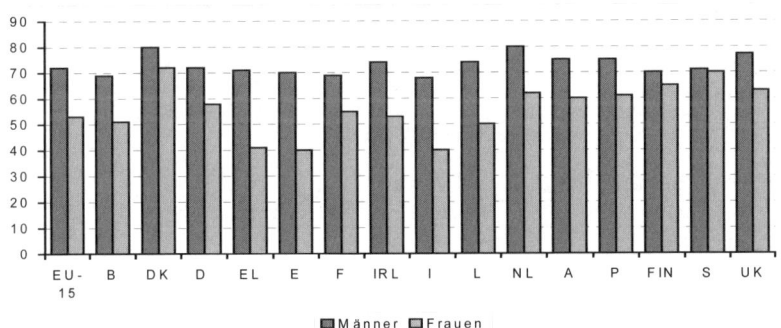

(dunkelgrau: Männer; hellgrau: Frauen)
Quelle: Europ. Komm: Eurostat Jahrbuch 2002: 99

Die Ursachen für die, gemessen an ähnlich modernen Gesellschaften Westeuropas, vergleichsweise geringere Erwerbstätigkeit von Frauen in Deutschland
liegen unter anderem darin, dass in Westdeutschland konservative Einstellungen relativ verbreitet sind, die Bedenken gegen die Erwerbstätigkeit von
Frauen haben, insbesondere gegen die Erwerbstätigkeit von Müttern mit klei-

nen Kindern. Auch die institutionellen Unterstützungen (Kinderhorte, Kindergärten, Ganztagsschulen), die es Müttern erleichtern, eine Erwerbstätigkeit auszuüben, sind in Deutschland weniger ausgebaut als in vielen anderen europäischen Ländern. Die Anteile berufsorientierter Frauen, die keine oder erst sehr spät Kinder bekommen, oder aber von familienorientierten Frauen, die keine oder eine nur geringfügige Erwerbstätigkeit ausüben, sind daher in Deutschland vergleichsweise hoch (Crouch 1999: 215).

In Westeuropa und Nordamerika geht die Hälfte bis zwei Drittel aller Frauen im erwerbsfähigen Alter einer bezahlten Arbeit nach. Dies ist auch in vielen Ländern Asiens der Fall. In Südamerika und in Afrika ist die Erwerbstätigkeit von Frauen dagegen auch heute noch eher selten.

Abb. 4.9: Erwerbsquoten von Männern und Frauen in ausgewählten Ländern der Erde ca. 2000 (Erwerbspersonen im Alter von min. 15 Jahren in % der Bevölkerung im Alter von min. 15 Jahren)

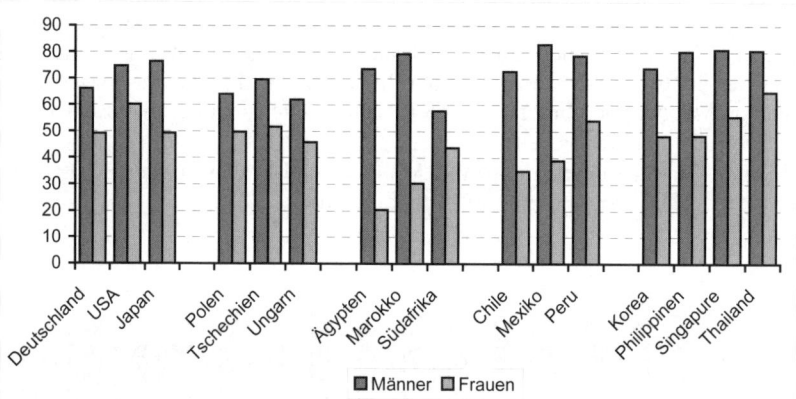

Quelle: Stat. Bundesamt 2002: Stat. Jahrb. Ausl.: 215ff.

Kinderzahlen

Im Abschnitt 3.2.2 dieses Buchs wurde dargestellt, dass nach dem Zweiten Weltkrieg in fast allen westeuropäischen Ländern und in den USA ein „Baby-Boom" zu verzeichnen war. Nach einem ersten Geburtenrückgang, der vor dem Zweiten Weltkrieg in Deutschland und anderen europäischen Ländern schon unter das Bestandserhaltungsniveau (ca. 2,1 Kinder pro Frau) abgesunken war, bekamen die Menschen in der Nachkriegszeit wieder so viele Kinder, dass eine Vermehrung der Bevölkerung hieraus zu erwarten war. Seit 1965 gingen in Deutschland wie in vielen anderen europäischen Ländern die Geburtenzahlen jedoch deutlich zurück. In Griechenland und Spanien reduzierten die Menschen erst seit 1975 ihre Kinderzahlen, in Irland begann der zweite Geburtenrückgang noch später. In vielen Ländern ist der Geburtenrückgang mittlerweile zum Stillstand gekommen, in Süd- und Osteuropa sowie in Irland hält er noch an. Die Familien in Westdeutschland wiesen im Jahr 1995 folgende Verteilung von Kinderzahlen auf. Von den im Jahr 1960 geborenen Frauen

- hatten 23,3% keine Kinder.
- 21,6% hatten ein Kind.
- 37,4% der Frauen hatten zwei Kinder bekommen.
- 17,8% hatten drei und mehr Kinder (Engstler/Menning 2003: 74).

Gemessen wurden diese Anteile in den Haushalten von Frauen, die 1960 geboren wurden, also 1995 erst 35 Jahre alt waren. Sie befanden sich also in einem Alter, in dem zwar üblicherweise die meisten Kinder schon geboren sind, aber sehr wohl noch Kinder geboren werden (Engstler 1997: 89, zit. n. Peuckert 1999: 317). Schätzungen gehen davon aus, dass jüngere als 1960 geborene Frauen in Deutschland zu einem Drittel kinderlos bleiben werden (Dorbritz/Schwarz 1996: 254). Hierunter befinden sich – wie erwähnt – besonders viele hoch qualifizierte Frauen. Andererseits gründet aber nach wie vor die gute Hälfte der Frauen eine Kleinfamilie mit mindestens zwei Kindern. Die seit 32 Jahren praktisch gleich bleibende Geburtenrate in Westdeutschland verbirgt also, dass einerseits immer mehr Frauen kinderlos bleiben, andererseits ein (noch?) leicht zunehmender Anteil von Frauen zwei und mehr Kinder bekommt. Die Kinderzahlen differenzieren sich also aus (Engstler/Menning 2003: 73).

Im Großen und Ganzen finden sich die für Deutschland dargestellten Entwicklungen in allen Ländern der EU. Was die Kinderlosigkeit betrifft, so liegt Deutschland zusammen mit den Niederlanden und Finnland in der EU-„Spitzengruppe" (Peuckert 1999: 316; Engstler/Menning 2003: 90). Selten geworden sind dagegen kinderreiche Familien. Nur in Irland gab es in den 1990er Jahren noch in der Hälfte aller Haushalte von 35- bis 39-jährigen Frauen mindestens drei Kinder. Aber auch in Irland ist dieser Anteil seither stark gesunken.

Die Reduzierung der Kinderzahlen entspricht nicht den Wünschen der Menschen. Alle Befragungen bestätigen, dass der Familie und eigenen Kindern von fast allen Menschen ein besonders hoher Wert zugemessen wird. Diese Wertschätzung steigt in neuerer Zeit oft sogar noch. Die meisten Menschen wünschen sich zwei Kinder. Es sind also nicht die Kinderwünsche, die zurückgegangen sind. Es gibt auch keine verbreitete Kinderfeindlichkeit der Menschen. Es sind vielmehr die gesellschaftlichen Verhältnisse im Bereich des Berufs, des Wohnens, des Lebensstandards etc., die die Verwirklichung der Kinderwünsche erschweren. Franz-Xaver Kaufmann hat dies als „strukturelle Rücksichtslosigkeit" der Gesellschaft Familien gegenüber bezeichnet (Kaufmann 1995: 169ff.).

Bessern sich diese Bedingungen, entweder durch mehr wohlfahrtsstaatliche Bereitstellungen von Kinderbetreuungseinrichtungen und Ganztagsschulen oder durch den zunehmenden Reichtum der privaten Haushalte, so können sich die Kinderzahlen gerade in modernen, reichen Gesellschaften durchaus wieder erhöhen. Dies zeigte sich in jüngster Zeit in so unterschiedlichen Ländern wie Schweden, Frankreich und Großbritannien. In diesen Ländern stiegen die Geburtenraten in den 1990er Jahre an, obwohl – oder gerade weil – in diesen Ländern besonders viele Frauen erwerbstätig waren. Ende der 1990-er Jahre hatten unter den 1960 geborenen Frauen die Schwedinnen 2,07 Kinder bekommen, die Französinnen 2,06 und die Britinnen 1,93. Dies waren – nach den Irinnen, deren Kinderzahlen erst einmal sinken – die höchsten Geburtenraten in der EU (Peuckert 1999: 314). Mehr Frauenerwerbstätigkeit muss also keine Bremse der Geburtzahl sein, sie kann sich ab einem gewissen Niveau des gesellschaftlichen Reichtums sehr wohl in einen Motor der Geburten verwandeln.

Nichteheliche Geburten

Bis zum „goldenen Zeitalter" der Kleinfamilie in den 1950er und 1960er Jahren waren Geburten außerhalb von Ehen selten. Die betroffenen Mütter verfielen in der Regel der Missachtung vieler ihrer Mitmenschen. Seit dieser Zeit hat die Häufigkeit nichtehelicher Geburten in Deutschland wie in allen Ländern der Europäischen Union stark zugenommen. In weiten Teilen Europas sind Mütter ohne Trauschein mittlerweile „normal".

Abb. 4.10: Nichteheliche Geburten in Deutschland 1950 bis 1996

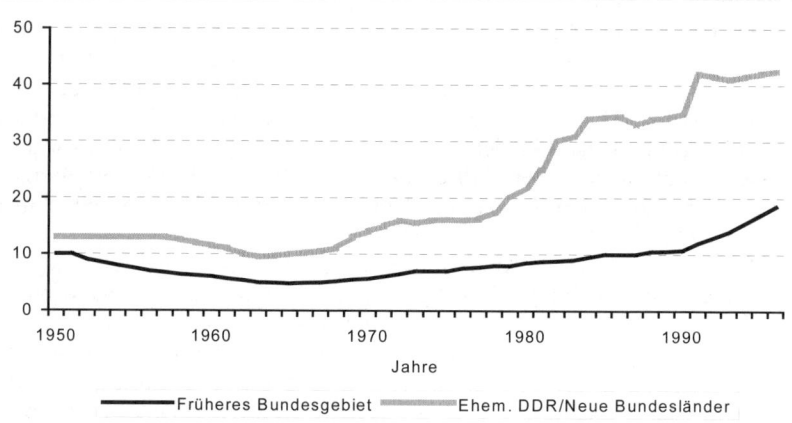

Quelle: Grünheid/Mammey 1996: 406

Allerdings werden die Unterschiede zwischen den einzelnen Ländern immer größer. In Griechenland sind nichteheliche Geburten bis heute (1999) sehr selten geblieben (4% aller Geburten). Entsprechend ablehnend reagieren oft die Mitmenschen. Nicht viel häufiger sind Geburten außerhalb der Ehe in Italien und in Spanien. Auf der anderen Seite kommen in Island (63%), in

Schweden (55%) und in Norwegen (50%) heute schon mehr Kinder außerhalb als innerhalb von Ehen zur Welt. Dort liegt das durchschnittliche Heiratsalter schon über dem durchschnittlichen Alter der ersten Geburt. Dänemark (45%), Frankreich (41%) und Großbritannien (39%) liegen dicht darunter. Deutschland bewegt sich in dieser Hinsicht im „unteren Mittelfeld": 1999 kamen 22% aller Kinder nichtehelich zur Welt, in Ostdeutschland viel häufiger (44%) als in Westdeutschland (15%). Auch Länder wie Portugal (20%), die Niederlande (23%), Kanada (31%) und die USA (32%) lassen sich dieser Mittelgruppe zurechnen. In Irland – auch das kennzeichnet den schnellen sozialen Wandel in diesem Land – waren vor zwei Jahrzehnten nichteheliche Geburten noch sehr selten. Heute werden dort fast ein Drittel der Kinder von nicht verheirateten Müttern geboren, also mehr als in Deutschland (Eurostat JB 2001: 80).

Abb. 4.11: Nichteheliche Geburten in ausgewählten Ländern Europas 1999 (in % aller Lebendgeborenen)

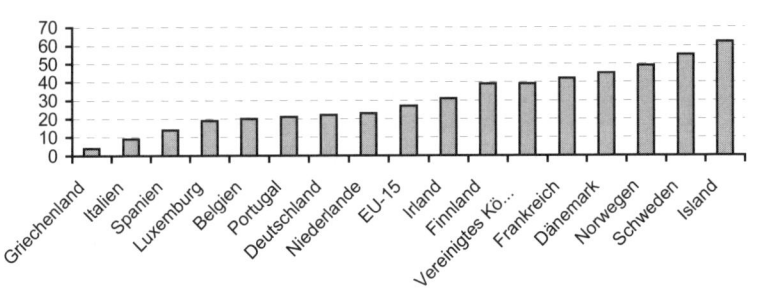

Quelle: erstellt nach Europ. Komm: Eurostat Jahrbuch 2002: 32

Unter den nichtehelichen Geburten muss man unterschiedliche Typen auseinanderhalten. Sie stehen für die sehr ungleichen wirtschaftlichen und sozialen Situationen der Mütter und Kinder:

– Erstens Geburten nach ungeplanten Schwangerschaften, häufig von Teenagern. Diese Mütter und ihre Kinder leben häufig in wirtschaftlich und sozial prekären Verhältnissen. Dieser Typ findet sich in den angelsächsischen Ländern besonders oft.

– Zweitens die durchaus gewollte und geplante Geburt eines Kindes in einer Nichtehelichen Lebensgemeinschaft. Hier sind die sozialen und wirschaftlichen Bedingungen häufig günstig. Diese Fälle sind in Skandinavien sehr häufig. Das erklärt die dortigen hohen Anteile nichtehelicher Geburten.

– Drittens die mehr oder minder geplante Geburt eines nichtehelichen Kindes durch alleinstehende, meist beruflich gut gestellte Frauen jenseits des

Teenager-Alters. Auch hier sind die wirtschaftlichen und sozialen Gegebenheiten häufig günstig.

Außerhalb Europas ist die Spannweite zwischen seltenen und häufigen Geburten außerhalb der Ehe noch weiter: Sie reicht von vielen asiatischen und muslimischen Ländern, wo nichteheliche Geburten als Schande gelten und sehr selten sind, bis hin zu Teilen Afrikas und Südamerikas, wo nichteheliche Geburten an der Tagesordnung sind.

Scheidungen

Überall wo Ehen nur noch geringe Versorgungs- und Produktionsaufgaben erfüllen, wo die Zuneigung der Ehepartner also das hauptsächliche Fundament der Beziehung darstellt, sind Ehen immer brüchiger geworden. Wie häufig Scheidungen auftreten, hängt aber auch von kulturellen und rechtlichen Faktoren ab: In katholischen Ländern sind sie seltener als in protestantischen, in muslimischen seltener als in christlichen, in gemeinschaftlicheren Ländern seltener als in stark individualisierten. Auch die juristische Abkehr vom Schuldprinzip und die Einführung des Zerrüttungsprinzips als Scheidungsvoraussetzung, das heute fast in der gesamten EU gilt, erleichtert Ehelösungen sehr.

In Westdeutschland wird vermutlich jede dritte der derzeit bestehenden Ehen vor dem Scheidungsrichter enden. Dieses Risiko hat sich bis in die 1990er Jahre hinein laufend erhöht (Datenreport 2002: 529; Engstler/Menning 2003: 82).

Eine ähnliche Entwicklung wie in Deutschland ist in der gesamten EU zu beobachten. Fast in allen EU-Ländern ist die Scheidungshäufigkeit seit den 1970er Jahren steil angestiegen. In allen EU-Ländern ist heute die Ehescheidung legal. 1970 wurde die Ehescheidung auch in Italien, 1981 in Spanien und 1995 in Irland eingeführt. Am häufigsten lassen sich – nach derzeitigem Stand – schwedische (48%), finnische (48%), britische (43%) und dänische (41%) Eheleute scheiden. In Südeuropa scheitern Ehen seltener. In Italien zum Beispiel liegt die offizielle Scheidungsquote nur bei 10%, aber wegen der praktischen Schwierigkeiten der Ehescheidung ziehen dort viele Paare die formlose Trennung vor. In den letzten zehn Jahren werden, wie in Deutschland, in vielen europäischen Ländern die Ehen eher wieder fester (Peuckert 1999: 313).

Tab. 4.2: Die Scheidungshäufigkeit ausgewählter Eheschließungsjahrgänge in Deutschland 1950 bis 1995

Heiratsjahrgang	Bis zur Ehedauer von … Jahren [1] geschiedene Ehen je 100 vormals geschlossene Ehen				
	5	10	15	20	25
			Früheres Bundesgebiet		
1950	3,7	6,4	8,1	9,4	10,4
1960	4,4	7,9	10,9	12,7	14,9
1970 [2]	7,9	12,8	17,9	21,7	24,5
1980 [2]	9,0	18,3	24,5	29,7	–
1985 [2]	8,7	18,4	26,1	–	–
			Deutschland		
1990	8,8	20,6	–	–	–
1995	8,7	–	–	–	–

1) Differenz zwischen Heirats- und Scheidungsjahr
2) Ab 1995 einschl. der Ehescheidungen Berlin-Ost

Quelle: Engstler/Menning 2003: 82; Daten: Statistisches Bundesamt – Statistik der Eheschließungen und gerichtlichen Ehelösungen

Abb. 4.12: Die Zahl der Eheschließungen und Ehelösungen in Deutschland 1965 bis 2000

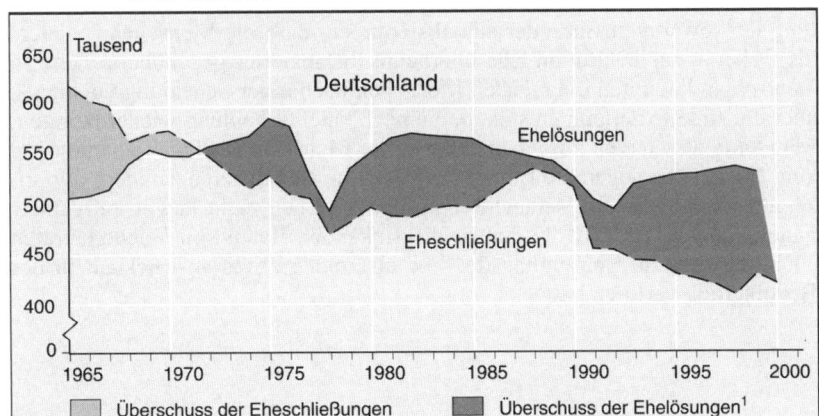

(Ehelösungen: durch Tod, Scheidung, Aufhebung oder Nichtigkeit der Ehe)
Quelle: Stat. Bundesamt 2002: Datenreport 2002: 45

Der Volksmund will wissen, dass im „verflixten siebenten Jahr" die Ehen am häufigsten zu Bruch gehen. Das ist nicht ganz richtig. Besonders häufig werden Ehen im fünften und sechsten Jahr der Ehe geschieden, wenn sich schon bald nach der Eheschließung herausstellt, dass die Partner nicht miteinander zurecht kommen. Weiterhin scheitern Ehen relativ häufig zwischen dem 15. und 20. Ehejahr. Dies erklärt sich häufig so, dass in „Durchhalteehen" mit der Scheidung so lange gewartet wird, bis „die Kinder aus dem Gröbsten heraus" sind.

Abb. 4.13: Scheidungen nach der Ehedauer in Deutschland 2000

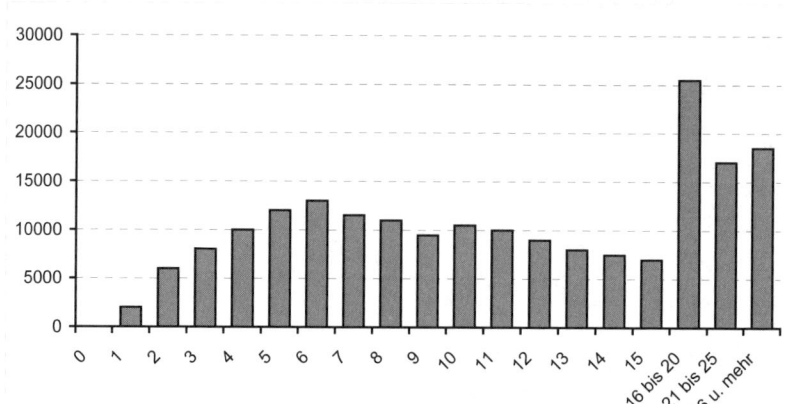

Quelle: erstellt nach Stat. Bundesamt 2002: Stat. Jahrbuch 2002: 75

Es fragt sich, wie die häufiger gewordenen Scheidungen zu deuten sind: Sind sie „Reparaturen" individueller Fehlentscheidungen bzw. von Fehlentwicklung der jeweiligen Ehe oder signalisieren sie, dass die Menschen – anders als früher – der Institution Ehe überhaupt distanzierter gegenüberstehen? In Deutschland heiraten die meisten Menschen nach einer Scheidung nochmals, aber die Anteile derjenigen sinken, die nach einer Scheidung wieder heiraten. Man kann also davon ausgehen, dass in der Mehrzahl der Fälle Scheidungen kein Misstrauen gegen die Einrichtung der Ehe signalisieren, sondern nur anzeigen, dass heute als „schlecht" empfundene Ehen nicht länger aufrechterhalten werden. Gleichwohl deuten die sinkenden Raten von Wiederheiraten auch an, dass die Einrichtung der Ehe als solche etwas an Rückhalt in der Bevölkerung verloren hat.

Abb. 4.14: Wiederheiratsquoten geschiedener Frauen und Männer in der
DDR und BRD 1947 bis 1989

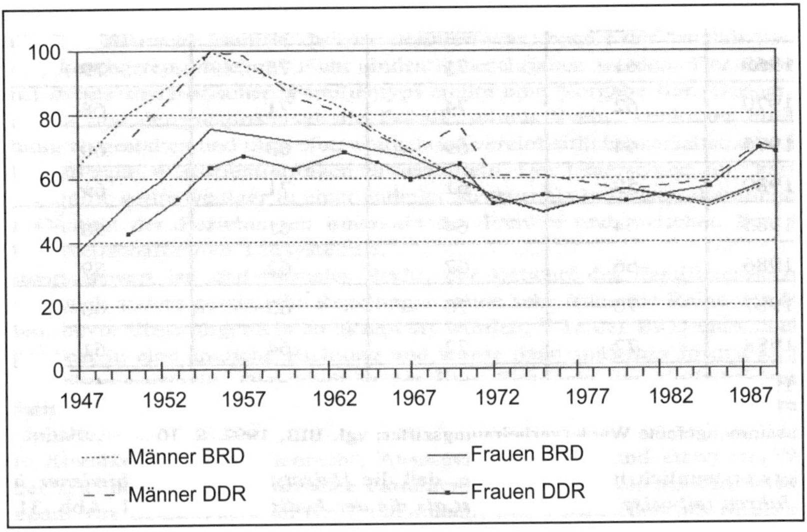

······ Männer BRD   ——— Frauen BRD

– – Männer DDR   —•— Frauen DDR

Quelle: Cromm 1998

4.2.3 „Unkonventionelle" Lebensformen

Zweifellos gab es in vorindustriellen Gesellschaften neben dem im Modell
(2.2.2) hervorgehobenen „Ganzen Haus" noch eine Fülle weiterer Lebens-,
Haushalts- und Familienformen. Tagelöhner lebten in Kleinfamilien, Wanderarbeiter lebten alleine, Landsknechte lebten in zeitweiligen Lebensgemeinschaften etc. Vor der oben dargestellten Durchsetzung der industriegesellschaftlichen „Normalfamilie" war die Vielfalt der Lebensformen groß.
Viele von ihnen entstanden eher aus dem Zwang der jeweiligen Verhältnisse
als aus eigenem Wollen. Insofern müssen die Aussagen des o.a. Modells
deutlich relativiert werden.

Seit den 1960er Jahren sind Ehe und Familie in Deutschland nicht länger
die „Standard-Lebensform". Die Menschen leben seither in wesentlich viel-
fältigeren Lebensformen. Vor allem die „unkonventionellen" Lebensformen
des Alleinlebens, des Alleinerziehens und der Nichtehelichen Lebensgemeinschaft sind immer häufiger zu finden. Oftmals leben die Menschen nur eine
begrenzte Zeit, zum Beispiel vor einer Ehe oder nach einer Scheidung, in einer dieser „unkonventionellen" Lebensformen. Unter anderem begünstigt
auch der immer spätere Zeitpunkt des Heiratens und der ersten Geburt das
Aufkommen „unkonventioneller" Lebensformen.

Nichteheliche Lebensgemeinschaften

Immer mehr Menschen leben ohne Trauschein zusammen, sei es über kürzere Zeit vor oder nach einer Ehe oder langfristig statt einer Ehe. In Deutschland bestanden im Jahre 2000 gut 2,1 Millionen Nichteheliche Lebensgemeinschaften (NEL). Das sind 5,5% aller Haushalte. Darin lebten ca. 5 Millionen Menschen.

Abb. 4.15: Nichteheliche Lebensgemeinschaften in Deutschland 1970 bis 2001 (in Millionen)

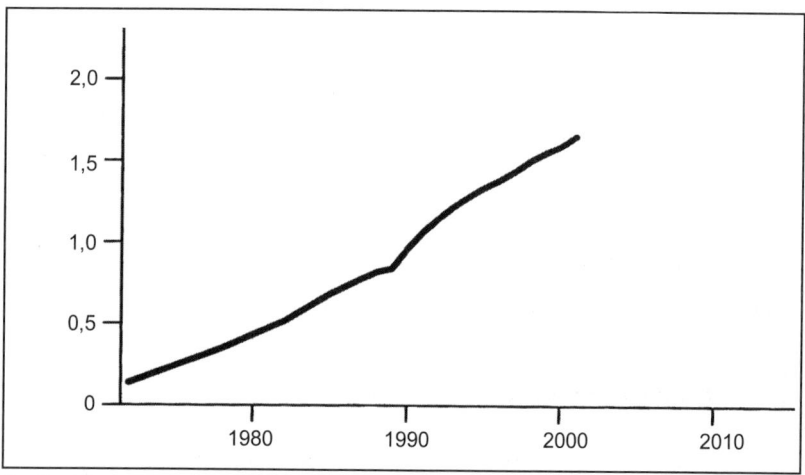

Quelle: Bundesinstitut für Bevölkerungsforschung

In Ostdeutschland leben prozentual viel mehr Menschen in Nichtehelichen Lebensgemeinschaften als im Westen Deutschlands. In fast der Hälfte der ostdeutschen Nichtehelichen Lebensgemeinschaften lebten im Jahr 2000 Kinder, aber nur in einem Viertel der westdeutschen Lebensgemeinschaften. Diese Kinder wurden in westdeutschen Nichtehelichen Lebensgemeinschaften nur selten innerhalb der Lebensgemeinschaft geboren, sondern meist (z.B. nach Scheidungen) „mitgebracht". Denn der unsichere Rechtsstatus hält die meisten Menschen davon ab, innerhalb einer NEL eine Familie zu gründen. In Ostdeutschland sind Geburten in Nichtehelichen Lebensgemeinschaften weit häufiger. Denn dort wirken die absichernden Rechtsverhältnisse und sozialen Sicherungen der DDR nach.
  Die Zahl der Nichtehelichen Lebensgemeinschaften hat sich in Westdeutschland in den letzten zwölf Jahren verdoppelt. 1988 hat es erst ca. 820 000 (Datenreport 2002: 41), 1972 gar nur 136 000 Nichteheliche Lebensgemeinschaften in den alten Bundesländern gegeben. Gleichzeitig wurde das Zusammenleben von nicht Verheirateten von der Bevölkerung immer mehr akzeptiert.

Bevor wir die heutigen Gegebenheiten in Deutschland und in anderen Ländern vergleichen, ist ein Blick zurück aufschlussreich: Trotz der massenhaften Zunahme in neuerer Zeit sind Nichteheliche Lebensgemeinschaften im Prinzip nichts Neues. Aber in früherer Zeit waren sie stets von Randständigkeit bzw. von Armut oder von antibürgerlichem bzw. antikirchlichem Protest geprägt. In der Arbeiterschaft des 19. Jahrhunderts war das Zusammenleben Unverheirateter (z.b. in Untermiete) nicht selten, denn Armut gestattete oft nicht die Gründung einer eigenständigen Familie. Die intellektuelle oder künstlerische „Bohème" des ausgehenden 19. und des frühen 20. Jahrhunderts stilisierte das unverheiratete Zusammenleben geradezu als antibürgerliche Demonstration. In Italien und in Südportugal bekundete das Zusammenleben ohne Trauschein früher eine antiklerikale Haltung. In den entlegenen ländlichen Regionen Nordnorwegens, wo der Staat und die Kirche weit entfernt waren, lebten die Menschen oft auch ohne den behördlichen Segen zusammen (Höpflinger 1999).

Die meisten dieser europäischen Frühformen von Nichtehelichen Lebensgemeinschaften brachen historisch ab. Die „bürgerliche" Ehe und Familie setzten sich durch und wurden in der Mitte des 20. Jahrhunderts zur Standardlebensform. Erst in den späten 1960er und in den frühen 1970er Jahren, in Südeuropa auch erst ab den 1980er Jahren, wurde die Ehe wieder vermehrt in Frage gestellt. An ihre Stelle traten teilweise Nichteheliche Lebensgemeinschaften. Vorreiter waren die skandinavischen Länder, besonders Schweden und Island, dann auch Dänemark, Norwegen und Finnland. In Schweden, Island und Dänemark werden seither innerhalb von Nichtehelichen Lebensgemeinschaften auch viele Kinder geboren. In Schweden lebt sogar die Mehrheit der jungen Frauen bei Geburt ihres ersten Kindes in einer Nichtehelichen Lebensgemeinschaft. Die hohen Anteile nichtehelicher Geburten existieren also vor allem in Schweden und Dänemark meist innerhalb von Zwei-Eltern-Familien.

In Skandinavien setzte sich das Zusammenleben deshalb so früh und stark durch, weil die dort vorherrschende protestantische Kirche schon seit langem keine Sanktionen mehr gegen zusammenlebende Paare ergreift. Heirat und Ehe haben daher geringere kulturelle Bedeutung als in anderen Ländern. Außerdem hat die lange Vorherrschaft der Sozialdemokratie die Verankerung „bürgerlicher" Heiratsnormen vor allem in der Arbeiterschaft gebremst.

Etwas später, seit den ausgehenden 1970er und frühen 1980er Jahren, lebten in Schweden und in Dänemark dann auch viele ältere Menschen unverheiratet zusammen. In Ländern wie Frankreich und Großbritannien fanden Nichteheliche Lebensgemeinschaften zu dieser Zeit erstmals Verbreitung, vor allem unter jungen Menschen. In den späten 1980er und frühen 1990er Jahren stabilisierte sich in Dänemark und Schweden die Häufigkeit des Zusammenlebens auf hohem Niveau, in Norwegen, Frankreich und Großbritannien verbreitete sie sich immer mehr.

Es ist jedoch sehr fraglich, ob sich die von Skandinavien angeführte starke Verbreitung von Nichtehelichen Lebensgemeinschaften in ganz Europa gleichermaßen durchsetzen wird. Heute gibt es jedenfalls große Unterschiede zwischen den einzelnen EU-Ländern, was die Häufigkeit von Nichtehelichen

Lebensgemeinschaften betrifft. Sie sind in Skandinavien, besonders in Dänemark und Schweden, völlig üblich geworden. Dagegen waren sie auch
noch in den 1990er Jahren in Griechenland, Irland, Spanien, Portugal und
Polen sehr wenig verbreitet. Außer religiösen sind dafür auch wirtschaftliche
Barrieren maßgebend. Ohne Beruf und Wohnung sind viele Jüngere gezwungen, bei ihren Eltern zu leben.

Außerhalb Skandinaviens sind Nichteheliche Lebensgemeinschaften
nicht nur seltener, sie sind auch weniger beständig. So wurde z.B. in den
Niederlanden ermittelt, dass die „Scheidungsrate" von kinderlosen Nichtehelichen Lebensgemeinschaften 12 mal so hoch wie die von Ehepaaren ist.
Nichteheliche Lebensgemeinschaften *mit* Kindern trennen sich immer noch 3
mal so oft (Höpflinger 1999: 174). Nichteheliche Lebensgemeinschaften stellen also meist vorübergehende Beziehungen dar. Damit ist die immer häufigere Verbreitung von Nichtehelichen Lebensgemeinschaften sowohl Ursache
als auch Wirkung der allgemeinen Tendenz hin zur „sequenziellen Monoga-
mie", der immer schnelleren Aufeinanderfolge von jeweils als exklusiv definierten Partnerschaften (auch in Ehen).

Abb. 4.16: Bevölkerungsanteil unverheirater Paare in den EU-Ländern 1995

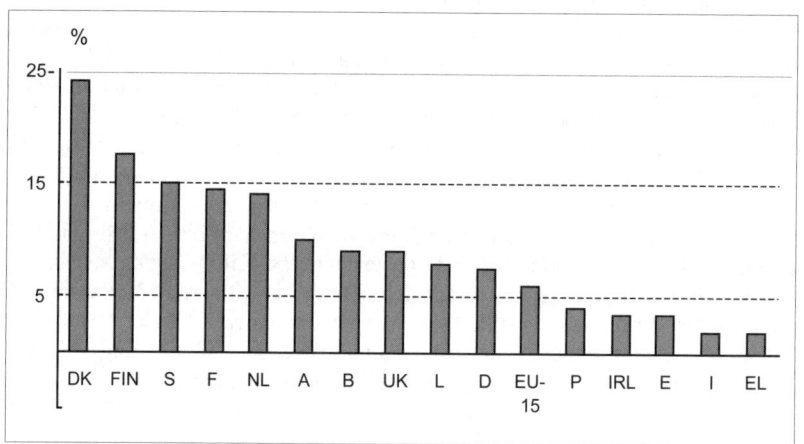

Quelle: Eurostat: Lage 2000: 48

Trotz der Unbeständigkeit zeigen sich auch Standardisierungstendenzen. In einer Reihe von europäischen Ländern ist das Zusammenleben *vor* der Ehe fast
schon zur Norm geworden: 90% der heiratenden Paare in Schweden und
Frankreich, mehr als zwei Drittel in Finnland, Norwegen, der Schweiz und den
Niederlanden lebten vor der Eheschließung schon zusammen. Hier hat sich die
Begründungsrichtung innerhalb weniger Jahre nahezu umgekehrt: Mussten sich
noch vor wenigen Jahren Unverheiratete für ihr Zusammenleben rechtfertigen,
so müssen heute jene Begründungen liefern, die das „Wagnis" eingehen zu hei-

raten, ohne vorher „probeweise" miteinander gelebt zu haben. In mancher Hinsicht hat die voreheliche Nichteheliche Lebensgemeinschaft so die Stelle des früheren Verlöbnisses eingenommen. Allerdings war die Verlobung ein Eheversprechen, die Nichteheliche Lebensgemeinschaft ist nur eine „Probeehe". Nichteheliche Lebensgemeinschaften sind oft auch eine Lebensform *nach* der Ehe. Die wachsende Verbreitung dieser sog. „sekundären Lebensgemeinschaften" wird in einigen Ländern durch rechtliche Scheidungsbarrieren sowie durch sozialpolitische und Rentenregelungen gefördert. Eine Wiederheirat würde die Zahlung von Renten gefährden.

Gelegentlich werden Nichteheliche Lebensgemeinschaften auch heute noch „wilde Ehen" genannt. Diese Bezeichnung verspricht zu viel. Alle Untersuchungen belegen, dass innerhalb von Nichtehelichen Lebensgemeinschaften kaum andere Denk- und Verhaltensweisen als in „normalen" Ehen festzustellen sind. Auch sonst, z.B. rechtlich und steuertechnisch, tendieren Nichteheliche Lebensgemeinschaften zu „Quasi-Ehen". Während in den 1970er Jahren der Ruf ertönte, mittels Nichtehelicher Lebensgemeinschaften aus dem engen Käfig der Ehe auszubrechen, wird heute umgekehrt gefordert, die Nichtehelichen Lebensgemeinschaften der Ehe anzugleichen.

Alleinlebende und Singles

Neben der Nichtehelichen Lebensgemeinschaft ist auch das Alleinleben zu einer Lebensform geworden, die immer häufiger anzutreffen ist. In Deutschland bestanden im Jahr 2000 schon 36,1% aller Haushalte (Daten: Allbus 2000) aus nur einer Person. 1961 waren dies erst gut 20% und 1925 lediglich 7% (Quelle: Wista 1992: 75). Aber die heute hohen Anteile täuschen etwas: Nur 16,7% der Bevölkerung lebten im Jahr 2000 in Ein-Personen-Haushalten. Das waren knapp 13,8 Millionen Menschen. In (den kleinen) Einpersonenhaushalten lebt logischerweise ein geringerer Anteil der Bevölkerung als ihr Anteil an den Haushalten ausmacht; in (den größeren) Mehrpersonenhaushalten ist dies umgekehrt. Nur zwei von drei Haushalten waren 2000 in Deutschland Mehrpersonenhaushalte, darin lebten aber fast sieben von acht Menschen.

Etwa die Hälfte der Alleinlebenden sind ältere Menschen. 1998 lebte jede dritte Person im Alter von mindestens 60 Jahren alleine. Wegen der höheren Lebenserwartung von Frauen und wegen des höheren Heiratsalters von Männern sind es weit überwiegend Frauen, die in höherem Alter alleine leben (Engstler/Menning 2003: 50f). Die Alterung der Bevölkerung ist also ein wesentlicher Bestimmungsgrund, der zur Zunahme der Ein-Personen-Haushalte führt.

In den letzten Jahren lebten aber auch immer mehr Menschen im mittleren Lebensalter allein, also in einem Alter, wo üblicherweise das Leben in einer Paarbeziehung oder in einer Familie erwartet wird. Von den 35- bis unter 59-Jährigen lebten 1978 erst 6% alleine, 1998 waren dies schon 10% (Daten: Wohlfahrtssurveys).

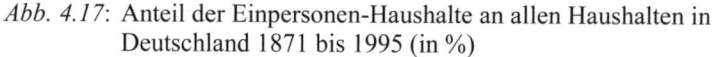

Abb. 4.17: Anteil der Einpersonen-Haushalte an allen Haushalten in
Deutschland 1871 bis 1995 (in %)

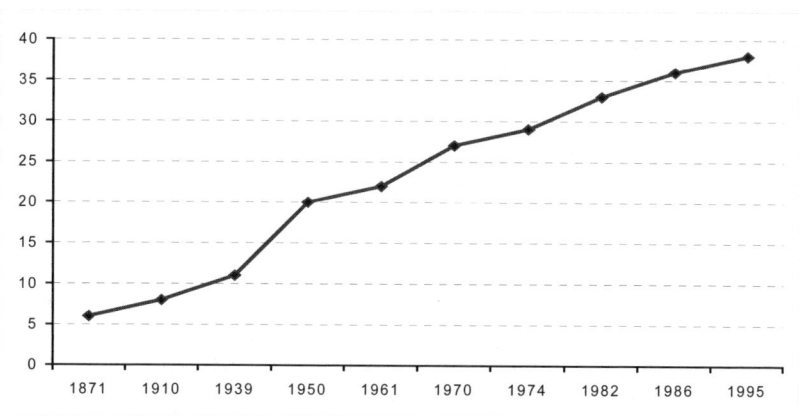

Quelle: Lakemann 1999, 24.9

Dies hat viele Gründe. Zu den „negativen" zählen: Mehr Scheidungen bringen mehr (zumindest eine Zeit lang) allein Lebende hervor; bestimmte Berufe zwingen zu ständiger Mobilität, dies verträgt sich schlecht mit Partnerschaft oder gar Familiengründung; hochqualifizierte Frauen können ihre
Qualifikation alleine sehr viel besser verwerten als in Partnerschaften oder
gar als Mutter; immer mehr Menschen haben es nicht gelernt, Beziehungen
zu unterhalten und müssen als beziehungsunfähig gelten. Zu den „positiven"
Gründen sind zu rechnen: Das Alleinleben wird als Emanzipationschance
und als Freiraum zur Entwicklung neuer Leitvorstellungen genutzt; gesellschaftliche Individualisierungsprozesse und die längeren Bildungsphasen
fördern Bestrebungen nach persönlicher Autonomie; Sexualität außerhalb
von Ehen wird immer mehr akzeptiert; die Institution der Ehe hat an Geltung
verloren, zumindest so lange keine Kinder vorhanden sind (Hradil 1995:
74ff.).

Diese Prozesse bewirkten, dass im Jahre 2000 immerhin schon 7% der
Gesamtbevölkerung Deutschlands allein Lebende im Alter von 25 bis unter
55 Jahren waren (Allbus 2000). Insbesondere dann, wenn diese im mittleren
Lebensalter allein lebenden Menschen keinen Partner haben, werden sie
„Singles" genannt. Im Jahre 2000 waren dies ca. 5% der Bevölkerung (All-
bus 2000).

Wie leben Singles? Sie sind im Allgemeinen überdurchschnittlich gut
(aus)gebildet (dies gilt vor allem für Frauen), beruflich gut platziert und beziehen überdurchschnittlich hohe Einkommen. Sie verwenden typischerweise
viel Aufmerksamkeit und Kraft auf ihren Beruf, aber auch auf die Pflege persönlicher Beziehungen. Sie haben größere Kontaktnetze als Nicht-Singles,

unterhalten aber oft auch gute Beziehungen zu ihren Eltern. Der Anteil derjenigen, die nach Selbstverwirklichung und Kommunikation streben („Postmaterialisten"), ist deutlich überdurchschnittlich. Viele Singles leben im Zwiespalt zwischen ihren Bestrebungen nach Autonomie auf der einen und ihrer Sehnsucht nach Gemeinschaft auf der anderen Seite. Anders als oft unterstellt, sind „Swinging Singles" mit häufig wechselnden Sexualpartnern eher selten. Überwiegend werden die Menschen eher „unfreiwillig" zu Singles (nach Scheidungen, wiederholten Trennungen etc.). Aber die Mehrheit der Singles hat sich mit dem Alleinleben mehr oder minder arrangiert. Oft wird vermutet, dass alle Singles auf Partnersuche sind. Aber es ist nur eine Minderheit (ca. 20% der weiblichen, 40% der männlichen Singles), die sich aktuell um einen Partner bemüht. Andererseits schließt nur eine kleine Minderheit der Singles eine (erneute) Partnerschaft kategorisch aus. Singles fühlen sich zwar überdurchschnittlich oft einsam, aber es finden sich unter Singles auch viele, die ganz und gar nicht einsam sind (Hradil 1995: 22ff.; Hradil 2002).

Die Lebensform der Singles ist in den letzten Jahren weit in den Vordergrund der Aufmerksamkeit gerückt. Eine Fülle von Medienberichten berichtete über sie. Einesteils gerieten Singles so zu Vor- und Leitbildern. Sie personifizierten Wünsche von vielen: So autonom wollten Teile der übrigen Bevölkerung auch leben. Andernteils wurden Singles zu abschreckenden Beispielen: Sie wurden als einsame, beziehungsunfähige, narzistische Gestalten bedauert. Gelegentlich wurden sie sogar als „Sozialschmarotzer" abgelehnt, die nichts zum Generationenvertrag beisteuerten, wohl aber darauf vertrauten, dass sie im Alter schon irgendjemand pflegen würde (Hradil 1998).

Abb. 4.18: Bevölkerungsanteil in Einpersonenhaushalten in den EU-Ländern 1995

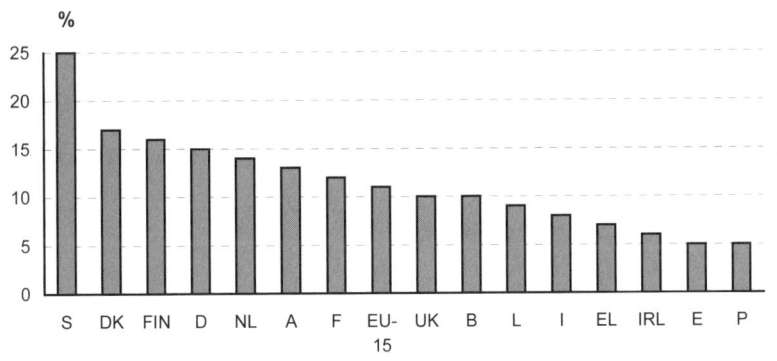

Quelle: Eurostat: Soziale Lage 2000: 50

Vergleicht man die Situation in Deutschland und in anderen EU-Ländern, so zeigt sich, dass die Tendenz hin zum immer häufigeren Alleinleben nur in den skandinavischen Ländern Schweden, Dänemark und Finnland noch weiter fortgeschritten ist als in Deutschland. In Schweden lebte 1995 schon fast ein Viertel der Bevölkerung alleine, in Dänemark ein Sechstel, in Finnland und in Deutschland 1995 erst ein Siebtel. Andererseits machten die Alleinlebenden in Italien, Griechenland und in Irland noch deutlich weniger als ein Zehntel, in Spanien und in Portugal weniger als ein Zwanzigstel der Bevölkerung aus (Daten: EU-Haushaltspanel; Quelle: Eurostat: Soziale Lage 2000: 50). Dies weist darauf hin, dass in diesen Ländern die Menschen die Zahl ihrer Kinder zwar dramatisch reduziert haben, aber nach wie vor konventionelle Paar- und Familienhaushalte bevorzugen.

Alleinerziehende

Alleinerziehende leben mit ihren Kindern ohne Partner in einem gemeinsamen Haushalt. Es gibt drei typische Wege, die in die „unkonventionelle" Lebensform des Alleinerziehens führen: Durch Verwitwung entstehen gut 15% der Familien von Alleinerziehenden in Deutschland, durch nichteheliche Geburten kommt ein gutes Drittel zu Stande, und durch Scheidungen bildet sich mehr als die Hälfte aller Ein-Eltern-Familien heraus. Da von diesen drei Faktoren die beiden wichtigsten, nämlich Scheidungen und nichteheliche Geburten, seit Jahren zugenommen haben, ist in Deutschland auch die Zahl der Alleinerziehenden in die Höhe gegangen: Im Jahr 2000 erzogen in Deutschland mehr als zwei Millionen Mütter und Väter ihre Kinder alleine (Datenreport 2002: 42, 525). Mit Kindern lebten 2000 etwa fünf Millionen Menschen in Familien von Alleinerziehenden.

Abb. 4.19: Alleinerziehende in Deutschland 1960 bis 2001 (in Millionen)

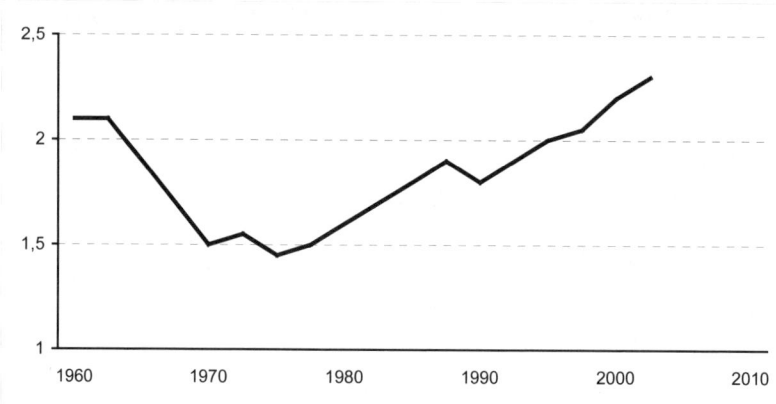

Quelle: Bundesinstitut für Bevölkerungsforschung

Abb. 4.20: Familienstand Alleinerziehender 1957 bis 1997

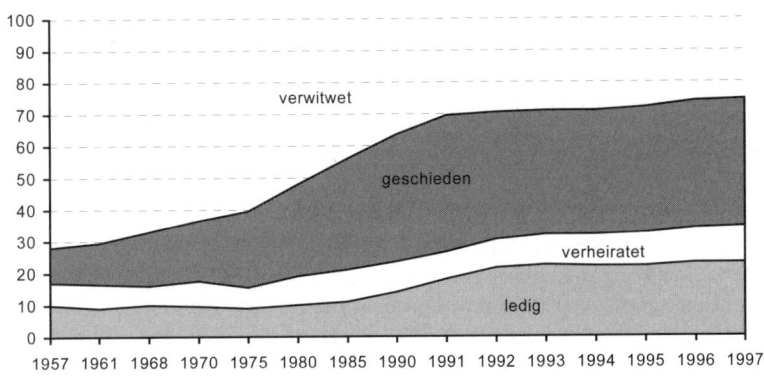

Quelle: Lakemann 1999, 24.9

Früher wurden die Familien von Alleinerziehenden häufig „unvollständige Familien" genannt. Von dieser Bezeichnung, die einen Mangel unterstellt, ist man weitgehend abgekommen. Es hat sich die Erkenntnis durchgesetzt, dass die Sozialisation von Kindern durch Alleinerziehende keineswegs zwangsläufig mangelhaft sein muss.

In Ostdeutschland sind Alleinerziehende häufiger zu finden als in Westdeutschland. Fast jede dritte Familie (mit Kindern unter 18 Jahren im Haushalt) im Osten, aber nur gut jede sechste im Westen Deutschlands ist eine Familie von Alleinerziehenden. Die Gründe liegen zum Teil in der Vergangenheit: In der ehemaligen DDR war das Alleinerziehen wesentlich problemloser möglich als im Westen Deutschlands. Alleinerziehende in der DDR hatten bessere Chancen, einen Platz in der Kindertagesstätte, eine Wohnung und Vergünstigungen im Arbeitsleben zu erhalten, als verheiratete Mütter in der DDR oder gar als Alleinerziehende in Westdeutschland.

Nur gut 15% aller Alleinerziehenden sind Männer, fast 85% Frauen. Durch ihre Situation der Partnerlosigkeit (zumindest wohnen sie ohne Partner) haben Alleinerziehende manches mit Singles gemeinsam: Sie müssen Netzwerke von Bekannten pflegen, um nicht in Isolation zu geraten und um Hilfestellungen im Alltag zu erhalten; sie müssen ihre unkonventionelle Lebensform nicht selten vor anderen und vor sich selbst rechtfertigen; sie müssen mit dem Zwiespalt zwischen Autonomieverlangen und Sehnsucht nach Gemeinsamkeit zu Recht kommen.

Aber in anderer Hinsicht unterscheiden sich die Lebenslagen von Alleinerziehenden und Singles drastisch: Alleinerziehende Frauen haben im Durchschnitt eine niedrigere berufliche Ausbildung als verheiratete Mütter. Alleinerziehende sind zwar häufiger erwerbstätig als verheiratete Mütter, aber seltener als die Haushaltsvorstände von „Zwei-Eltern-Familien". Alleinerzie-

hende sind überdurchschnittlich häufig arbeitslos, insbesondere in Ostdeutschland, wo Mitte der 1990er Jahre fast jede dritte alleinerziehende
Mutter eine Stelle suchte. Alleinerziehende verdienen ein Drittel weniger als
der Durchschnitt aller Haushalte (Äquivalenzeinkommen) und die Hälfte weniger als Zweielternfamilien (Engstler/Menning 2003: 148).

Und vor allem haben Alleinerziehende ein weit überdurchschnittliches
Armutsrisiko zu tragen: In Deutschland müssen mehr als 20% aller weiblichen Alleinerziehenden mit Sozialhilfeleistungen auskommen. Demgegenüber bezieht nur ca. 3,5% der Rest der Bevölkerung „Laufende Hilfe zum
Lebensunterhalt" (Peuckert 1999: 180; Hradil 2001: 232).

In der EU lebten im Jahr 2000 zwar nur etwa 4% aller Menschen in Al-
leinerziehenden-Haushalten. Aber es waren immerhin 13% aller unterhaltsberechtigten Kinder, die 1998 darin groß wurden. Diese Anteile nehmen überall
in der EU zu. 1983 wuchsen erst 8% aller Kinder in einer Ein-Eltern-Familie
auf (Eurostat: Soziale Lage 2002: 62). Diese EU-Durchschnitts-Werte entsprechen ungefähr den Verhältnissen in Deutschland. Dies gilt auch für die
Anteile der Frauen und Männer unter den Alleinerziehenden sowie für die
vergleichsweise geringen Einkommen Alleinerziehender (s.o.).

Abb. 4.21: Bevölkerungsanteil in Alleinerziehendenhaushalten in den
         EU-Ländern 1995

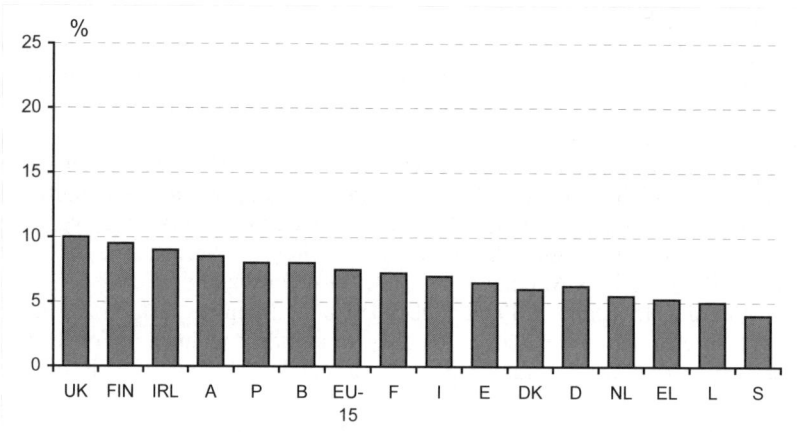

Quelle: Eurostat: Soziale Lage 2001: 50

Die genannten Durchschnittswerte dürfen nicht darüber hinwegtäuschen, dass
die Unterschiede innerhalb der EU groß sind: Während 2000 in Griechenland
nur 6% aller Kinder nur mit einem Elterteil zusammenlebten, waren es in
Großbritannien volle 25% (Eurostat: Soziale Lage 2002: 62).

Alleinerziehende sind (wie Singles) darauf angewiesen, ihren Lebensunterhalt selbst zu verdienen, wollen sie nicht in Abhängigkeit von Sozialhilfe

oder privaten Zuwendungen geraten. Dies können sie nur, wenn sie erwerbstätig sein können – und nicht z.B. durch die Betreuung ihrer Kinder daran gehindert werden. Weibliche Alleinerziehende sind in allen EU-Ländern wesentlich seltener erwerbstätig als die (meist männlichen) Haushaltsvorstände von Zwei-Eltern-Familien. Alleinerziehende Mütter sind aber etwas häufiger erwerbstätig als Mütter von unterhaltsberechtigten Kindern, die mit einem Partner zusammenleben. In Großbritannien trifft das jedoch nicht zu: Dort nehmen alleinerziehende Mütter deutlich seltener am Erwerbsleben teil als Mütter in Zwei-Eltern-Familien. In Großbritannien sind nicht nur die Erwerbschancen alleinerziehender Mütter vergleichsweise schlecht (insbesondere – wie in Deutschland – für alleinerziehende Mütter mehrerer Kinder), sondern auch ihr Ausbildungsniveau und ihre Einkommenschancen (Europ. Komm/ Eurostat: Stat. Kurzgefasst, 12/1998).

Der Grund für diese Misere liegt u.a. in den wenig ausgebauten Kinderbetreuungs- und anderen sozialen Einrichtungen in Großbritannien. Die Bedeutung von Kinderbetreuung, Ganztagsschulen etc. zeigt sich andererseits darin, dass in Österreich, Frankreich und in Finnland, wo diese Einrichtungen vergleichsweise breit ausgebaut sind, relativ viele alleinerziehende Mütter einer Erwerbstätigkeit nachgehen können. In Mittelmeerländern gibt es zwar kaum öffentliche Betreuung für die Kinder von Alleinerziehenden, aber dort übernehmen Familienangehörige diese Hilfestellungen und ermöglichen es vielen Alleinerziehenden, erwerbstätig zu sein.

Vergleichen wir die Situation in der EU mit anderen Teilen der Welt, so zeigen sich drastische Unterschiede. Besonders viele Alleinerziehende in schlechter wirtschaftlicher Lage finden sich z.B. in den USA. Dort lebt ein Viertel aller Kinder mit nur einem Elternteil. Noch schlechter ist die Lage in vielen Favellas und Slums Südamerikas (Ortmayr: 173). Dort wachsen heute bereits zwei Drittel aller Kinder in Haushalten auf, die von Müttern oder Großmüttern geführt werden. Viele Väter dieser Kinder arbeiten auf dem Lande und entziehen sich ihrer familiären Pflichten. Landarbeit ist in Südamerika Männersache.

Ganz anders ist die Situation in Asien und großen Teilen Afrikas: Dort arbeiten insbesondere die Frauen auf Feldern, viele Männer leben in städtischen Elendsvierteln. Die Quote der Alleinerziehenden Mütter ist dort längst nicht so groß wie in Südamerika (Ortmayr: 173).

Übersicht über die Verbreitung unkonventioneller Lebensformen

Die folgende Abbildung zeigt, dass im Jahr 2000 insgesamt etwa ein gutes Viertel der Menschen in Deutschland in mehr oder minder „unkonventionellen" Lebensformen lebte (allein, in Nichtehelichen Lebensgemeinschaften, in Haushalten von Alleinerziehenden). Die überwiegende Mehrheit der Menschen lebte – trotz aller Tendenzen zur Pluralisierung von Lebensformen – nach wie vor als „konventionelle" Ehepaare mit oder ohne Kinder.

Abb. 4.22: Lebensformen in Deutschland 2000

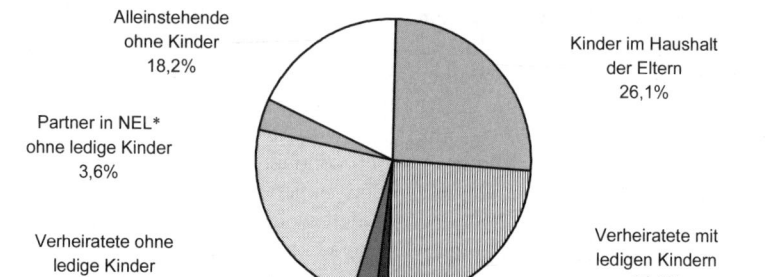

Quelle: Engstler/Menning 2003: 35; Daten: Statistisches Bundesamt, Mikrozensus

Geht man von (synchronen) „Momentaufnahmen" zu (diachronen) Lebens-
laufstudien über, so wird jedoch sichtbar, dass sehr viel mehr Menschen irgendwann im Laufe ihres Lebens in einer „unkonventionellen" Lebensform
leben. Diese Phasen (z.B. in einer vorehelichen Lebensgemeinschaft oder als
Single nach einer Scheidung) dauern in der Regel aber nicht sehr lange.

Lebensläufe und Biografien

Im Verlaufe der Industrialisierung kristallisierte sich in Westeuropa eine gewisse Einheitlichkeit der („objektiven") Lebensläufe und der („subjektiven")
Biografien der Menschen heraus: Die Lebensläufe, also die „objektiven" Ab-
folgen von Lebensphasen und –stationen, konzentrierten sich mehr und mehr
auf vier Abschnitte:

–   die Kindheit in der Familie,
–   die Jugend als Zeit der Ausbildung,
–   die Erwachsenenphase, d.h. die lange Phase der Haus- oder Erwerbsar-
    beit, und
–   das Alter, die Rentenzeit.

Dieser Abfolge entsprachen auch die „subjektiven" Erwartungen, die Gebräuche und die Selbstdeutungen der Menschen, also ihre Biografie.
    In den vergangenen Jahren war zu beobachten, dass sich diese Phasen
veränderten und auffächerten:

–   Erstens verlängerte sich die Ausbildungsphase für viele junge Menschen so
    sehr, dass sie auch im dritten Lebensjahrzehnt noch (z.B. in Universitäten)

andauerte. Für diesen Lebensabschnitt, den man nicht mehr als Jugend bezeichnen kann, hat sich die Bezeichnung „Postadoleszenz" durchgesetzt.

–   Zweitens ist die Erwachsenenphase vieler Menschen durch so viele Umbrüche gekennzeichnet (Scheidungen, Wiederheirat, Arbeitslosigkeit, Berufswechsel, Ortswechsel), dass man kaum noch von einer zusammenhängenden Lebensphase sprechen kann.

–   Drittens verlängerte sich das Alter und die Rentenzeit, sowohl nach vorne (der Rentenantritt erfolgte früher) als auch nach hinten (die Menschen lebten länger). Dadurch machten die Erwerbsphase und die Altersphase jeweils etwa ein Drittel der Lebensspanne aus. Für immer mehr Menschen entstand so die Lebensphase der „jungen Alten" bzw. des „leeren Nestes". Menschen in diesem Lebensabschnitt sind üblicherweise gesund und wirtschaftlich gut gestellt, aber nicht mehr erwerbstätig. Und auch die Kinder sind aus dem Haus.

4.3 Fazit

Die oben dargestellten modernisierungstheoretisch begründeten Modellvorstellungen zur Entwicklung von Lebensformen, Haushalten und Familien treffen nur teilweise zu. Zwar stimmen sie mit den realen Entwicklungen in Europa, vor allem in Nord- und Westeuropa, weitgehend überein. Für viele andere Teile der Welt passt das Modell aber kaum.

So hat in vorindustriellen Gesellschaften keineswegs das „Ganze Haus" dominiert, wie es das o.a. Modell vorsieht. Vielmehr gab es in West-, Süd- und Nordeuropa eine Fülle unterschiedlicher Lebensformen. Von anderen Erdteilen ganz zu schweigen.

Zur Zeit der Industrialisierung hatte sich in Europa und Nordamerika in der Tat dem Modell entsprechend die „Zwei-Generationen-Kernfamilie" durchgesetzt. In der Mitte des 20. Jahrhunderts hatte diese Lebensform in Europa und Nordamerika die „Alleinherrschaft" erreicht. In Teilen der übrigen Welt vollzogen sich ähnliche Entwicklungen. Aber es war nicht überall die Industrialisierung, die den Vormarsch der Kernfamilie begünstigte, auch z.B. die Einführung der Plantagenwirtschaft veränderte die Familienstrukturen. In Asien hingegen führte die Industrialisierung keineswegs zu einer Dominanz der Kernfamilie. Dort blieben Großfamilienstrukturen erhalten, trotz oder gerade wegen der forcierten Industrialisierung.

In vielen modernen postindustriellen Gesellschaften wählen, dem o.a. Modell entsprechend, die Menschen sehr unterschiedliche Lebensformen. Bei oberflächlicher Betrachtung ähnelt diese Pluralisierung der Lebensformen jener Vielfalt, die in vorindustriellen Gesellschaften Europas gegeben war. Der Unterschied liegt jedoch darin, dass sich in traditionalen vorindustriellen Gesellschaften die Optionen der Menschen in engen Grenzen hielten. Die Pluralisierung war damals durchweg unfreiwillig.

Festzuhalten bleibt auch, dass sich die Pluralisierung von Lebensformen selbst in den modernen postindustriellen Gesellschaften des Westens in Grenzen hält. In der soziologischen Momentaufnahme sind fast drei Viertel der Menschen davon nicht berührt. Sie leben in durchaus konventionellen Verhältnissen. Im Laufe ihres Lebens leben zwar viel mehr Menschen irgendwann in unkonventionellen Lebensformen, aber eben nur vorübergehend.

4.4 Literatur

Beck, Ulrich 1986: Risikogesellschaft, Frankfurt am Main: Suhrkamp

Beck-Gernsheim, Elisabeth 1984: Vom Geburtenrückgang zur Neuen Mütterlichkeit? Über private und politische Interessen am Kind, Frankfurt am Main: Fischer

Böhmisch, Lothar/Lenz, Karl 1999: Zugänge zu Familien – ein Grundlagentext, in: ders. (Hrsg.): Familien. Eine interdisziplinäre Einführung, 2. korr. Auflage, Weinheim und München: Juventa, S. 7-36

Cromm, Jürgen 1998: Familienbildung in Deutschland. Soziodemographische Prozesse, Theorie, Recht und Politik unter besonderer Berücksichtigung der DDR, Wiesbaden: Westdeutscher Verlag

Dorbritz, Jürgen/Schwarz, Karl 1996: Kinderlosigkeit in Deutschland – ein Massenphänomen? Analysen zu Erscheinungsformen und Ursachen, in: Zeitschrift für Bevölkerungswissenschaft, Jg. 21, S. 231-257

Engstler, Heribert/Menning, Sonja (Hg.) 2003: Die Familie im Spiegel der amtlichen Statistik, im Auftrag des Bundesministerium für Familie, Senioren, Frauen und Jugend unter Zusammenarbeit mit dem Statistischen Bundesamt

Erler, Michael 1996: Die Dynamik der modernen Familie. Empirische Untersuchung zum Wandel der Familienformen in Deutschland, Weinheim und München: Juventa Verlag.

Europäische Kommission/Eurostat 1998: Statistik kurzgefasst. Bevölkerung und soziale Bedingungen 12/1998, Luxemburg

Europäische Kommission/Eurostat 2000: Beschreibungen der sozialen Lage in Europa 2000, Luxemburg.

Europäische Kommission/Eurostat 2001: Eurostat Jahrbuch 2001. Der statistische Wegweiser durch Europa. Daten aus den Jahren 1989 – 1999, Luxemburg

Europäische Kommission/Eurostat 2002: Eurostat Jahrbuch 2002. Der statistische Wegweiser durch Europa, Luxemburg.

Europäische Kommission 2002: Die soziale Lage der Europäischen Union 2002, Luxemburg

Grünheid, E./Mammey, U. 1997: Bericht 1997 über die demographische Lage in Deutschland, in: Zeitschrift für Bevölkerungswissenschaften, Jg. 22. 4, S. 377-480

Grünheid, E./Schulz, R. 1996: Bericht 1996 über die demographische Lage in Deutschland, in: Zeitschrift für Bevölkerungswissenschaften, Jg. 21. 4, S. 345-439

Günter, Thomas 1997: Strukturwandel der Intimsphäre. Zur Modernisierung des Privaten, Hamburg: LIT Verlag

Hitzler, Ronald 1988: Sinnwelten. Ein Beitrag zum Verstehen von Kultur, Opladen: Westdeutscher Verlag

Höhn, Charlotte u.a. 1990: Bericht 1990 zur demographischen Lage, in: Zeitschrift für Bevölkerungswissenschaft, Jg. 16, H. 2, S. 135-205

Höpflinger, Francois 1999: Nichteheliche Lebensgemeinschaften im internationalen Vergleich, in: Klein, Thomas/Lauterbach, Wolfgang (Hrsg.): Nichteheliche Lebensgemeinschaften, Opladen: Leske und Budrich, S. 167-181

Hradil, Stefan 1995: Die „Single-Gesellschaft", München: C.H. Beck

Hradil, Stefan 2003: Vom Leitbild zum „Leidbild" – Singles, ihre veränderte Wahrnehmung und der „Wandel des Wertewandels", in: Zeitschrift für Familienforschung, 15. Jg., H. 1., S. 38-54

Institut der deutschen Wirtschaft (IW) 2002: Deutschland in Zahlen, Köln: Deutscher Instituts Verlag

John, B./Stutzer, E. 2002: Erwerbsverhalten von Erziehungsurlauberinnen, in: Zeitschrift für Bevölkerungswissenschaften, Jg. 14, H. 3, S. 215-233

Kaufmann, Franz-Xaver 1995: Zukunft der Familie im vereinten Deutschland. Gesellschaftliche und politische Bedingungen, München: C.H. Beck

Kaufmann, Franz-Xaver 1988: Familie und Modernität, in: Lüscher, Kurt (Hg.): Die „postmoderne" Familie. Familiale Strategien und Familienpolitik in einer Übergangszeit, Konstanz: Universitätsverlag, S. 391-415

Lakemann, Ulrich 1999: Familien- und Lebensformen im Wandel. Eine Einführung für soziale Berufe, Freiburg: Lambertus.

Meyer, Thomas 1993: Modernisierung der Privatheit. Differenzierungs- und Individualisierungsprozesse des familialen Zusammenlebens, Opladen

Myrdal, Alva/Klein, Viola 1970 (1956): Women's two roles. Home and Work, London: Routledge & Kegan Paul

Ortmayr, Norbert 1997: Faktoren des außereuropäischen Familienwandels, in: M. Mitterauer und N. Ortmayr (Hg.), Familie im 20. Jahrhundert. Traditionen, Probleme, Perspektiven (= Historische Sozialkunde 9). Frankfurt/M., S. 165-181.

Peuckert, Rüdiger 1999: Familienformen im sozialen Wandel, 3. völlig überarbeitete und erweiterte Auflage, Opladen: Leske + Budrich.

Peuckert, Rüdiger 2002: Familienformen im sozialen Wandel, 4., überarbeitete und erweiterte Auflage, Opladen: Leske + Budrich

Rothenbacher, Franz 1997: Historische Haushalts- und Familienstatistik von Deutschland 1815-1990, Frankfurt am Main: Campus.

Schmidt, Uwe 2002: Deutsche Familiensoziologie. Entwicklung nach dem Zweiten Weltkrieg, Wiesbaden: Westdeutscher Verlag

Schulz, Ellen/Kirner, Erika 1992: Das „Drei-Phasen-Modell" der Erwerbsbeteiligung von Frauen – Begründung, Norm und empirische Relevanz, in: Ott, N./Wagner, G. (Hrsg.): Familie und Erwerbstätigkeit im Umbruch, Berlin: Dunker und Humblot, S. 17-55

Schwarz, Karl 1997: 100 Jahre Geburtenentwicklung, Zeitschrift für Bevölkerungswissenschaften, Jg. 22. 4, S. 481-491

Simmel, Georg 1989 (1900): Die Philosophie des Geldes, Gesamtausgabe, Bd. 6, Frankfurt am Main: Suhrkamp

Sommerkorn, Ingrid N./Liebsch, Katharina 2002: Erwerbstätige Mütter zwischen Beruf und Familie: Mehr Kontinuität als Wandel, in: Nave-Herz, Rosemarie (Hg.): Kontinuität und Wandel der Familie in Deutschland. Eine zeitgeschichtliche Analyse, Stuttgart: Lucius und Lucius, S. 99-130

Spellerberg, Annette/Schäfgen, Katrin 2000: Ausformungen der Frauenrolle. Die USA, West- und Ostdeutschland im Vergleich, in: Gerhard, Jürgen (Hrsg.): Die Vermessung kultureller Unterschiede. USA und Deutschland im Vergleich, Wiesbaden: Westdeutscher Verlag, S. 211-233

Statistisches Bundesamt 2002: Leben und Arbeiten in Deutschland. Ergebnisse des Mikrozensus 2001, Wiesbaden.

Statistisches Bundesamt 2002: Statistisches Jahrbuch 2002. Für die Bundesrepublik
    Deutschland, Statistisches Bundesamt Wiesbaden
Statistisches Bundesamt 2002: Statistisches Jahrbuch 2002. Für das Ausland, Statistisches
    Bundesamt Wiesbaden
Statistisches Bundesamt (Hrsg.) in Zusammenarbeit mit dem Wissenschaftszentrum Berlin
    für Sozialforschung (WZB) und dem Zentrum für Umfragen, Methoden und Analy-
    sen, Mannheim (ZUMA) 2002: Datenreport 2002. Zahlen und Fakten über die Bun-
    desrepublik Deutschland. Bundeszentrale für politische Bildung, Schriftenreihe Band
    376, Bonn
Stat. Bundesamt 2002: Leben und Arbeiten in Deutschland. Ergebnisse des Mikrozensus
    2001, Wiesbaden
Toffler, Alvin 1980: Die dritte Welle. Zukunftschance. Perspektiven für die Gesellschaft
    des 21. Jahrhunderts, München: Goldmann
Wagner, Michael/Frankmann, Gabriele 2000: Die Pluralisierung der Lebensformen,
    Zeitschrift für Bevölkerungswissenschaften 25: 151-173
WWW-Dokument http://unstats.un.org/unsd/demographic/social/default.htm

5. Bildung

In diesem Kapitel geht es um Bildung. Darunter ist die Vermittlung von Werthaltungen, Einstellungen, Wissensbeständen und Fertigkeiten zu verstehen, die Menschen benötigen, um ihre sozialen Rollen als Erwachsene in einer Gesellschaft ausüben zu können (Andorka 2001: 340). In diesen Begriff der „Bildung" ist die „Ausbildung" für spezifische Berufe und Fertigkeiten eingeschlossen. Es geht in diesem Kapitel jedoch um Bildung nur insoweit, als sie in eigens dafür geschaffenen Bildungseinrichtungen vermittelt wird. Im Vordergrund stehen dabei die formalen Aspekte institutioneller Bildung: Im Zusammenhang mit der Sozialstruktur einer Gesellschaft interessiert weniger, wie viele und welche Bildungsinhalte Schüler und Studierende aufnehmen, sondern welche Bildungsabschlüsse welcher Bildungseinrichtungen erworben werden.

Bildungseinrichtungen und die dort vermittelten Kenntnisse wurden im Laufe der Geschichte immer wichtiger, sowohl für die Einzelnen als auch für die Gesellschaft im Ganzen. Heute ist Bildung für die meisten Menschen das wichtigste „Kapital", um ihr Leben erfolgreich führen zu können. Und für moderne postindustrielle Gesellschaften ist Bildung und das hierin vermittelte „Wissen" so bedeutend geworden, dass sie als „Wissensgesellschaften" bezeichnet werden. Bildung und Wissen sind die Motoren der gesellschaftlichen Entwicklung, nicht länger Grund und Boden, wie in der vorindustriellen Gesellschaft, oder Maschinen und Fabriken, wie in der modernen Industriegesellschaft.

5.1 Bezugsrahmen

5.1.1 Das sozialstrukturelle Modell und die darin enthaltenen Begriffe

Die Modernisierungstheorie (vgl. das in Abschnitt 2.2.2 vorgestellte Modell der Sozialstrukturmodernisierung) sieht folgende Entwicklungen auf dem Gebiet der Bildung vor:

Vorindustrielle Gesellschaften

In vorindustriellen Gesellschaften vollzieht sich Bildung weitgehend in der Familie und an der Arbeitsstätte. Die Mehrheit der Bevölkerung kann nicht rechnen, lesen und schreiben. Dies ist auch kaum nötig, vor allem nicht für Bauern, die bei weitem die Bevölkerungsmehrheit ausmachen. Bildungseinrichtungen (in Europa z.b. Klosterschulen, Universitäten) sind nur für kleine Teile der Bevölkerung vorhanden. Sie sind weitgehend den bevorrechtigten Bevölkerungsteilen (in Europa adeligen Kindern und zukünftigen Geistlichen, seit Beginn der Neuzeit zunehmend auch Kindern des Bürgertums) vorbehalten. Nur diese Personen können das Wissen, das sie sich in Bildungseinrichtungen angeeignet hatten, in ihrem Lebensumkreis auch nutzen. Für einen Teil dieser Personen besteht (z.b. in Universitäten) die Möglichkeit, sich eine umfangreiche Bildung anzueignen.

Industriegesellschaften

In modernen Industriegesellschaften wird eine Grundbildung für alle Gesellschaftsmitglieder durchgesetzt. Die Schulpflicht und die „Volksschule" entsteht. Mehr oder minder alle Personen lernen rechnen, lesen und schreiben. Ohne diese Fähigkeiten können die Menschen den Anforderungen der Erwerbsarbeit sowie des gesellschaftlichen und politischen Lebens nicht nachkommen. Zunächst erhalten nur wenige Personen eine Bildung, die über diese Grundbildung hinausreicht. Sie kommen in der Regel aus besitzenden Klassen oder aus Kreisen der städtischen Intelligenz.

Im Laufe der Entwicklung moderner Industriegesellschaften dehnen sich die Bildungprozesse weiter aus: Als „Grundbildung" für alle Gesellschaftsmitglieder wird ein immer längerer Aufenthalt an Schulen für nötig gehalten. Über diese Pflichtschulzeit hinaus verbringen immer mehr Menschen immer längere Zeit in weiterführenden Bildungseinrichtungen. Das Modernisierungsmodell sieht auch vor, dass diese weiterführenden Bildungsgrade für immer weitere Bevölkerungskreise (Klassen, Schichten, Konfessionen, Geschlechter, Frauen, Landbevölkerung) zugänglich und üblich werden.

Moderne Industriegesellschaften verstehen Bildungseinrichtungen nicht mehr nur als Instanzen, in denen Kenntnisse vermittelt und individuelle Fertigkeiten entwickelt werden sollen (*Sozialisationsfunktion*). Bildungseinrichtungen haben – dem Modell zufolge – darüber hinaus auch die Aufgabe, das Ausmaß und die Art der individuell erbrachten Leistung zu ermitteln und zu bestätigen, ohne dass dabei leistungsfremde Merkmale (wie z.B. das Geschlecht, die soziale oder ethnische Herkunft, der Wohnort, die Hautfarbe, die Religion, persönliche Zu- oder Abneigungen) eine Rolle spielen *(Funktion der Leistungsmessung)*. Schüler, die entsprechenden Leistungsanforderungen auch nach Förderung nicht genügen, sollen von weiterführenden Bildungsgängen ausgeschlossen werden *(Selektionsfunktion)*. Die jeweils zugeteilten Bildungszertifikate sollen den Zugang zu unterschiedlichen Niveaus

und Feldern beruflicher Tätigkeit ermöglichen bzw. versperren. In Industriegesellschaften haben Bildungseinrichtungen also auch eine *Platzierungsfunk-
tion*. Sie sollen Gesellschaftsmitgliedern leistungsgerechte Statusbereiche
zuweisen. Bildungseinrichtungen stellen somit die „sozialen Dirigierungs-
stellen" (Helmut Schelsky) industrieller Leistungsgesellschaften dar. Auf
Schulen und Hochschulen richten sich in Industriegesellschaften große Hoffnungen, eine gerechtere Gesellschaft aufzubauen.

Das modernisierungstheoretische Modell der Sozialstrukturentwicklung
geht davon aus, dass Bildungseinrichtungen in Industriegesellschaften in
immer höherem Maße „Chancengleichheit" verwirklichen. „Chancengleichheit" im Bildungswesen kann dreierlei bedeuten:

1. *Leistungsgerechtigkeit*: „Chancengleichheit" im Bildungswesen kann
sich darauf beschränken, dass gleiche Chancen bestehen, für erbrachte Leistungen (z.B. eine Prüfung im Fach Mathematik) leistungsentsprechende Be-
wertungen (Noten, Schulzeugnisse etc.) zu erhalten. „Chancengleichheit" besteht demzufolge schon dann, wenn alle Schüler für gleich gute Leistungen
gleiche Noten erhalten, unabhängig von leistungsfremden Faktoren (wie z.B.
Geschlecht oder Herkunft).

Schon dieses enge Verständnis von Chancengleichheit, das sich auf Leistungsgerechtigkeit beschränkt, ist sehr voraussetzungsreich. Es unterstellt
zum Beispiel, dass als „Leistung" Kenntnisse und Fertigkeiten definiert werden, die im Interesse der gesamten Gesellschaft liegen und nicht nur einen
hohen Stellenwert in der Kultur bestimmter Gruppen oder Schichten haben
und so Kinder aus diesen Gruppen begünstigen. Es sollte also begründbar
sein, was als (z.B. schulische) Leistung gilt und was nicht. Die Definition von
Leistung darf nicht zu einer Frage der jeweiligen Herrschaftsverhältnisse
werden. Chancengleichheit im Sinne von Leistungsgerechtigkeit besteht auch
nur dann, wenn alle Leistungen „objektiv" messbar, mit anderen Leistungen
vergleichbar und somit auf einer gemeinsamen (Noten-)Skala abbildbar sind
(Dreitzel 1974: 39ff.; Krockow 1974: 54ff.; Offe 1970: 115ff.; zusammenfassend: Bolte 1979; Lenk 1976; Hradil 2001: 418f).

2. *Gleiche Chancen der Leistungsentwicklung*: Wenn als „Chancengleichheit" lediglich die Vergabe „gerechter" Noten und Versetzungszeug-
nisse für erbrachte Leistungen verstanden wird, nimmt man keine Rücksicht
darauf, ob bestimmte Schüler und Studierenden bessere oder schlechtere
Voraussetzungen als andere haben, leistungsfähig zu werden. Es bleibt z.B.
unberücksichtigt, ob ein Schüler in einem Haushalt aufwächst, in dem hun-
derte von Büchern vorhanden sind, Urlaubsreisen Bildungsreisen darstellen,
und die Eltern die Bildungskarriere des Kindes sorgsam fördern, oder ob ein
anderer Schüler all dies nicht zur Verfügung hat. Um auch solche Prozesse
der Leistungsentwicklung einzubeziehen, sieht ein weiter gefasstes Konzept
vor, dass von „Chancengleichheit" erst dann die Rede sein kann, wenn Leistungsgerechtigkeit besteht und jede(r) die gleiche Chance hat, seine Begabungen so weit zu entwickeln und so leistungsfähig zu werden, wie es ihm
bzw. ihr möglich ist.

Soll diese „Chancengleichheit" im Bildungswesen verwirklicht werden, so müssen noch viel mehr Voraussetzungen gegeben sein. Keine (nach leistungsfremden Merkmalen gebildete) gesellschaftliche Gruppierung (wie z.b. Mädchen, Migrantenkinder, Kinder aus unteren sozialen Schichten, Kinder vom Lande) darf durch *soziale* Mechanismen (Einkommensgefälle, Wohnbedingungen, Freizeitbedingungen etc.) in ihrer Leistungsentwicklung behindert sein. „Chancengleichheit" in diesem Sinne erfordert also die Angleichung zahlreicher Lebensbedingungen (Einkommen, Wohnung, Arbeitsinhalte von Eltern, regionale Infrastruktur usw.) oder zumindest den späteren Ausgleich von dadurch entstehenden Vor- und Nachteilen (z.B. in Vor- und Grundschulen).

Letzten Endes wäre eine „Chancengleichheit", die gleiche Chancen der Leistungsentwicklung einschließt, erst dann gegeben, wenn *individuell* hinderliche Umstände (wie z.b. persönlich verantwortungslose Eltern, unglückliche Biographien) keine Auswirkungen mehr auf die Leistungsentfaltung hätten. Es ist offenkundig, dass dies kaum zu erreichen sein dürfte.

3. *„Proportionale Chancengleichheit"*: Üblicherweise gilt in modernen Industriegesellschaften „Chancengleichheit" erst dann als erreicht, wenn auf allen Bildungsstufen alle (nach leistungsfremden Merkmalen gebildeten) gesellschaftlichen Gruppierungen in dem Maße wie in der Bevölkerung vertreten sind. Diese sog. „proportionale Chancengleichheit" ist also erst dann gegeben, wenn Arbeiterkinder, Mädchen, Ausländerkinder, Kinder vom Lande, Kinder von Katholiken, Protestanten, Muslimen etc. unter den Hauptschülern, Realschülern, Gymnasisten, Abiturienten, Studierenden etc. so häufig zu finden sind wie Arbeiter, Mädchen etc. in der gesamten Bevölkerung. Dieses Modell setzt nicht nur voraus, dass Leistungsgerechtigkeit (1) und gleiche Entwicklungschancen (2) bestehen, sondern auch, dass (3) keine Begabungsungleichheiten zwischen gesellschaftlichen Gruppierungen (z.B. zwischen Arbeiter- und Beamtenkindern, Mädchen und Jungen, schwarzen und weißen Kindern etc.) existieren, die zu ungleicher Leistungsfähigkeit führen.

Diese Unterstellung war seit Jahrhunderten immer wieder umstritten[1]. Heute besteht zwar Einigkeit, dass erhebliche Begabungsunterschiede zwischen Einzelpersonen bestehen. Es wird aber kaum noch bezweifelt, dass die durchschnittlichen Begabungen z.B. der Geschlechter und Ethnien im wesentlichen gleich sind und das Konzept der „proportionalen Chancengleichheit" somit auf diese Gruppierungen angewendet werden kann.

Komplizierter ist dies im Hinblick auf soziale Schichten. Dies aus folgenden Gründen: Wenn moderne Gesellschaften ihrem Ideal der Leistungsgesellschaft nahe kommen, vollziehen sich die schulischen und beruflichen Karrieren nach dem Maß der jeweiligen individuellen Leistungen. Die Schicht-

---

1   Noch in den 1990er Jahren wurde die diesbezügliche These von der „Bell Curve" vertreten (Herrnstein/Murray 1994). Zur Kritik daran (vgl. u.a. Jacoby/Glauberman 1995; Fischer u.a. 1996).

zugehörigkeit auch von Eltern wird auf Grund der jeweiligen individuellen Leistungsbereitschaft und Begabung erreicht.

Wenn die Kinder aller Schichten Bildungserfolge im Maße ihrer Bevölkerungsanteile erzielen sollen („proportionale Chancengleichheit"), so muss unterstellt werden, dass die ungleiche Leistungsbereitschaft und Begabung der Eltern verschiedener Schichten keinen Einfluss auf die Leistung der Kindergeneration hat. Es muss auch angenommen werden, dass keine Begabungsvererbung stattfindet. Die Annahme, dass Leistungsbereitschaft und Begabung sich sozial und biologisch überhaupt nicht vererben, ist aber kaum realistisch. Daher werden gerade in weitgehend verwirklichten Leistungsgesellschaften Kinder aus höheren Schichten im Durchschnitt mehr leisten als Kinder aus niedrigeren Schichten. „Proportionale Chancengleichheit" der Kinder aus verschiedenen Schichten dürfte somit eine kaum erreichbare Zielvorstellung darstellen.

Dies heißt freilich auf keinen Fall, dass alle schichtspezifischen Ungleichheiten der Bildungschancen in modernen Industriegesellschaften auf Begabungsunterschiede zurückzuführen sind. So lange es nachweislich soziale Barrieren der Leistungsentfaltung gibt (z.B. die schlechten Wohn-, Freizeit- und Kommunikationsbedingungen von Kindern aus unteren Schichten und aus ausländischen Familien), wird man den überproportional häufigen Besuch einfacher Bildungseinrichtungen durch Kinder unterer Schichten ganz wesentlich darauf zurückzuführen haben.

Postindustrielle Gesellschaften

In postindustriellen Dienstleistungs- und Wissensgesellschaften wächst das Bildungssystem immer mehr an. Es ist teuer und beansprucht einen großen, stetig wachsenden Teil der wirtschaftlichen Erträge. Nur reiche Gesellschaften können sich so große Bildungssysteme leisten. Andererseits fördern sie in postindustriellen Gesellschaften aber auch die wirtschaftliche und gesellschaftliche Entwicklung.

In postindustriellen Gesellschaften differenziert sich das Bildungswesen immer mehr aus. Aus dem weitgehend standardisierten Bildungssystem der Industriegesellschaft entsteht eine Vielzahl von spezialisierten Bildungseinrichtungen mit immer unterschiedlicheren Abschlüssen.

In postindustriellen Gesellschaften besuchen immer mehr Menschen immer länger die Schulen und Hochschulen und absolvieren dabei immer höherwertige Abschlüsse. Die Menschen benötigen als Arbeitskräfte, Konsumenten, Staatsbürger, in Familien und in der Freizeit immer mehr Bildung.

Die Menge des in postindustriellen Gesellschaften verfügbaren Wissens wächst enorm an. Zwar nimmt auch die Menge der Kenntnisse zu, die den Menschen in Bildungseinrichtungen vermittelt werden. Aber trotzdem müssen Schulen und Hochschulen aus der Überfülle des vorhandenen Wissens jene Bestände auswählen, die Heranwachsenden vermittelt werden können und sollen. Bildungseinrichtungen wächst somit immer mehr die zusätzliche Aufgabe der Auswahl von Wissensbeständen zu (*Funktion der Wissensselektion*).

Wenn die als wichtig ausgewählten Wissensbestände vermittelt werden, so wird es immer weniger wichtig, ein großes Wissen in die Köpfe von Schülern etc. zu transportieren. Immer wichtiger wird es zu lehren, wie Wissen erworben, geordnet, bewertet und verarbeitet wird.

Schließlich sieht das Modell der Sozialstrukturmodernisierung vor, dass Weiterbildung und die entsprechenden Einrichtungen immer mehr ausgebaut werden. Postindustrielle Gesellschaften gehen ab von der Grundvorstellung, den Einzelnen müsse zu Beginn ihres Lebenswegs gewissermaßen ein „Rucksack" von Kenntnissen und Fertigkeiten mitgegeben werden, der „für das Leben" reicht. Der schnelle technologische, wissenschaftliche, soziale und politische Wandel, damit verbunden auch die rapiden Veränderungen des individuellen Lebensumfeldes, machen es vielmehr notwendig, lebenslang immer wieder neu und umzulernen.

Postindustrielle Gesellschaften werden immer pluralistischer, auch was Kulturen betrifft. Die Lebensstile, die sozialen Milieus, die Szenen und Subkulturen sowie die ethnischen Kulturen von Zuwanderern werden immer unterschiedlicher (vgl. Kap. 9). Daher gehen die in Familien, Freundeskreisen und Medien vermittelten Werte und Verhaltensregeln immer mehr auseinander. Es kann immer weniger erwartet werden, dass Erziehung und Sozialisation Kindern gemeinsame Werte und „Spielregeln" in genügendem Ausmaß vermittelt. Den Bildungseinrichtungen kommt so immer mehr auch die Aufgabe zu, einen für alle verbindlichen Grundkonsens von Werten und Normen zwar nicht inhaltlich festzulegen (dies ist Aufgabe politischer Prozesse und öffentlicher Diskurse), wohl aber zu konkretisieren und durchzusetzen (*Normimplementierungsfunktion*).

5.1.2 Theoretische Erklärungen

Wieso kommt es zu den genannten Entwicklungen, die im o.a. Modell (vgl. 2.2.2) beschrieben sind, vor allem zur Ausweitung der Bildung und zur Angleichung der Bildungschancen?

Modernisierungstheorien (vgl. 2.2.1) besagen, dass die Bildungsexpansion und gleichere Bildungschancen zum Funktionieren und zur Weiterentwicklung moderner Gesellschaften notwendig sind. Mehr Bildung für immer mehr Menschen, auch aus bislang bildungsfernen Gruppen, diene sowohl der Mobilisierung menschlicher Fähigkeiten für die Beherrschung der immer komplexeren Arbeitstechniken als auch der Integration der Gesellschaftsmitglieder in eine immer kompliziertere Gesellschaft. Es sind aus der Sicht von Modernisierungstheorien also die funktionalen Erfordernisse moderner Gesellschaften, die zu Bildungsexpansion und wachsender Chancengleichheit geradezu zwingen.

Hierbei fördere die Expansion der Bildung die Chancengleichheit. Das heißt: Die Bildung bislang benachteiligter Gruppierungen wird im Zuge der Bildungsexpansion überproportional ausgeweitet, schon deswegen, weil man deren Leistungspotenziale ausschöpfen müsse. Der Einfluss von Herkunft, Geschlecht etc. auf die Erreichung höherer Bildungsabschlüsse schwinde nach Meinung von Modernisierungstheoretikern im Maße der Industrialisierung (Treiman/Yip 1989: 375). Möglich würden Bildungsexpansion und gleichere Bildungschancen, weil immer bessere Lebensbedingungen der Menschen, mehr Wohlstand und dessen immer gleichere Verteilung die Voraussetzungen schaffen, immer mehr Menschen so leistungsfähig zu machen, dass sie weiterführende Schulen erfolgreich besuchen können. Auch umgekehrt hätten die Bildungsexpansion und gleichere Bildungschancen zur Folge, dass sich die Lebensbedingungen und -chancen der Menschen angleichen (Parsons 1970; Treiman 1970; vgl. dazu Blossfeld/Shavit 1993).

Im Gegensatz zu *Integrationstheorien der Modernisierung* behaupten *Konflikttheorien*, dass die Bemühungen privilegierter Bevölkerungsgruppen, den eigenen Reichtum, eigene Macht und eigenes Prestige aufrecht zu erhalten und diese Vorteile an die eigenen Kinder weiterzugeben, zur Bildungsexpansion führten.

Aber die Bildungsexpansion habe keineswegs mehr Chancengleichheit zur Folge, sondern konzentriere sich in den oberen Schichten der Bevölkerung. Dies aus folgenden Gründen: Bildung wirke heute als wichtigstes Zuweisungskriterium für gesellschaftliche Vorteile. Diese Vorteile lassen sich also nur dadurch auf die Kinder übertragen, indem diese hohe Bildungsabschlüsse erlangen. Bildungserfolge bislang benachteiligter Gruppen drohen die herausragenden Positionen von Privilegierten zu gefährden. Um ihre sozialen Vorteile nicht einzubüßen, werden die Mitglieder höherer Schichten bemüht sein, die Hürden zur Erlangung von wirklich privilegierenden Bildungsabschlüssen so zu erhöhen, dass nur ihresgleichen sie erreichen werden. Dies kann durch zusätzliche Bildungszertifikate und/oder schärfere Anforderungen für die Erlangung hoher Bildungszertifikate geschehen. Auch die Weitergabe von ökonomischen (Boudon 1974) und kulturellen „Kapitalien" (Bourdieu/Passeron 1971 (1964); Bourdieu 1982), die für erfolgreiche Bildungskarrieren nützlich sind, an die eigenen Kinder, hilft diesen, die Privilegien ihrer Eltern zu bewahren. Die Folgen des Statuskampfes: immer längere Ausbildungszeiten, eine Vermehrung höherer Bildungsabschlüsse und immer höhere Anforderungen im Hinblick auf höchste bzw. zusätzliche Zertifikate, die in der Regel nur gut Gestellte erreichen. Empirisch sei die Wirksamkeit dieser Mechanismen daran zu erkennen, dass von Geburtsjahrgang zu Geburtsjahrgang die Einflüsse der sozialen Herkunft auf die Erlangung der wirklich vorteilhaften Bildungsabschlüsse nicht ab-, sondern eher noch zunehmen. Ungleiche Lebensbedingungen der Eltern haben so ungleiche Bildungschancen der Kinder zur Folge. Diese setzen sich in ungleichen Berufschancen und Lebensbedingungen fort. Die Ungleichheit der Bildungschancen reproduziert so die Strukturen sozialer Ungleichheit (Collins 1971; Bourdieu 1973; vgl. Blossfeld/Shavit 1993).

Die Lerninhalte und Lernformen, die in Schulen und Hochschulen alltäglich gefordert werden, sind an bestimmten Werten und Normen ausgerichtet. Ihnen entspricht die Kultur bestimmter gesellschaftlicher Gruppen (z.B. der einheimischen Mittelschichten) besser als die Kultur anderer Gruppierungen. Kinder, die aus schulkonformen Schichten, Gruppen oder Milieus kommen, haben somit Vorteile bei der Erbringung und Anerkennung der jeweils geforderten Leistungen. *Modernisierungstheoretiker* verfechten in diesem Zusammenhang meist die *„Defizithypothese"*: Ihnen scheinen die Wertvorstellungen und (u.a. sprachlichen) Normen bestimmter Gruppierungen (z.b. der oberen Schichten) generell besser geeignet, Erkenntnisfähigkeit und Problemlösungsfähigkeiten zu entwickeln. Die Konzentration von Schulen auf diese Werte und Normen sei daher gerechtfertigt. *Konflikttheoretiker* vertreten dagegen meist die *„Differenzhypothese"*: Die unterschiedlichen Werte und (z.B. sprachlichen) Normen der einzelnen sozialen Gruppierungen seien an deren jeweilige Lebenswirklichkeit angepasst und daher keineswegs besser oder schlechter als andere. Verfechter der Differenzhypothese kommen daher zur Auffassung, dass die schulischen Anforderungen einseitig, willkürlich und Herrschaftsinstrumente seien.

Zwischen Modernisierungs- und Konflikttheorien finden sich auch vermittelnde theoretische Positionen: So wird zum Beispiel behauptet, dass herkunftsbedingte Ungleichheiten der Bildungschancen vor allem zu Beginn der Bildungslaufbahn sehr stark wirksam seien. Mit zunehmendem Alter würden Schüler und Studierende dann aber immer fähiger, sich selbst zu sozialisieren und schulische Leistungsfähigkeit zu entwickeln. Sie werden immer weniger von den materiellen und kulturellen Bedingungen der Herkunftsfamilie abhängig sein (Müller 1990: 9; vgl. Blossfeld/Shavit 1993: 334). Obgleich diese Theorie, wie die Konflikttheorie, anhaltende Bildungsvorteile der Kinder höherer Schichten sieht, kommt sie, was die Bildungskarrieren betrifft, zu entgegengesetzten Schlüssen: Die schichtspezifischen Ungleichheiten der Bildungschancen sind nicht „oben", sondern „unten" in der Hierarchie der Bildungsabschlüsse besonders wirksam.

Neben den genannten Erklärungsversuchen, die darauf verweisen, dass Bildungsexpansion und Chancen(un)gleichheit in weitreichende Prozesse des sozialen und politischen Wandels eingebettet sind (*Makro*theorien), gibt es auch Erklärungsversuche, die vom Verhalten der Einzelnen ausgehen (*Mikro*theorien):

Ökonomische Theorien erklären die Bildungsexpansion und das Ergreifen von Bildungschancen mit dem Nutzen, den Bildung für die Handelnden hat. Die Individuen vermehren ihre Bildung, um ihren Nutzen zu steigern (vgl. zum Folgenden: Müller/Steinmann/Schneider 1997).

Der ökonomischen *Konsumtheorie* zu Folge ist mit Bildung ein Genuß verbunden, sei es unmittelbar durch den Wissenserwerb und die dadurch erfolgenden Anregungen, sei es mittelbar, indem eine interessantere Lebensführung und der Genuss von Kulturgütern möglich wird. Die Konsumthese besagt, dass Einkommen hauptsächlich zur Deckung primärer, materieller Bedürfnisse aufgewendet werden, so lange die Einkommen gering sind. Mit steigenden Realeinkommen, nachdem die materiellen Notwendigkeiten befriedigt sind, nähme die individuelle Nachfrage nach Bildung zu, um dadurch Genuss zu erlangen. Die Bildungsexpansion und die Wahrnehmung von Bildungschancen sind nach dieser Theorie also eine Form des gesellschaftlichen Luxus und vom Grade des jeweiligen Wohlstands abhängig.

Die ökonomische *Investitionstheorie* (eine Form der Humankapitaltheorie, s.u.) betrachtet Bildung als eine Investition. Sie wird von den Einzelnen getätigt, um Erträge in Form höherer Löhne, Aufstiegschancen und Arbeitsplatzsicherheit zu erlangen. Diese Erträge erhält der, der Arbeitgebern eine höhere Arbeitsproduktivität anbieten kann. Eine höhere Arbeitsproduktivität kann der anbieten, der eine höhere Bildung hat. Die Einzelnen werden so lange immer weiter in Bildung investieren, wie die zu erwartenden Ertragszuwächse höher sind als die zusätzlichen Bildungskosten, einschließlich der „Kosten" in Form entgangenen Nutzens („Opportunitätskosten"). So entgeht z.B. Studierenden Nutzen, da sie während eines Studiums kein Gehalt beziehen. Nach der Investitionstheorie werden der Schulbesuch und die individuelle Bildungsnachfrage zunehmen, solange sich Bildung „rentiert" (Becker 1975; Denison 1967; Schultz 1961). Die Bildungsexpansion wird aber dann zurückgehen, wenn die Löhne für Bewerber mit höherer Qualifikation sinken, weil zu viele von ihnen auf den Markt drängen.

Dies ist aus der Sicht der *Siebungs- oder Signaltheorie* anders. Hiernach dient die Schule nicht dem Erlernen von produktivitätssteigernden Qualifikationen, sondern der Auslese und Einstufung. Im Arbeitsplatzwettbewerb zählen Schulerfolge nur deshalb, weil potenzielle Arbeitgeber diese als Signal sehen, dass die Kraft gelehrig ist und wenig Ausbildungs- und Einarbeitungskosten verursachen wird. Zeugnisse sind für Arbeitgeber Prognoseinstrumente, mit deren Hilfe sie unter Stellenbewerbern sieben. Arbeitgeber reihen die Bewerber in eine „Warteschlange" nach Maßgabe der vorweisbaren Bildung ein. Im Gegensatz zur Meinung der Investitionstheoretiker gehen nach Ansicht der Signaltheoretiker bei einem Überangebot an Bildung und deswegen sinkenden Löhnen für Hochqualifizierte die Bildungsanstrengungen nicht zurück. Die Bildungsexpansion geht im Gegenteil gerade dann weiter. Ein geradezu perverser Wettlauf (Boudon 1974: 161; vgl. Bourdieu 1982: 222) um immer mehr Bildung entsteht. Denn ein günstiger Platz in der „Warteschlange" ist nur dann zu erreichen, wenn ein Bewerber mehr Bildung als die anderen vorweisen kann.

Die bisher genannten Mikrotheorien gingen vor allem den Ursachen der Bildungsexpansion nach. Sie fragten danach, wieso das Verhalten der Einzelnen in modernen Ländern dazu führt, dass Bildungsprozesse immer umfangreicher werden. Außerdem fragt sich aber, wieso das Verhalten der Menschen dazu führt, dass bestimmte Gruppierungen sehr viel bessere Chancen als andere haben, an der insgesamt umfangreicher gewordenen Bildung teilzuhaben. Einige der wichtigsten Mikrotheorien, die speziell der Erklärung ungleicher Bildungschancen dienen, sind die folgenden:

Ressourcentheorie

Die sog. schichtspezifische Sozialisationsforschung geht in der Regel davon aus, dass der Einzelne bestimmte „kulturelle Ressourcen" benötigt, um weiterführende Bildungsgänge erfolgreich durchlaufen zu können. Hierzu gehören u.a.:

– Eine positive Leistungsmotivation, die auf das Erreichen von Zielen und Erfolgen und nicht auf das Vermeiden von Misserfolgen hin ausgerichtet ist;
– ein flexibler, distanzierter, autonomer und aktiver Umgang mit Normen und Rollen;
– ein hohes Ausmaß an Sprachfertigkeiten, darin eingeschlossen die Hochschätzung von Sprache überhaupt sowie die Beherrschung abstrakter, komplexer, situationsunabhängiger, persönlich differenzierender Sprechweisen;
– ein hohes Ausmaß an Zutrauen in die eigenen Fähigkeiten,
– grundlegender Optimismus,
– Zukunfts- und nicht Gegenwartsorientierung
– die Fähigkeit, spontane Bedürfnisbefriedigung zugunsten selbstdisziplinierter Anstrengung aufschieben zu können.

In qualifizierten, einkommensstarken und leitenden Berufspositionen werden diese Fähigkeiten benötigt und ständig weiter trainiert. Die Kinder aus jenen Bevölkerungsschichten erlernen diese Eigenschaften weitgehend unbewußt im Zuge des Sozialisationsprozesses. Sie verschaffen ihnen „automatische" Vorteile in ihrer Bildungskarriere, weitgehend unabhängig von den jeweiligen Bildungsorganisationen und Bildungsinhalten. Zusätzliche Vorteile für die Kinder höherer Schichten ergeben sich freilich, wenn die Organisationsformen, Bildungsinhalte, Anforderungen und Erwartungen (z.B. in altsprachlich ausgerichteten Gymnasien) besonders auf den Besitz dieser kulturellen Ressourcen hin ausgerichtet sind.
    Ressourcentheorien unterstellen also die weitgehend unbewußte Wirksamkeit bestimmter „Kapitalien", die Kindern bestimmter Gruppierungen im Sozialisationsprozess mitgegeben werden.

Humankapitalansatz

Aus der Humankapitaltheorie (Becker 1975) lässt sich nicht nur der o.a. Investitionsansatz zur Erklärung der Bildungsexpansion, sondern auch eine Argumentation zur Erklärung ungleicher Bildungschancen ableiten. Wie erklärt die Humankapitaltheorie, dass bestimmte Bevölkerungsgruppen viel mehr als andere in Bildung investieren und daher mehr Bildungserfolg haben? Die Antwort ist einfach: Wer weniger investieren muss und wer (z.B. auf Grund besserer schulischer Fähigkeiten) einen wahrscheinlicheren Schulerfolg vor Augen hat, investiert mehr. Ist das Familieneinkommen gering, so wiegen die direkten Kosten und die indirekten Lohnausfälle einer Bildungsinvestition schwer. Gleichzeitig wird der Schulerfolg in diesen Familien oft skeptisch eingeschätzt. Somit sehen einkommensschwache Familien ein hohes Risiko, in Bildung zu investieren. Dagegen verspricht die selbe Investition für besser gestellte Schichten wesentlich sicherere Erträge (v.a. in Form von Lebenseinkommen). Diese Gruppierungen werden mehr Bildungsinvestitionen vornehmen und höhere Bildungserfolge erzielen.

Diese Theorie sieht Chancenungleichheiten nicht als eher unbewußte Folge besserer oder schlechter Ressourcenausstattung, sondern als Ergebnis bewußter, biographisch planender Investitionsentscheidungen auf Grund von Kosten-Nutzen-Kalkülen. Das vermag viel zu erklären, aber nicht alles. So ergibt sich das individuelle Einkommen allein aus den Investitionen des Einzelnen in Qualifikation und aus der damit einhergehenden Produktivität. Die Nachfrage nach Arbeitskräften, die je nach Branche und Konjunktur sehr unterschiedlich sein kann, wird nicht in die Betrachtung einbezogen (Kristen 1999). Weiterhin geht die Humankapitaltheorie unrealistischerweise davon aus, dass die Menschen in der Lage sind zu kalkulieren, inwieweit sich Bildungsinvestitionen rentieren werden (z.B. im Hinblick auf Lebenseinkommen) (Kristen 1999). Schließlich lässt die Theorie unberücksichtigt, dass in bestimmten Gruppen – ganz unabhängig von den individuellen Erfolgswahrscheinlichkeiten im einzelnen – Normen existieren, die den Besuch „höherer" Schulen und Hochschulen geradezu vorschreiben. Die Humankapitaltheorie sieht den Menschen also nur als „homo oeconomicus" und nicht als „homo sociologicus" (vgl. Schimank 2000).

Die Theorie der primären und der sekundären Effekte

Raymond Boudon verbindet in seiner Theorie (1974) die beiden zuletzt genannten Theorien: Die von den Eltern mitgegebenen kulturellen Ressourcen der jeweiligen Schichtzugehörigkeit üben „primäre Effekte" aus. Sie wirken meist unbewußt. Um sie zu analysieren, benutzt Boudon die Erkenntnisse der schichtspezifischen Sozialisationsforschung (s.o.). Unterschiedliche Bildungsentscheidungen haben „sekundäre Effekte". Sie vollziehen sich eher bewusst.

Mit höherer Schichtzugehörigkeit nimmt auf Grund der ungleichen kulturellen Ressourcen (s.o.) auch die Wahrscheinlichkeit guter schulischer Leistungen zu („primäre Effekte"). Was die „sekundären Effekte" der Bildungsentscheidungen betrifft, so unterscheidet sich Boudons Theorie zunächst nicht von der o.a. Humankapitaltheorie. Während aber aus der Sicht dieser Theorie gleiche Bildungsentscheidungen, wenn sie denn vorgenommen werden, für alle Schichten die gleichen Effekte haben, so behauptet Bourdon, dass die Erträge einer Bildungsinvestition um so größer sind, je höher die soziale Position einer Familie ist. Privilegierte Schichten haben nämlich einen erheblichen Statusverlust zu fürchten, wenn sie nicht für ihre Kinder höhere Bildungskarrieren anstreben. In den niedrigeren Schichten zieht ein niedrigerer Bildungsabschluss dagegen nicht automatisch einen Statusverlust nach sich (vgl. Kristen 1999).

5.2   Empirische Befunde

5.2.1 Bildungsexpansion

Wie in vielen modernen Industriegesellschaften vollzog sich auch in Deutschland von den 1960er bis zu den 1980er Jahren ein wachsender Zustrom auf weiterführende Schulen und Hochschulen. Von Geburtsjahrgang zu Geburtsjahrgang verblieben die Schüler immer länger in Bildungeinrichtungen. Die Anteile der Realschüler und Gymnasiasten unter den Schülern eines Jahrgangs wuchsen rapide an; die Anteile der Hauptschüler schrumpften. So wurden im Jahr 1960 noch 70% der 13-Jährigen in Westdeutschland an Hauptschulen unterrichtet, im Jahr 2000 in Gesamtdeutschland nur noch 20% (Stat. Bundesamt 2002: Datenreport, S. 60).

Abb. 5.1: Schulbesuch der 13-Jährigen in Deutschland an ausgewählten Schularten 1960 und 2000

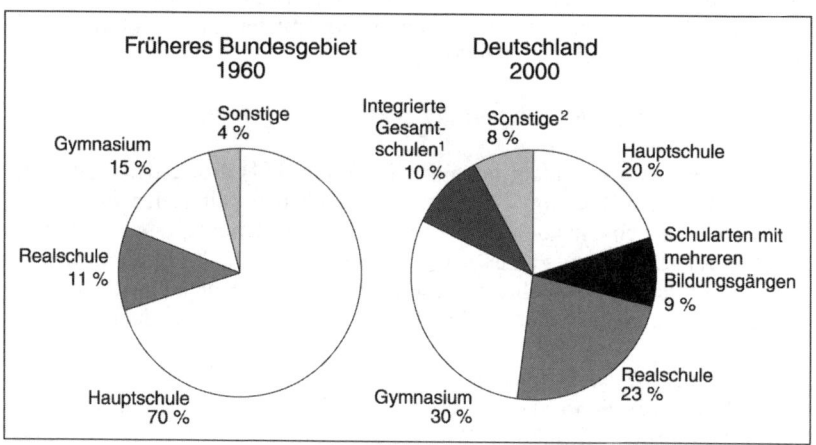

Quelle: Stat. Bundesamt 2002: Datenreport 2002: 60

Unter den Absolventen der einzelnen Jahre schlossen immer mehr ihre Schullaufbahn erst nach der Realschule oder mit Hochschulreife ab. Nur 11,4% der Abgänger des Jahres 1970 erlangten die (Fach-)Hochschulreife, im Jahr 2000 schon 25,4%. 1960 verließen nur 6% eines Jahrgangs das allgemeinbildende Schulwesen mit Abitur. 1998 erwarben schon 23% eines Jahrgangs die (Fach-)Hochschulreife im allgemeinbildenden Schulwesen. Hinzugerechnet müssen noch etwa 12% eines Jahrgangs, die ihre Hochschulberechtigungen an beruflichen Schulen (z.B. an Fach-, Berufsfachschulen, Fachoberschulen oder Fachgymnasien) erworben haben, so dass 1998 insgesamt etwa 35% eines Jahrgangs eine Hochschulzugangsberechtigung erlangten (IAB 2001: 2f).

Allerdings ist die Bildungsexpansion in Deutschland im Laufe der 1990er Jahre praktisch zum Stillstand gekommen. Der Anteil der Abgänger ohne Schulabschluss (1998: 9%), die Quote der Absolventen mit Mittlerer Reife (1998: 37,7%), die Abiturientenquote (1998: 23,4%) sowie der Anteil der Absolventen mit Hochschulzeugnis (1998: 29%) veränderten sich seit etwa 1995 kaum noch. Auch im berufsbildenden Schulwesen setzte sich die Bildungsexpansion nicht fort (IAB 2001: 3).

Abb. 5.2:   Schulabsolventen in Westdeutschland nach Art des
Abschlusses 1970 bis 2002 (im allgemeinbildenden Schulwesen;
bis 1989: Westdeutschland; ab 1990: Gesamtdeutschland; in %)

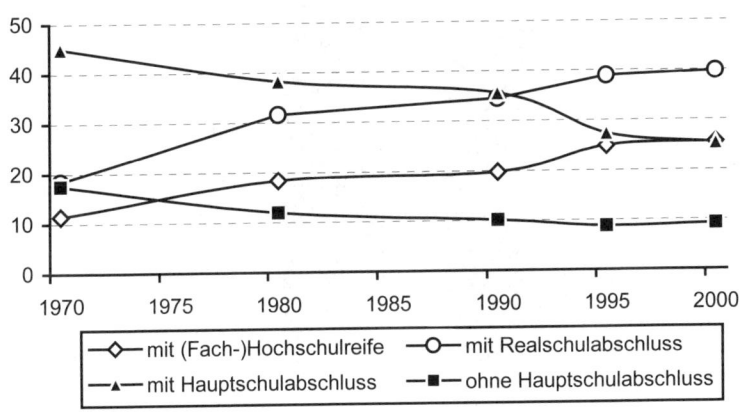

Quelle: erstellt nach Stat. Bundesamt: Datenreport 1987: 59; Stat. Bundesamt: Datenreport 2002: 62

Die schnelle Bildungsexpansion in den 1970er und 1980er Jahren in Deutschland hat dazu geführt, dass weiterführende Bildungsabschlüsse unter der älteren Bevölkerung viel seltener zu finden sind als unter der jüngeren. Die 20- bis unter 30-Jährigen konnten im Jahr 2000 zu 61% einen Realschulabschluss oder die (Fach-)Hochschulreife vorweisen, die mindestens 60-Jährigen nur zu 21% (Stat. Bundesamt 2002: Datenreport, 77). Auch wenn man daran zweifelt, dass alle Abiturienten z.B. des Jahres 2000 einen gleich hohen Kenntnisstand wie die des im Jahres 1970 aufweisen, wird der Informationsvorsprung der jüngeren Generation deutlich.

Häufig wird behauptet, dass in Deutschland in den letzten Jahren „zu viel" Bildung produziert worden sei. Berücksichtigt man, wie stark sich die Qualifikationsanforderungen der Berufspositionen in den letzten Jahrzehnten erhöht haben und weiterhin erhöhen werden (vgl. Abb. 5.3), wie stark das Stellenangebot für gering Qualifizierte zurückgegangen ist, und wie viele der gering Qualifizierten arbeitslos sind (vgl. Tab. 5.2), so wird man im Gegenteil sagen müssen, dass die Bildungsexpansion in Deutschland nicht nachhaltig genug verlief. Dies bestätigen auch die internationalen Vergleiche.

Abb. 5.3:   Erwerbstätige nach Tätigkeitsniveaus 1995 und 2010 in Deutschland (ohne Auszubildende)

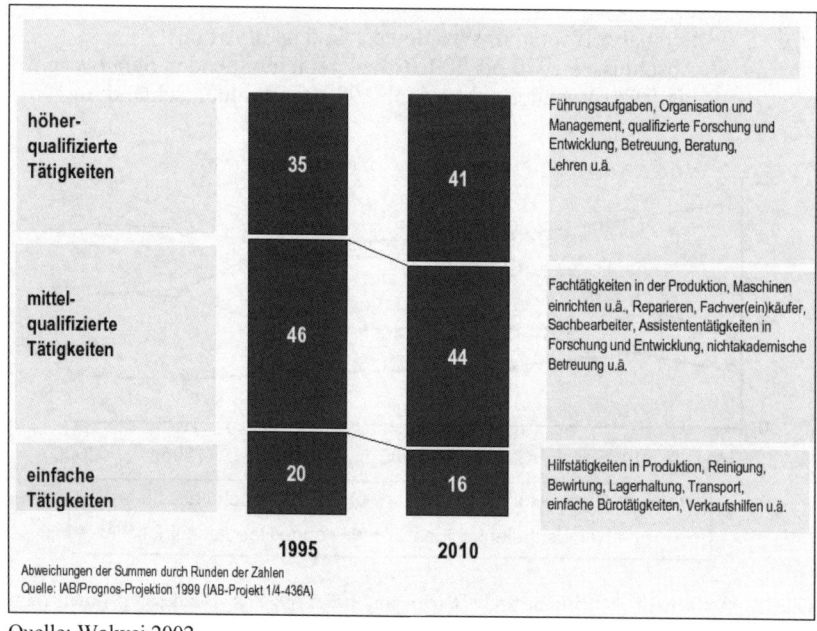

Quelle: Walwei 2002

Internationaler Vergleich

Die enorm gestiegene Bildungsbeteiligung ist keine deutsche Besonderheit. Seit Beginn der 60er Jahre verlängerten sich die (Aus-)Bildungsdauern in praktisch allen Industrieländern. Immer größere Anteile der Schüler und vor allem der Schülerinnen besuchten Einrichtungen des weiterführenden Schulwesens. Die Bildungsexpansion setzte sich auch überall in der EU durch, wenn auch in den einzelnen Ländern unterschiedlich stark, mit gewissen Phasenverschiebungen, in unterschiedlicher Schnelligkeit und nicht auf allen Bildungsstufen gleichermaßen.

Der Verlauf der Bildungsexpansion in den einzelnen Ländern lässt sich u.a. ermessen, indem man verfolgt, wie sehr die Anteile der *Hochschulabsolventen* an den einzelnen Geburtsjahrgängen zugenommen haben. In Skandinavien erfolgte die Erhöhung schon relativ früh, in Ländern wie Spanien erst jüngst. Bis Anfang der 1990er Jahre brachten Dänemark, Norwegen, Schweden und Deutschland sowie wahrscheinlich auch die Niederlande die meisten Hochschulabsolventen innerhalb der EU hervor. In Portugal, Italien, Österreich und der Schweiz war die Akademikerquote dagegen niedriger. Zu den Ländern, die in den 1980er und frühen 1990er Jahren stark aufgeholt haben, gehören Finnland, Frankreich, Spanien und Belgien (Müller u.a. 1997). Im Laufe der 1990er Jahre ist Irland zum Kreis der Länder hinzugekommen, die sich aus einer Position der Rückständigkeit mit an die Spitze der Bildungsbeteiligung geschoben haben. In Deutschland, Österreich, und in den Niederlanden, sowie in den nordischen Ländern hat der Anteil der Hochqualifizierten in der ersten Hälfte der 1990er Jahre aber kaum noch zugenommen. „Dagegen beobachten wir in allen übrigen Ländern auch in der jüngsten Zeit deutlich ansteigende Quoten (...)" (Müller 1999: 348).

Abb. 5.4: Personen mit Tertiärausbildung in verschiedenen Altersgruppen in den EU-Ländern 1996/97 (ISCED 5-7)

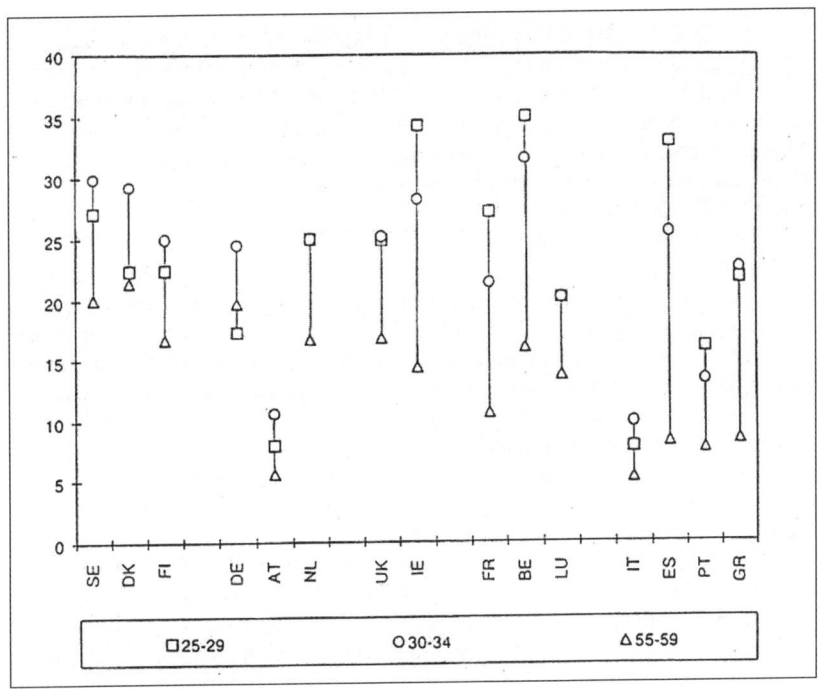

Quelle: Müller 1999: 347

Der Verlauf der Bildungsexpansion bis 1996 im Bereich der tertiären Bildung in den Ländern der EU geht aus Abbildung 5.4 hervor. Es wird deutlich, dass die Quote der Hochqualifizierten in Deutschland Mitte der 1990er Jahre mittelhoch war. Die Absolventenquote der jüngeren Altersgruppe ist niedriger als die der mittleren (30 bis 34 Jahre), weil die Studienzeiten in Deutschland besonders lang sind und die Bildungsexpansion im Hochschulbereich eher rückläufig ist.

In den letzten Jahren hat Deutschland im Bereich der Hochschulbildung international noch weiter an Boden verloren. Bezieht man alle Industrieländer in den Vergleich mit ein, so wird sichtbar, dass in der Bevölkerung der OECD-Länder Kenntnisse auf Hochschulniveau immer häufiger geworden sind. Die Erhöhung der tertiären Bildung war in bestimmten Ländern besonders stark, wie zum Beispiel in Korea, Griechenland oder Ungarn. Aber auch in fast allen anderen OECD-Ländern gehen immer mehr junge Leute auf Universitäten und andere Hochschulen. Im Jahr 2000 erzielten in den OECD-Ländern schon 26% der jüngeren Personen im typischen Alter einen Abschluss im Tertiärbereich. In Deutschland war jedoch seit Mitte der 1990er Jahre keine Bildungsexpansion in den Hochschulen mehr festzustellen. Deutschland und Frankreich sind die einzigen Länder der OECD, in denen die Bildungsbeteiligung im tertiären Bereich, gemessen am Anteil der *Studienanfänger* an den jeweiligen Altersgruppen, seit 1995 nicht zugenommen hat (OECD 2003: 305). Die Anteile von Studierenden an den einschlägigen Jahrgängen sind hierzulande im Vergleich zu allen OECD-Ländern weit unterdurchschnittlich (OECD 2003: 305). Misst man die Bildungsbeteiligung an den *Abschlüssen* im Tertiär- und im Sekundarbereich innerhalb der einzelnen Altergruppen, so zeigt sich, dass die Bildungsexpansion in Deutschland schon längere Zeit, und nicht erst seit Mitte der 1990er Jahre, auf der Stelle tritt (OECD 2002: 46, 36).

Die Anteile der Schüler, die mit *minimalem Bildungsniveau* die Schule verlassen, nahmen bis Mitte der 1990er Jahre in allen EU-Ländern ab. Der Rückgang der wenig Qualifizierten war in den Mittelmeerländern, aber auch in Frankreich, Belgien, Irland und Finnland, auch noch in den letzten Jahren sehr groß. Denn in diesen Ländern bestand Nachholbedarf. Hohe Anteile der Bewohner waren in früheren Jahrzehnten über eine Grundbildung nicht hinaus gekommen. Andererseits konnten Länder wie Deutschland, die schon vor vielen Jahren ein relativ niedriges Niveau von gering Qualifizierten aufwiesen, ihre Anteile in den letzten Jahren nicht mehr zurückführen. Es mag sein, dass nur noch geringe Anstrengungen unternommen wurden. Es könnte aber auch sein, dass es sehr schwierig ist, bei schon erreichten niedrigen Anteilen von gering Qualifizierten weitere Bildungserfolge in diesen Gruppierungen zu erzielen (Müller 1999: 344). Dadurch sind die Unterschiede im Hinblick auf die Verminderung des Anteils geringer Bildungsgrade innerhalb der EU in den letzten Jahren kleiner geworden. Bemerkenswert ist der veränderte Rangplatz Deutschlands: Während der Anteil gering Qualifizierter in Deutschland in der älteren Bevölkerung (so unter den 55- bis 59-Jährigen) der niedrigste in der EU ist, wurde Deutschland bis 1996 im Rennen um die Verminderung niedriger Qualifikationen bei den jüngeren Altersgruppen von Schweden, Finnland und Dänemark eingeholt, Frankreich und Belgien haben zumindest weit aufgeholt (Müller 1999: 345).

Abb. 5.5: Studienanfänger in ausgewählten OECD-Ländern 2001

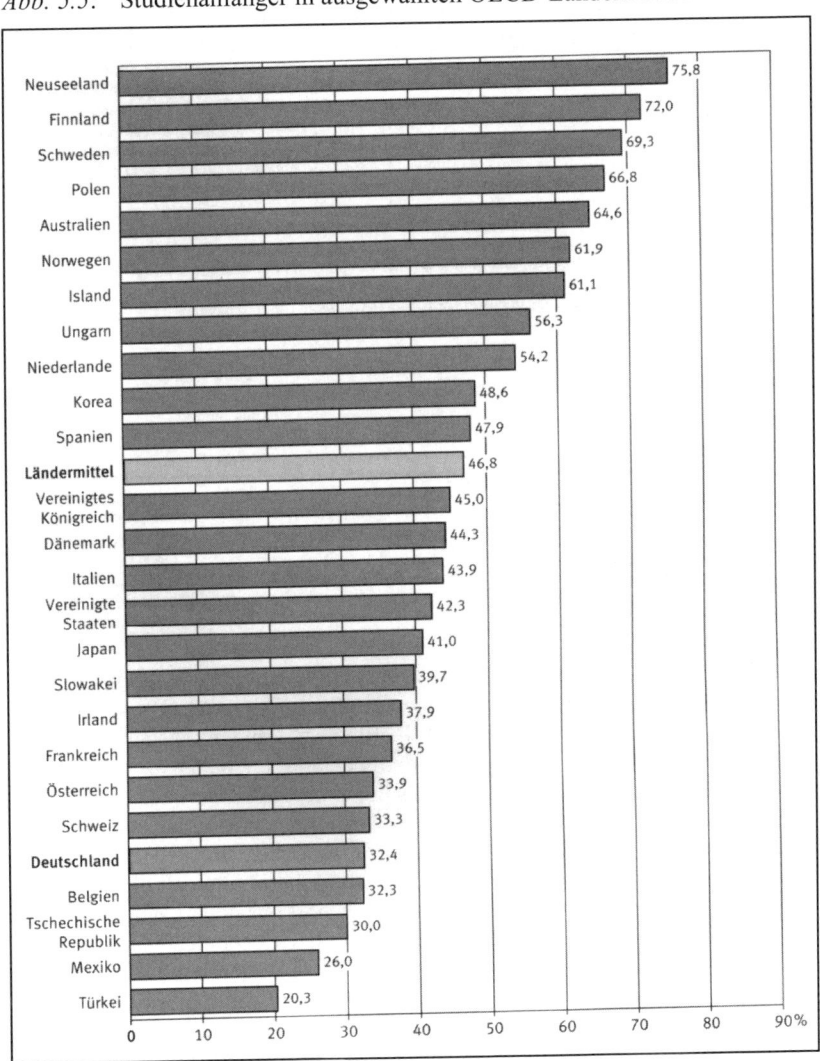

Quelle: Stat. Bundesamt 2003: 47

Abb. 5.6:   Personen mit Grundausbildung in den EU-Ländern in
              verschiedenen Altersgruppen 1996/1997 (ISCED 0-2)

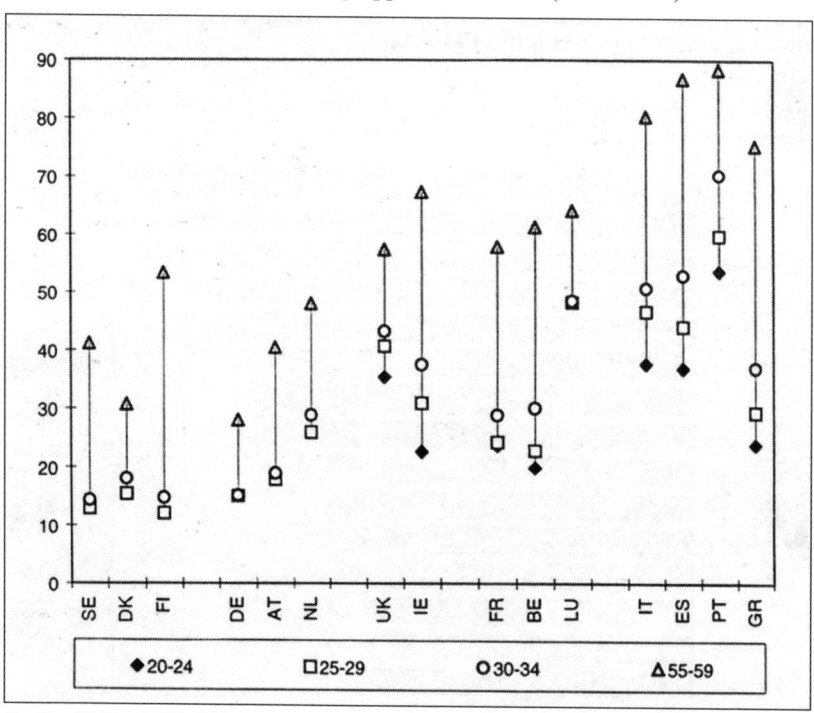

Quelle: Müller 1999: 346

Betrachtet man die Bildungsbeteiligung über alle Bildungsstufen hinweg, so
zeigte sich Ende der 1990er Jahre folgender Stand der Bildungsexpansion in
der EU (Eurostat 2002: Jahrbuch, 91): In allen EU-Ländern besuchen fast alle
16-Jährigen noch die Schule. Unter den 18-Jährigen haben in den Mittelmeerländern Spanien, Italien, Griechenland, Portugal, aber auch in Großbritannien und in Luxemburg schon fast ein Drittel das Ausbildungssystem verlassen. Mehr als die Hälfte der 20-Jährigen besuchen nur in Belgien, Griechenland, Spanien, Frankreich und den Niederlanden noch Bildungseinrichtungen. In Österreich, Luxemburg und Italien sind nur noch weniger als 40%
der 20-Jährigen in Bildungsstätten vertreten. In Griechenland und Spanien,
wo viele früh aus den Bildungseinrichtungen ausscheiden, aber auch viele im
Alter von 20 Jahren noch auf (Hoch-)Schulen sind, gibt es also einen vergleichsweise breit ausgebauten tertiären, aber einen nur schmalen sekundären
Bildungssektor. In Deutschland ist dies eher umgekehrt: Von den 18- bis 24-
Jährigen besuchen in Deutschland nur 15% eine (Fach-)Hochschule. Das ist
nach Island der schlechteste Wert in der EU. Er kommt einesteils wegen der
langen Schulzeiten und Studiendauern in Deutschland zustande, andererseits

weil der Ausbau der (Fach-)Hochschulen in Deutschland seit Jahren stagnierte. Deutschland ist neben Litauen und der Russischen Föderation das einzige Land Europas, in dem im Laufe der 90er Jahre der Anteil der Studierenden an der entsprechenden Altersguppe zurückging (Stat. Bundesamt 2001: Jahrb. Ausl. 2001: 315). Andererseits gehen 25% aus der gleichen Altersgruppe der 18- bis 24-Jährigen in Deutschland (noch) in eine Sekundarschule. Das ist zusammen mit den skandinavischen Ländern ein Spitzenwert in der EU.

Einen gewissen Sonderfall stellt Großbritannien dar: Was die Bildungs*abschlüsse* betrifft, so erreicht das Land das hohe Niveau von Skandinavien. Aber die Bildungs*beteiligung* ist in Großbritannien bei den über 20-Jährigen nur mäßig. Die Erklärung liegt in der frühen Einschulung, in niedrigen Studienanfänger-, aber hohen Erfolgsquoten der Hochschulausbildung, sowie in kürzeren Studienzeiten und in häufigeren Weiterbildungen nach Berufseintritt.

Tab. 5.1: Bildungsbeteiligung im Alter von 16 bis 24 Jahren in den EU-Ländern 1998/99 (alle Bildungsstufen, nach Alter, in %)

	Alle Stufen					Alle Stufen	Sekundarschulbildung	Nichttertiäre Postsekundarbildung	Tertiärbildung	
	16 Jahre	18 Jahre	20 Jahre	22 Jahre	24 Jahre	18-24 Jahre	18-24 Jahre	18-24 Jahre	18-24 Jahre	
EU-15	91	73	48	35	20	43	16	2	24	EU-15
B	98	85	64	39	20	52	13	3	33	B
DK	93	76	40	39	35	45	27	0	17	DK
D	97	85	48	47	20	48	25	7	15	D
EL	92	69	62	15	8	43	5	4	34	EL
E	87	66	56	40	22	45	11	4	29	E
F	96	81	55	34	16	46	16	0	30	F
IRL	93	74	42	21	9	35	5	6	24	IRL
I	79	70	35	25	20	34	11	0	22	I
L	87	66	25	6	2	22	21	1	0	L
NL	100	80	57	35	21	47	20	1	25	NL
A	92	67	29	25	22	33	10	5	18	A
P	84	66	41	28	18	37	13	:	22	P
FIN	94	85	47	52	41	53	24	:	29	FIN
S	97	96	47	45	36	51	27	1	20	S
UK	84	53	46	29	22	38	16	:	22	UK
IS	90	67	47	39	33	48	34	0	14	IS
NO	94	88	47	42	32	49	24	0	24	NO

Quelle: Europ. Komm. 2002: Eurostat Jahrbuch 2002: 91

Blickt man in die mittel- und osteuropäischen Länder, die (noch) nicht Mitglied der EU sind, so zeigen sich durchweg niedrigere Bildungsbeteilungen als in der EU: Während im Durchschnitt der EU-Länder 48% der 20-Jährigen noch in Ausbildung sind, gehen in diesem Alter z.B. in Litauen 42%, in Ungarn 41%, in Bulgarien 29%, in Tschechien und in Rumänien 25% und in der Türkei nur

15% noch zur Schule. Nur die Bildungsbeteiligung in Polen erreicht mit 51%
den EU-Durchschnitt (Europ. Komm. 2002: Eurostat Jahrbuch 2002: 401).
Wenn Fähigkeiten möglichst aller Kinder unabhängig von ihren sozialen
Vor- und Nachteilen zur Entwicklung kommen sollen, ist eine frühzeitige Einbeziehung in Bildungseinrichtungen nachweislich hilfreich. Auch in dieser
Hinsicht steht Deutschland im internationalen Vergleich nicht allzu gut da.
Selbst wenn man deutsche Kindergärten als „Vorschuleinrichtungen" durchge-
hen lässt, dann ist z.B. der Anteil der 3- und 4-Jährigen, die in Deutschland darin unterrichtet werden, im Rahmen der EU allenfalls mittelhoch. Von einer nahezu alle (> 80%) 3- bis 6-jährigen Kinder umfassenden Vorschule, wie sie in
Belgien, Island, Italien, Spanien oder Neuseeland besteht, ist Deutschland weit
entfernt. Ganz zu schweigen von der französischen „école maternelle", in die
praktisch alle Kinder gehen (Eurostat 2001: Jahrbuch 2001: 105; OECD 2001).
Einige Gründe für diese missliche Situation werden sofort deutlich, wenn
man die Ausgaben vergleicht, die in den einzelnen Ländern für Bildungseinrichtungen aufgewendet werden. Für jeden Schüler des Primar- und Tertiärbe-
reichs wird in Deutschland weniger ausgegeben als im Mittel der OECD-
Länder, zu denen auch wesentlich weniger wohlhabende Länder als Deutschland zählen (OECD 2002: 162). Zudem ist der Anteil am BIP, der in Deutschland für Bildungseinrichtungen aufgewendet wird, nicht nur unterdurchschnittlich, sondern auch von 1995 bis 1999 zurückgegangen (OECD 2002: 190).
Dies zeigt sich unter anderen daran, dass eine Lehrkraft in Deutschland 1998/
99 im Durchschnitt rechnerisch 21 Grundschüler unterrichten musste. Hinter
Irland und Großbritannien war dies das drittschlechteste Verhältnis von Lehrern und Schülern im Primarbereich in der gesamten EU (Eurostat Jahrbuch
2002: 89).

Abb. 5.7: Zahlenverhältnis Schüler/Lehrer im Primärbereich in den
EU-Ländern 1998/99

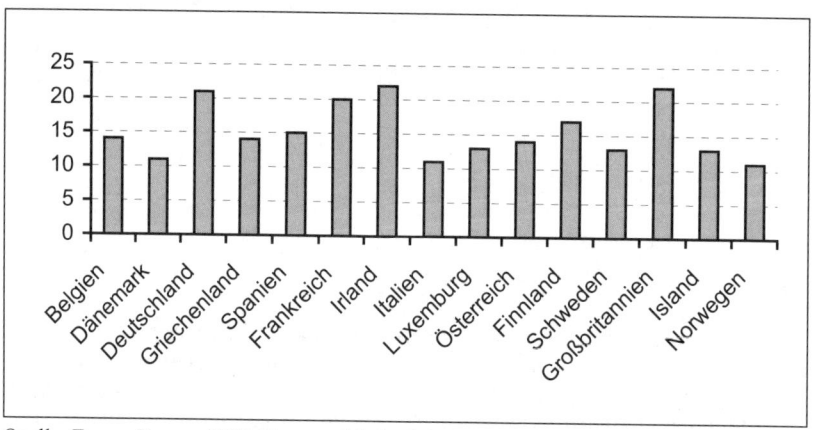

Beziehen wir in den Vergleich auch die außereuropäischen Entwicklungsländer mit ein, so wird sofort sichtbar, dass die europäischen zusammen mit den außereuropäischen Industrieländern eine Gemeinsamkeit besitzen, die weltweit durchaus nicht selbstverständlich ist: Praktisch alle Kinder in Europa besuchen eine Elementarschule. Selbst wenn man eine gewisse Dunkelziffer und ein bestimmtes Ausmaß an „funktionalem Analphabetismus"[2] einkalkuliert, so ist in der Bevölkerung Europas, zumal unter der jüngeren, Analphabetismus praktisch unbekannt. Lediglich in Portugal waren im Jahr 2000 10% der weiblichen und 5,2% der männlichen Bevölkerung Analphabeten, und in der Türkei konnten 2000 23,3% der weiblichen und 6,4% der männlichen Gesamtbevölkerung nicht lesen und schreiben (Stat. Bundesamt 2001: Stat. Jahrbuch 2001 Ausl.: 328).

Außerhalb Europas ist der Besuch von Grundschulen und die Kenntnis des Lesens und Schreibens durchaus nicht überall Standard. In vielen Entwicklungsländern, vor allem in Schwarzafrika, hatte sogar die Bevölkerungsmehrheit bislang keine Gelegenheit, Schulen zu besuchen. Von 100 Personen konnten im Jahr 2000 z.B. in Niger 84, in Burkina Faso 77, in Afghanistan 64, in Benin 63, im Senegal 63, in Äthiopien 61 und auf Haiti 51 nicht lesen und schreiben (Stat. Bundesamt 2001: Jahrb. Ausl.: 318). Hierbei sind in allen erwähnten Ländern Mädchen bzw. Frauen wesentlich häufiger als Jungen bzw. Männer des Lesens und Schreibens unkundig.

5.2.2 Ungleichheit der Bildungschancen

Wenn von Chancengleichheit in dem Sinne die Rede ist, dass soziale Hemmnisse Kinder aus bestimmten Bevölkerungsteilen bei der Erbringung und Anerkennung von Leistungen behindern könnten, stehen drei Gruppierungen im Vordergrund der Aufmerksamkeit: Mädchen bzw. Frauen, Kinder aus unteren Schichten und Kinder von Migranten. Kinder aus diesen Bevölkerungsgruppen erreichten in der Vergangenheit weiterführende Bildungsabschlüsse unterproportional häufig.

Wie erwähnt haben Bildungseinrichtungen u.a. die Aufgabe der Selektion und der Platzierung. Absolventen sollen durch entsprechende Noten und Bildungsabschlüsse bestimmte Berufsfelder und Positionen im gesellschaftlichen Höher und Tiefer geöffnet bzw. versperrt werden. Diese Koppelung zwischen formalen Bildungsabschlüssen und der späteren beruflichen Stellung ist in Deutschland enger als in den meisten anderen Ländern. Daher ist die Ungleichheit der Bildungschancen in Deutschland „objektiv" besonders folgenreich.

---

2 Personen, die zwar lesen und schreiben gelernt haben, aber dennoch praktisch Analphabeten sind.

Geschlechtsspezifische Chancenungleichheiten

Noch in den 1960er Jahren ging in Westdeutschland die Schere der Bildungserfolge von Männern und Frauen schon ab der Realschule immer weiter auseinander. Von Stufe zu Stufe des Bildungssystems waren Jungen mehr und mehr überrepräsentiert.

Diese Situation hat sich grundlegend geändert. Frauen haben im Laufe der letzten 40 Jahre von Stufe zu Stufe des Bildungssystems aufsteigend mit den Männern gleichgezogen. Im Sekundarbereich haben Frauen die Männer mittlerweile nicht nur eingeholt, sondern schon überholt. 1967 waren erst ein gutes Drittel der Abiturienten weiblich. Seit den 1990er Jahren machen mehr junge Frauen als Männer Abitur. Im Jahr 2000 waren schon gut 55% aller Abiturienten (mit Allgemeiner Hochschulreife) Frauen. Und sie erwarben die Hochschulreife mit besseren Noten als Männer. Mittlerweile ist der Aufholprozess im Tertiärbereich angekommen: Im Jahr 2000 waren in Westdeutschland gut die Hälfte der Studienanfänger und fast die Hälfte aller Studierenden und Hochschulabsolventen Frauen. In Ostdeutschland war das schon Mitte der 1970er Jahre so (BMBF 2002).

Abb. 5.8: Entwicklung des Frauenstudiums in Deutschland seit 1908 (Anteil in % an der Gesamtzahl der Studierenden an allen Hochschularten; 1908-1941: Deutsches Reich, 1960-1990: früheres Bundesgebiet, 1995-2000: Deutschland)

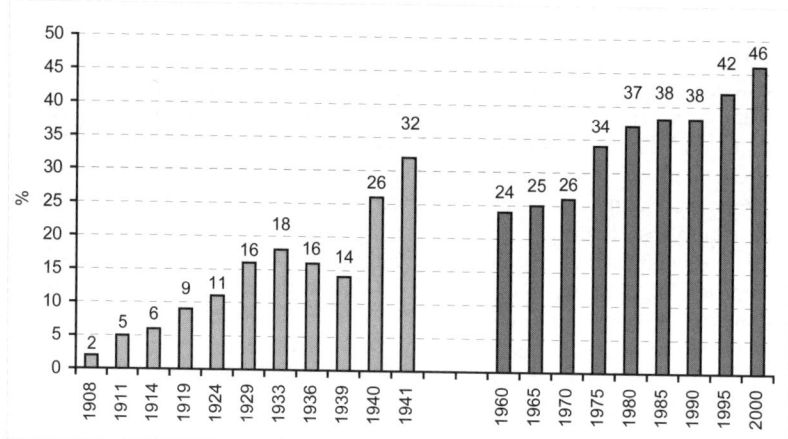

Quellen: Daten 1908-1941: Hervé 1973: 14f; Daten 1960-1990: BMBF 1992: 144f; Daten 1991-2000: BMBF 2002: 156f

Man muss schon auf die höchsten akademischen Abschlüsse (Promotion, Habilitation) blicken, die es in Deutschland gibt, um noch größere Bildungserfolge von Männern als von Frauen zu finden.

Abb. 5.9: Frauenanteile in verschiedenen Stadien der akademischen
Laufbahn in Deutschland 1980 bis 2000

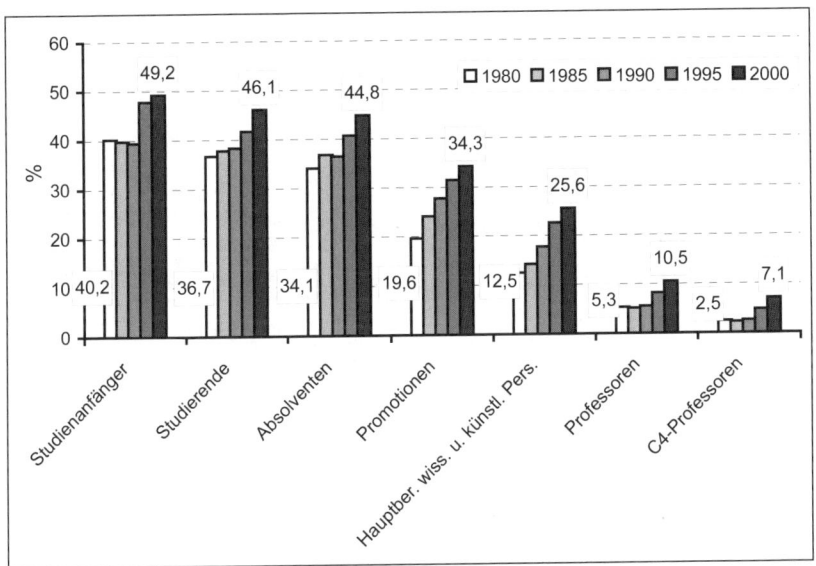

(Studienanfänger: Sommersemester und nachfolgendes Wintersemester
Studierende: Wintersemester)
Quelle: erstellt nach: Stat. Bundesamt 2002: Datenreport 2002: 74

Frauen sind also in Deutschland seit einigen Jahren die eindeutigen Gewinner der Bildungsexpansion. Allerdings sind gleiche Bildungserfolge von Frauen und Männern, die in Westdeutschland erst seit einigen Jahren bestehen, in Ostdeutschland seit vielen Jahren üblich und auch in vielen anderen Industrieländern seit längerem eine Selbstverständlichkeit. In allen Ländern der EU – mit Ausnahme Österreichs, Dänemarks, Deutschlands und Großbritanniens – sind junge Frauen schon bis hin zum Alter von 35 Jahren besser (aus)gebildet als Männer (Europ. Komm. 2001: soz. Lage: 37).

Die „Chancengleichheit" für Mädchen und Frauen im Bereich allgemeiner Bildung ist in vielen Industrieländern erreicht, auch dann, wenn man Chancengleichheit in strengem, proportionalen Sinne versteht (s.o.). Mädchen/Frauen sind in der Schule zunehmend leistungsfähiger als Männer. So erzielten Mädchen/Frauen in der PISA-Studie (Stanat et al. 2002: 14f.) in allen erforschten OECD-Ländern deutlich bessere Ergebnisse vor allem in der Lesefähigkeit. Nur in Mathematik erbrachten Jungen etwas bessere Leistungen als Mädchen. In der Forschung beginnt man, den Gründen für die Nachteile von Jungen nachzugehen.

Abb. 5.10: Weibliche Studierende an Hochschulen in den EU-Ländern
1997/98 (in %)

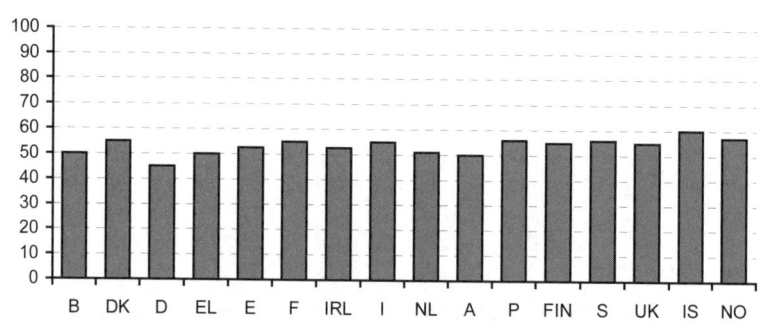

Quelle: Europ. Komm. 2001: Eurostat Jahrbuch 2001: 110

Während Frauen in der „vertikalen" Hierarchie der Bildungsabschlüsse zu
den Männern (mit Ausnahme der höchsten universitären Grade) aufgeschlossen haben, bleiben sie dennoch benachteiligt, was die „horizontalen" Bildungschancen betrifft: Jungen/Männer und Mädchen/Frauen bevorzugen
nach wie vor geschlechtsspezifische Ausbildungsberufe und Studienfächer.
Hieran hat sich in den letzten Jahrzehnten wenig verändert. Frauentypische
Ausbildungsberufe und Studienfächer stellen insofern eine Benachteiligung
dar, als mit ihnen häufig geringere Verdienstchancen und Aufstiegsmöglich-
keiten einhergehen.

Schichtenspezifische Chancenungleichheiten

Ganz anders als die Entwicklung der geschlechtsspezifischen Bildungschancen verlief in Deutschland die Veränderung der Bildungschancen von Kindern aus unterschiedlichen Schichten. Im Prinzip waren zwar alle Schichten
Gewinner der Bildungsexpansion. In den 1990er Jahren gelangten wesentlich
höhere Anteile der Kinder aus allen Schichten auf höhere Schulen und auf
Hochschulen als z.B. noch in den 1960er Jahren. Aber es gelang den Kindern
aus unteren Schichten nicht – wie erhofft – in höherem Maße als Kinder aus
höheren Schichten, die neuen Möglichkeiten zu weiterführender Bildung zu
nutzen. Die Bildungs-, Finanz- und Beziehungsvorteile in den Elternhäusern
der besser gestellten Kinder bewirkten, dass diese in mindestens genau so
hohem Maße wie die Kinder aus unteren Schichten am vergrößerten Bil-
dungsangebot teilhaben konnten.
    Sortiert man nach Schularten, so hatten die Kinder aus unteren Schichten
in Realschulen im Laufe der letzten Jahrzehnte größere Bildungserfolge zu
verzeichnen als in Gymnasien oder gar auf Universitäten.

Abb. 5.11: Schichtspezifische Schulbesuchsquoten in Westdeutschland 1950 bis 1989

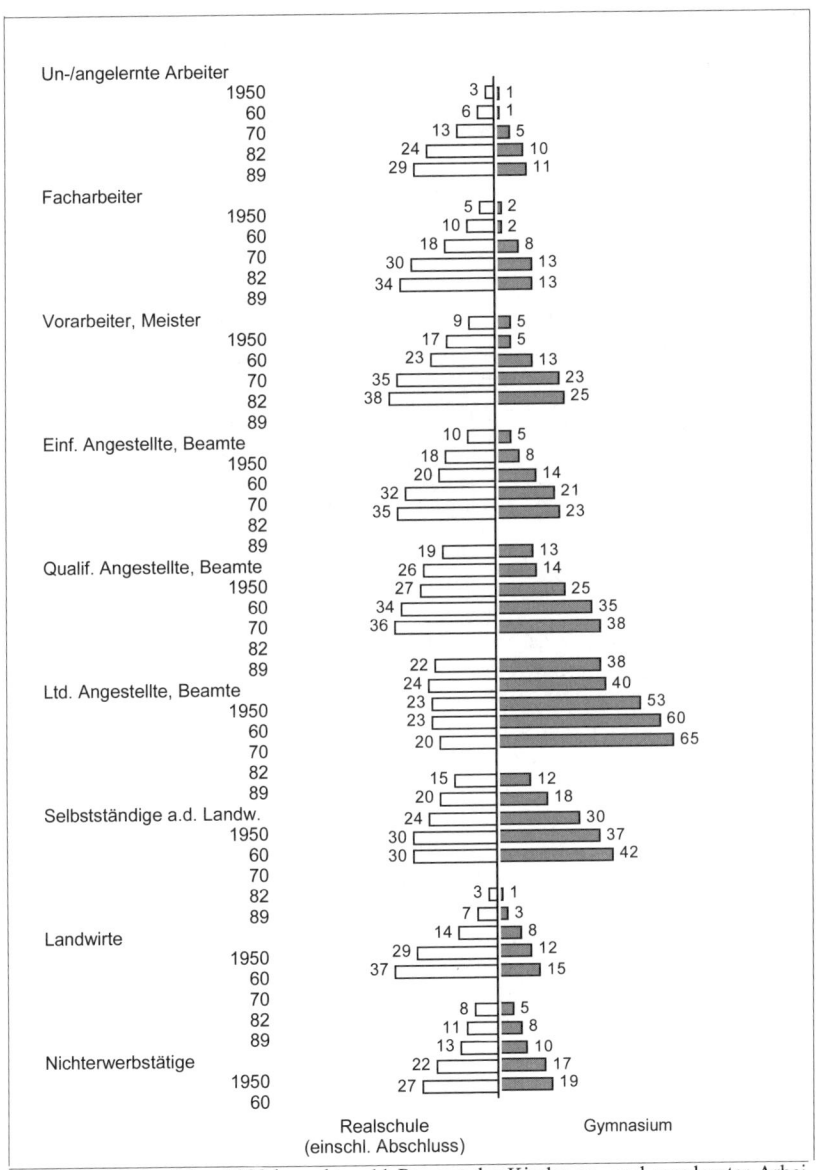

(Lesebeispiel: Im Jahre 1989 besuchten 11 Prozent der Kinder un- und angelernter Arbeiter, aber 65 Prozent der Kinder leitender Angestellter und Beamter das Gymnasium.)

Quelle: Schimpl-Neimanns 2000: 654

Bedenklich ist, dass die Bildungsbeteiligung der Arbeiter- und Angestellten-kinder seit den 1980er Jahren an Gymnasien und seit den 1990er Jahren auch an Universitäten stagniert. Die Kinder von Selbstständigen und Beamten gehen dagegen nach wie vor immer häufiger auf weiterführende Bildungsein-richtungen (vgl. Allmendinger/Aisenbrey 2002: 48).

Abb. 5.12: Schichtspezifische Schulbesuchsquoten in Deutschland 2000

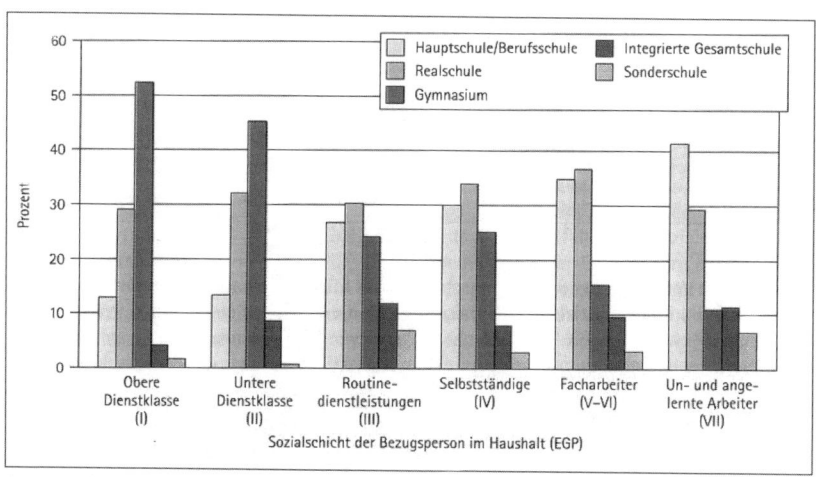

(Anm.: Obere Dienstklasse = gehobene und leitende Angestellte bzw. Beamte)
Quelle: Baumert/Schümer 2001: 355

In Deutschland haben sich also alle Schichten vom größer gewordenen „Bil-dungskuchen" ein größeres Stück abgeschnitten. Die Bildungsungleichheiten zwischen den Kindern der einzelnen sozialen Schichten haben sich dabei eher vergrößert als verkleinert.

Viele Studien kommen zum Ergebnis, dass in allen modernen Gesell-schaften schichtspezifische Bildungsungleichheiten bestehen und in vielen Ländern hartnäckig bestehen bleiben (OECD 2001: 87ff.). Auch eine verglei-chende Untersuchung (Blossfeld/Shavit 1993) kam zum Ergebnis, dass dies in 13 Ländern der Fall war, obgleich die Länder ganz unterschiedliche wirt-schaftliche und bildungspolitische Entwicklungen aufwiesen. Diese empiri-schen Befunde sprechen für die oben (5.1.1) begründete Vermutung, dass es kaum möglich sein dürfte, Kindern aus allen sozialen Schichten in allen Bil-dungseinrichtungen Erfolg im Maße ihres Bevölkerungsanteils zu verschaf-fen.

Abb. 5.13: Studienanfängerquoten an Universitäten nach dem Beruf des Vaters inWestdeutschland 1969 bis 2000

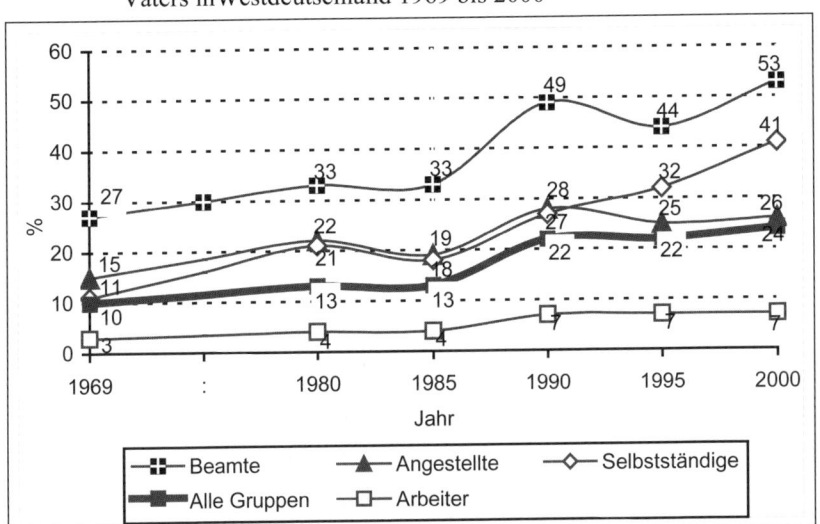

(Lesebeispiel: Im Jahr 2000 begannen 7 Prozent der Arbeiterkinder, aber 53 Prozent der Beamtenkinder ein Universitätsstudium.)

Quelle: Daten 1969: Ballerstedt/Glatzer 1979: 299; Daten 1980-1985: BMBW 1986: 103; Daten 1985-2000: BMBF 2001: 88, 98.

Ganz so erfolglos wie in Deutschland sind allerdings die Bemühungen um die Verminderung der schichtspezifischen Ungleichheiten der Bildungschancen in bestimmten Ländern nicht geblieben. Wenn man inhaltliche Bildungserfolge – und nicht formale Bildungsabschlüsse – als Maßstab heranzieht, dann zeigen die Ergebnisse der PISA-Studie, dass zwar in allen erfassten Ländern die Kinder oberer Schichten erheblich größere Bildungserfolge als die Kinder aus unteren Schichten erzielen, dass aber in Deutschland dieser Abstand am größten in allen OECD-Ländern ist. Dies ist keineswegs der Preis für ein besonders hohes Leistungsniveau in deutschen Schulen. Im Gegenteil schneiden deutsche Schülerinnen und Schüler im internationalen Leistungsvergleich nicht gut ab (Stanat et al. 2002: 7).

Nicht nur in Deutschland, auch in Belgien, der Schweiz und in Luxemburg ist die Koppelung von Sozialstatus der Eltern und Bildungserfolg der Kinder sehr hoch. In Japan, Korea, Island und Finnland, aber auch in Kanada und in Schweden gelingt es jedoch, bei hohem allgemeinem Leistungsniveau eine gewisse Entkoppelung von sozialer Herkunft und individueller Leistung zu erzielen.

Abb. 5.14: Unterschiede zwischen der Lesekompetenz von 15-Jährigen aus
Familien des oberen und des unteren Viertels der Sozialstruktur in
OECD-Ländern 2000

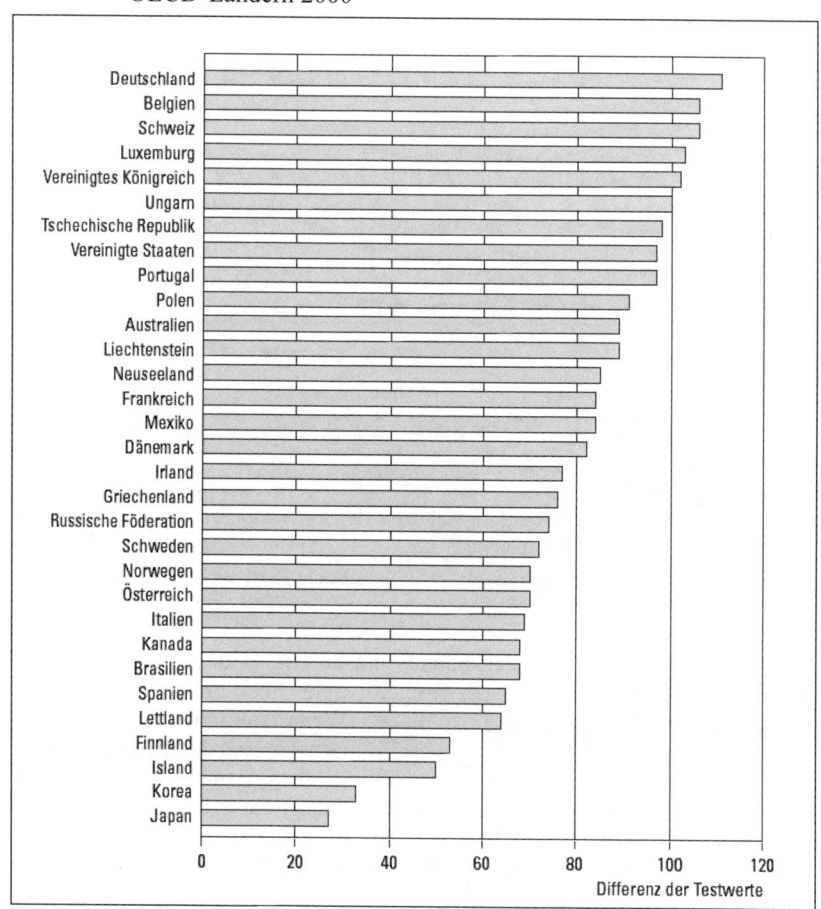

(Anm.: Für diese Abbildung wurden für jedes Land die Differenzen der Mittelwerte von
zwei Schülergruppen gebildet: die mittleren Leistungen der 25% Jugendlichen aus Famili-
en mit dem höchsten Sozialstatus innerhalb des Landes und die mittleren Leistungen der
25% Jugendlichen aus Familien mit dem niedrigsten Sozialstatus. Die Werte in der Abbildung zeigen also,welchen Leistungsvorsprung die erste Gruppe gegenüber der zweiten
aufweist.)

Quelle: Stanat et. al. 2002: 12

Die Ungleichheit herkunftsbedingter Bildungschancen hat zahlreiche Ursachen. Hierzu zählen die Lebens-, Wohn- und Arbeitsbedingungen der einzelnen Schichten, die Kindern ungleich viele Möglichkeiten eröffnen und bes-

sergestellten Kindern mehr Anregungen vermitteln. Auch die Erziehung durch die Eltern unterscheidet sich im Hinblick auf Erziehungsziele (Autonomie vs. Anpassung), Leistungsmotivation, Kommunikationsstile und sprachliche Fertigkeiten in den sozialen Schichten stark. Weiterhin streben Eltern aus besser gestellten Schichten weit häufiger als schlechter gestellte Eltern eine weiterführende Schulbildung für ihre Kinder an. Schließlich begünstigen auch die Lehrinhalte und die Organisationsprinzipien von Bildungseinrichtungen sowie die Einstellungen vieler Lehrer Kinder aus gehobenen Schichten. So müssen Kinder, deren Eltern keinen oder nur einen Hauptschulabschluss besitzen, wesentlich leistungsstärker sein als Akademikerkinder, um die Empfehlung des Klassenlehrers zum Gymnasialbesuch zu erhalten (Allmendinger/Aisenbrey 2002: 49).

Einigkeit besteht darin, dass weniger soziale Selektivität im Bildungswesen erreicht werden kann, wenn Maßnahmen zur Leistungsförderung der Kinder aus unteren Schichten ergriffen werden. Je früher im Laufe des individuellen Bildungswegs solche Maßnahmen einsetzen, desto mehr Erfolg versprechen sie. Deswegen erscheinen folgende Veränderungen im deutschen Bildungswesen dringlich: der Ausbau von Vorschulen und Ganztagsschulen, eine bessere Ausstattung von Grundschulen, zeitgemäße und die Lebenswelten unterer Schichten einbeziehende Lehrinhalte, eine Verbesserung des Prestiges und der Ausbildung von Lehrern, mehr Durchlässigkeit zwischen Hauptschulen, Realschulen und Gymnasien bzw. mehr Gesamtschulen sowie die Aktivierung außerschulischer Bildungsinstanzen.

Ethnische Ungleichheiten der Bildungschancen

Kinder von Migranten, insbesondere aus fremdsprachigen Familien, erzielen in Deutschland trotz gewisser Verbesserungen immer noch wesentlich schlechtere Bildungserfolge als deutschsprachige Kinder. Dies gilt für italienische und vor allem für türkische Kinder in besonderem Maße (Beauftragte 2002; Hölscher 2001; Seifert 2001).

Hierbei ist allerdings zu bedenken, dass meistens zwei Faktoren zusammenspielen: Die Bildungsnachteile von Migrantenkindern entstehen zum einen, weil diese Kinder aus ausländischen Kulturen kommen und kulturelle Nachteile (z.B. unzureichende Kenntnisse der deutschen Sprache) nicht hinreichend ausgeglichen werden. Zum andern entstehen Nachteile, weil Migranteneltern meist niedrigeren Schichten angehören.

Berücksichtigt man diese Behinderungen, so ist es erstaunlich, dass die Bildungserfolge von Migrantenkindern seit den 1980er Jahren ständig besser geworden sind. Insbesondere die zweite und dritte Generation von Zuwandererkindern weist erheblich bessere Bildungserfolge als ihre Eltern auf. Freilich ist zu berücksichtigen, dass sich im gleichen Zeitraum auch die Bildungsabschlüsse der deutschen Schüler(innen) verbesserten.

Bildung

Abb. 5.15: Schulabschlüsse von Migrantenkindern in Deutschland 1983 bis 2000

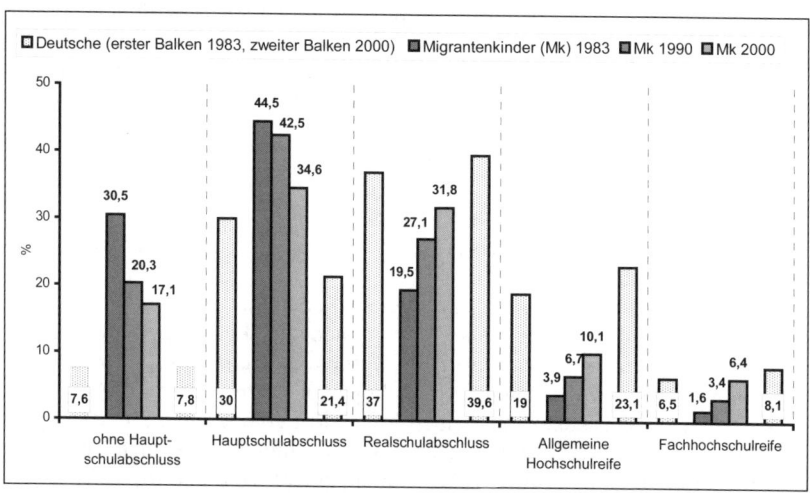

(Lesebeispiel: Ohne Hauptschulabschluss blieben im Jahr 2000 nur 7,8 Prozent der deutschen, aber 17,1 Prozent der ausländischen Kinder in Deutschland. 1983 waren es aber noch volle 30,5 Prozent der ausländischen Kinder, die das Bildungssystem ohne Hauptschulabschluss verließen.)

Quelle: erstellt nach BMBF 2002: 86f.

Ein Grund hierfür liegt darin, dass Migrantenkinder häufig aus relativ aktiven und bildungsinteressierten Familien kommen. So erzielen sie, wenn geeignete (z.B. sprachliche) Förderungen stattfinden, oft beachtliche Bildungserfolge. Allerdings haben Migrantenkinder auf deutschen Schulen in dieser Hinsicht schlechte Karten. In der PISA-Studie zeigte sich, dass die Ungleichheiten der Lesekompetenz zwischen fremdsprachig aufgewachsenen und einheimischen Kindern (mit Ausnahme von Belgien) in allen erfassten Ländern geringer waren als in Deutschland (Dt. PISA-Konsortium 2001: 395). Wenn beide Migranteneltern schon im Land geboren sind, sind die Vorsprünge der Lesefähigkeit einheimischer Kinder verständlicherweise geringer. In Deutschland wirkt sich dies allerdings weniger günstig aus als in den meisten anderen Ländern. Offenkundig sind die Maßnahmen, Kinder aus ausländischen Familien zu Bildungserfolgen zu führen, hierzulande wenig effektiv.

Abb. 5.16: Unterschiede in der Lesekompetenz von 15-Jährigen aus Familien mit und ohne Migrationshintergrund in OECD-Ländern 2000

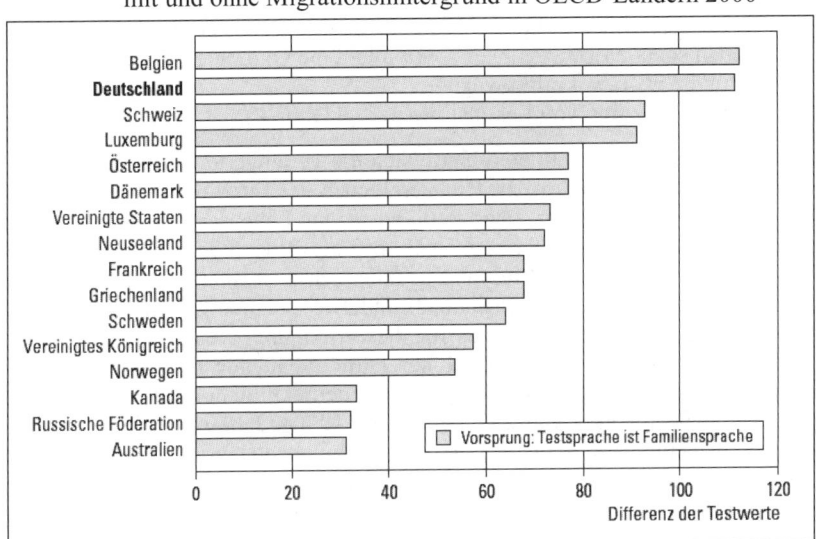

(Anm.: Für diese Abbildung wurden für jedes Land die Differenzen der Mittelwerte von zwei Schülergruppen gebildet: die mittleren Leistungen von Jugendlichen, die in ihren Familien dieselbe Sprache sprechen, in der sie auch den PISA-Test absolvierten (in Deutschland deutsch, in Schweden schwedisch usw.), und die mittleren Leistungen von Jugendlichen, die in ihren Familien eine andere Sprache sprechen. Die Werte in der Abbildung zeigen also, welchen Leistungsvorsprung die erste Gruppe gegenüber der zweiten aufweist.)
Quelle: Stanat et. al. 2002: 14

5.2.3 Die Folgen ungleicher Bildung

Die Bildungsexpansion und die teilweise veränderten Bildungschancen haben in den vergangenen Jahrzehnten die Sozialstruktur der jeweiligen Länder, aber auch die individuellen Lebensläufe ihrer Bewohner, massiv verändert. Ohne die Vermehrung von Bildung wären zahlreiche gesellschaftliche Entwicklungen nicht entstanden, die sich seit den 1960er Jahren ereigneten. Dies gilt für

– den „Wertewandel", das heißt den Übergang von den materialistischen(-) und Pflichtwerten, die in der älteren Generation vorherrschen, hin zu den Bestrebungen nach persönlicher Selbstverwirklichung und Kommunikation, die für die jüngere Generation typisch sind (vgl. 9.2.1),
– die Individualisierung, d.h. die Herauslösung der jüngeren Menschen aus den verpflichtenden, aber auch absichernden Gemeinschaften von Schicht,

Familie und Gemeinde sowie die „riskante Freiheit", Lebensführung und Lebensweg nach eigenen Vorstellungen zu gestalten (vgl. 9.1.2),

– die neuen Formen politischer Mitwirkung, wie Bürgerinitiativen und die „neuen sozialen Bewegungen", vor allem die Ökologie-, Friedens-, Frauen- und Anti-Kernkraftbewegung.

– die Pluralisierung von Lebensformen (vgl. Kap. 4).

Im Lebensweg der Einzelnen äußerte sich die verlängerte Bildungszeit unter anderem in späterer Heirat, im Hinausschieben der Elternphase (vgl. Kap. 3) sowie in der Ausdehnung jener Periode, in der Lebensentwürfe ohne feste Bindung durch Beruf und Partnerschaft erprobt werden können.

Nicht selten wird die Meinung geäußert, dass es sich „heutzutage nicht mehr rentiert", lange Jahre in Schulen und Hochschulen zu verbringen. Auf den ersten Blick spricht Manches für diese Meinung. Denn die in Deutschland von den 1960er bis in die 1980er Jahre anhaltende Bildungsexpansion führte dazu, dass mit gleicher Bildung (z.B. dem Abitur) im Jahre 2000 deutlich weniger erreichbar war als noch in den 1970er Jahren. Es fand ein Verdrängungswettbewerb statt, in dem Hauptschulabsolventen, zumal die ohne Abschluss, besonders schlechte Chancen hatten. Außerdem brachte der verschärfte Wettbewerb der vielen Abiturienten und Hochschulabsolventen um die knappen vorteilhaften Berufsstellungen wieder Auswahlkriterien in den Vordergrund, die mit Qualifikation und Leistung nichts zu tun haben: Das Geschlecht, „Beziehungen", die ethnische Zugehörigkeit, die Herkunft und das damit verbundene „Auftreten" haben nachweislich wieder an Bedeutung gewonnen.

Dennoch „rentiert" es sich nach wie vor, und in mancher Hinsicht heute erst recht, in höhere Bildung zu investieren. Wer einen höherwertigen Bildungsabschluss erreicht hat, erfährt nicht nur durch die Bildung selbst geistige Anregungen und intellektuelles Vergnügen, er

– ist auch vergleichsweise gut vor Arbeitslosigkeit geschützt,
– verdient mehr als geringer (Aus-)Gebildete, selbst wenn in Rechnung gestellt wird, dass während der (Aus-)Bildungszeit kein bzw. wenig Einkommen erzielt wird (Die summierten Lebenseinkommen der höher Qualifizierten übersteigen die der geringer Qualifizierten.),
– lebt in angenehmeren Wohnverhältnissen,
– hat mehr Weiterbildungsmöglichkeiten,
– erfährt ein höheres Ansehen durch seine Mitmenschen,
– kann sich im Privatleben, aber auch gegenüber öffentlichen Einrichtungen besser durchsetzen,
– verfügt über mehr Gestaltungsmöglichkeiten seines Lebens (z.B. Gebrauch von Fremdsprachen im Ausland, Kunstgenüsse), und hat schließlich
– bessere Chancen, gesund zu bleiben und länger zu leben, unter anderem wegen seines im Allgemeinen gesünderen Verhaltens.

Einige Daten sollen diese Vorteile belegen. Im Jahre 2000 waren von den Erwerbspersonen mit einfacher Bildung in Deutschland 13,8% arbeitslos, von denen mit Hochschulreife nur 8% und von den Erwerbspersonen mit Hochschulabschluss gar nur 4,3% (vgl. Tab. 5.2). In Deutschland verdiente ein männlicher Akademiker 1976 netto etwa 2,4 mal so viel wie ein Ungelernter, im Jahre 1993 immerhin noch gut das Doppelte (Hradil 2001: 175). In anderen Ländern zeigen sich ähnliche Vorteile von Gebildeten (vgl. Tab. 5.2).

Tab. 5.2: Arbeitslosenquoten nach Bildungsniveau in den EU-Ländern 2000

	Primarbildung Sekundarbildung I	Sekundarbildung II	Tertiärbildung
EU-15	10,7	6,8	4,4
Belgien	9,1	5,5	2,4
Dänemark	6,3	3,9	2,6
Deutschland	13,8	8,0	4,3
Griechenland	7,9	10,9	7,1
Spanien	13,8	11,3	9,2
Frankreich	13,8	8,0	5,1
Italien	9,8	7,4	5,9
Luxemburg	3,1	1,6	1,0
Niederlande	3,4	1,8	1,7
Österreich	8,2	4,0	2,3
Schweiz	5,0	2,0	1,3
Portugal	3,6	3,8	2,3
Finnland	11,9	8,8	4,9
Schweden	8,0	5,2	3,0
Großbritannien	8,5	4,4	2,2
Island	1,9	1,2	0,4
Norwegen	2,1	2.2	2,2

Quelle: Europ. Komm./Eurostat 2002: Jahrbuch 2002: 96

Bildung „rentiert sich" für Frauen im Allgemeinen weniger als für Männer. Frauen tragen in allen Ländern – wenn auch nicht in gleichem Ausmaß – bei gleicher Ausbildung ein höheres Arbeitslosigkeitsrisiko als Männer und sie verdienen weniger als Männer, insbesondere dann, wenn sie verheiratet sind und Kinder haben. Eine Familie zu gründen ist für die Berufs- und Einkommenschancen von Männern unschädlich, für Frauen nicht. Die Tatsache, dass die „Bildungsrenditen" von Frauen geringer sind als die von Männern, Frauen aber mittlerweile größere Bildungsinvestitionen als Männer auf sich nehmen, spricht gegen die Humankapitaltheorie (vgl. 5.1.2).

Was das Einkommen betrifft, so „rentiert" sich in der Europäischen Union insbesondere ein Schulabschluss des Sekundarbereichs II. Von da an bringt jede zusätzliche Ausbildung einen besonders hohen Einkommenszuschlag. Die Einkommensunterschiede zwischen Absolventen des Hochschulbereichs und denen des Sekundarbereichs II sind im allgemeinen deutlich größer als zwischen Absolventen des Sekundarbereichs II und darunter (OECD 2002: Bildung auf einen Blick: 137). So betrug in der Europäischen Union 1999 das Einkommen (Äquivalenzeinkommen; zum Begriff vgl. 7.2.1) von Erwerbstätigen mit Pflichtschulabschluss nur 90% des nationalen Mittels (Medians). Personen mit Hochschulabschluss verdienten dagegen 147% des mittleren Einkommens. Am größten waren diese Unterschiede in Irland und in Portugal, am geringsten in Dänemark und in Deutschland (Europ. Komm. 2001: Soz. Lage, 76).

Abb. 5.17: Erwerbseinkommen in OECD-Ländern nach Bildungsstand 2001 (Sekundarbereich II und post-sekundärer, nicht tertiärer Bereich = 100)

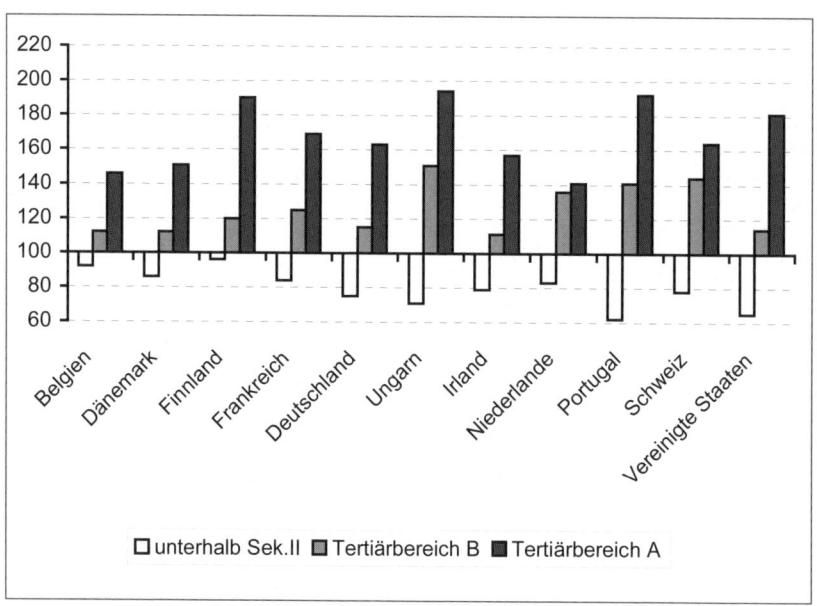

Quelle: nach: OECD 2002: Bildung auf einen Blick:148

5.3 Fazit

Modernisierungstheorien sehen im Kern drei Entwicklungen vor (vgl. 5.1): Bildung expandiert, Bildungseinrichtungen differenzieren sich aus und Bildungschancen verteilen sich gleichmäßiger über die gesamte Bevölkerung.
    Wie im modernisierungstheoretischen Modell vorgesehen, erfasste die Bildungsexpansion in Deutschland wie in praktisch allen anderen modernen Gesellschaften immer größere Bevölkerungsanteile. Allerdings ist sie in Deutschland im Laufe der 1990er Jahre im Bereich der Primarbildung und

der Tertiärbildung zum Stillstand gekommen. Dies entspricht den Voraussagen der Modernisierungstheorie nicht. Was die Primarbildung betrifft, so haben auch andere Länder Probleme, den Anteil gering Gebildeter weiter zu vermindern. Hier stellt sich die Frage, ob der Optimismus von Modernisierungstheorien nicht überzogen ist, wenn sie unterstellen, die menschliche Bildungsfähigkeit kenne kaum Grenzen. Was die Tertiärbildung angeht, so steht Deutschland mit seinen Problemen international recht allein da, den Anteil der Hochschulabsolventen weiter zu vermehren. Es ist daher unwahrscheinlich, dass die Modernisierungstheorien hier irren. Für diesen Teil der Bildungsstagnation dürften „hausgemachte" Gründe verantwortlich sein.

Die Behauptung des modernisierungstheoretischen Entwicklungsmodells, die Bildungschancen der großen gesellschaftlichen Gruppierungen würden sich angleichen, hat sich nur teilweise bestätigt. Während sich die Bildungschancen von Männern und Frauen kaum noch unterscheiden, erweist sich die Angleichung der schichtspezifischen Bildungschancen als besonders schwierig. Allerdings gelang es in den meisten anderen postindustriellen Gesellschaften besser als in Deutschland, Kindern aus niedrigen Schichten den Zugang zu weiterführenden Bildungseinrichtungen zu ermöglichen.

5.4 Literatur

Allmendinger, Jutta/Aisenbrey, Silke 2002: Soziologische Bildungsforschung, in: Tippelt, Rudolf (Hg.): Handbuch Bildungsforschung, Opladen: Leske + Budrich, S. 41-60
Andorka, Rudolf 2001: Einführung in die soziologische Gesellschaftsanalyse, Opladen: Leske + Budrich
Ballerstedt, Eike/Glatzer, Wolfgang 1979: Soziologischer Almanach, 3. völlig neu bearb. Aufl., Frankfurt a. M./New York: Campus
Baumert, Jürgen/Schümer, Gundel 2001: Familiäre Lebensverhältnisse, Bildungsbeteiligung und Kompetenzerwerb, in: Deutsches PISA-Konsortium (Hg.): PISA 2000. Basiskompetenzen von Schülerinnen und Schülern im internationalen Vergleich, Opladen: Leske + Budrich
Beauftragte für Ausländerfragen 2002: Bericht der Beauftragten der Bundesregierung für Ausländerfragen über die Lage der Ausländer in der Bundesrepublik Deutschland, Berlin: Bundestag
Becker, Gary S. 1975: Human Capital: A Theoretical and Empirical Analysis with special Reference to Education, New York: National Bureau of Economic Research
Blossfeld, Hans-Peter/Shavit, Yossi 1993: Dauerhafte Ungleichheiten. Zur Veränderung des Einflusses der sozialen Herkunft auf die Bildungschancen in dreizehn industrialisierten Ländern, in: Zeitschrift für Pädagogik 39, S. 25-52
BMBF (Bundesministerium für Bildung und Forschung) 2001: Die wirtschaftliche und soziale Lage der Studierenden in der Bundesrepublik Deutschland. 16. Sozialerhebung des Deutschen Studentenwerks, Bonn
Bundesministerium für Bildung und Forschung (BMBF) 2002: Grund- und Strukturdaten 2001/2002, Stand Juni 2002, Bonn
BMBW (Der Bundesminister für Bildung und Wissenschaft) 1986: Das soziale Bild der Studentenschaft in der Bundesrepublik Deutschland. 11. Sozialerhebung des Deutschen Studentenwerks, Bad Honnef

Bolte, Karl Martin 1979: Leistung und Leistungsprinzip, Opladen: Leske + Budrich
Boudon, Raymond 1974: Education, Opportunity and Social Inequality. Changing Prospects in Western Society, New York: Wiley
Bourdieu, Pierre 1973: Kulturelle Reproduktion und soziale Reproduktion, in: Ders.: Grundlagen einer Theorie der symbolischen Gewalt, Frankfurt am Main: Suhrkamp
Bourdieu, Pierre 1982: Die feinen Unterschiede, Frankfurt am Main: Suhrkamp
Bourdieu, Pierre 1983: Ökonomisches Kapital, kulturelles Kapital, soziales Kapital, in: Kreckel, Reinhard (Hg.): Soziale Ungleichheiten, Soziale Welt: Sonderband Nr. 2, Göttingen: Schwartz, S. 183-198
Bourdieu, Pierre 1984: Homo Academicus, Paris: Minuit
Bourdieu, Pierre 1989: La noblesse d'Etat: Grandes Écoles et esprit de corps, Paris: Miuit
Bourdieu, Pierre/Passeron, Jean-Claude 1964: Les heritiers. Les étudiants et la culture, Paris: Minuit
Bourdieu, Pierre/Passeron, Jean-Claude 1970: La reproduction. Eléments pour une théorie du système d'enseignement, Paris: Minuit
Bourdieu, Pierre/Passeron, Jean-Claude 1971: Die Illusion der Chancengleichheit. Untersuchungen zur Soziologie des Bildungswesens am Beispiel Frankreichs, Stuttgart: Klett (hrsgg. vom Max-Planck-Institut für Bildungsforschung Berlin)
Bourdieu, Pierre u.a. 1981: Titel und Stelle. Über die Reproduktion sozialer Macht, Frankfurt am Main: Europäische Verlagsanstalt
Collins, R. 1971: Functional and Conflict Theories of Ecudational Stratification, in: American Sociological Review 36, S. 1002-1019
Denison, E.F. 1967: Why Groth Rates Differ. Postwar Experience in Nine Western Countries, Washington, D.C.: The Brookings Institute
Deutsches PISA-Konsortium (Hg.) 2001: PISA 2000. Basiskompetenzen von Schülerinnen und Schülern im internationalen Vergleich, Opladen: Leske + Budrich
Dreitzel, Hans Peter 1974: Soziologische Reflexionen über das Elend des Leistungsprinzips, in: Gehlen, Arnold u.a. (Hg.): Sinn und Unsinn des Leistungsprinzips, München, S. 31-53
Europäische Kommission/Eurostat/2001: Beschreibung der sozialen Lage in Europa 2001, Luxemburg: Amt für amtliche Veröffentlichungen der Europäischen Gemeinschaften
Europäische Kommission/Eurostat 2001: Eurostat Jahrbuch 2001. Der statistische Wegweiser durch Europa. Daten aus den Jahren 1989-1999, Luxemburg: Amt für amtliche Veröffentlichungen der Europäischen Gemeinschaften
Europäische Kommission/Eurostat 2002: Eurostat Jahrbuch 2002, Luxemburg: Amt für amtliche Veröffentlichungen der Europäischen Gemeinschaften
Fischer, Claude S. u.a. 1996: Inequality by Design. Cracking the Bell Curve Myth, Princeton: University Press
Gambetta, Diego 1987: Were They Pushed Or Did They Jump? Individual Decision Mechanisms In Education, Cambridge: University Press
Geißler, Rainer 2002: Die Sozialstruktur Deutschlands. Zur gesellschaftlichen Entwicklung mit einer Zwischenbilanz zur Vereinigung, 3. Aufl., Opladen: Westdt. Verlag
Herrnstein, Richard J./Murray, Charles 1994: The Bell Curve. Intelligence and Class Structure in American Life, New York u.a.: The Free Press
Hölscher, Petra 2001: Bildung und Ausbildung für Ausländer und Spätaussiedler, in: Generalsekretär der Bund-Länder-Kommission für Bildungsplanung und Forschungsförderung (Hg.): Wissens schaft Zukunft, Arbeitsgruppe 7, (http://www.forum-bildung.de/bib/material/ag7.pdf)
Hradil, Stefan 2001: Soziale Ungleichheit in Deutschland, 8. Aufl., Opladen: Leske + Budrich
Institut für Arbeitsmarkt- und Berufsforschung (IAB) 2001: Kurzbericht Nr. 8 vom 18.4.2001

Jacoby, Russell/Glauberman, Naomi (Hg.) 1955: The Bell Curve Debate, New York: Random

Kristen, Cornelia 1999: Bildungsentscheidungen und Bildungsungleichheit – ein Überblick über den Forschungsstand, Arbeitspapier Nr. 5 des Mannheimer Zentrums für Europäische Sozialforschung

Krockow, Christian von 1974: Das Leistungsprinzip als Strukturelement der Industriegesellschaft, in: Heckhausen, Heinz u.a. (Hg.): Das Leistungsprinzip in der Industriegesellschaft, Köln

Lenk, Hans 1976: Sozialphilosophie des Leistungshandelns, Stuttgart

Müller, Walter 1990: Does Education Matter? Evidence from Cross-National Comparison, University of Mannheim (Manuscript)

Müller, Walter 1999: Wandel in der Bildungslandschaft Europas. In: Glatzer, Wolfgang/ Ostner, Ilona (Hrsg.): Deutschland im Wandel. Sozialstrukturelle Analysen, Opladen: Leske + Budrich, S. 337-355

Müller, Walter/Steinmann, Susanne/Schneider, Reinhart 1997: Bildung in Europa, in: Hradil, Stefan/Immerfall, Stefan (Hg.): Die westeuropäischen Gesellschaften im Vergleich, Opladen: Leske + Budrich, S. 177-246

OECD 2001: Bildung auf einen Blick. OECD-Indikatoren. Ausbildung und Kompetenzen, Paris: OECD Publications

OECD 2002: Bildung auf einen Blick, Paris: OECD Publications

OECD 2003: Bildung auf einen Blick. OECD-Indikatoren 2003, Paris: OECD-Publications

Offe, Claus 1970: Leistungsprinzip und industrielle Arbeit. Mechanismen der Statusverteilung in Arbeitsorganisationen der industriellen Leistungsgesellschaft, Frankfurt am Main

Parsons, Talcott 1970: Equality and Inequality in Modern Society, or Social Stratification Revisited, in: Laumann, E.O. (ed.): Social Stratification, Indianapolis: Bobbs-Merrill

Reinberg, Alexander 1997: Bildung zahlt sich immer noch aus. Eine Analyse qualifikationsspezifischer Arbeitsmarktentwicklungen in der ersten Hälfte der 90er Jahre für West- und Ostdeutschland. IAB-Werkstattbericht Nr. 15/97

Reinberg, Alexander/Rauch, Angela 1998: Bildung und Arbeitsmarkt: Der Trend zur höheren Qualifikation ist ungebrochen. IAB-Werkstattbericht Nr. 15/98

Schimank, Uwe 2000: Handeln und Strukturen. Einführung in die akteurstheoretische Soziologie, Weinheim/München: Juventa

Schimpl-Neimanns 2000: Soziale Herkunft und Bildungsbeteiligung, in: KZfSS 52, S. 636-669

Schultz, T.W. 1961: Investment in Human Capital, in: American Economic Review 51, S. 1-17

Seifert, Wolfgang 2001: Gutachten für die „Unabhängige Kommission Zuwanderung" beim Bundesministerium des Innern zum Thema Berufliche Integration von Zuwanderern in Deutschland, Düsseldorf (http://www.bmi.bund.de/downloads/seifert. pdf)

Stat. Bundesamt (in Zusammenarbeit mit WZB und ZUMA) 2002: Datenreport 2002, Bonn: Bundeszentrale

Stat. Bundesamt 2001: Stat. Jahrbuch für das Ausland, Stuttgart: Poeschel

Stat. Bundesamt 2002: Stat. Jahrbuch für das Ausland, Stuttgart: Poeschel

Stat. Bundesamt 2003: Hochschulstandort Deutschland 2003, Wiesbaden: Stat. Bundesamt

Stanat, Petra et. al 2002: PISA 2000. Die Studie im Überblick, Berlin: Max-Planck-Institut für Bildungsforschung

Treiman, Donald J. 1970: Industrialization and Social Stratification, in: Laumann, Edward O. (Hg.): Social Stratification. Research and Theory for the 1970s. Indianapolis/New York: Bobbs-Merrill

Treiman, Donald J./Yip, Kam-Bor 1989: Educational and Occupational Attainment in 21 Countries, in: Kohn, Melvon L. (ed.): Cross-National Research in Sociology, American Sociological Association Presidential Series, SAGE Publications, Newbury Park, USA, S. 373-394

Walwei, Ulrich 2002: Lösungsansätze im Niedriglohnsektor. Konsequenzen für die Alterssicherung, Vortragsmanuskript

6. Erwerbstätigkeit

6.1 Der Bezugsrahmen

6.1.1 Modell und Grundbegriffe

Was die Sozialstruktur der Erwerbstätigkeit betrifft, so besagen Modernisierungstheorien *erstens*, dass immer größere Anteile der Menschen in das Erwerbsleben einbezogen werden. Dies gilt in postindustriellen Gesellschaften auch und gerade für Frauen. Dem Modell der Sozialstrukturmodernisierung zu Folge werden immer mehr Menschen erwerbstätig sein und immer weniger arbeitslos.

Um diese Aussagen einschätzen und empirisch prüfen zu können, ist die Kenntnis einiger Begriffe notwendig:

Unter der *„Bevölkerung im erwerbsfähigen Alter"* sind alle Bewohner eines Territoriums zu verstehen, die mindestens 15 und noch nicht 65 Jahre alt sind. (In letzter Zeit finden sich auch immer häufiger die Altersgrenzen von 20 bis unter 60 Jahren.) Ist der Anteil dieses prinzipiell erwerbsfähigen Bevölkerungsteils an der gesamten Bevölkerung hoch (wie in Deutschland in den 1970er und 1980er Jahren), so kommt dies der ökonomischen Leistungsfähigkeit und sozialpolitischen Belastungsfähigkeit der Bevölkerung zu Gute. Allerdings steigen auch die Gefahren der Arbeitslosigkeit, weil die Nachfrage nach Arbeitsplätzen groß ist.

Die Bevölkerung im erwerbsfähigen Alter besteht aus *„Nicht-Erwerbspersonen"* und *„Erwerbspersonen"*. Nicht-Erwerbspersonen sind alle Menschen, die (wie z.B. viele Studierende oder Hausfrauen) keinerlei auf Erwerb gerichtete Tätigkeit ausüben oder suchen. Erwerbspersonen sind dagegen alle Personen, die eine auf Erwerb gerichtete Tätigkeit ausüben oder suchen. Hierbei ist gleichgültig, wie viel Einkommen erzielt wird, welche Bedeutung das Einkommen für den jeweiligen Lebensunterhalt hat und wie lange gearbeitet wird (Stat. Bundesamt 1997: 101). Die Erwerbspersonen insgesamt verkörpern die Nachfrage nach Erwerbsarbeit auf dem Arbeitsmarkt. Den Anteil der Erwerbspersonen an der Gesamtbevölkerung oder (häufiger) an der Bevölkerung im erwerbsfähigen Alter (s.o.) bezeichnet man als Erwerbsquote. Sie ist ein wichtiges Maß für die Höhe der Nachfrage nach Erwerbsarbeit in einer Bevölkerung. Die getrennte Betrachtung der Erwerbsquoten verschiedener Bevölkerungsteile (z.B. von Männern und Frauen) vermittelt ein differenziertes Bild der Erwerbsbeteiligung.

Die Erwerbspersonen bestehen aus den „*Erwerbstätigen"* und den „*Erwerbslosen"*. Erwerbstätige sind Personen, die selbstständig ein Gewerbe oder Landwirtschaft betreiben oder einen freien Beruf ausüben oder als Arbeitnehmer in einem Beschäftigungsverhältnis stehen. Hierin eingeschlossen sind SoldatInnen und mithelfende Familienangehörige. Den Anteil der Erwerbstätigen an der Bevölkerung im erwerbsfähigen Alter (oder seltener: an der Gesamtbevölkerung) bezeichnet man als Erwerbstätigenquote. Sie stellt ein Maß für die befriedigte Nachfrage nach Erwerbsarbeit bzw. für das Angebot an Arbeitsplätzen dar. – Dagegen sind Erwerbslose Personen ohne Arbeitsverhältnis, die sich um eine Arbeitsstelle bemühen. Eine Teilgruppe der Erwerbslosen sind die Arbeitslosen. Als arbeitslos gilt in Deutschland, wer – abgesehen von geringfügiger Beschäftigung – nicht in einem Beschäftigungsverhältnis steht, eine versicherungspflichtige Beschäftigung sucht, dabei den Vermittlungsbemühungen des Arbeitsamtes zur Verfügung steht und sich beim Arbeitsamt arbeitslos gemeldet hat (Sozialgesetzbuch III, § 16). Erwerbs- und Arbeitslose verkörpern die unbefriedigte Nachfrage nach Erwerbsarbeit auf dem Arbeitsmarkt.

Moderne Gesellschaften sind „Arbeitsgesellschaften". Das heißt, die eigene Erwerbstätigkeit stellt für die Menschen die wichtigste Quelle des Lebensunterhalts, der Kontakte zu Mitmenschen, des Ansehens, des Selbstrespekts und der eigenen Identität dar. Wer erwerbslos oder arbeitslos ist, läuft über kurz oder lang Gefahr, all dies zu verlieren und an den Rand der Gesellschaft zu geraten.

Die Arbeitslosenquote steht deshalb immer wieder im Mittelpunkt der öffentlichen Aufmerksamkeit. Sie misst den Anteil der Arbeitslosen an den Erwerbspersonen insgesamt und zeigt so das Ausmaß der unbefriedigten Nachfrage nach Erwerbsarbeit an. Allerdings werden die Arbeitslosenquoten in den einzelnen Ländern sehr unterschiedlich gemessen und sind daher kaum vergleichbar. Unter anderem gehen die genauen Definitionen von Arbeitslosigkeit und von Erwerbspersonen stark auseinander. Daher berechnet u.a. das Statistische Amt der Europäischen Gemeinschaften (Eurostat) standardisierte Arbeitslosigkeitsraten, die international hinreichend vergleichbar sind (Kasten/ Soskize 2000: 26).

„Zwischen" den Nachteilen der Arbeitslosigkeit und den Vorteilen einer Dauer- und Vollzeiterwerbstätigkeit finden sich zahlreiche Zwischenstufen. Hierzu zählen die „prekären" Beschäftigungsverhältnisse. Dies sind u.a. Teilzeitarbeit, geringfügige Beschäftigung, Leiharbeit und befristete Beschäftigung, wenn sie ungewollt sind oder unzureichende Sicherungen angesichts sozialer Risiken (wie Krankheit, Arbeitslosigkeit, Alter und Armut) bieten. Solche „minderwertigen" Beschäftigungsverhältnisse können in unterschiedlicher Weise mit weiteren Nachteilen verknüpft sein (z.B. mit niedrigem Einkommen, gefährlichen, ungesunden oder belastenden Arbeitsbedingungen, hohem Entlassungsrisiko etc.).

Zweitens besagt das Modell der Sozialstrukturmodernisierung (vgl. 2.2.2), dass im Laufe der Entwicklung unterschiedliche Wirtschaftssektoren dominieren. Zunächst herrscht der „primäre" Sektor vor. In ihm wird Landwirtschaft und Fischerei betrieben. Man bezeichnet ein Land dann als „Agrargesellschaft", wenn mehr als die Hälfte der Erwerbstätigen im primären Sektor arbeitet. Dann gerät – dem Modell gemäß – im Verlauf der gesellschaftlichen Modernisierung der „sekundäre", d.h. der Produktionssektor in den Vordergrund. Dort werden in Handwerk und Industrie dingliche Güter hergestellt. „Industriegesellschaften" nennt man Länder, in denen mehr als die Hälfte der Erwerbstätigen im verarbeitenden Gewerbe arbeitet. Schließlich gewinnt – dem Modell zu Folge – der „tertiäre", d.h. der Dienstleistungssektor, immer mehr an Bedeutung. Diese Tendenz wird auch „Tertiarisierung" genannt. Sie drängt nach dem primären auch den sekundären Sektor zurück. Als Dienstleistungen werden Tätigkeiten verstanden, die keine unmittelbaren materiellen Ergebnisse haben, sondern direkt oder indirekt für Personen verrichtet werden. Dienstleistungen werden im Unterschied zu Produktionsleistungen ohne Zeitverzug wirksam, was eine länger während Wirkung keinesfalls ausschließt. Dienstleistungstätigkeiten sind überaus verschiedenartig: Beraten, Helfen, Pflegen, Heilen, Lehren, Forschen, Ordnen, Sichern, Werben, Organisieren u.v.a.m. gelten als Dienstleistungen. Man spricht dann von einer „Dienstleistungsgesellschaft", wenn mehr als die Hälfte aller Erwerbstätigen im Dienstleistungssektor arbeitet.

Abb. 6.1:   Modellhafte Entwicklung der drei Wirtschaftssektoren

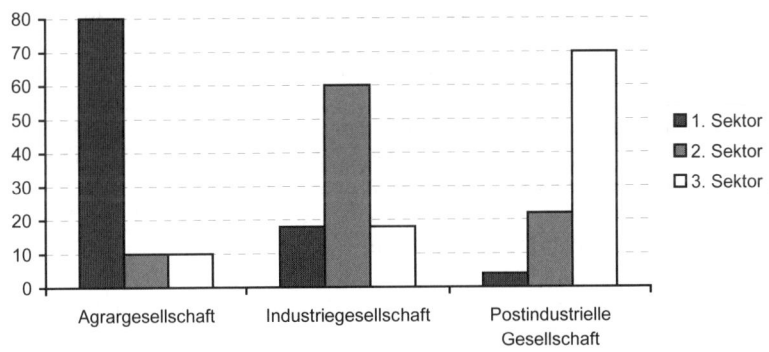

Quelle: eig. Darstellung

Der Übergang von einer Agrar-, über eine Industrie-, hin zu einer postindustriellen Dienstleistungsgesellschaft wird – dem Modell gemäß – begleitet von einer immer höheren Qualifikation der Erwerbstätigen. Denn in Dienstleistungsgesellschaften stellt das Wissen die wichtigste Produktivkraft dar, und der vielgestaltige Umgang mit Wissen bildet den Kern der Erwerbstätigkeiten. Demgegenüber beruhen Agrargesellschaften auf dem Besitz von Land, das mit menschlicher und tierischer Muskelkraft bearbeitet wird. In Industriegesellschaften dominiert hingegen die Maschine, die dem Menschen zwar viel von der zuvor harten körperlichen Arbeit abnimmt, ihn aber auch in feststehende Funktionszusammenhänge einspannt.

In Industriegesellschaften verbringen die Erwerbstätigen (dies sind vor allem Männer) ihr gesamtes, langes Arbeitsleben meist in hoch arbeitsteiligen Großunternehmen (wie Fabriken). Sie arbeiten üblicherweise in einer Ganztagstätigkeit mit festen, für viele gleichen Arbeitszeiten. Die Fabriksirene, die den Arbeitsbeginn und den „Feierabend" für alle ankündigt, symbolisiert geradezu die Industriegesellschaft. Auch die Arbeitsbedingungen und -inhalte (z.B. in großen Werkhallen) sind zwar von Beruf zu Beruf verschieden, innerhalb der Berufe aber massenhaft ähnlich. An diese typischerweise standardisierten Formen der Erwerbstätigkeiten wurden weitreichende Überlegungen geknüpft, bis hin zur marxistischen Revolutionstheorie, die davon ausgeht, dass gemeinsame Arbeitserfahrungen und die Möglichkeit zur Kommunikation darüber Revolutionen erst möglich machen. – Die Erwerbstätigkeiten in postindustriellen Dienstleistungsgesellschaften unterscheiden sich hiervon stark. Viele Standardisierungen brechen auf. Berufswege, Arbeitsinhalte, Arbeitsverhältnisse, Arbeitsbedingungen und Arbeitszeiten werden flexibler. Es wird immer mehr zur Sache des einzelnen Erwerbstätigen und seines Arrangements mit Kunden, Kollegen und Arbeitgebern, was, wie, wann und unter welchen Bedingungen er arbeitet.

Das modernisierungstheoretische Modell der Sozialstrukturentwicklung behauptet *drittens*, dass im Zuge der sektoralen Verschiebungen und der zunehmenden Einbeziehung der Bevölkerung (insbes. der Frauen) in das Erwerbsleben die Wirtschaftsleistung und damit auch der Wohlstand der Menschen zunehmen werden.

Die Wirtschaftsleistung wird üblicherweise anhand des Konzepts des *Bruttoinlandsprodukts* (engl.: Gross Domestic Product) ermittelt. Hierunter versteht man den Geldwert aller Waren und Dienstleistungen, die innerhalb eines Jahres von der Volkswirtschaft eines Landes hervorgebracht werden (Stat. Bundesamt 2002: Datenreport, 243).

Der Wohlstand eines Landes insgesamt wird mit dem Konzept des *Volkseinkommens* bestimmt. Es ergibt sich, indem alle Arbeitnehmerentgelte und alle Unternehmens- und Vermögenseinkommen addiert werden (Stat. Bundesamt 2002: Datenreport, 249).

In postindustriellen Gesellschaften werden immer mehr Zweifel laut, inwieweit mit Hilfe dieser monetären Konzepte wirklich der Wohlstand von Gesellschaften bestimmt werden kann. So erhöht jede Autoreparatur in Folge eines Verkehrsunfalls und jede umweltschädigende Baumaßnahme das Bruttoinlandsprodukt und das Bruttonationaleinkommen. Man kann aber durchaus bezweifeln, dass sich der „Wohlstand" der Menschen mittels vermeidbarer Reparaturen und ökologisch fragwürdiger Bauten erhöht. Trotz dieser oft berechtigten Bedenken stellen die beiden genannten Konzepte im internationalen Vergleich nach wie vor die einzig praktikable und immer noch sinnvolle Wohlstandsmaße dar.

6.1.2 Theorien

Die bisher genannten Modellvorstellungen und die darin enthaltenen Begriffe *beschreiben* die erwarteten Veränderungen im Laufe der Modernisierung. Offen bleibt die Frage: *Wieso* kommt es zu den drei im Modell vorgesehenen Entwicklungen?

Die Ausbreitung der Erwerbstätigkeit in der Bevölkerung sowie der wachsende Wohlstand moderner Gesellschaften lassen sich in hohem Maße direkt aus den eingangs (2.2.1) dargestellten funktionalistischen Modernisierungstheorien ableiten. Diese kennzeichnen Modernisierung als zunehmende funktionale Differenzierung bzw. Spezialisierung und damit stark wachsende Komplexität der Gesellschaft. Damit werden aber Subsistenz- und Tauschwirtschaft immer weniger möglich. Wer eine hochspezialisierte Tätigkeit ausübt und ein ganz bestimmtes Produkt herstellt, das u.U. nur im Zusammenwirken mit anderen Produkten sinnvoll einzusetzen ist, kann sich hieraus weder selbst direkt ernähren noch unmittelbar all das eintauschen, was er zum Leben braucht. (Arbeits- und Güter-)Märkte sowie das Geld als Medium wirtschaftlichen Austauschs werden unerlässlich. Immer mehr Tätigkeiten werden so zu entlohnten Erwerbstätigkeiten. Und immer neue Tätigkeiten entstehen im Verlauf des Modernisierungsprozesses von vorne herein als Erwerbstätigkeiten. Die wachsende Arbeitsteilung bringt hohe Effizienzgewinne mit sich. Sie äußern sich nicht zuletzt in Wohlstandssteigerungen der Gesellschaft insgesamt.

Wieso kommt es aber zur zweiten der oben genannten Entwicklungen, zur Größenverschiebung der drei Wirtschaftssektoren? Offenkundig ist die Klärung dieser Frage wichtig. Immerhin wird die Entwicklung vom dominierenden Agrarsektor über den vorherrschenden Industriesektor bis hin zum heute überragenden Dienstleistungssektor für so wichtig gehalten, dass die Soziologen die einzelnen Modernisierungsepochen sogar danach benannt haben und ihnen den Namen Agrargesellschaft, Industriegesellschaft und postindustrielle Dienstleistungsgesellschaft gegeben haben.

Die Einteilung des Wirtschaftsgeschehens in einen ersten, den agrarischen, einen zweiten, den industriellen, und einen dritten, den Dienstleistungssektor wurde im Jahr 1935 von dem Ökonomen Allan B.G. Fisher „erfunden" (1939). Er erkannte, dass im ersten Sektor die unmittelbar lebensnotwendigen Güter hervorgebracht werden, im zweiten Sektor nachrangig notwendige Produkte entstehen und im dritten Sektor vor allem Luxusbedürfnisse oder Bequemlichkeiten befriedigt werden. Darauf diagnostizierte Colin Clark (1940), dass sich vor allem in Phasen des ökonomischen Wachstums die Beschäftigung von Sektor zu Sektor verschiebt. Grund hierfür sei, dass nach Wachstumsschüben die Nachfrage nach notwendigeren Gütern befriedigt sei und die Bedürfnisse sich in Richtung der weniger notwendigen Güter verschöben.

Wirklich populär wurde die „Drei-Sektoren-Theorie" erst durch Jean Fourastiés Buch „Die große Hoffnung des 20. Jahrhunderts" (fr. 1949; dt.

1954). Er brachte die einzelnen Sektoren nicht nur mit Nachfrageverschiebungen, sondern auch mit den jeweiligen Produktivitätssteigerungen in Verbindung, die der technische Fortschritt dort möglich macht. Im ersten Sektor seien mittlere Steigerungen der Produktivität möglich, im zweiten Sektor besonders hohe, im dritten Sektor dagegen nur sehr begrenzte. Der technische Fortschritt habe zunächst die Nahrungsmittelproduktion gesteigert und die Zahl der dafür notwendigen Arbeitskräfte vermindert. Die Sättigung der Bedürfnisse nach Nahrungsmitteln habe zur Folge gehabt, dass sich die Nachfrage auf weniger notwendige, dingliche Produkte verlagert habe und die auf dem Lande überflüssigen Erwerbstätigen in Städte und Fabriken wanderten. Im sekundären, industriellen Sektor ließen sich – so Jean Fourastié – daraufhin durch Mechanisierung und Rationalisierung die größten Produktivitätsfortschritte erzielen. Es sei, so schrieb Fourastié 1949, absehbar, dass auch die Nachfrage nach dinglichen Gütern bald (über)erfüllt sein werde. Die Menschen würden daraufhin neue Wünsche nach Dienstleistungen entwickeln, wie zum Beispiel nach Freizeitgestaltung, Bildung, Gesundheitsvorsorge etc. Viele Erwerbstätige werden nach den Produktivitätsfortschritten im sekundären Sektor und in Folge der Nachfrageverlagerungen hin zum Dienstleistungssektor im industriellen Sektor überflüssig werden und zwangsläufig in den Dienstleistungssektor drängen. Hier sei rationalisierender technischer Fortschritt jedoch kaum anwendbar. Die Produktivität von Professoren, Frisören etc. könne nur wenig gesteigert werden. Der „Hunger nach Tertiärem" (1949: 274) sei aber unstillbar. Schon die Produktion materieller Güter erfordere immer mehr Vorbereitung, Planung, Beobachtung und Forschung. Zudem verfeinere und individualisiere sich der Geschmack mit zunehmender Sättigung bei Nahrungsmitteln und industriellen Gebrauchsgütern. Schließlich sei das Bedürfnis der Menschen nach Hervorhebung gegenüber anderen unersättlich. Daher könne der Dienstleistungssektor immer mehr Beschäftigte aufnehmen.

„Die große Hoffnung des 20. Jahrhunderts" stelle die Tendenz hin zur Dienstleistungsgesellschaft deshalb dar, weil die Lebensumstände der Menschen durch Dienstleistungen bequemer und die Arbeitsbedingungen angenehmer und qualifizierter werden würden, weil „höhere" Bedürfnisse befriedigt werden könnten und weil die Arbeitslosigkeit zum Ende kommen werde. Die fortlaufende Expansion des Dienstleistungssektors werden alle jene Arbeitskräfte aufnehmen, die im ersten und zweiten Sektor keine Beschäftung mehr finden (Fourastié 1949: 247f.; vgl. Häußermann/Siebel 1995: 27-35; Offe 1984: 291).

Das Anwachsen der Dienstleistungsarbeit wurde von Jean Fourastié im Kern also damit begründet, dass die Menschen immer mehr nach Dienstleistungen nachfragen und diese viele Arbeitskräfte zu ihrer Ausführung benötigen. Ergänzend hierzu lässt sich der Trend zur Dienstleistungsgesellschaft aber auch durch weitere Argumente erklären. Zum einen bleibt den im Agrar- und Produktionssektor nicht mehr benötigten Arbeitskräften gar nichts anderes übrig, als in den Dienstleistungssektor zu drängen. Zum andern entsprechen Dienstleistungstätigkeiten den Neigungen der meisten Arbeitenden auch mehr als Tätigkeiten im Produktionssektor oder gar in der Landwirtschaft. Schließlich besagen die eingangs (vgl. 2.1.2) zu Grunde gelegten funktionalistischen Modernisierungstheorien ganz allgemein, dass die wachsende Komplexität und Pluralität moderner Gesellschaften und insbesondere die hochdifferenzierten Strukturen der Wirtschaftstätigkeit immer mehr Planung, Koordination, Steuerung und Kontrolle, also Dienstleistungsarbeiten, erfordern (Offe 1984: 299, 305, 314).

6.2 Empirische Befunde

6.2.1 Beteiligung am Erwerbsleben

Nahezu täglich wird in Medien über „wegrationalisierte" Arbeitsplätze, über Betriebsschließungen und Verlagerung von Arbeitsplätzen ins billiger produzierende Ausland berichtet. Ganz im Gegensatz zur Modernisierungstheorie meinen daher viele Menschen, dass in Deutschland im Laufe der Zeit nicht mehr, sondern immer weniger Arbeitsplätze zur Verfügung stehen und in den letzten Jahren immer weniger Menschen Arbeit gefunden haben. Auch innerhalb der Sozialwissenschaften ist diese Auffassung verbreitet: Bekannt geworden ist zum Beispiel die These von Hannah Arendt (1996, zuerst 1958), der zu Folge der „Arbeitsgesellschaft die Arbeit ausgeht", mithin das einzige, wovon sie etwas versteht.

Da in modernen Gesellschaften nicht nur die wirtschaftliche Eigenständigkeit, sondern auch gesellschaftliches Ansehen, Selbstrespekt, Identität und Kontakte der Menschen weitgehend von ihrer eigenen Erwerbstätigkeit abhängen, kommt der Frage nach der Entwicklung der Beschäftigung große Bedeutung zu. Die Erwerbs(tätigen)quote (s.o.) ist daher einer der wichtigsten Modernisierungsindikatoren.

Die folgende Abbildung zeigt (in der zweiten Kurve), dass in Westdeutschland in den letzten Jahrzehnten die Zahl der Erwerbstätigen insgesamt gewachsen und nicht gesunken ist. Im Jahr 2000 waren in Westdeutschland 30,0 Millionen Menschen erwerbstätig. Dies waren 325.000 mehr als 1991 (Stat. Bundesamt 2002: Datenreport, 87) und 3,7 Millionen mehr als 1960. Dieser Zuwachs ergab sich „unter dem Strich" ausschließlich im Dienstleistungssektor. Da in der gleichen Zeit aber die Zahl der Bewohner um 9 Millionen gewachsen ist (1960: 56 Mio; 2000: 67 Mio.), ist die Erwerbstätigenquote (bezogen auf die Gesamtbevölkerung) seit 1960 von 47% auf 45% gesunken. Eine höhere Zahl, aber ein etwas niedrigerer Anteil der Menschen verdiente in den letzten 40 Jahren in Westdeutschland also „eigenes Geld". Ursachen für das Stagnieren der Erwerbstätigenquote waren u.a., dass immer mehr Menschen ins Rentenalter kamen, der Ruhestand immer früher begann und immer mehr Menschen zuwanderten, die auf dem Arbeitsmarkt schlechte Chancen hatten.

Abb. 6.2: Erwerbstätigkeit und Erwerbslosigkeit in Westdeutschland 1960
bis 2000

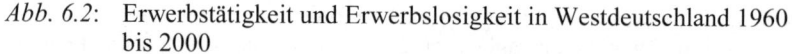

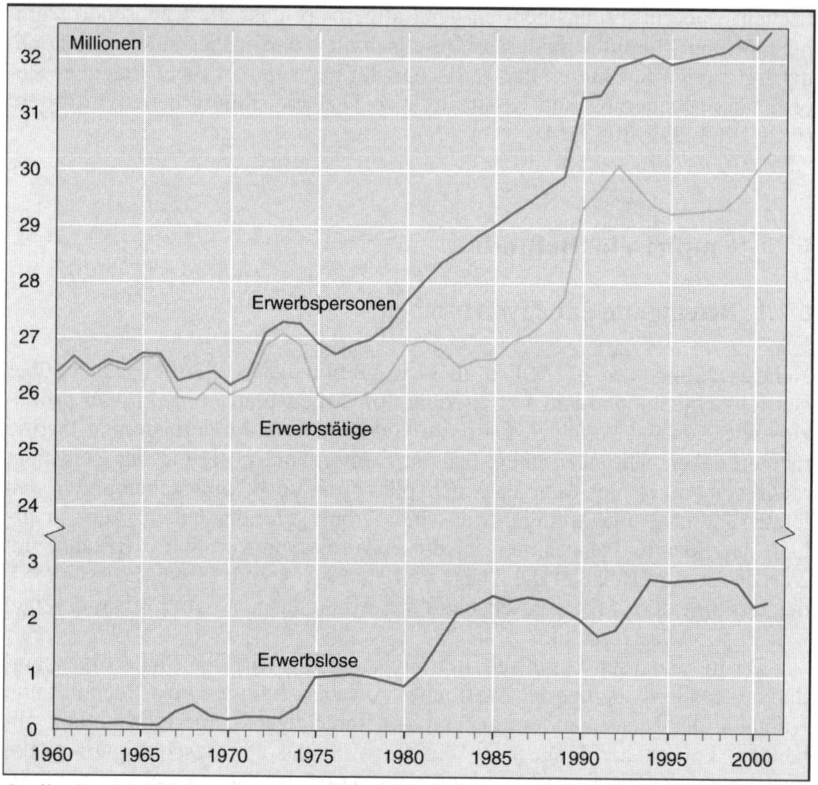

Quelle: Stat. Bundesamt: Datenreport 2002: 86

In Ostdeutschland verlief die Entwicklung völlig anders. Seit der „Wende"
wurden vor allem in der Landwirtschaft und im produzierenden Sektor wesentlich mehr Arbeitsplätze abgebaut als neue entstanden. Im Jahr 2000 hatten 6,6 Millionen Menschen in den neuen Bundesländern einen Arbeitsplatz.
Dies waren 1,2 Millionen weniger als 1991 (Datenreport 2002: 86) und fast
drei Millionen weniger als vor der Wende. Der Bevölkerungsanteil, der in
Ostdeutschland in Lohn und Brot war (Erwerbstätigenquote) sank daher von
56% im Jahr 1988 vor der Wende, über 49% im Nachwende-Jahr 1991 auf
42% im Jahr 2000.

Verglichen mit anderen modernen europäischen Ländern sind in Deutschland nur mittelmäßig viele Menschen erwerbstätig. Die folgende Abbildung
blendet die ältere und die jüngere Bevölkerung aus und zeigt, wie viele Menschen unter der erwerbsfähigen Bevölkerung im Alter von 15 bis 64 Jahren
eine Erwerbstätigkeit ausüben.

Abb. 6.3: Erwerbstätigenquote von Männern und Frauen in den EU-Ländern 2000 (im Alter von 15 bis 64 Jahren)

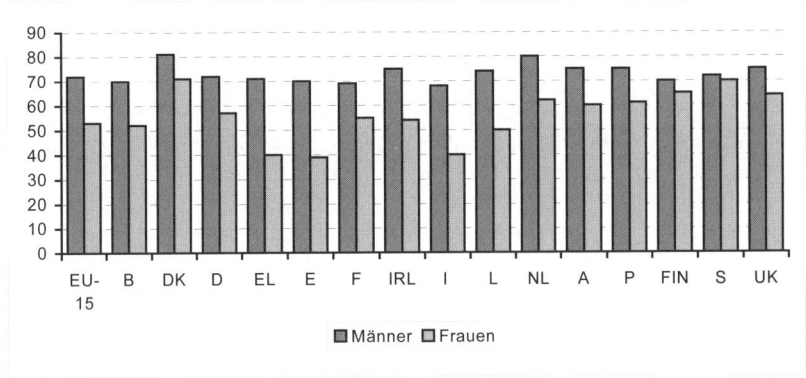

(dunkelgrau: Männer; hellgrau: Frauen).

Quelle: Europ. Komm. 2002: Eurostat Jahrbuch 2002: 99

Besonders viele Menschen sind in Dänemark, in den Niederlanden, in Großbritannien, in Schweden, in Finnland sowie – außerhalb der EU – in Island, in Norwegen und in der Schweiz erwerbstätig. Wir werden sehen, dass dies im Allgemeinen auch die Länder sind, in denen relativ viele Frauen erwerbstätig sind, in denen der Dienstleistungssektor relativ breit ausgebaut ist und Wirtschaftsleistung sowie Wohlstand überdurchschnittlich ausfallen. Besonders wenige Menschen sind dagegen in Griechenland, Spanien, Belgien und Italien berufstätig. Hier gilt umgekehrt: Wenige Frauen sind erwerbstätig, der Dienstleistungssektor ist eher klein (nicht aber in Belgien), die Wirtschaftsleistung und der Wohlstand halten sich im Vergleich zu anderen EU-Ländern in Grenzen.

Die Schaffung von Arbeitsplätzen und die Beschäftigungsentwicklung fielen in den meisten modernen Ländern in den letzten Jahren positiver aus als in Deutschland. Dieser Befund ergibt sich auch dann, wenn man die ungünstige Entwicklung der Altersstruktur in Deutschland ausklammert und die Veränderungen der Erwerbstätigkeit nur zur Bevölkerung im erwerbsfähigen Alter in Beziehung setzt. So stieg die Beschäftigung von 1985 bis 2001 in Irland um 62,1%, in den Niederlanden um 57,2%, in Spanien um 39,8%, in den USA um 26,7%, in Deutschland aber nur um 14,4% (iwd 2002, Nr. 19).

Vergleicht man die Länder der Europäischen Union mit den übrigen großen Wirtschaftsräumen der Welt, insbesondere mit den USA und mit Japan, so wird ein beträchtlicher Beschäftigungsrückstand der Europäer deutlich. Während im Jahr 2000 nur 63% der Bevölkerung im erwerbsfähigen Alter der EU-Länder eine Arbeitsstelle hatte, waren dies in den USA 74% und in Japan 69%. Gemessen hieran erweist sich die EU als weniger „modern".

Die Erwerbstätigenquoten der *Männer* stagnierten in den letzten Jahrzehnten, sowohl in Deutschland als auch in den meisten anderen modernen Ländern. Denn fast alle Männer im erwerbsfähigen Alter waren schon in das Erwerbsleben einbezogen, die Ausbildung der Jüngeren verlängerte sich, und das Rentenalter wurde in vielen Ländern immer früher erreicht. Zahlreichen Ländern gelang es dennoch, mehr Menschen Erwerbsarbeit zu verschaffen als Deutschland. Diese positiveren Beschäftigungsentwicklungen waren möglich, weil *Frauen* in vielen dieser Länder in den letzten Jahrzehnten stärker in die Erwerbstätigkeit einbezogen wurden als in Deutschland. In Großbritannien, in Frankreich, in allen skandinavischen sowie in vielen ehemals sozialistischen Ländern, ja selbst im vergleichsweise armen Portugal sind mehr Frauen erwerbstätig als in Deutschland. Auch einem Land wie Irland, wo noch in den 1970er Jahren Frauen nur selten die Chance zur Erwerbsarbeit erhielten, gelang es, ins europäische „Mittelfeld" aufzuschließen. Die skandinavischen Länder konnten ihr ohnehin hohes Niveau der Frauenerwerbstätigkeit nochmals steigern. Als wesentliche Faktoren zur Förderung der Frauenerwerbstätigkeit haben sich die Ausdehnung des Dienstleistungssektors und das Vorhandensein von Kinderbetreuungseinrichtungen herausgestellt, seien sie staatlich oder privat finanziert.

Die Globalisierung hat dazu geführt, dass weltweit immer mehr Frauen einer bezahlten Erwerbstätigkeit nachgehen. Auch in anderen Teilen der Welt sind Frauen meist im Dienstleistungssektor erwerbstätig. Mit Ausnahme von Afrika und Teilen Asiens nahm die Frauenerwerbstätigkeit überall auf der Erde schneller als die Männererwerbstätigkeit zu. Besonders auffällig ist dies in der Europäischen Union und in Lateinamerika. Weltweit sind derzeit gut 40% aller Erwerbstätigen Frauen; 1950 waren es erst 31,3%. Der Zustrom ins Erwerbsleben entspricht auch den Wünschen von Frauen. Nur jede zehnte Frau in der EU hält ein Leben ohne Berufstätigkeit für denkbar (Randzio/Platz 2000).

Allerdings handelt es sich bei Erwerbstätigkeit von Frauen in vielen Teilen der Welt um ungeschützte Beschäftigungsverhältnisse, um Arbeit unter problematischen Bedingungen sowie um Heimarbeit. Auch in Europa ist ein großer Teil der Frauen teilzeitbeschäftigt. In Deutschland übt fast ein Drittel aller Frauen, aber nur ca. 3% der Männer eine Teilzeittätigkeit aus. Sie erlaubt den Frauen zwar, Familien- und Erwerbsarbeit zu vereinbaren, ist aber oft verbunden mit schlechteren Arbeitsbedingungen, geringerer Qualifikation, niedrigeren Löhnen, geringerer Arbeitsplatzsicherheit und niedrigeren Renten (Randzio/Platz 2000).

Abb. 6.4: Anteil der Frauen an den (zivilen) Erwerbstätigen in europäischen
Ländern 1980, 1990 und 2000

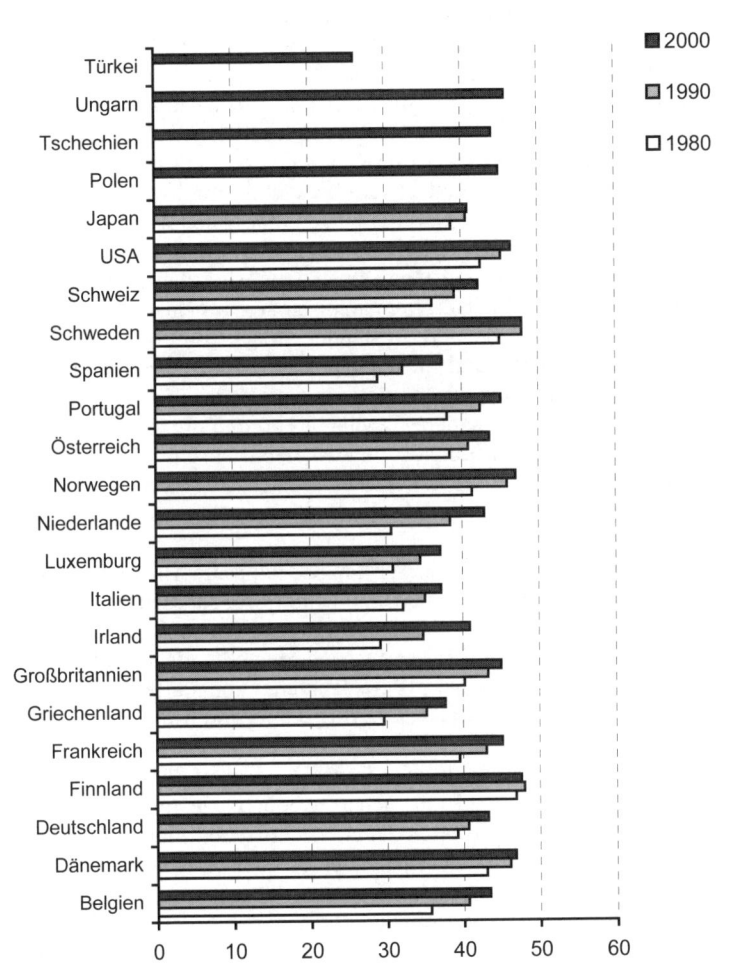

Quelle: erstellt nach OECD 2001: 22f.

6.2.2 Arbeitslosigkeit

Die optimistische Sicht von Modernisierungstheorien, Arbeitslosigkeit werde
sich verflüchtigen, schien in Westdeutschland nach dem Zweiten Weltkrieg

Wirklichkeit zu werden: In der Zeit des Wiederaufbaus und des „Wirtschaftswunders" wurde die Arbeitslosigkeit von 10,4% im Jahre 1950 auf 1,3% im Jahr 1960 abgebaut. Dies gelang, obwohl ca. 8 Mio. Vertriebene aus den ehemals deutschen Ostgebieten und ca. 3 Mio. Flüchtlinge aus der damaligen DDR zusätzlich in den Arbeitsmarkt integriert werden mussten.

Vom Anfang der 1960er Jahre bis zum ersten Ölpreisschock 1973 herrschte Vollbeschäftigung in Westdeutschland. Arbeitskräfte waren knapp. Dies hatte seine Ursachen nicht nur im wirtschaftlichen Wachstum und der steigenden Nachfrage nach Erwerbstätigen, sondern auch im sinkenden Arbeitskräfteangebot: In dieser Zeit kamen die geburtenschwachen Jahrgänge aus dem Zweiten Weltkrieg ins erwerbsfähige Alter. Zudem verlängerten sich die Ausbildungszeiten, und die Arbeitzeiten wurden verkürzt.

Mit der Anwerbung von ausländischen Arbeitskräften, den „Gastarbeitern", wirkte man dem Arbeitskräftemangel entgegen (vgl. 3.2.3). Die Zahl der in Westdeutschland lebenden Ausländer stieg dadurch zwischen 1961 und 1973 um über 3 Mio., und die Zahl ausländischer Arbeitnehmer nahm über 2 Mio. zu. Die Zahl der Beschäftigten wuchs dagegen um weniger als 1 Mio. Und selbst dieses bescheidene Wachstum konnte nur mittels Zuwanderung erreicht werden. Denn damals rückten geburtenschwachen Jahrgänge aus dem Zweiten Weltkrieg ins Erwerbsleben nach. 1973 erließ die Bundesregierung angesichts rückläufiger Konjunktur einen Anwerbestopp von Arbeitsmigranten.

Seit dem Jahre 1973 begann in Westdeutschland die Massenarbeitslosigkeit. Sie hält bis heute an und dauert nun schon drei Jahrzehnte. Anders als vielfach unterstellt wird, war Vollbeschäftigung in der Bundesrepublik Deutschland also kein „Normalzustand", sondern stellte eine vergleichsweise kurze Phase dar, die wenig länger als ein Jahrzehnt andauerte. Die Beschäftigungsentwicklung war seit Mitte der 1970er Jahre durch mehrere Rezessionen geprägt (1974/75, 1981/82, 1992/93). Jedes Mal wurden Arbeitsplätze abgebaut. Dies konnte zwar nach jeder Rezession in den Phasen wirtschaftlicher Erholung durch die Schaffung neuer Arbeitsplätze mehr als ausgeglichen werden. Aber die Steigerungen der Arbeitslosigkeit hielten in Folge des anhaltenden Zustroms von Arbeitssuchenden auf den Arbeitsmarkt an. Jedes Mal erhöhten die Wirtschaftskrisen den „Sockel" an Arbeitslosigkeit. Dies führte zu einem treppenförmigen Anstieg der Arbeitslosenquote seit 1973.

Insgesamt stieg die Arbeitslosenquote[1] von 1,2% im Jahr 1973 (Westdeutschland) auf 11,3% im Jahr 2003 (Gesamtdeutschland; 9,0% in West- und 19,8% in Ostdeutschland).

---

1   Hier nur bezogen auf abhängige Erwerbspersonen, deswegen sind die Angaben höher als die folgenden, international standardisierten Arbeitslosenquoten, die sich auf alle Erwerbspersonen beziehen.

Abb. 6.5: Erwerbstätigkeit und Arbeitslosigkeit in Deutschland 1950 bis 2003 (links: Arbeitslosenquote in %; rechts: Erwerbspersonen und Erwerbstätige in Tausend)

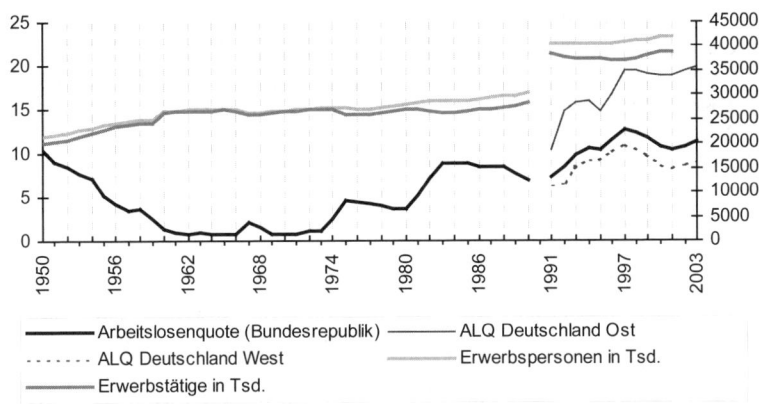

(Erläuterungen: Erwerbspersonen (Inländerkonzept, nach dem ESVG 1995): Erwerbstätige und Erwerbslose; Erwerbstätige (Inländer); ALQ 1950-1990: Erwerbspersonen: Erwerbstätige und Arbeitslose (Jahresdurchschnitte nach BA); Erwerbstätige (VGR- Inländerkonzept): Selbstständige, mithelfende Familienangehörige, Auszubildende, einschließlich Soldaten; Arbeitslosenquote: Anteil der Arbeitslosen (Jahresdurchschnitte nach BA) an allen Erwerbspersonen; ALQ 1991-2002: Anteil der Arbeitslosen (Jahresdurchschnitte) an den abhängigen, zivilen Erwerbspersonen; ALQ 2003: Anteil der Arbeitslosen (im Juni) an den abhängigen, zivilen Erwerbspersonen)

Quellen: erstellt nach Sachverständigenrat 1994; 1998; 2002: 414; Stat. Bundesamt: Datenreport 2002: 99

Dieser Anstieg vollzog sich, obwohl zwischen 1973 und 2000 etwa 3 Mio. Arbeitsplätze mehr geschaffen wurden, als verloren gingen (vgl. Abb. 6.2). Berücksichtigt man dieses Beschäftigungswachstum, so ist zu erkennen, dass die seit 1974 angestiegene Arbeitslosigkeit in Westdeutschland nicht – wie oft vermutet – auf ein sinkendes Angebot an Arbeitsplätzen zurückzuführen ist, sondern auf die immer größere Nachfrage nach Erwerbsarbeit. Der Arbeitsmarkt war überfüllt, weil erstens die geburtenstarken Jahrgänge ins Erwerbsalter kamen (vgl. 3.2.2; 3.2.5), weil zweitens Frauen immer häufiger erwerbstätig sein wollten und weil drittens bis in die 1990er Jahre hinein immer mehr Flüchtlinge, Asylbewerber und Aussiedler (vgl. 3.2.3) zuwanderten.

In Ostdeutschland war dies ganz anders. Hier führte die Umstellung von der Planwirtschaft auf die Marktwirtschaft zum Verlust von etwa einem Drittel aller Arbeitsplätze. Folglich kam es zu einem steilen Anstieg der Arbeitslosigkeit, von dem insbesondere Arbeiter und Frauen betroffen waren. Daran änderten auch umfangreiche arbeitsmarktrelevante Maßnahmen (Vorruhestand, Kurzarbeitsregelungen, ABM-Stellen, Umschulungen) nichts. Anders als im Westen sind die Ursachen der hohen Arbeitslosigkeit im Osten Deutschlands also vor allem auf der Seite des zurückgegangenen Angebots von Arbeitsplätzen zu finden. Hinzu kommt die anhaltend hohe Nachfrage nach Erwerbsarbeit. Insbesondere Frauen wollen häufiger als im Westen Deutschlands erwerbstätig sein; und anders als in Westdeutschland wird in der Regel eine ganztätige Berufstätigkeit angestrebt. Diese Erwerbswünsche resultieren hauptsächlich aus positiven Erfahrungen der Vergangenheit. Die Erwerbsbeteiligung vor allem der Frauen war in der DDR höher als im früheren Bundesgebiet gewesen. Auch nach dem Wegfall vieler Arbeitsplätze wollen die Menschen in Ostdeutschland – auch und gerade die Frauen – in unvermindert hohem Maße erwerbstätig sein.

Auch wenn die materiellen Folgen der Arbeitslosigkeit in ostdeutschen Haushalten oft dadurch gemildert werden, dass häufiger als im Westen noch ein Einkommensbezieher im Haushalt zu finden ist: Für die Menschen in den neuen Bundesländern stellte die Konfrontation mit Arbeitslosigkeit seit den 1990er Jahren eine neue negative Erfahrung dar. Unsicherheit und Selbstzweifel waren oft die Folge. Denn offene Arbeitslosigkeit war in der DDR unbekannt gewesen. Verdeckte Arbeitslosigkeit gab es indessen durchaus.

Internationaler Vergleich

Verglichen mit den übrigen EU-Ländern war 2001 das Arbeitslosigkeitsrisiko in Deutschland mit 7,7%[2] mittelgroß. Die Situation in Frankreich (8,6%), Finnland (9,1%), Griechenland (10,5%), Italien (9,4%) und Spanien (10,6%) war deutlich schlechter. Wesentlich geringer waren jedoch die Anteile der Stellensuchenden in Dänemark (4,3%), Irland (3,8%), Luxemburg (2,0%), in den Niederlanden (2,4%), Österreich (3,6%) und Portugal (4,1%) (Stat. Bundesamt 2002b).

Allerdings verlief die Entwicklungstendenz auf dem deutschen Arbeitsmarkt in den 1990er Jahren unterdurchschnittlich. Den meisten EU-Ländern gelang es besser als Deutschland, die Arbeitslosigkeit zurückzudrängen. Besonders erfolgreich waren in dieser Hinsicht Dänemark, Irland, Großbritannien und die Niederlande. Offenkundig gibt es – anders als viele politische Kommentatoren es wissen wollen – keinen Königsweg zur Vermeidung oder zur Beseitigung von Arbeitslosigkeit. Zu den EU-Ländern mit besonders positiver Arbeitsmarktbilanz zählen sowohl solche mit neoliberaler Arbeitsmarktpolitik (Irland, Großbritannien) als auch solche, die mit umfangreichen sozialpolitischen Instrumentarien in den Arbeitsmarkt eingriffen (Dänemark, Niederlande).

---

2   international standardisierter Wert

Abb.: 6.6: Erwerbslosenquoten in den Ländern der EU 1991, 1995 und 2000 (Jahresdurchschnitte in %)

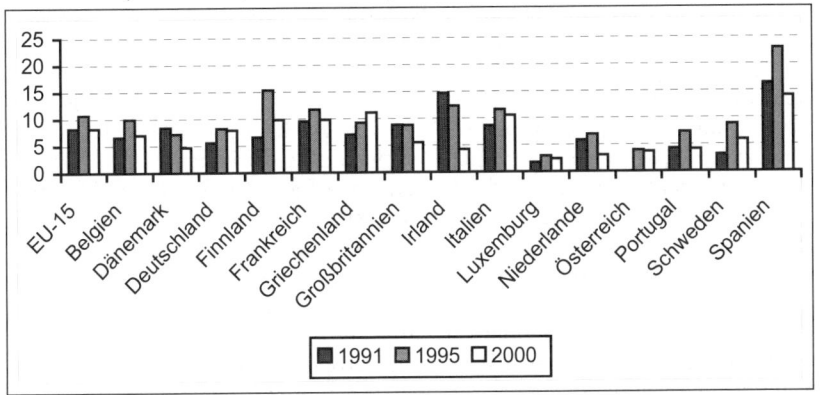

Quelle: Datenreport 2002: 102

Ähnlich wie Ostdeutschland haben auch die baltischen und ost-mittel-europä- ischen Länder nach wie vor mit erheblichen ökonomischen Transformations- problemen zu kämpfen. Dies zeigt sich auch auf den Arbeitsmärkten, wo viele Menschen eine Erwerbstätigkeit suchen. Die Arbeitslosenquoten betrugen 2000 in der Russischen Föderation 13,4%, in Estland 13,7%, in Lettland 14,6%, in Litauen 15,4%, in Polen und Kroation 16,1%, in Bulgarien 16,9% und in der Slowakei 18,8%. Allerdings gibt es auch Ausnahmen: In Ungarn bewegte sich 2000 das Niveau der Arbeitslosigkeit mit 6,4% ebenso auf westeuropäischem Niveau wie in der Tschechischen Republik mit 8,8% und in Slowenien mit 6,7%.

Trotz deutlichen Verbesserungen in den 1990er Jahren suchte 2001 in der Europäischen Union immer noch jede 14. Erwerbsperson (7,3%) eine Arbeits- stelle. Auch im Hinblick auf diesen Modernisierungsindikator waren 2001 an- dere Teile der Welt wesentlich „moderner" als die Europäische Union. In den Vereinigten Staaten (4,8%) und in Japan (5,0%) war nur jede 20. Erwerbsper- son arbeitslos, in Korea (4,1%) und in Singapur (4,4%) im Jahr 2000 jede 25. und in der Schweiz nur jede 40. (2,7%) (Stat. Bundesamt 2002b).

Risikogruppen

Das Risiko der Arbeitslosigkeit ist in Bevölkerungen keineswegs gleich ver- teilt. Besonders häufig sind Jüngere und Ältere, Frauen, Ausländer und ge- ring Qualifizierte ohne Arbeit.

In Deutschland wäre es übertrieben, die *Jüngeren* (bis 24 Jahre) als Prob- lemgruppe des Arbeitsmarkts zu bezeichnen. Sie trugen in den 1990er zwar ein überdurchschnittliches Risiko, arbeitslos zu werden. Das wurde aber durch die geringe Dauer der Arbeitslosigkeit wieder wett gemacht. Es gab nur wenige jüngere Langzeitarbeitslose. Zudem standen den Jüngeren Alter- nativen im Bildungswesen („Warteschleifen" in Schule oder Hochschule) of-

fen. Das Arbeitslosigkeitsrisiko jüngerer Menschen war in Deutschland wesentlich geringer als das älterer und anderer Problemgruppen. Gleichwohl ist
zu bedenken, dass ein misslungener Start ins Arbeitsleben die Biographie
insgesamt beeinträchtigen kann.

Diese vergleichsweise günstige Situation war in den meisten Nachbar-
ländern nicht gegeben: Die Arbeitslosigkeit Jüngerer war im Jahre 2001 mit
einer Quote von 7,8% in Deutschland nur gut halb so hoch wie im EU-
Durchschnitt (14%). In Griechenland suchten 28%, in Italien 27,8%, Spanien
20,7% und in Frankreich 18% der Jüngeren eine Stelle (Eurostat kurz 19/2002).

In Deutschland waren *ältere* Erwerbspersonen (ab 55 Jahre) im Jahr
2000 mehr als doppelt so häufig arbeitslos wie der Durchschnitt, obwohl
ein Teil von ihnen trotz Bezugs von Lohnersatzleistungen des Arbeitsamts
(nach § 428 SGB III) aus der Statistik herausgenommen ist (Datenreport
2002: 106). Zwar werden ältere Arbeitende relativ selten arbeitslos. Lange
Betriebszugehörigkeiten und der damit verbundene Kündigungsschutz bewahren sie meist davor. Wenn sie indessen arbeitslos geworden sind, haben
sie, zum Teil wegen gesundheitlicher Beeinträchtigungen, wegen veralteter
beruflicher Qualifikation oder wegen Vorurteilen von Arbeitgebern immen-
se Probleme, wieder eine Beschäftigung zu finden. Die Arbeitslosigkeit
Älterer dauert daher im Durchschnitt sehr lange. Die hohen Hindernisse,
die Ältere zu überwinden haben, um wieder Arbeit zu finden, überkompen-
sieren ihre geringen Risiken, arbeitslos zu werden. Dies kommt in den weit
überdurchschnittlichen Arbeitslosenquoten zum Ausdruck.

Diese deutsche Situation lässt sich kaum mit der in anderen Ländern
sinnvoll vergleichen. Denn das tatsächliche Rentenalter und demgemäß die
Anteile der älteren Erwerbspersonen und Erwerbstätigen unterscheiden sich
in den einzelnen Ländern krass. Während 2001 in Belgien, Italien, Luxemburg und Österreich nur noch ein Viertel und in Deutschland immerhin noch
ein gutes Drittel (37,7%) aller 55- bis 64-Jährigen arbeiteten, taten dies in Island noch fast alle, und in Schweden, Norwegen und in der Schweiz immerhin noch zwei Drittel (Eurostat 2002: Stat. Kurzgef. 19). Arbeitslosenquoten
würden sich daher auf ganz unterschiedliche Anteile der jeweiligen älteren
Bevölkerung beziehen.

In den meisten Ländern laufen *Frauen* häufiger Gefahr, arbeitslos zu
sein, als *Männer*. Dies zeigte sich 2000 in der EU besonders in Spanien, wo
der Unterschied zu den Männern 10,8 Prozentpunkte betrug. Aber auch in
Griechenland (Unterschied 9,4), in Italien (6,4), in Frankreich (3,7) und in
Belgien (3,1) waren die Arbeitsplätze der Männer wesentlich sicherer (Eurostat JB 2002: 111). Allerdings gibt es auch Länder, in denen Männer etwas
höhere Arbeitslosigkeitsrisiken trugen als Frauen. Dies war 2000 in Großbritannien, Irland und Schweden der Fall.

Das Gleiche gilt für Westdeutschland. Hier waren im Jahr 2000 Frauen
(mit 8,5%[3]) etwas seltener von Arbeitslosigkeit betroffen als Männer (8,8%)

---

3   gemessen nur an den abhängigen Erwerbspersonen

(Stat. Bundesamt 2002: Datenreport, 105). Anders in Ostdeutschland: Hier waren 2000 17,7% der Männer, aber 19,9% der Frauen ohne Arbeit. Allerdings ist auch in Ostdeutschland das Arbeitslosigkeitsrisiko der Männer zuletzt gestiegen, das der Frauen jedoch gesunken.

Insgesamt gesehen, sind in Deutschland die Frauen zwar etwas mehr der Arbeitslosigkeit ausgesetzt als die Männer. Aber eine „Problemgruppe" des Arbeitsmarkts stellen sie nicht dar. Dies ist darauf zurückzuführen, dass Frauen in der Regel im Dienstleistungssektor Arbeit suchen, in dem Sektor, in dem als einzigem neue Arbeitsplätze entstehen.

Im Unterschied zu den Frauen kann man *Ausländer* durchaus als „Problemgruppe" des Arbeitsmarkts bezeichnen. In Westdeutschland war ihr Arbeitslosigkeitsrisiko im Jahr 2000 mit 16,4% doppelt so groß wie das der einheimischen Arbeitskräfte (Stat. Bundesamt 2002: Datenreport, 105). In Ostdeutschland spielen Ausländer kaum eine Rolle auf dem Arbeitsmarkt.

Ausländer sind auf dem Arbeitsmarkt oft doppelt benachteiligt: Zum einen sind ihre geringeren sprachlichen Fertigkeiten und oft mangelhaften Qualifikationen ein Hindernis, zum andern konzentrieren sie sich stark auf un- und angelernte Tätigkeiten. Diese sind aber auch dann mit hohen Beschäftigungsrisiken behaftet, wenn sie von Deutschen angeboten werden.

Diese Gründe führen auch in den meisten anderen Ländern zu höheren Beschäftigungsrisiken für Ausländer. Ähnlich wie in Deutschland sind sie in der Regel doppelt so hoch wie die von Inländern (Kiehl/Werner 1998, Tab. 3.1).

Arbeitskräfte ohne Berufsausbildung stellen in Ost- und Westdeutschland die am schlechtesten gestellte Risikogruppe des Arbeitsmarkts dar. In Westdeutschland suchten im Jahre 2000, als 7,7% aller (zivilen) Erwerbspersonen in Westdeutschland arbeitslos gemeldet waren, volle 19,4% der Erwerbspersonen ohne beruflichen Abschluss eine Stelle. In Ostdeutschland, wo 17,6% aller Erwerbspersonen arbeitslos waren, suchte die Hälfte aller unqualifizierten (50,3%) eine Anstellung. Demgegenüber waren die Absolventen einer Lehre oder einer Berufsfachschule in Westdeutschland nur zu 5,7% und in Ostdeutschland „nur" zu 16,7% arbeitslos. Die unqualifizierten Arbeitskräfte befinden sich nicht nur aktuell in einer problematischen Lage. Ihre Arbeitsplätze werden überdies nach allen verfügbaren Prognosen in Zukunft mehr und mehr wegfallen (vgl. Abb. 5.3).

Eine höherwertige Qualifikation schützt in Deutschland nach wie vor relativ gut gegen Arbeitslosigkeit. Der Durchschnitt der Erwerbspersonen war im Jahre 2000 drei Mal so häufig arbeitslos wie Absolventen von Fachhochschulen und Universitäten. Wenn auch die erzielbaren Mehreinkommen („Bildungsrenditen") im Laufe der Zeit gesunken sind (vgl. 5.1.2) und Hochqualifizierte teilweise mit Berufspositionen vorlieb nehmen müssen, die vor Jahren noch weniger Gebildeten offen standen: Als Schutz vor Arbeitslosigkeit ist eine marktgängige Qualifikation unersetzlich (Hradil 2001: 199).

Abb. 6.7:   Qualifikationsspezifische Arbeitslosigkeitsrisiken in West- und
Ostdeutschland 1975 bis 2000

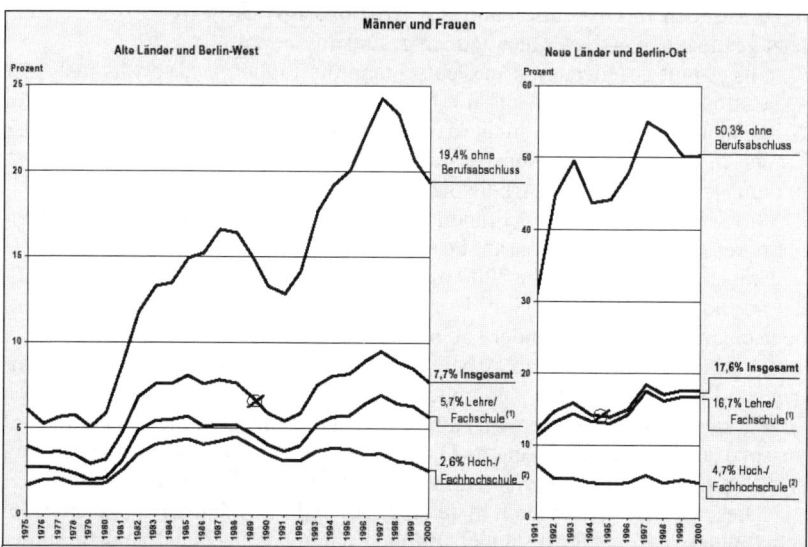

Arbeitslose in Prozent aller zivilen Erwerbstätigen (ohne Auszubildende) gleicher Qualifikation. Erwerbstätige ohne Angabe zum Berufsabschluss nach Mikrozensus je Alter-
klasse proportional verteilt 1) ohne Verwaltungsfachhochschulen; 2) einschließlich Verwaltungsfachhochschulen.
Quelle: IAB-Berechungen auf Basis Mikrozensus und Strukturerhebungen der BA (jeweils Ende September).
Quelle: Walwei 2002

Im Allgemeinen ist dies auch in den übrigen EU-Ländern der Fall. So waren
in ausnahmslos allen EU-Ländern die Absolventen einer Hochschulausbildung besser gegen Arbeitslosigkeit gesichert als die Absolventen des Sekundarbereichs (vgl. Tab. 5.2). Allerdings sind die Abschlüsse in den einzelnen Ländern gerade im Hinblick auf ihre Auswirkungen zur Beschäftigungs-
sicherung oft schwer vergleichbar.

6.2.3 Wirtschaftssektoren

Als einer der wichtigsten Indikatoren der sozialstrukturellen Modernisierung
eines Landes gilt der Grad seiner „Tertiarisierung", das heißt der Anteil der Arbeitenden, die in diesem Land im Dienstleistungsbereich tätig sind. Dahinter
steht die o.a. (vgl. 6.1.2) Theorie, die behauptet, im Laufe der Modernisierung
ergäbe sich in allen Ländern ein Wandel von einem zunächst vorherrschenden
primären Agrarbereich, über das Dominieren des sekundären Produktionssek-
tors bis hin zum Überwiegen des tertiären Dienstleistungssektors.

Üblicherweise wird diese Theorie dadurch überprüft, indem der Anteil der Erwerbspersonen gemessen wird, der in *Unternehmen* des jeweiligen Sektors tätig ist. Dieses Messverfahren ist zwar praktikabel, aber insofern ungenau, als dadurch nicht deutlich wird, wie viele Menschen z.B. Dienstleistungs*tätigkeiten* ausüben. So können in industriellen Produktionsunternehmen, die wenig „outsourcing" betrieben haben, u.U. viele Angestelle mit Dienstleistungen (Forschung, Werbung, Marketing etc.) beschäftigt sein.

In Deutschland waren vor ca. 200 Jahren schätzungsweise 80% der arbeitenden Bevölkerung im primären Sektor tätig. Sie waren Bauern und Fischer. Ca. 8% arbeiteten im sekundären Sektor. Sie waren Handwerker oder Manufakturarbeiter und produzierten Güter. Etwa 12% gehörten dem Dienstleistungssektor an: Sie waren Soldaten, Verwalter, Lehrer, Pfarrer, Ärzte etc.

Die folgende Abbildung zeigt, dass sich in Deutschland die „Tertiarisierungstheorie" weitgehend bestätigte. Vor 120 Jahren war mit 43,4% der größte Teil der Arbeitenden im Primären Sektor beschäftigt. Im Jahre 2000 waren noch ganze 2,7% aller Erwerbstätigen Landwirte oder Fischer. Auf der anderen Seite arbeiteten im Jahr 2000 zwei Drittel (64,2%) aller Erwerbstätigen im Dienstleistungssektor, vor 120 Jahren noch nicht einmal ein Viertel (22,8%). Der sekundäre Sektor, das produzierende Gewerbe, stellte 1950 (44,7%) und 1970 (49,4%) die Hälfte aller Arbeitsplätze. Im Jahr 2000 war sein Beschäftigtenanteil auf ein Drittel (33,1%) gesunken (Stat. Bundesamt 2002: Datenreport, 92).

Abb. 6.8: Erwerbstätige nach Wirtschaftssektoren in Deutschland 1882 bis 2000

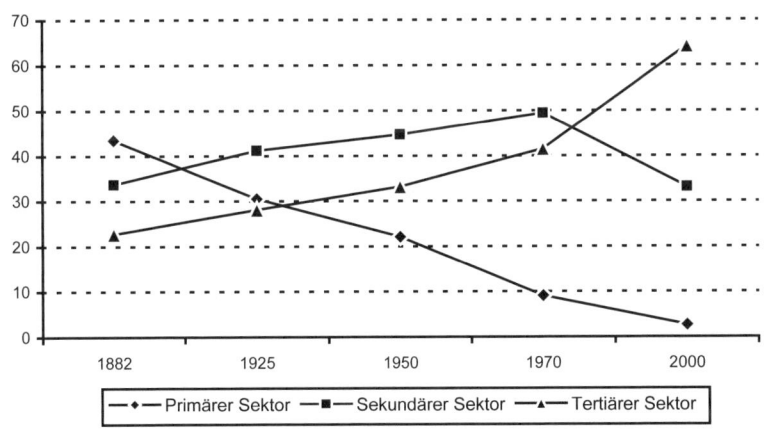

Quelle: Stat. Bundesamt 2002: Datenreport '92

Mit diesem Wandel veränderte sich der gesamte Charakter der Erwerbstätigkeit. Körperlich belastende und gefährliche Arbeiten wurden seltener. Nervlich belastende, geistig und kommunikativ anspruchsvolle Tätigkeiten nahmen zu. Die formale Disziplin der Arbeitenden wurde weniger wichtig als ihr Engagement und ihre flexiblen Problemlösungsfähigkeiten. An die Stelle massenhaft ähnlicher Berufstätigkeiten traten sehr unterschiedliche. Bei genauerem Hinsehen wird allerdings deutlich, dass sich die „große Hoffnung des 20. Jahrhunderts" (dass die Arbeitsplätze im Dienstleistungssektor nicht rationalisierbar seien, dass ein immer größerer Bedarf nach ihnen heranwachse und daher immer mehr Menschen dort Beschäftigung finden würden) nur teilweise bestätigte. Während in jenen Teilen des Dienstleistungssektors, wo Informationen erstellt, analysiert und verbreitet werden, sowie im Bereich der Humandienstleistungen weiterhin Arbeitsplätze entstehen, fanden in anderen Teilen des Dienstleistungssektors genau jene Prozesse statt wie zuvor im Agrar- und im Produktionssektor: in Folge von Rationalisierungen (vor allem durch Einführung der elektronischen Datenverarbeitung) und von stagnierendem Bedarf fielen zahlreiche Arbeitsplätze weg. Deshalb ist Arbeitslosigkeit auch im tertiären Sektor (z.B. in Bankberufen) mittlerweile keine Seltenheit mehr. Immer öfter unterteilen Sozialwissenschaftler daher den Dienstleistungssektor in stärker und weniger stark von Arbeitslosigkeit betroffene Teilsektoren. So werden z.B. produktionsbezogene Dienstleistungen, die zur Planung, Durchführung und Verteilung der Güterproduktion nötig sind, von verbraucherbezogenen Dienstleistungen unterschieden, die unmittelbar vom Letztverbraucher in Anspruch genommen werden (Scharpf 1986: 7). Eine ähnliche Untergliederung trennt zwischen Sach- und Humandienstleistungen. Eine weitere Differenzierung trennt zwischen Dienstleistungen, die Informationen schaffen, analysieren und verbreiten und solchen, die das nicht tun.

Internationaler Vergleich

Wie in Deutschland so wuchs auch in den meisten anderen europäischen Ländern im Laufe des 20. Jahrhunderts der industrielle Sektor immer mehr an und drängte den bis dahin vorherrschenden Agrarsektor zurück. Schließlich war er in den meisten Ländern der größte Wirtschaftssektor. In der Regel war das in den 1960er und 1970er Jahren der Fall (Immerfall 1994: 62). In Deutschland und in Großbritannien war diese Vorherrschaft besonders ausgeprägt und dauerte besonders lange. Allerdings gibt es Ausnahmen: In Griechenland, in Island, in Irland, in den Niederlanden, in Norwegen und in Spanien war der sekundäre nie der größte unter den drei Wirtschaftssektoren. Erst Recht waren diese Länder nie Industriegesellschaften, in denen die Hälfte aller Erwerbstätigen im Produktionssektor tätig gewesen wäre. Diese Länder „übersprangen" die Phase einer Industriegesellschaft und gelangten von einer Agrargesellschaft unmittelbar in das Stadium einer Dienstleistungsgesellschaft. In den Mittelmeerländern war an dieser Entwicklung der schnelle Ausbau der Fremdenverkehrsdienstleistungen nach dem Zweiten Weltkrieg maßgeblich beteiligt.

Blickt man in außereuropäische Länder, so wird vollends deutlich, dass das zeitweise Überwiegen des (sekundären) Industriesektors im Grunde eine europäische Besonderheit war (Kaelble 1987: 25-30). Fast alle außereuropäischen modernen Gesellschaften bewerkstelligten einen schnellen Übergang von der Agrargesellschaft zur Dienstleistungsdominanz (Immerfall 1994: 62). Betrachtet man die aktuelle Situation zu Anfang des 21. Jahrhunderts genauer, so zeigt sich, dass z.b. Griechenland, Portugal und (in Grenzen) Spanien insofern weniger „modern" als andere EU-Länder sind, als dort noch vergleichsweise viele Menschen im Bereich der Landwirtschaft arbeiten. Deutschland hat einen im Vergleich mit anderen modernen Gesellschaften (noch?) großen Industrie- und kleinen Dienstleistungssektor. Besonders groß sind in Europa die Dienstleistungssektoren (schon) in Belgien, Dänemark, Großbritannien, Luxemburg, Niederlande, Norwegen, Schweden und der Schweiz. In Großbritannien und Luxemburg kommen die hohen Dienstleistungsanteile nicht zuletzt durch private Finanzdienstleistungsunternehmen zu Stande. In vielen anderen Ländern tragen weit ausgebaute öffentliche Einrichtungen (Bildung, Soziale Sicherung etc.) dazu bei, dass der tertiäre Sektor hier besonders groß ist (vgl. 8.2.3; 8.2.4).

Außerdem finden sich in Westeuropa gewisse Abweichungen vom o.a. Modell: So weist Frankreich zwar gemessen an sonstigen Indikatoren keinesfalls Modernitätsrückstände auf; dennoch ist der französische Landwirtschaftssektor relativ groß. Dies erklärt u.a. die Zielrichtung Frankreichs in der EU-Agrarpolitik, wo sich die französische Regierung immer wieder für die Aufrechterhaltung von Subventionen für Landwirte eingesetzt hat.

Abb. 6.9: Erwerbstätige in westeuropäischen Ländern nach Wirtschaftssektoren 2001 (in %)

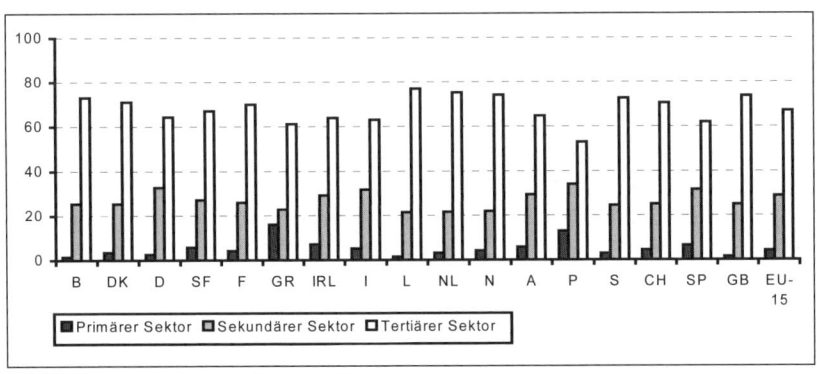

Quelle: Eurostat 2002: Stat. kurzgef. 19

6.2.4 Wirtschaftsleistung und Wohlstand

Folgt man herkömmlichen Modernisierungstheorien und den darauf beruhenden Sozialstrukturmodellen, so besteht Modernisierung ganz wesentlich in
einer Steigerung der Wirtschaftsleistung und damit auch des Wohlstands der
Menschen (vgl. 2.2.1; 6.2.4). Hierbei prägt der erreichte Wohlstand die jeweilige Sozialstruktur entscheidend. Denn Wohlstand ist Grundlage nicht nur
des individuellen Lebensstandards der Menschen, sondern auch der Möglichkeiten, öffentliche Güter wie Bildung, Verkehrs- und Kommunikationsinfra-
struktur, Krankenversorgung etc. bereitzustellen. Auch Denkweisen, Mentalitäten, Werthaltungen und Umgangsformen (vgl. Kap. 9.2) sind von Niveau
und Wachstum(sgeschwindigkeit) des materiellen Wohlstands stark beeinflusst.

In modernen Gesellschaften ist es in erster Linie das Geld, das Auskunft
über den erreichten Grad des Wohlstands gibt. In traditionalen Gesellschaften
sagte Geld viel weniger über den jeweiligen Wohlstand aus. Häuser wurden
mit Hilfe von Verwandten und Nachbarn errichtet, „die Frauen buken und
nähten, und geschlachtet wurde – selbst in der Stadt – zumeist zu Hause"
(Miegel 1983: 172). Infolgedessen waren die Menschen in früherer Zeiten
wahrscheinlich wohlhabender, als Einkommens- und Vermögensdaten besagen. Langfristige historische Vergleiche der Einkommen und Vermögen sind
daher – wenn sie überhaupt möglich sind – nur bedingt aussagefähig. In modernen Gesellschaften werden hingegen so viele Komponenten des Wohlstands gekauft, dass Geld einen sehr guten Wohlstandsindikator darstellt.

Die verfügbaren Informationen belegen eine Wohlstandsvermehrung in
Deutschland seit dem Anfang des 19. Jahrhunderts. Bis ca. 1870 war diese
allerdings gering. In dieser Zeit waren die Erhöhungen des Volkseinkommens so bescheiden wie die allgemeinen Lebensverhältnisse. Um die Mitte
des 19. Jahrhunderts lebten ca. zwei Drittel der Einwohner Deutschlands
„ohne Eigentum, ohne Extras, ohne Ersparnisse, in jedem Sinne in engen
Verhältnissen" (Zapf 1983: 52).

Ab 1871, d.h. nach dem wirtschaftlichen Aufschwung Deutschlands im
Gefolge der Reichsgründung und der französischen Reparationszahlungen
nach dem Krieg von 1870/71, hat sich bis zum Ersten Weltkrieg das Realeinkommen der breiten Bevölkerung fühlbar vermehrt, je nach Schätzung zwischen 60% und 100%. Diese Jahrzehnte wurden später „die gute alte Zeit"
genannt.

Die weitere Wohlstandsentwicklung zwischen den Weltkriegen und noch
bis in die fünfziger Jahre hinein war durch ein ständiges Auf und Ab gekennzeichnet (Erster Weltkrieg, Inflation, die „goldenen 20er Jahre", Weltwirtschaftskrise, nationalsozialistischer Rüstungsboom, Zweiter Weltkrieg). Insgesamt waren zu dieser Zeit keine Verbesserungen zu verzeichnen.

Ab 1950 begann in Deutschland eine rasante Wohlstandssteigerung.
Zwar wird erst acht Jahre nach Ende des zweiten Weltkriegs der höchste
Vorkriegsstand überschritten. Aber bis Ende der 1980er Jahre hat sich das

durchschnittliche reale (= inflationsbereinigte) Volkseinkommen versechsfacht (Habich/Zapf 1999: 35). Auch andere Länder erlebten einen Nachkriegsboom, aber die Deutschen wurden in jener Zeit schneller wohlhabend als nahezu alle anderen Gesellschaften. Die Steigerung der finanziellen Möglichkeiten schlug sich unter anderem im Massenkonsum nieder, der den Westdeutschen wellenförmig bessere Lebensmittel, Bekleidung, Wohnungen und Autos erschloss. Mitte der 1970er und in der ersten Hälfte der 1980er und in den 1990 Jahren mussten vor allem die Arbeitnehmer vorübergehend Einbußen des realen (preisbereinigten) Volkseinkommens hinnehmen. Dies änderte aber nichts an der Wohlstandsmehrung insgesamt.

Abb. 6.10: Volkseinkommen pro Kopf in Deutschland 1950 bis 1998 (preisbereinigt; 1991 = 100)

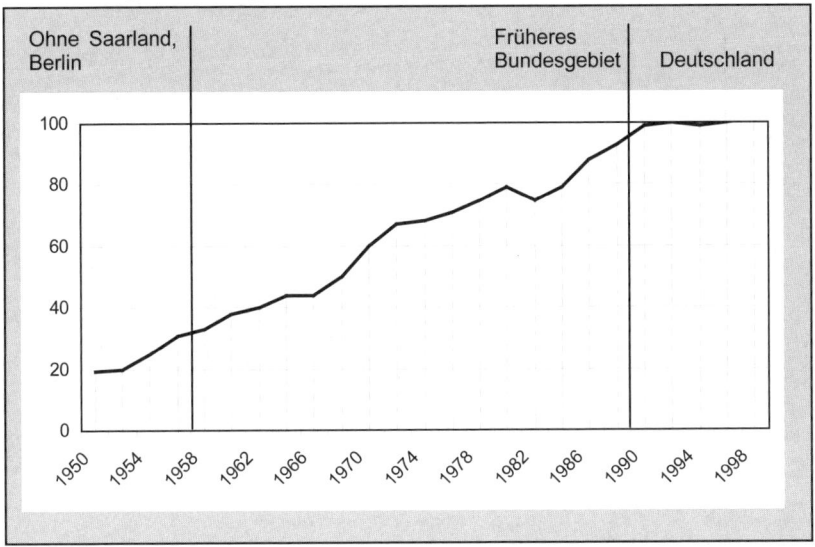

Quelle: Habich/Zapf 1999: 34, zit. n. Hradil 2001: 214

Pro Einwohner Deutschlands betrug das Volkseinkommen im Jahr 2001 18.500 Euro (Datenreport 2002: 249). In den letzten 10 Jahren ist es nominal (nicht preisbereinigt) um 3.900 Euro, real aber kaum noch gestiegen.

Bis zur Wiedervereinigung lagen die Einkommen der westdeutschen Bevölkerung mit an der Spitze der europäischen Einkommen. Seither bewegt sich das durchschnittliche Pro-Kopf-Volkseinkommen der Bewohner Deutschlands im unteren Mittelfeld Westeuropas[4]. Zudem hat Gesamtdeutschland im

---

4 Aus soziologischer Sicht ist der Unterschied zwischen Volkseinkommen und Bruttonationaleinkommen (Bruttosozialprodukt) nicht gravierend. Im BSP sind neben dem Volkseinkommen auch Abschreibungen sowie Produktions- und Importabgaben an den Staat (minus Subventionen vom Staat) enthalten.

Laufe der 1990er Jahre im westeuropäischen Wohlstandswettbewerb an Boden verloren. Im Jahr 2000 waren die Schweiz, Norwegen und Island die wohlhabendsten Länder Westeuropas – ganz zu schweigen von Luxemburg, dem reichsten Land der Welt. Griechenland, Portugal und (bedingt) Spanien lagen hinter dem westeuropäischen Wohlstands-Mittelfeld noch ein Stück zurück. Im Großen und Ganzen bewegen sich die Länder Westeuropas jedoch auf ähnlichem Wohlstandsniveau. Insbesondere die großen Länder der EU unterschieden sich 2000 in ihren Nationaleinkommen kaum. Dies sind keine schlechten Voraussetzungen zur politischen Integration.

Abb. 6.11: Bruttonationaleinkommen (Bruttosozialprodukt) westeuropäischer Länder 2000 („internationale Dollar", pro Kopf der Bevölkerung)

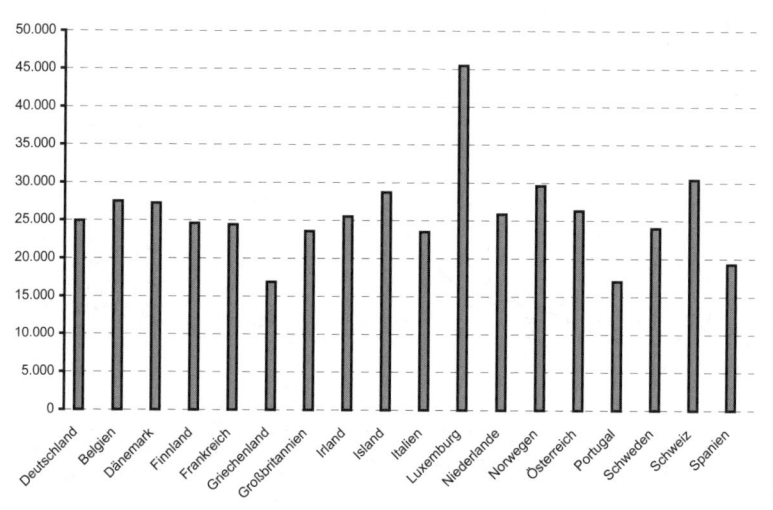

(Anm.: Durch „int. Dollar" wird das Verhältnis der Kaufkraft der einzelnen Länder gegenüber dem US-Dollar ausgedrückt.)

Quelle: Stat. Bundesamt 2002: Stat. Jahrbuch 2002 für das Ausland: 316

Das Wohlstandsniveau der Länder Mittel- und Ost-Europas betrug 2002 typischerweise nur ein Drittel des durchschnittlichen Reichtums in der Europäischen Union. Dies schafft insbesondere im Falle der Beitrittsländer zur Europäischen Union erhebliche Schwierigkeiten. Zudem werden Befürchtungen geweckt, der große Wohlstandsabstand könnte umfangreiche Zuwanderungen in die Westeuropäischen Länder auslösen. Aber nicht alle der genannten Länder sind arm im Vergleich zu Westeuropa. So übersteigt der Wohlstand der Slowenen schon den der Griechen.

Abb. 6.12: Bruttonationaleinkommen mittel- und osteuropäischer Länder
2000 („internationale Dollar", pro Kopf der Bevölkerung)

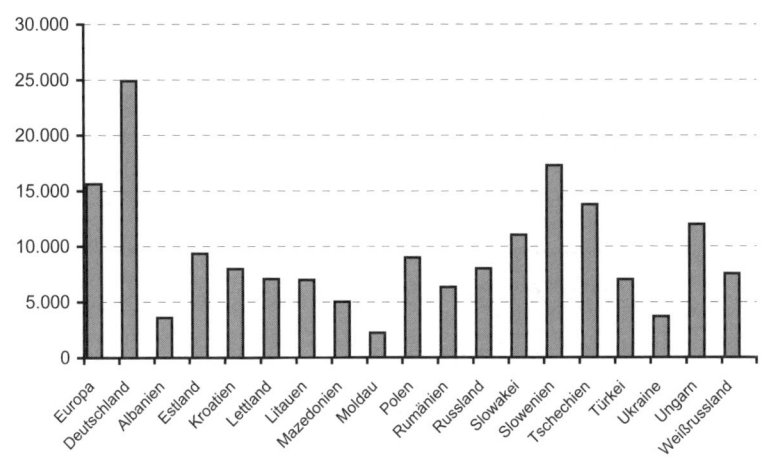

Quelle: Stat. Bundesamt 2002: St. Jahrbuch 2002 für das Ausland: 316

Wie ähnlich sich die Wohlstandsniveaus der EU-Länder wirklich sind, wird erst dann klar, wenn wir die Nationaleinkommen einiger außereuropäischer Länder der Welt mit ihnen vergleichen. Auch wenn Kaufkraftunterschiede berücksichtigt werden, bleiben die Ungleichheiten dramatisch. Die internationalen Wohlstandsungleichheiten zwischen den ärmsten und den reichsten Ländern der Welt erreichen fast das Verhältnis 1:100. Wenn die Faustregel stimmt, dass schon Wohlstandsungleichheiten, die ca. 1:2 deutlich überschreiten, dazu geeignet sind, Wanderungsbewegungen auszulösen (Miegel 2002: 33), haben die Bewohner zahlreicher Länder der Welt allen Anlass, ihr Land zu verlassen. (Zu den Ungleichheitsaspekten der internationalen Wohlstandsdisparitäten: vgl. 7.2)

Abb. 6.13: Bruttonationaleinkommen verschiedener Länder der Welt 2000 („internationale Dollar", pro Kopf der Bevölkerung)

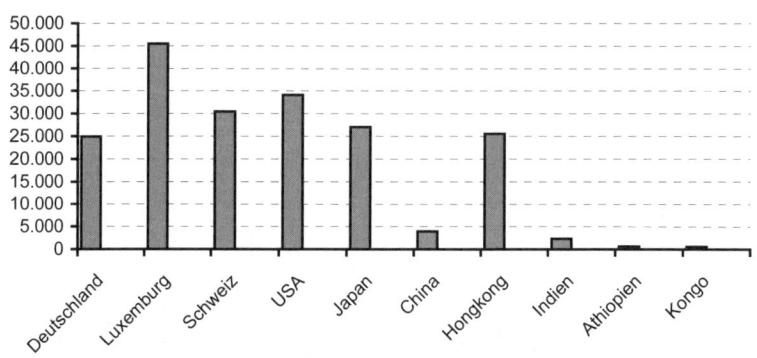

Quelle: Stat. Bundesamt 2002: Stat. Jahrbuch 2002 für das Ausland: 316-318

6.3 Fazit

Blick man zurück auf die erste der oben skizzierten Modellvorstellungen, so wird deutlich, dass die Voraussage, ein immer größerer Teil der Bevölkerung würde ins Erwerbsleben einbezogen werden, zwar in großen Teilen der Welt und auch in Teilen Westeuropas durchaus zutrifft, nicht aber in Deutschland. Hier stieg – Alles in Allem gesehen – in den letzten Jahrzehnten zwar die Zahl der Arbeitsplätze, aber die Erwerbstätigenquoten stagnierten.

Auch die modernisierungstheoretische Modellprognose, die Zahl der Arbeitslosen werde sinken, erwies sich für Deutschland als unzutreffend. Zumindest dann, wenn man den mittelfristigen Zeithorizont seit dem Zweiten Weltkrieg anlegt, wird seit 1973 ein treppenförmiger Anstieg der Arbeitslosigkeit sichtbar. Auch in anderen westeuropäischen Ländern stieg die Zahl der Arbeitssuchenden bis Mitte der 1990er Jahre unter anderem wegen des Einzugs von geburtenstarken Nachkriegsjahrgängen und von Frauen in den Arbeitsmarkt, aber nationale Sonderfaktoren (insbesondere die starke Zuwanderung) führten dazu, dass die Arbeitslosigkeit in Deutschland besonders stark zunahm. Ende der 1990er Jahre gelang es vielen Ländern der EU, Deutschland jedoch nur in engen Grenzen, die Arbeitslosigkeit wieder zurückzudrängen.

Modernisierungstheorien behaupten ferner, die Mehrheit der Erwerbstätigen werde sich vom Agrar-, über den Industrie- in den Dienstleistungssektor bewegen. Diese Voraussage bewahrheitete sich in vielen Ländern Europas durchaus und in Teilen Westeuropas (wie Deutschland und Großbritannien) sogar mustergültig. Allerdings zeigt schon der Blick auf einige Länder Südeuropas (Spanien, Griechenland etc.) sowie erst Recht über die Grenzen Europas hinaus, dass die Voraussage, alle Länder würden die Phase einer Industriegesellschaft durchlaufen, wohl eine Übergeneralisierung darstellt. Sie verallgemeinert eine Entwicklung, wie sie in voller Deutlichkeit vor allem in Großbritannien und Deutschland stattfand. Im außereuropäischen „Rest der Welt" hat es „Industriegesellschaften" größtenteils nie gegeben, wohl aber sind viele Länder bereits Dienstleistungsgesellschaften.

Der Wohlstand eines Landes ist das vielleicht wichtigste Kennzeichen der Modernisierung. Modernisierungstheorien gehen von einer Wohlstandssteigerung in modernen Gesellschaften aus. In der Tat wuchs in Deutschland der Wohlstand seit der Reichsgründung bis zum Ersten Weltkrieg. Zwar erfolgte zwischen den beiden Weltkriegen wegen der historischen Wechselfälle kaum eine Wohlstandsmehrung. Aber seit dem Zweiten Weltkrieg wuchsen die Volkseinkommen so schnell wie nie. Seit den 1990er Jahren wurden jedoch nur noch geringe Verbesserungen der Realeinkommen registriert. So zählt Gesamtdeutschland zwar zur Gruppe der reichsten Länder der Erde, nimmt heute im Rahmen der Europäischen Union aber nur einen Platz im Wohlstands-Mittelfeld ein. Bedenkt man, dass die Soziallasten, die die Einzelnen zu tragen haben, in Folge der Alterung der deutschen Gesellschaft steigen werden, und rechnet auch hinzu, dass die Einzelnen zugleich für sich selbst vorsorgen müssen, so wird deutlich, dass auch in den kommenden Jahrzehnten nicht mit einer zügigen Wohlstandsvermehrung zu rechnen ist.

6.4 Literatur

Arendt, Hannah 1996 [1958]: Vita activa oder Vom tätigen Leben, 8. Aufl., München/Zürich: Piper

Bell, Daniel 1975: Die nachindustrielle Gesellschaft, Frankfurt am Main

Clark, Colin 1940: The Conditions of Economic Progress, London/New York: McMillan

Crouch, Colin 2001: Social Change in Western Europe, Oxford:University Press

Eurostat 2002: Eurostat Jahrbuch 2002. Der statistische Wegweiser durch Europa. Daten aus den Jahren 1990-2000, Luxemburg: Amt für amtliche Veröffentlichungen der Europäischen Gemeinschaften

Eurostat 2002: Arbeitskräfteerhebung. Wichtigste Ergebnisse 2001, EU- und EFTA-Länder. Statistik kurz gefasst Thema 3, 19/

Fisher A.G.B. 1939: Produktion – Primary, Secondary, Tertiary, in: The Economic Record 15, S. 24-38

Fuchs, V.R. 1968: The Service Economy, New York

Fricke, W. u.a. 1971: Auf dem Weg zur Dienstleistungsindustrie?, Frankfurt am Main

Fourastié, Jean 1954 [1949]: Die große Hoffnung des 20. Jahrhunderts, Köln: Bund

Fourastié, Jean 1967: Der technische Fortschritt und die Entwicklung der Berufsstruktur, in: Dreitzel, Hans Peter (Hrsg.): Sozialer Wandel. Zivilisation und Fortschritt als Kategorien der soziologischen Theorie, Neuwied und Berlin: Luchterhand, S. 391-401

Habich, Roland/Zapf, Wolfgang 1995: Lebenslagen im Wandel: Sozialberichterstattung im Längsschnitt, Frankfurt am Main – New York: Campus

Habich, Roland/Zapf, Wolfgang 1999: Wohlfahrtsindikatoren 1950-1998, in: Glatzer, Wolfgang/Ostner, Ilona (Hg.): Deutschland im Wandel. Sozialstrukturelle Analysen, Opladen: Leske + Budrich, S. 31-48

194 *Erwerbstätigkeit*

Häußermann, Hartmut 1992: Einführung zu Plenum 9: Soziale Ungleichheiten in europäischen Ländern, in: Schäfers, Bernhard (Hrsg.): Lebensverhältnisse und soziale Konflikte im neuen Europa. Verhandlungen des 26. Deutschen Soziologentages in Düsseldorf, S. 347-349

Häußermann, Hartmut/Siebel, Walter 1995: Dienstleistungsgesellschaften, Frankfurt am Main: Suhrkamp

Hradil, Stefan 2001: Soziale Ungleichheit in Deutschland, 8. Aufl. Opladen: Leske + Budrich

Immerfall, Stefan 1994: Einführung in den Europäischen Gesellschaftsvergleich. Ansätze – Problemstellungen – Befunde, Passau: Wissenschaftsverlag Rothe.

Kaelble, Hartmut 1987: Auf dem Weg zu einer europäischen Gesellschaft: Eine Sozialgeschichte Westeuropas 1880 – 1980, München: Beck

Kaelble, Hartmut 1997: Europäische Vielfalt und der Weg zu einer europäischen Gesellschaft, in: Hradil, Stefan/Immerfall, Stefan (Hg.): Die westeuropäischen Gesellschaften im Vergleich, Opladen: Leske und Budrich, S. 27-68

Kasten, Gabriele/Soskice, David 2000: Möglichkeiten und Grenzen europäischer Beschäftigungspolitik, in: Aus Politik und Zeitgeschichte B14-15, S. 23-31

Kiehl, Melanie/Werner, Heinz 1998: Die Arbeitsmarktsituation von EU-Bürgern und Angehörigen von Drittstaaten in der EU. IAB-Werkstattbericht Nr. 7/98.

Miegel, Meinhard 1983: Die verkannte Revolution (1) – Einkommen und Vermögen der privaten Haushalte, Schriften des IWG Bonn, Stuttgart: Verlag Bonn Aktuell.

Miegel, Meinhard 2002: Die deformierte Gesellschaft, Berlin/München: Propyläen

OECD 2001: Labour Force Statistics 1980-2000, Paris: OECD Publications

Offe, Claus 1984: Arbeitsgesellschaft. Strukturprobleme und Zukunftsperspektiven, Frankfurt am Main – New York: Campus

Randzio/Plath 2000: (www.randzio-platz.de/artikel/GlobaleTrends2000.html#INHALT)

Sachverständigenrat zur Begutachtung der gesamtwirtschaftlichen Entwicklung 1994: Den Aufschwung sicher – Arbeitsplätze schaffen. Jahresgutachten 1994/95, Stuttgart: Metzler-Poeschel

Sachverständigenrat zur Begutachtung der gesamtwirtschaftlichen Entwicklung 1998: Vor weitreichenden Entscheidungen. Jahresgutachten 1998/99, Stuttgart: Metzler-Poeschel

Sachverständigenrat zur Begutachtung der gesamtwirtschaftlichen Entwicklung 2002: Zwanzig Punkte für Beschäftigung und Wachstum. Jahresgutachten 2002/2003

Scharpf, Fritz 1986: Strukturen der post-industriellen Gesellschaft, in: Soziale Welt 37, S. 3-24

Schröder, Klaus Theo u.a. 1989: Die Bundesrepublik Deutschland auf dem Weg zur Informationsgesellschaft? in: Aus Politik und Zeitgeschichte, B 15, S. 17 – 24

Statistisches Bundesamt (Hg.) in Zusammenarbeit mit dem Wissenschaftszentrum Berlin für Sozialforschung (WZB) und dem Zentrum für Umfragen, Methoden und Analysen, Mannheim (ZUMA) 2002: Datenreport 2002. Zahlen und Fakten über die Bundesrepublik Deutschland. Bundeszentrale für politische Bildung, Schriftenreihe Band 376, Bonn

Statistisches Bundesamt 2002a: Indikator Arbeitslosenquote international auf der Homepage des Amtes: www.destatis.de

Statistisches Bundesamt 2002b: Statistisches Jahrbuch 2002 für das Ausland, Stuttgart: Metzler-Poeschel

Tauss, Jörg u.a. 2001: Deutschlands Weg in die Informationsgesellschaft. Herausforderungen und Perspektiven für Wirtschaft, Wissenschaft, Recht und Politik, Baden-Baden: Nomos

Zapf, Wolfgang 1983: Die Wohlfahrtsentwicklung in Deutschland seit der Mitte des 19. Jahrhunderts, in: Conze, W./Lepsius, M.R. (Hg.): Sozialgeschichte der Bundesrepublik Deutschland, Stuttgart: Klett-Cotta, S. 167-85

Zapf, Wolfgang/Habich, Roland (Hg.) 1996: Wohlfahrtsentwicklung im vereinten Deutschland. Sozialstruktur, sozialer Wandel und Lebensqualität, Berlin: Sigma

Zapf, Wolfgang/Schupp, Jürgen/Habich, Roland (Hg.) 1995: Lebenslagen im Wande: Sozialberichterstattung im Längsschnitt, Frankfurt am Main-New York: Campus

7. Soziale Ungleichheit

So weit wir wissen, gab es in allen menschlichen Gesellschaften Mächtige und Ohnmächtige, Reiche und Arme, Angesehene und Verachtete, wenn auch in unterschiedlichem Ausmaß und in jeweils anderen Erscheinungsformen. Um solche und ähnliche Phänomene geht es in diesem Kapitel.

7.1 Der Bezugsrahmen

Modernisierungstheorien gehen davon aus, dass alle, vor allem aber die als „ungerecht" angesehenen Formen sozialer Ungleichheit im Laufe der Modernisierung zurückgehen werden. Um die diesbezüglichen Modellaussagen im Einzelnen einschätzen zu können, erscheint es notwendig, zunächst die wichtigsten Grundbegriffe zur Analyse sozialer Ungleichheit kennen zu lernen.

7.1.1 Grundbegriffe

Unter „Lebensbedingungen" werden die äußeren Rahmenbedingungen des Lebens und Handelns von Menschen verstanden (Wohnung, Arbeitsplatz etc.). Sie haben (wie z.b. ungesunde Arbeitsbedingungen oder Armut) auch dann Auswirkungen, wenn die Einzelnen die jeweiligen Lebensbedingungen nicht wahrnehmen oder nicht wahrhaben wollen oder ganz unterschiedlich bewerten. Als „soziale Ungleichheiten" bezeichnet man Lebensbedingungen (Arbeitsbedingungen, Einkommen, Vermögen, Bildungsgrad etc.), die es Menschen erlauben, in ihrem alltäglichen Handeln allgemein geteilte Ziele eines „guten Lebens" (wie z.B. Gesundheit, Sicherheit, Wohlstand, Ansehen) besser als andere Menschen zu erreichen.

    Soziale Ungleichheiten beziehen sich *erstens* auf „Güter", die in einer Gesellschaft als *wertvoll* gelten. Wertvoll sind diese „Güter" dann, wenn sie zum einen prinzipiell geeignet sind, ein „gutes Leben" zu führen, zum andern aber auch knapp oder „verknappt" sind. Wasser ist in Deutschland zwar notwendig zum guten Leben, aber nicht knapp. Dies ist in vielen arabischen Ländern anders. *Zweitens* beziehen sich soziale *Ungleich*heiten nur auf solche wertvollen „Güter", die bestimmten Gesellschaftsmitgliedern in größerem Umfang als anderen zur Verfügung stehen. Und *drittens* beziehen sich *soziale* Ungleichheiten auf jene wertvollen, ungleich verteilten „Güter", die Menschen auf Grund ihrer gesellschaftlichen Positionen und ihrer sozialen Beziehungen, also aus sozialstrukturellen Gründen besser oder schlechter, höher oder tiefer als andere stellen – und nicht etwa aus individuellen, aus natürlichen oder aus zufällig zu Stande gekommenen Gründen. *Soziale Ungleichheiten* vermitteln Vor- bzw. Nachteile. Sie sind somit begrifflich zu trennen von *sozialen Unterschieden*. Diese stellen nur Andersartigkeiten dar. Wenn z.b. ein Schlosser und ein Schreiner lediglich anderes tun, aber keiner bezüglich Einkommen, Arbeitsbedingungen, Ansehen etc. Vorteile hat, handelt es sich um keine soziale Ungleichheit, sondern um soziale Unterschiedlichkeit.

In traditionalen Gesellschaften gelten soziale Ungleichheiten meist als selbstverständlich, als „natürlich" oder als von Gott gegeben, somit als legitim. In Europa wurde vor allem seit der „politischen Modernisierung" im Zeitalter der Aufklärung (vgl. Kap. 2.2) immer häufiger kritisch danach gefragt, inwieweit vorhandene soziale Ungleichheiten berechtigt sind. Zahlreiche, jedoch nicht alle ihrer Erscheinungsformen gelten seither als illegitim. Daher umfasst auch der soziologische Begriff der „sozialen Ungleichheit" sowohl illegitime (z.B. extreme Armut) als auch legitime Ungleichheiten (u.a. Abstufungen von Tariflöhnen). Dies unterscheidet den soziologischen vom alltäglichen Begriff „soziale Ungleichheit". Außerhalb der Sozialwissenschaften verbindet sich mit ihm meist die Vorstellung der „Ungerechtigkeit".

Es gibt zwei Arten sozialer Ungleichheit: Verteilungs- und Chancenungleichheit. Mit *Verteilungsungleichheit* ist die ungleiche sozialstrukturelle Verteilung eines wertvollen Gutes (z.B. des Einkommens) *in der Bevölkerung schlechthin* gemeint. *Chancenungleichheit* heißt die Chance *einer bestimmten Bevölkerungsgruppe* (der Frauen, der Ausländer, der Arbeiter etc.), innerhalb dieser Verteilung besser bzw. schlechter als andere vergleichbare Gruppen abzuschneiden. So haben Kinder von Ausländern zum Beispiel wesentlich schlechtere Bildungschancen als Kinder von deutschen Eltern. Verändert sich die Verteilungsungleichheit in bestimmter Richtung (wächst zum Beispiel der Anteil der höheren Bildungsabschlüsse im Zuge der Bildungsexpansion), so muss sich die Chancenungleichheit (z.B. zwischen deutschen und ausländischen Kindern) keineswegs in gleicher Richtung verändern.

Es wird unterschieden zwischen Ursachen, Determinanten, Dimensionen und den Folgen sozialer Ungleichheit.

–   Wer den *Ursachen* sozialer Ungleichheit nachgeht, möchte wissen, wieso soziale Ungleichheiten entstehen und fortbestehen. In Theorien sozialer Ungleichheit werden (vermutete) Ursachenzusammenhänge systematisch dargestellt und u.a. bestimmte Arten der Macht, Leistungsunterschiede, funktionale Notwendigkeit etc. als Ursachen genannt (vgl. Hradil 2001: 47-94).

- *Determinanten* sozialer Ungleichheit sind soziale Merkmale von Menschen (Berufe bzw. Berufsgruppen, Geschlecht, Alter, ethnische Zugehörigkeit, etc.), die an sich keine Vor- oder Nachteile darstellen, mit denen aber empirisch nachweisbar mit erheblicher Wahrscheinlichkeit soziale Ungleichheiten einhergehen Es bestehen also Chancenungleichheiten zwischen den Trägern unterschiedlicher Determinanten (z.B. Männern und Frauen).

- (Un)vorteilhafte Lebensbedingungen existieren in großer Anzahl und Vielfalt. Um sie soziologisch übersichtlich zu halten, werden sie in beschreibende *Dimensionen* gegliedert. Die wichtigsten Dimensionen sozialer Ungleichheit in modernen Gesellschaften gruppieren sich um die berufliche Stellung: Bildung, materieller Wohlstand, Macht und Prestige. Eine höhere oder niedrigere Stellung eines Menschen im berufsnahen Oben und Unten von Bildung, Wohlstand, Macht und/oder Prestige wird Status genannt. Menschen mit ähnlichem Status heißen Schichten.

- Die in Dimensionen versammelten ungleichen Lebensbedingungen (z.B. Einkommen oder Bildungsabschlüsse) haben umfangreiche *Folgen*. So wird von (un)vorteilhaften Lebensbedingungen u.a. das Denken und Handeln der Einzelnen beeinflusst (Sprache, Kindererziehung, Kontaktverhalten, Kriminalität, Parteineigung und Wahlverhalten, Lebensstil usw.). Diese Mentalitätsmuster können, je nach Ausprägung, wiederum Vorteile oder Nachteile nach sich ziehen. Auch das Zusammenfinden der Menschen in sozialen Gruppierungen mit entsprechendem gemeinsamem Bewusstsein, ggf. einem bestimmten Wir-Gefühl sowie politischen Konfliktfronten etc. wird von ungleichen Lebensbedingungen mitbestimmt.

Ein *Gefüge* sozialer Ungleichheit besteht aus einer Struktur bestimmter, in der jeweiligen Epoche hervorstechender Determinanten und Dimensionen sozialer Ungleichheit, sowie in einer bestimmten Verteilung der Menschen innerhalb dieser Struktur. Die wichtigsten Gefüge sozialer Ungleichheit sind Stände, Klassen, Schichten und soziale Lagen. Sie sollen im nächsten Abschnitt erläutert werden.

7.1.2 Das Modell

Die funktionalistischen Modernisierungstheorien der Nachkriegszeit besagen, dass Verteilungsungleichheiten im Zuge der gesellschaftlichen Modernisierung umfassend abgebaut werden. So schrieb Talcott Parsons 1971: „In der Tat scheint man mit Berechtigung sagen zu können, daß die neue gesellschaftliche Gemeinschaft zumindest im Prinzip heute als Gesellschaft von Gleichen bezeichnet werden kann. Abweichungen vom Gleichheitsprinzip bedürfen der Rechtfertigung (...)." „Zwar ist auf lange Sicht die Stabilität des gegenwärtigen Musters nicht sichergestellt, doch geht der Trend in Richtung noch größerer Gleichheit." (Parsons 2000: 120, 143). Im einzelnen wird behauptet:

- Ungleichheiten *zwischen* Gesellschaften werden abnehmen, weil Modernisierungsprozesse in fortgeschrittenen Gesellschaften die Modernisierung weniger fortgeschrittener Gesellschaften begünstigen und nicht behindern (vgl. Kap. 2.2).
- Ungleichheiten *innerhalb* von Gesellschaften werden sich im Zuge der Modernisierung verringern, weil die Mittelschichten anwachsen und Armut, Unbildung und Unterversorgung im Zuge der Wohlstandsmehrung abnehmen. Extremer Reichtum wird durch wohlfahrtsstaatliche Maßnahmen und wachsende Konkurrenz vermindert.
- *Chancen*ungleichheiten (zwischen den Geschlechtern, Ethnien, Regionen, Altersgruppen etc.) werden schwinden, weil sich Leistungskriterien mehr und mehr durchsetzen.

Die Modernisierung und Angleichung der Ungleichheitsstruktur zeigt sich dem Modell (siehe 2.2.2) gemäß darin, dass phasenweise immer wieder andere Ungleichheitsdeterminanten, -dimensionen und -gefüge in den Vordergrund rücken:

In *vorindustriellen Gesellschaften* stellte die „Geburt" die bei weitem wichtigste Determinante sozialer Ungleichheit dar. Die soziale Herkunft bestimmte die erreichbaren Lebensbedingungen der Menschen in der Regel lebenslang. Wer einer Familie aus dem Bauernstand, dem Bürgertum oder dem Adel entstammte, blieb in der Regel sein Leben lang in diesem Stand und in dessen Lebensbedingungen. Auf- und Abstiege über Standesgrenzen hinweg waren schon rechtlich kaum möglich. Ungleiche formale Rechte und ungleiche Regeln der alltäglichen Lebensführung stellten die wichtigsten Dimensionen (un)vorteilhafter Lebensbedingungen dar. Ungleiche Rechte (z.B. Steuerpflichten bzw. -befreiungen, Erwerbsprivilegien und -verbote, Hand- und Spannpflichten, Zoll- und Stapelrechte) verschafften bestimmten Personen Vorrechte und anderen rechtliche Verpflichtungen. Die ungleichen Regeln der Lebensführung (Kleiderordnungen, Regeln des Kirchenbesuchs, Grußvorschriften, etc.) gestatteten bestimmten Gruppierungen Verhaltensweisen, die andern verboten waren. Dies ging mit Gliederungen des Prestiges und der „Ehre" einher und schlug sich in stark verfestigten Selbsteinschätzungen und Fremdeinschätzungen nieder. All dies zusammen verschaffte bestimmten Gruppierungen in der vorindustriellen Gesellschaft wesentliche Vor- bzw. Nachteile. Diese Gruppierungen werden „Stände" genannt.

Als „Stände" bezeichnet man Gruppierungen innerhalb der Struktur sozialer Ungleichheit, denen Menschen in der Regel durch „Geburt" angehören, deren ungleiche Existenzbedingungen und Lebensweisen weitgehend geregelt und in ihren Abgrenzungen von anderen Ständen genau festgelegt sind. Gesellschaften, in denen Ständegliederungen das Gefüge sozialer Ungleichheit dominieren, werden „Ständegesellschaften" genannt.

In *frühen Industriegesellschaften* wurde der „Besitz" zur zentralen Determinante sozialer Ungleichheit. Besitzende, insbesondere die Personen mit Pro-
duktionsmittelbesitz, hatten wesentliche Vorteile im Vergleich zu den nicht
Besitzenden. Die Besitzenden konnten sich bereichern und wirtschaftliche,
zum Teil auch politische und gesellschaftliche Macht ausüben. Die Nicht-
Besitzenden waren gezwungen, sich bei Produktionsmittelbesitzenden zu ver-
dingen und Lohnarbeit zu verrichten, um ihren Lebensunterhalt zu sichern.
Soziale Aufstiege der Nicht-Besitzenden und Abstiege der Besitzenden waren zwar rechtlich möglich, aber praktisch selten. Diese Gruppierungen werden als „Klassen" bezeichnet.

> In einem etwas allgemeineren Sinne werden „Klassen" all jene Gruppierungen inner-
> halb der Struktur sozialer Ungleichheit genannt, die auf Grund ihrer Stellung inner-
> halb des Wirtschaftsprozesses anderen Gruppierungen über- oder unterlegen sind (z.B.
> wegen ihres Besitzes oder Nichtbesitzes an Produktionsmitteln oder wegen ihrer
> Machtposition auf dem Arbeitsmarkt), woraus ihnen bessere oder schlechtere Lebens-
> bedingungen erwachsen. Gesellschaften, in denen Klassengliederungen das Gefüge
> sozialer Ungleichheit hauptsächlich prägen, werden „Klassengesellschaften" genannt.

In *fortgeschrittenen Industriegesellschaften* arbeitete die weit überwiegende
Mehrheit der Erwerbstätigen in unselbstständiger Position. Daher trat die jeweilige Stellung in der Berufshierarchie immer mehr an die Stelle des „Besit-
zes" und bestimmte die Position der Einzelnen im Gefüge sozialer Ungleichheit. Von der Berufsposition hingen Einkommen, Prestige, Macht, soziale
Beziehungen u.v.a.m. ab, also die jeweiligen Stellungen in den wichtigsten
Dimensionen sozialer Ungleichheit. Sozialer Auf- und Abstieg sollte sich in
fortgeschrittenen Industriegesellschaften allein nach Maßgabe der individuellen Leistung vollziehen und dadurch wesentlich häufiger werden als in
Klassengesellschaften.

> Gruppierungen von Menschen mit ähnlich vorteilhafter oder unvorteilhafter berufli-
> cher Stellung (hinsichtlich Qualifikation, Macht, Einkommen oder Prestige) werden
> als „Schichten" bezeichnet. Überwiegt dieses beruflich geprägte Oben und Unten alle
> anderen Ungleichheitsgefüge, so bezeichnet man jene Gesellschaften als „Schicht-
> Gesellschaften".

In *postindustriellen Gesellschaften* wird die Bildung zum entscheidenden
Zuweisungsmerkmal für Beruf, Berufsstatus und Lebensstil. Daneben treten
freilich berufsfremde Ungleichheitsdeterminanten mit in den Vordergrund.
So werden geschlechtspezifische, ethnische, altersbedingte und regionale
Ungleichheiten immer mehr beachtet, zum Teil auch faktisch immer wirksa-
mer. Der Wohlfahrtsstaat greift stark in das Ungleichheitsgefüge ein. In diesem Zusammenhang geraten Dimensionen sozialer Ungleichheit mit in den
Vordergrund, die nur teilweise mit der beruflichen Stellung zu tun haben:
Arbeitsbedingungen, Wohnbedingungen, Infrastrukturbedingungen, Freizeitbedingungen, Gesundheit etc. In postindustriellen Gesellschaften sind die Gefüge der Lebensbedingungen und die darin unterscheidbaren Gruppierungen
der Menschen, die „sozialen Lagen" bzw. die „Lebenslagen", komplexer als

in Industriegesellschaften. Zudem differenzieren sich die Lebensweisen der Menschen (soziale Milieus, Lebensstile; vgl. Kap. 9) aus und hängen oft nur mittelbar mit ungleichen Lebensbedingungen zusammen.

> Als „soziale Lage" bezeichnet man die Gesamtheit der Lebensbedingungen einer sozialen Gruppierung, die durch eine gemeinsame soziale Position (Studierende, Rentner, Facharbeiter, Arbeitslose, ausländischer unqualifizierter Arbeiter, Hausfrau etc.) definiert ist. „Lebenslage" wird die Gesamtheit der ähnlich vorteilhaften und nachteiligen Lebensbedingungen (z.B. hohe soziale Sicherheit und zugleich mäßiges Einkommen oder aber geringe soziale Sicherheit und hohes Einkommen) bezeichnet, die für eine soziale Gruppierung charakteristisch sind. Lagenbegriffe dienen der differenzierten Unterscheidung sozialer Ungleichheiten und sind u.a. in pluralisierten postindustriellen Gesellschaften hilfreich.

Ständische Strukturen finden sich nicht nur in historischen Ständegesellschaften. Klassenstrukturen gibt es nicht nur in den typischen Klassengesellschaften des 19. Jahrhunderts. Die für Industriegesellschaften typischen Schichtstrukturen sind mit dem Aufkommen der postindustriellen Gesellschaft keinesfalls ausgestorben, vielleicht sind sie im Zuge der Deregulierung und sinkender wohlfahrtsstaatlicher Leistungen sogar wieder auf dem Vormarsch. Alle die genannten Gefüge und typischen Strukturformen reichen über die Epochen hinaus, denen sie ihren Namen gaben, und – wenn auch in unterschiedlichem Ausmaß – in moderne postindustrielle Gesellschaften hinein. Sie dienen Sozialwissenschaftlern als analytische Begriffe, um unterschiedliche Strukturen auseinanderzuhalten.

7.1.3 Theorien

Soziale Ungleichheit ist ein sehr umfassender und vielgestaltiger Bereich der Sozialstruktur. Einige Teilbereiche wurden in diesem Buch bereits dargestellt, z.b. Ungleichheiten der Bildungschancen (in Kap. 5) sowie Ungleichheiten der Erwerbschancen und der Arbeitslosigkeit (in Kap. 6). Die folgende Darstellung konzentriert sich auf Einkommens- und Vermögensungleichheiten.

Es liegen nur wenige Theorien vor, die zu erklären suchen, wie sich Einkommens- und Vermögensverhältnisse im Verlauf der Modernisierung von Gesellschaften entwickeln.

Die *Funktionalistische Schichtungstheorie* beruht auf dem Grundgedanken, dass die einzelnen (Berufs-)Positionen der Gesellschaft ungleich schwierig und ungleich wichtig für das Weiterbestehen der Gesellschaft sind. Jede Gesellschaft muss nach dieser Theorie daher ein Interesse daran haben, dass wenigstens die besonders wichtigen und schwierigen Positionen von Personen besetzt sind, die jene Aufgaben kompetent ausführen. Denn davon hängt das Fortbestehen der Gesellschaft ab. Es ist – gemäß dieser Theorie – in jeder Gesellschaft notwendig, höhere Belohnungen für wichtige und schwierige Positionen als für andere Positionen auszusetzen. Durch überdurchschnittliches Einkommen und Berufsprestige soll die Konkurrenz um die Besetzung der wichtigen und schwierigen Positionen angefacht und so sicher gestellt werden, dass diese Aufgaben von den dafür am besten geeigneten Personen ausgeführt werden (Davis/Moore 1967).

Die funktionalistische Schichtungstheorie behauptet also, durch Leistung legitimierte soziale Ungleichheit sei in allen Gesellschaften notwendig, um deren Bestand zu erhalten. Diese These wurde in der Literatur oft bestritten (Hradil 2001: 62ff.). Sie enthält auch keine Aussagen darüber, wie viel Ungleichheit notwendig ist und ob sich deren Ausmaß im Laufe der gesellschaftlichen Entwicklung verändert.

Vor dem Hintergrund von Modernisierungstheorien kommen Vermutungen und Hypothesen in der Regel zum Schluss, die Einkommens- und Vermögensungleichheit werde abnehmen.

In diese Richtung bewegten sich schon die Hypothesen, die John Stuart *Mill* (1806-1873) im 19. Jahrhundert formuliert hatte. Hiernach werde die Bildungsexpansion auf eine Angleichung der Einkommen hinwirken. Dies hat J.S. Mill vor allem mit dem ökonomischen Argument begründet, dass das höhere Angebot an qualifizierten Arbeitskräften auf dem Arbeitsmarkt eine Verringerung ihrer Löhne nach sich ziehen werde.

Zum gleichen Ergebnis kommt eine Theorie von Simon *Kuznets* (1955). Er ging davon aus, dass die Einkommen in Agrargesellschaften relativ niedrig und verhältnismäßig gleich verteilt sind. Wenn eine Gesellschaft sich modernisiert, strömt ein wachsender Anteil der Arbeitenden aus dem agrarischen Niedriglohnsektor in den moderneren Sektor, wo sehr viel höhere Löhne gezahlt werden. Ist die Modernisierung weit fortgeschritten, so befinden sich nahezu alle Erwerbstätigen im modernen Hoch-Lohn-Sektor.

Aus diesen Überlegungen ergeben sich folgende Konsequenzen für die Veränderung der Struktur der Einkommensungleichheit:

– In vormodernen Gesellschaften ist die Einkommensungleichheit niedrig (s.o.).
– In der Phase der aufkommenden Industriegesellschaft wächst die Einkommensungleichheit, weil jeweils ein Teil der Beschäftigten sich im Bereich niedriger und ein anderer Teil sich im Bereich hoher Löhne befindet.
– In weitgehend modernisierten Gesellschaften, in denen der landwirtschaftliche Sektor schon sehr klein geworden ist, (vgl. Kap. 6) ist die Einkommensungleichheit wieder niedrig. Denn die Erwerbstätigen befinden sich nun überwiegend im industriellen Hochlohnsektor.
– Insgesamt ergibt sich – laut Kuznets – also ein umgekehrt U-förmiger Verlauf der Einkommensungleichheit.

Diese Theorie vermutet also, wie alle Modernisierungstheorien, die bewegenden Kräfte im Innern der betreffenden Gesellschaften. Die Theorie argumentiert insofern ahistorisch, als angenommen wird, alle Gesellschaften werden die umgekehrt U-förmige Entwicklung durchlaufen, aber zu unterschiedlichen historischen Zeitpunkten.

7.2 Empirische Befunde

Zur Ermittlung des materiellen Wohlstands existiert in modernen Gesellschaften ein sehr aussagefähiger Indikator: Mit *Geld* lassen sich in Marktwirtschaften fast alle materiellen Bedürfnisse befriedigen.

Geld kommt auf die meisten Menschen zum einen in Form laufender Einkommen zu, zum andern besitzen viele Menschen Geld: Sie sind Eigentümer von Vermögensbeständen. Diese stellen entweder unmittelbare Geldvermögen dar, oder es handelt sich um Sachvermögen, die zu Geld gemacht werden können.

Dementsprechend gliedert sich das siebte Kapitel dieses Buches in einen Einkommensteil (7.1) und einen Vermögensteil (7.2). Abschnitt 7.3 geht gesondert auf die unterste Zone des Einkommens und Vermögens, auf Armut ein.

7.2.1 Die Einkommensverteilung

Wer ermitteln will, wie die Einkommen innerhalb oder zwischen Gesellschaften verteilt sind, muss zunächst bestimmen, welche Art von Einkommen er erfassen möchte.

Begriffe und Maße

In sozialwissenschaftlichen Analysen der Einkommensverteilung, die Auskunft über den jeweiligen Lebensstandard geben sollen, geht man zweckmäßigerweise nicht vom persönlichen Einkommen, sondern vom *Haushaltseinkommen* aus. Hierbei liefert das *Netto*-Haushaltseinkommen bessere Informationen als das Brutto-Einkommen. Um das Netto-Haushaltseinkommen zu berechnen, werden alle Einkommen erfasst, die einem Haushalt zufließen. Dies sind zunächst alle Einkommen aus den Erwerbstätigkeiten aller Verdiener eines Haushalts. Außerdem kann es sich um Besitzeinkommen (Mieteinnahmen, Kapitalgewinne, Zinsen etc.) handeln. Schließlich werden ggf. auch staatliche Transfereinkommen (Kindergeld, Wohngeld, Sozialhilfe etc.) einbezogen. Von diesen Einkommenszuflüssen werden die gezahlten Steuern und Sozialversicherungsbeiträge abgezogen. Da ein Netto-Haushaltseinkommen von z.B. 2000 € einem Single einen wesentlich höheren Lebensstandard erlaubt als einem Paar mit zwei Kindern, erbringt das *Pro-Kopf*-Nettohaushaltseinkommen noch präzisere Aufschlüsse. Es wird berechnet, indem man das Netto-Haushaltseinkommen durch die Zahl der Haushaltsmitglieder teilt.

Allerdings verzerrt auch das Pro-Kopf-Haushaltsnettoeinkommen die wirklichen Lebensstandards. Gleiche Pro-Kopf-Haushaltseinkommen signalisieren keineswegs gleiche Lebensstandards. Mit z.B. 500 € pro Monat kommt ein Einpersonenhaushalt in Deutschland kaum aus. Ein Vier-Personenhaushalt kann mit 2.000 € jedoch hinreichend wirtschaften. Je größer nämlich ein Haushalt ist und je mehr Kinder in ihm leben, desto geringer sind seine Grundkosten pro Haushaltsmitglied. Ein Fünf-Personen-Haushalt benötigt nicht fünf Kühlschränke und fünf Autos, und auch die Wohnung muss nicht fünf mal so groß sein wie die eines Einpersonenhaushalts. Kleine Kinder sind zwar teuer, aber weniger teuer als Jugendliche und als Erwachsene. Um diese Ersparnisvorteile größerer und kinderreicher Haushalte zu berücksichtigen, wird das sog. „Äquivalenzeinkommen" berechnet. Es wird auch „bedarfsgewichtetes Pro-Kopf-Haushaltseinkommen" genannt.

Das „Äquivalenzeinkommen" dient im Grunde dazu, die Pro-Kopf-Haushaltseinkommen größerer und kinderreicher Haushalte künstlich „hochzurechnen". Dies geschieht, indem das Gesamteinkommen des Haushalts nicht durch die Zahl der Personen im Haushalt geteilt wird. Vielmehr wird jedem Haushaltsmitglied ein „Personengewicht" zuerkannt. Es beträgt für das erste erwachsene Haushaltsmitglied 1 und (z.B. in der sog. „älteren OECD-Skala") für jedes weitere Haushaltsmitglied ab 15 Jahren 0,7 und für Kinder bzw. Jugendliche bis einschließlich 14 Jahren 0,5.[1] Das gesamte Haushaltseinkommen wird dann durch die Summe der „Personengewichte" der Haushaltsmitglieder geteilt. So wird zur Ermittlung des „Äquivalenzeinkommens" z.B. das Haushaltseinkommen eines Paares mit zwei Kindern nicht durch 4, sondern durch 2,7 geteilt. Hierdurch ergibt sich für größere Haushalte mit mehreren Kindern ein höheres Pro-Kopf-Einkommen als nach einer Teilung durch die bloße Personenzahl, was die Ersparnisvorteile des größeren Haushalts berücksichtigt.

Hat man die „Äquivalenzeinkommen" der einzelnen Haushalte erfragt und so berechnet, dann bleibt das Ausmaß der Ungleichheit zu bestimmen. Hierzu bestehen mehrere Möglichkeiten:

– Die Verteilung der Menschen auf *Wohlfahrtspositionen* gibt darüber Auskunft, welche Bevölkerungsanteile um einen bestimmten Prozentsatz mehr oder weniger als der Bevölkerungsdurchschnitt verdienen. So gelten in den Sozialwissenschaften häufig die Menschen als „arm", die weniger als die Hälfte des Durchschnittseinkommens der Bevölkerung verdienen. Als „reich" werden oft jene bezeichnet, deren Einkommen höher als das doppelte Durchschnittseinkommen ist (vgl. 7.2.3).

– Der *Gini-Koeffizient* stellt eine Maßzahl dar, die das Ausmaß der Einkommenskonzentration in einer einzigen Zahl zwischen 0 und 1 zum

---

1   Die sog. „neuere OECD-Skala" mißt jeder Person im Haushalt ab 15 Jahren den Faktor 0,5 und jedem Kind den Faktor 0,3 zu. Die neuere Skala setzt die Kosten für Kinder wesentlich geringer als die ältere Skala an. Insbesondere die Einkommen größerer Familien werden so „nach oben" gerechnet. Hieraus wird deutlich, dass die Ausgestaltung der jeweils gewählten Äquivalenzskala großen Einfluss auf die Ergebnisse von Statistiken der Einkommensverteilung haben.
Auch den Regelsatzproportionen der deutschen Sozialhilfe liegt eine Äquivalenzskala zu Grunde. Seit 1990 betragen die Bedarfsgewichte 1 für den Haushaltsvorstand, 0,8 für weitere Erwachsene und zwischen 0,5 und 0,9 für Kinder im Haushalt, je nach deren Alter.

Ausdruck bringt. Je höher dieser Wert ist, desto höher ist die Einkommensungleichheit. Beträgt der Gini-Koeffizient 1, so verdient eine Person alles; lautet der Gini-Koeffizient 0, so verdienen alle Personen das Gleiche.[2]

– *Quantilsanteile* geben darüber Auskunft, welchen Anteil am gesamten Einkommen der Bevölkerung ein bestimmter Bevölkerungsanteil auf sich vereinigt, d.h. wieviel % des Gesamteinkommens z.b. die 10% einkommensschwächsten oder die 10% einkommensstärksten Personen auf ihren Konten vorfinden. Auch das Verhältnis zwischen diesen beiden Einkommensanteilen (wenn z.b. die 10% Einkommensstärksten 4 Mal so viel verdienen wie die 10% Einkommensschwächsten) kann das jeweilige Ausmaß der Ungleichheit in wenigen Zahlen verdeutlichen.

Einkommensverteilung in Deutschland

Die Entwicklung der Einkommensverteilung seit Beginn der Industrialisierung lässt sich in Deutschland in drei Phasen einteilen:

1. Zunächst wurde die Einkommensverteilung seit dem Beginn der Industrialisierung ständig ungleicher. So vergrößerte sich der Einkommensanteil, über den die 5% einkommensstärksten Personen in Preußen verfügten, von 27,8% im Jahr 1854 laufend bis zu 32,6% im Jahr 1900. Ähnlich, wenn auch weniger deutlich, verlief die Entwicklung in Sachsen (Kraus 1995: 197, 216).
2. Seit dem Beginn des 20. Jahrhunderts bis etwa zum Jahr 1970 wurde die Einkommensverteilung dann viele Jahrzehnte lang immer gleicher. Lediglich im Nazi-Deutschland verschärfte sich die Einkommensverteilung kurzzeitig (Kraus 1995: 197f, 216). Das einkommensstärkste Bevölkerungszehntel verfügte im Jahre 1913 über 40%, 1928 über 37%, 1936 über 39% und 1950 über nur noch 34% allen Einkommens (Kraus 1995: 200; Petzina 1978: 106; Ballerstedt/Glatzer 1979: 257)
3. Seit den frühen 1970er Jahren ist die Einkommensverteilung in Westdeutschland wieder etwas ungleicher geworden. 1973 betrug der Gini-

---

2   Der Gini-Koeffizient beruht auf der sog. Lorenz-Kurve: In einem Koordinatensystem bezeichnet die waagrechte Achse alle Personen bzw. Haushalte der Bevölkerung, welche nach der Höhe der jeweiligen Einkommen angeordnet und z.B. vom einkommenssschwächsten bis zum einkommensstärksten Zehntel gruppiert wurden. Auf der senkrechten Achse ist der Anteil am Gesamteinkommen abgetragen, den die jeweiligen Bevölkerungsanteile auf sich vereinigen. Die diagonale Ursprungsgerade gibt eine (fiktive) Gleichverteilung der Einkommen wieder. An der Lorenzkurve ist abzulesen, welchen akkumulierten Anteil am Gesamteinkommen die akkumulierten Bevölkerungsanteile (z.B. die einkommensschwächsten 10% oder 30 %) auf sich vereinigen. Je weiter die Lorenzkurve nach unten durchhängt, desto ungleicher ist die Einkommensverteilung. Teilt man die Fläche zwischen Ursprungsgerade und Lorenzkurve durch die Fläche unterhalt der Ursprungsgeraden, so ergibt sich der Gini-Index

Koeffizient 0,2481. Bis 1998 war er auf den Wert 0,2696 gestiegen. Gleichzeitig hat sich das Einkommensniveu stark angehoben: Das durchschnittliche bedarfsgewichtete Pro-Kopf-Haushaltseinkommen (Äquivalenzeinkommen) hat sich in Westdeutschland von 1973 (981 DM) bis 1998 (2.924 DM) fast verdreifacht (Bundesregierung 2001: Armutsbericht Anhang, 47).

Auch aus der folgenden Abbildung geht hervor, dass die einkommensschwächeren Bevölkerungszehntel in den letzten drei Jahrzehnten leichte Einbußen ihrer Einkommensanteile hinnehmen mussten; die einkommensstärksten Zehntel haben etwas hinzugewonnen.

Abb. 7.1:   Die Verteilung der Nettoäquivalenzeinkommen in West-Deutschland 1973 bis 1998

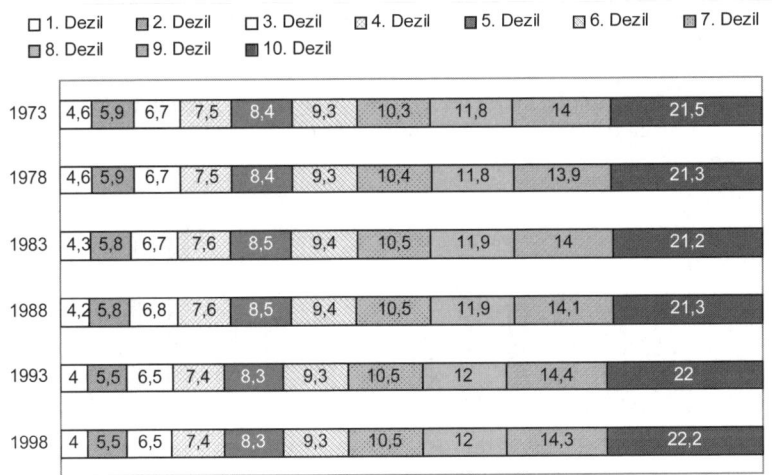

Quelle: Daten: EVS; Quelle: Bundesregierung 2001: Armutsbericht, Anhang: 47

Setzt man die durchschnittlichen Einkommen des einkommensstärksten (10.) Bevölkerungszehntels (Dezils) mit den Einkommen des einkommensschwächsten ins Verhältnis, so ergibt sich, dass die „Besserverdienenden" 1973 in Westdeutschland fast drei Mal (2,88) so viel wie die „Niedriglohnempfänger" verdienten. 1998 verdienten sie gut drei Mal (3,29) mehr (Bundesregierung 2001: Armutsbericht, Anhang, 46). Auch dies zeigt die leichte Verschärfung der Einkommensverteilung.

In Ostdeutschland waren 1998 die Einkommen (noch) gleicher als in Westdeutschland verteilt (Bundesregierung 2001: Armutsbericht, Anhang: 47). Allerdings gleichen sich die Einkommensungleichheiten in den neuen Bundesländern Jahr für Jahr mehr denen im Westen Deutschlands an.

Einkommensungleichheit zwischen den EU-Ländern

Vergleicht man das durchschnittliche Äquivalenz-Einkommen in Deutschland mit dem in anderen EU-Ländern und berücksichtigt hierbei auch die Kaufkraft, so zeigt sich, dass sich die Deutschen zusammen mit den Belgiern, Dänen, Engländern, Franzosen, den Niederländern und den Österreichern fast gleichauf im wohlhabenden Mittelfeld Europas befinden. Spitzenreiter im Hinblick auf das mittlere Äquivalenzeinkommen (wie auch hinsichtlich des Volkseinkommens; s.o. Kap. 6) war Luxemburg. Die Einkommen der Menschen in Irland, Italien, Spanien, Griechenland und – als Schlusslicht – in Portugal fallen hinter die der restlichen EU-Länder zurück. Im Großen und Ganzen näherten sich aber die Einkommen in den zuletzt genannten, weniger reichen Ländern seit den 1980er Jahren an die der übrigen EU-Länder an. Dies gilt auch für viele andere ungleiche Lebensbedingungen (wie Haushaltsausstattungen, PKW-Besitz, Umweltprobleme etc.) (Berger-Schmitt 2002: 3).

Abb. 7.2:   Äquivalenzeinkommen pro Kopf in den EU-Ländern 1996
(umgerechnet in Kaufkraftstandards)

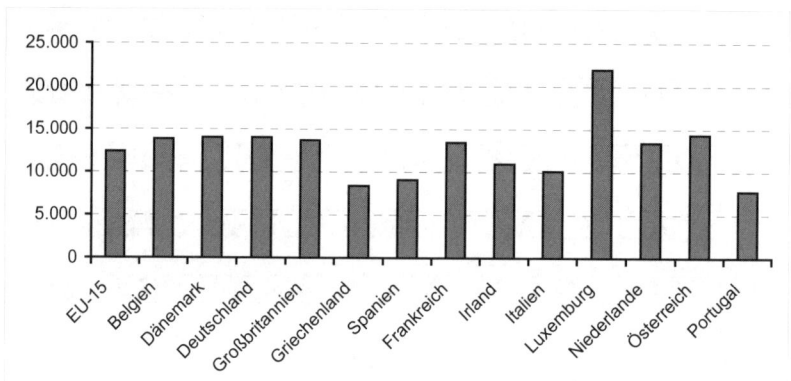

Quelle: Europ. Komm./Eurostat 2001: Jahrbuch 2001: 170

Vergleich der nationalen Einkommensverteilungen

Wie verhält es sich aber mit den Einkommensungleichheiten innerhalb der einzelnen Länder? In welchen Ländern ist die Kluft zwischen Großverdienern und Geringverdienern besonders groß oder aber besonders klein?

Setzt man die Einkommensanteile des einkommensstärksten Bevölkerungsfünftels mit denen des einkommensschwächsten ins Verhältnis, so ergibt sich, dass 1999 in der EU Portugal an der Spitze der Einkommensungleichheit stand. In diesem Land verdiente das einkommensstärkste Bevölkerungsfünftel 6,4 mal so viel wie das einkommensschwächste. Griechenland,

Spanien, Großbritannien, Italien und Irland folgen in der Rangreihe der Einkommensungleichheit. Besonders gleich waren die Einkommen in Dänemark und in Schweden (3,2 mal) sowie in Finnland (3,4 mal) verteilt. Dahinter befindet sich bereits Deutschland (3,6 mal). Die Einkommensungleichheit in Deutschland ist also im Rahmen der Europäischen Union unterdurchschnittlich stark. (Eurostat JB 2001: 171; Eurostat/Europ. Komm 2001: Soz. Lage 2001, 94)

Abb. 7.3: Die Ungleichheit der Einkommen in europäischen Ländern 1999 (Netto-Äquivalenzeinkommen; Anteil der reichsten 20% der Bevölkerung im Verhältnis zu dem der ärmsten 20%)

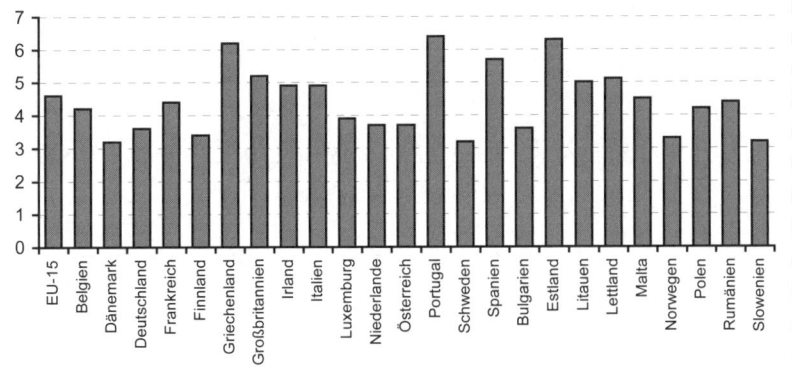

Quelle: Eurostat Haushaltspanel; Quelle:http://europa.eu.int/com/eurostat/Public/datashop

Erweitern wir den Kreis der Vergleichsländer auf die OECD-Länder, d.h. auf die modernsten und wohlhabendsten Gesellschaften der Erde, so zeigte sich Mitte der 1990er Jahre, dass sich die Einkommen in Mexiko und in der Türkei am meisten zusammenballen. Hier erzielt das einkommensstärkste Fünftel der Bevölkerung elf bzw. sieben mal so hohe Einkommen wie die einkommensschwächsten 20% der Menschen. Dies spiegelt unter anderem das Gegenüber industrieller und vorindustrieller Gesellschaftsbereiche in diesen Ländern wieder. Für die nächsten Länder auf der Ungleichheitsskala gilt das nicht oder nur sehr eingeschränkt: In den USA hat das einkommensstärkste Fünftel der Bevölkerung 5,5 mal so viel wie das einkommensschwächste zur Verfügung, in Griechenland 4,7 mal, in Italien 4,6 mal, in Irland 4,2 mal und in Großbritannien 4,1 mal. – Besonders gleich verteilt sind dagegen die Einkommen in Dänemark, Finnland, Schweden, in den Niederlanden, in Norwegen und in Japan. Hier hat das am besten verdienende Bevölkerungsfünftel etwa drei mal so viel zur Verfügung wie das einkommensschwächste. Die Einkommensungleichheit in Deutschland, wo das einkommensstärkste Quintil über 3,7 mal so viel wie das einkommensschwächste verfügt, ist im Vergleich der Industrieländer mittelgroß (OECD 2003: 38; OECD 2001: 65; Eurostat/EU-Komm.: Soz. Lage 2001, 94).

Fragt man, warum bestimmte Länder mehr, andere weniger Einkommensungleichheit aufweisen, so findet man zwei Bestimmungsgründe:

Erstens sind in wohlhabenden Ländern die Einkommen im Allgemeinen gleicher verteilt als in ärmeren. Je reicher ein Land, desto gleicher ist also bei sonst gleichen Bedingungen die Einkommensverteilung (vgl. Abb. 7.4). Deswegen zählen die Einkommenskonzentrationen in den wohlhabenden Ländern Dänemark und Luxemburg zu den niedrigsten in der EU; und in den ärmeren Ländern Griechenland und Portugal sind die Einkommenskonzentrationen die höchsten in der EU. Diese Unterschiede entsprechen den Aussagen der Modernisierungstheorien. Sie besagen, dass mit der Modernisierung die Einkommen immer gleicher verteilt werden. Demzufolge war zu erwarten, dass in moderneren Ländern mit größerer Wirtschaftsleistung bzw. mit größerem Wohlstand die Einkommen weniger konzentriert sind als in ärmeren Ländern.

Abb. 7.4: Einkommensniveau und Einkommensungleichheit der EU-Länder 1996

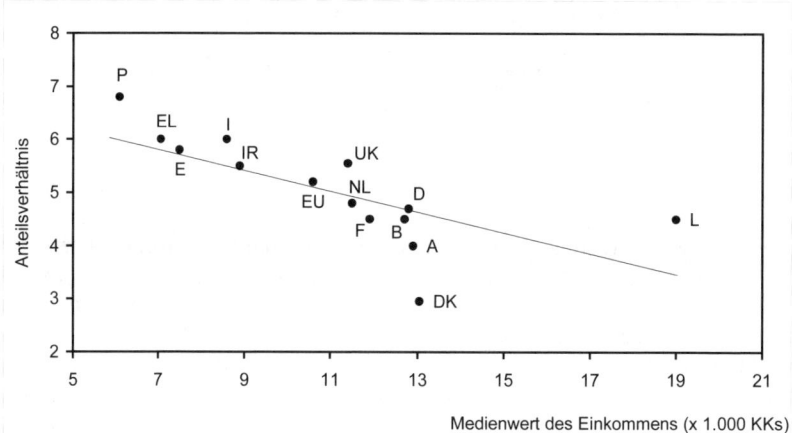

Quelle: Eurostat/Europ. Komm 2001: Soziale Lage: 95

Zweitens sind die Einkommen in Ländern mit breit ausgebautem Wohlfahrtsstaat gleicher verteilt als in Ländern mit geringem Wohlfahrtsstaat. Dies erklärt, warum in Großbritannien die Einkommen verhältnismäßig ungleich verteilt sind, obwohl dieses Land relativ wohlhabend ist. Im wohlhabenden Dänemark sind die Einkommens dagegen besonders gleich verteilt, weil dieses Land zudem noch einen stark ausgebauten Wohlfahrtsstaat besitzt (vgl. Kap. 8).

Entwicklungstendenzen der Einkommensungleichheit im internationalen Vergleich

1997 waren fünf von sechs Menschen in der Europäischen Union der Meinung, dass Einkommensungleichheiten zunähmen, dass „die Reichen immer reicher und die Armen immer ärmer werden". Nur 11% glaubten, dass die Einkommen im Laufe der Zeit immer gleicher verteilt werden (Eurostat/EU-Komm. 2001: Soz. Lage 2001, 48).

Im Laufe des 20. Jahrhundert ist bis in die 1970er Jahre die Einkommensungleichheit in den meisten modernen Ländern zurückgegangen (Daten für Dänemark, Deutschland, Finnland, Großbritannien, Niederlande, Norwegen, Schweden, Schweiz, USA, in: Kraus 1995: 196ff.)

Seit den 1980er Jahren hat jedoch die Zahl der Länder immer mehr zugenommen, deren Einkommensungleichheit sich verschärfte. Diese Tendenz ist nicht nur in den postindustriellen Dienstleistungsgesellschaften, sondern auch in Industriegesellschaften und in Ländern auf dem Weg zur Industrialisierung zu beobachten. In Großbritannien und in den USA sowie in den ehemals sozialistischen Ländern waren diese Polarisierungen der Einkommensverteilung besonders ausgeprägt (Kanbur/Lustig 2000: 293f.).

Allerdings finden sich auch zahlreiche Ausnahmen vom allgemeinen Trend zur Verschärfung der Einkommensungleichheit. Zu den Ausnahmen zählt auch Deutschland. Zusammen mit einigen anderen Ländern wie Japan, Finnland und zeitweise den Niederlanden blieb die Einkommensverteilung in Deutschland in den 1980er und in den 1990er Jahren verhältnismäßig stabil. (Ring 2000: 127; Crouch 163f.; Eurostat/EU-Komm 2001: Soz. Lage 2001, 47; Kanbur/Lustig 2000: 293f.)

Die in den letzten beiden Jahrzehnten überwiegend wachsenden Einkommensungleichheiten können Modernisierungstheorien nicht erklären. Sie besagen bekanntlich, dass im Zuge der Modernisierung die Einkommen immer gleicher verteilt werden. Demnach wäre auch in letzter Zeit gerade in Dienstleistungsgesellschaften ein anhaltender Trend zur Angleichung zu erwarten gewesen.

In der Regel wird die wachsende ökonomische Ungleichheit mit der weltweit steigenden Nachfrage nach qualifizierten Arbeitskräften und den sinkenden Verwendungsmöglichkeiten für unqualifizierte Kräfte erklärt. Dahinter stehen offenbar drei Faktoren: (1) Der *technologische Wandel* stellt wachsende Anforderungen an Kenntnisse und Ausbildung. (2) Die *Globalisierung* steigert die internationale Nachfragekonkurrenz nach qualifiziertem Personal und die internationale Angebotskonkurrenz von Seiten unqualifizierter Kräfte. (3) Die *De-Industrialisierung* mindert die Zahl der Arbeitsplätze für viel un- und angelernte, aber auch für viele Facharbeiter (Levy/Murnane 1992; Snower 1999).

Tab. 7.1: Die Entwicklung der Einkommensungleichheit in den
OECD-Ländern 1975 bis 1995

	erhebliche Anglei-chung (Gi-niabnahme >12%)	Anglei-chung (Giniabn. 7-12%)	geringe Anglei-chung (Giniabn. 2-6%)	keine Verände-rung (Gini +/- 1%)	geringe Verschär-fung (Ginizu-nahme 2-6%)	Verschär-fung (Ginizun. 7-12%)	erhebliche Verschär-fung (Ginizun. >12%)
Mitte der 1970er bis Mitte der 1990er Jahre	Griechen-land		Kanada Finnland	Japan Mexiko Schweden	Australien	Nieder-lande USA	Großbri-tannien
Mitte der 1970er bis Mitte der 1980er Jahre	Griechen-land	Finnland	Kanada Japan Mexiko Schweden		Nieder-lande	Australien USA	Großbri-tannien
Mitte der 1980er bis Mitte der 1990er Jahre			Australien Dänemark Ungarn Irland	Österreich Kanada Frankreich Griechen-land USA	Belgien Deutsch-land Japan Mexiko Schweden	Finnland Nieder-lande Norwegen Großbri-tannien	Italien Türkei

Quelle: OECD 2002: 9

Hierdurch werden die Einkommens- und Vermögensverhältnisse der Menschen in modernen Gesellschaften auseinander getrieben. Dennoch nehmen soziale Ungleichheiten in modernen Gesellschaften nicht zwangsläufig zu. Dies demonstrieren die Länder mit gleich bleibender oder sogar sinkender Ungleichheit der Einkommen. Die jeweilige Entwicklung hängt auch von sozialen Normen sowie von der jeweiligen Sozial- und Bildungspolitik ab. In Ländern, die das Bildungsniveau der Bevölkerung stark erhöhen, mindert sich die Übernachfrage nach qualifizierten Erwerbstätigen und deren Einkommenssteigerung. Auch in Zeiten wachsender internationaler Konkurrenz verhindert eine Sozialpolitik, die sich wirksam auf Modernisierungsverlierer konzentriert, gravierende Verelendungsprozesse. Obwohl (oder gerade weil) die weltumfassenden Trends hin zu anspruchsvollen Technologien und zur wachsenden Globalisierung die Einkommen der qualifizierten und der unqualifizierten Erwerbstätigen auseinander treiben, wird politischen Maßnahmen und Sicherungseinrichtungen steigende Bedeutung für die Gestaltung sozialen Wandels und sozialer Ungleichheit zugemessen.

Bewertung von Einkommensungleichheit

Immer wieder wird die Frage diskutiert, ob eine gleiche Einkommensverteilung „besser" ist als eine ungleiche. Die Antworten fallen durchaus unterschiedlich aus. Die Protagonisten gleicherer Einkommensverteilungen weisen darauf hin, dass wenig Verdienende geringere Lebenschancen haben (erkennbar z.B. im Bereich der Bildungschancen, der Kriminalität, der Freizeit und der politischen Teilhabe) und im Extremfall ausgegrenzt und auf längere Sicht entmutigt werden. „Großverdiener" hingegen hätten Vorteile auf vielen Gebieten (vgl. u.a. Geißler 1996; Tumin 1968). Die Verfechter ungleicherer Einkommensverteilungen führen dagegen ins Feld, dass die Möglichkeit, höhere Entlohnungen zu erlangen, zu Leistung motiviert und so letzten Endes der gesamten Gesellschaft zu Gute kommt. Zu ähnlichen Aussagen kommt auch die sog. „funktionalistische Schichtungstheorie" (vgl. 7.1.3). Ferner wird darauf hingewiesen, dass eine größere Spreizung von Löhnen und Gehältern im Allgemeinen mehr Arbeitsplätze schafft (vgl. Abb. 7.5) und damit mehr Menschen wirtschaftliche Eigenständigkeit vermittelt als eine geringere Ungleichheit der Erwerbseinkommen. Im unteren Einkommensbereich geraten, so wird argumentiert, weniger Menschen in die Abhängigkeit von Arbeitslosengeld und Sozialhilfe, im oberen Einkommensbereich werden Arbeitsplätze attraktiver in der internationalen Konkurrenz um qualifizierte Kräfte (Heidenreich 2000: 26ff.).

Abb. 7.5:   Lohnspreizung und Beschäftigungswachstum in OECD-Ländern 1970 bis 1998

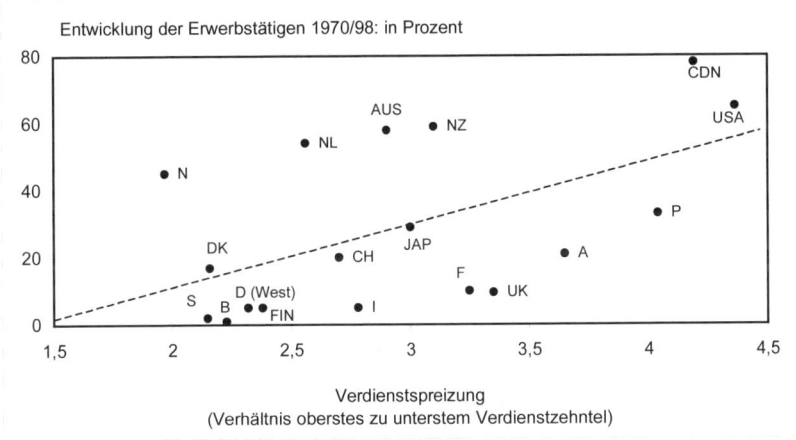

Quelle: OECD; Institut der deutschen Wirtschaft Köln.

Einkommensungleichheit zwischen Ländern

Die Darstellung der vorstehenden Abschnitte bezog sich auf den Vergleich der jeweiligen Einkommensverteilungen *innerhalb* der einzelnen Länder. Einen weiteren Aspekt sozialer Ungleichheit stellt die Einkommensungleichheit *zwischen* den einzelnen Ländern dar. Es fragt sich, wie groß der Einkommensabstand zwischen den Bewohnern wohlhabender Länder und den Menschen in weniger reichen Ländern ist, ob dieser Abstand zugenommen hat.

Besonders im Blickpunkt der öffentlichen Diskussion stehen hierbei die Einkommensunterschiede zwischen den Menschen in Industrie- und Entwicklungsländern. Vergleicht man die jeweiligen Bruttosozialprodukte (unter Bereinigung von Wechselkursverzerrungen), so erreichen die ärmsten Entwicklungsländer nur ein Prozent des Wohlstandes der reichsten Länder (vgl. 6.2.4). Berechnungen, die die reale Kaufkraft berücksichtigen, kommen zum Ergebnis, dass die Menschen in den Entwicklungsländern ca. 16% und die Bewohner der ärmsten Länder der Erde etwa 5% der durchschnittlichen Einkommen in Industriegesellschaften zur Verfügung haben (Messner 2001).

Ein Überblick über die internationale Einkommensverteilung zwischen den einzelnen Ländern (vgl. hierzu 6.2.4) ergibt, dass das Welteinkommen sich in hohem Maße auf die zwei Pole Mangel und Wohlstand verteilt. Ein großer Teil der Weltbevölkerung lebt in Gesellschaften mit einem Bruttonationaleinkommen (Bruttosozialprodukt) pro Kopf (gemessen in Kaufkraftparitäten) von weniger als 1.500 US-Dollar. Hierzu gehörten der größte Teil Afrikas, Indien und Indonesien. Am anderen wohlhabenden Ende der internationalen Einkommensverteilung leben die Menschen in den OECD-Ländern mit einem Bruttosozialprodukt von wenigstens 12.000 Dollar. Nur sehr wenige Menschen leben (z.b. in Russland und Mexiko) in der „globalen Mittelschicht" (Messner 2001).

Die Einkommensungleichheit zwischen allen Privathaushalten der gesamten Erde ist deutlich ungleicher (Gini 0,66) als die Einkommensungleichheit zwischen den Privathaushalten innerhalb jedes Landes auf der Welt und ist auch ungleicher als die Einkommensungleichheit zwischen den Privathaushalten der einzelnen Weltregionen (Messner 2001).

In der Globalisierungsdiskussion der letzten Jahre spielt das Argument eine große Rolle, der Einkommensabstand zwischen den Entwicklungsländern und den modernen (post-)industriellen Ländern werde immer größer. Diese Meinung wird durch die vorliegenden Daten bestätigt. Die Einkommen in den reichen Ländern der Erde sind seit ihrer industriellen Revolution in der Mitte des 19. Jahrhunderts wesentlich schneller gewachsen als die Einkommen in den ärmeren Ländern. Auch und gerade in den letzten Jahrzehnten haben die Einkommen in den ärmeren Ländern an Boden verloren. Misst man den Einkommensabstand anhand des durchschnittlichen Bruttoinlandsprodukts pro Kopf der jeweiligen Länder, so ergibt sich, dass das durchschnittliche Pro-Kopf-Bruttoinlandsprodukt im mittleren Drittel der Länder der Erde 1970 noch 12,5% desjenigen im reichsten Länderdrittel betrug. Bis 1995 war dieses Verhältnis auf 11,4% gesunken. 1970 betrug das durchschnittliche Pro-Kopf-Einkommen im ärmsten Drittel aller Länder immerhin noch 3,1% des Einkommens im reichsten Länderdrittel, 1995 nur noch 1,9% (World Bank 2000: 25) Auch die Einkommensverteilung zwischen allen Privathaushalten auf der gesamten Erde wurde in den letzten Jahren ungleicher. Der diesbezügliche Gini-Index betrug 1988 noch 0,625 und war 1993 schon auf 0,66 angestiegen (Messner 2001).

Chancenungleichheiten

Die Einkommensungleichheiten zwischen Männern und Frauen sind oft Gegenstand kontroverser Diskussionen. In Deutschland verdienten Frauen (bei gleicher Arbeitszeit) 1999 um 24% weniger als Männer (Eurostat 2002: Jahrbuch 2002, 209). Dies ist nur selten auf direkte Lohndiskriminierung zurückzuführen, indem Frauen auf den gleichen Arbeitsplätzen weniger als Männer erhalten.viel häufiger liegen die Gründe für diesen Einkommensabstand darin, dass Frauen in schlecht entlohnten Tätigkeitsfeldern (z.b. in einfachen Büroberufen) arbeiten, dass erwerbstätige Frauen im Durchschnitt jünger sind als erwerbstätige Männer und dass insbesondere die älteren Frauen im Allgemeinen ein geringeres Ausbildungsniveau als Männer haben.

Im Vergleich mit anderen modernen Ländern ist der Einkommensrückstand von Frauen in Deutschland mittelgroß. Besonders viel im Vergleich zu Männern verdienen Frauen in Skandinavien und in Frankreich. Hier stehen Frauen viele qualifizierte Dienstleistungspositionen in staatlichen Bildungs- und Wohlfahrtseinrichtungen zur Verfügung. Besonders schlecht sind die Verdienstchancen von Frauen in Japan, in Luxemburg, in Österreich und in Großbritannien.

Abb. 7.6: Fraueneinkommen in % der Männereinkommen in OECD-Ländern 1999

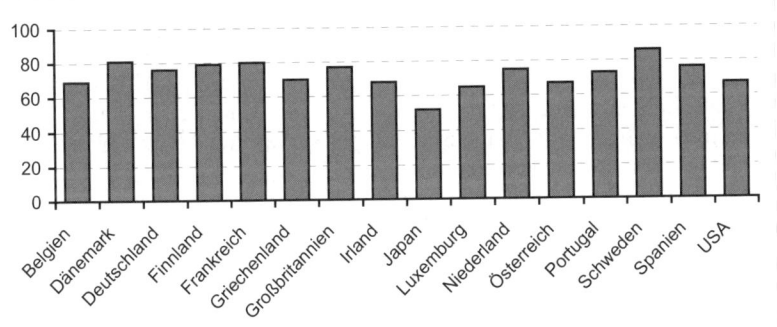

Quelle: Europ. Komm./Eurostat 2002: Jahrbuch 2002: 209

Überall in der EU verringerte sich das Einkommensgefälle zwischen Männern und Frauen in den letzten Jahren. Aber die Annäherung geht langsam vor sich. EU-weit ist der Abstand von 1995 bis 1998 von 26% auf 23% geschrumpft.

7.2.2 Vermögensverteilung

Zum Zusammenhang von Einkommen und Vermögen

Wer in der Einkommensverteilung einer Gesellschaft oben steht, erfreut sich eines vorteilhaften Lebensstandards und sieht bzw. bewertet das Ungleichheitsgefüge anders als ein Niedriglohnempfänger. Der jeweilige Einkommensstatus beeinflusst aber auch die Sparfähigkeit der Gesellschaftsmitglieder und damit ihre Vermögensbildung und ihren Vermögensbestand. Neben den Einkommen aus Erwerbstätigkeit, aus staatlichen Transferzahlungen und fallweisen Vererbungen und Schenkungen fließen den Vermögenden auch Einkünfte (Zinsen, Mieten, Dividenden etc.) aus ihren Vermögensbeständen zu. Diese Einkommen verbessern wiederum ihre Möglichkeiten zur weiteren Vermögensbildung. „Da einerseits die kleinen Einkommen fast ausschließlich zu Verbrauchsausgaben verwendet werden, während ein sehr erheblicher der Großeinkommen gespart wird, da andererseits die hohen Einkommen vorwiegend aus Gewinn und Zinseinkommen bestehen, also Besitzeinkommen sind, fällt zwangsläufig der weitaus größte Teil des jeweils neugeschaffenen Volksvermögens denjenigen zu, welche besitzen." (Föhl 1964: 40) Deswegen ist die Verteilung des Vermögens in allen bekannten Gesellschaften ungleicher als die des Einkommens.

Was ist Vermögen?

Vermögen im hier behandelten Sinne läßt sich definieren als die Gesamtheit aller Geldmittel und jener Güter eines privaten Haushalts, die einen Geldwert besitzen und verkäuflich sind. Nicht einbezogen in diese Begriffsbestimmung sind daher immaterielle Güter (z.B. Qualifikation), in ihrem Geldwert nicht bestimmbare Güter (z.B. Patente) und nicht verkäufliche Güter (wie Ansprüche an die Rentenversicherung) sowie das Eigentum von Organisationen und Körperschaften (z.B. der Kirchen), weil sie keine privaten Haushalte darstellen (vgl. Schlomann 1993; Hradil 2001: 233)

Aus praktischen Gründen bleiben in den einschlägigen Untersuchungen auch Teile des Vermögens unberücksichtigt, die unter die o.a. Definition fallen. Dies gilt u.a. für Gebrauchsvermögen (Autos, Hausrat etc.) und Teile des Geldvermögens (z.B. Aktienfondsanteile). Unsere Kenntnis über Vermögensbestände ist daher sehr lückenhaft.

Vermögensarten

Vermögen existiert in sehr unterschiedlichen Formen. Üblicherweise wird Immobilienvermögen (Haus- und Grundbesitz) und Geldvermögen (Sparguthaben, Bausparguthaben, Versicherungsguthaben, Wertpapiere, Termingelder, Aktien, Aktienfondsanteile etc.) unterschieden.

Ferner ist zu trennen zwischen positivem und negativem (Schulden) Vermögen. Als Netto-Vermögen werden die Vermögensbestände eines Haushalts bezeichnet, nachdem von dessen positiven Vermögensbeständen die Schulden abgezogen wurden.

Überblick

Ein Überblick über die Verteilung der Vermögen in Deutschland sollte zwischen Ost- und Westdeutschland trennen, weil sich in Ostdeutschland erst weit geringere Vermögensbestände angesammelt haben. Die Einkommens- und Vermögensstichprobe des Statistischen Bundesamtes weist aus, dass 1998 die Haushalte in Westdeutschland ein durchschnittliches *Nettogesamtvermögen* in Höhe von 254.000 DM hatten. Ostdeutsche Haushalte kamen im Mittel nur auf 88.000 DM Nettovermögen (Bundesregierung 2001: Armutsbericht Anhang, 91).

Die Gesamtverteilung des Vermögens in Deutschland geht aus folgender Abbildung hervor. Es wird deutlich, dass das vermögensstärkste Bevölkerungsfünftel fast über zwei Drittel allen Vermögens verfügt. Das vermögensschwächste Fünftel hat dagegen per saldo Schulden. Auch das zweite Fünftel hat praktisch kein Vermögen.

Abb. 7.7: Vermögensverteilung in Deutschland 1998
(Anteile der nach dem verfügbaren Einkommen geordneten Bevölkerungsfünftel am gesamten Nettoprivatvermögen in %)

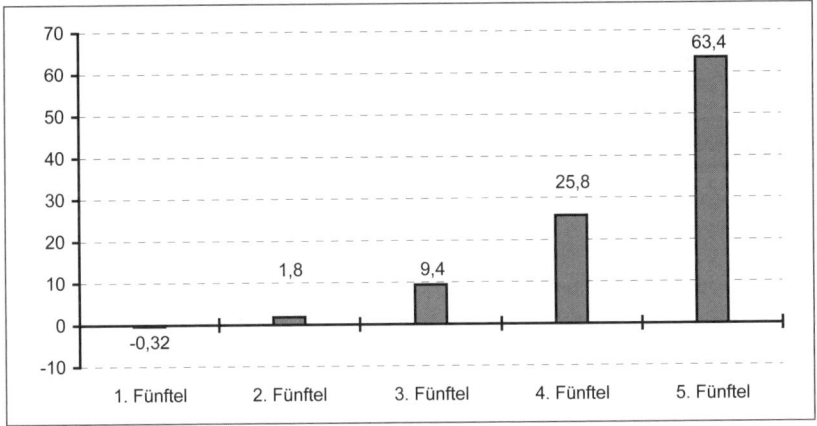

Daten: EVS 1998;
Quelle: Bundesregierung 2001: Armutsbericht Anhang: 97

Vermögensarten

Der Löwenanteil aller Vermögenswerte besteht aus *Immobilienvermögen*. Deswegen prägt die Verteilung von Haus- und Grundeigentum maßgeblich die Verteilung des gesamten Vermögens. 49% der westdeutschen Haushalte, aber nur 34% der ostdeutschen Haushalte nannten 1998 Immobilienvermögen ihr eigen. Zudem waren die ostdeutschen Immobilienvermögen im Durchschnitt nur halb so viel wert wie die westdeutschen. Immobilienbesitz ist relativ ungleich in der Bevölkerung verteilt. 1998 war das reichste Bevölkerungsfünftel Eigentümer von 68,3% des gesamten Immobilienvermögens in Westdeutschland. In Ostdeutschland waren 1998 sogar mehr als neun Zehntel allen Immobilienvermögens in den Händen des immobilienreichsten Fünftels der Bevölkerung. Mehr als die Hälfte der Bevölkerung, in Ostdeutschland zwei Drittel, besaßen 1998 kein Immobilienvermögen.

Bis zum Beginn der 1990er Jahre war in Westdeutschland eine Tendenz zur gleichmäßigeren Verteilung von Haus- und Grundeigentum erkennbar. Denn 1983 war das reichste Bevölkerungsfünftel in Westdeutschland noch im Besitz von drei Viertel (74,9%) allen Immobilienvermögens. Offenbar hat sich diese Angleichungsentwicklung aber in den 1990er Jahren nicht mehr fortgesetzt (Stein 2001: 3).

Abb.: 7.8: Die Verteilung des Nettoimmobilienvermögens privater Haushalte in Westdeutschland 1983 bis 1998 (Anteile der nach dem Wert ihres Immobilieneigentums geordneten Bevölkerungsfünftel am gesamten Nettoimmobilienvermögen in %)

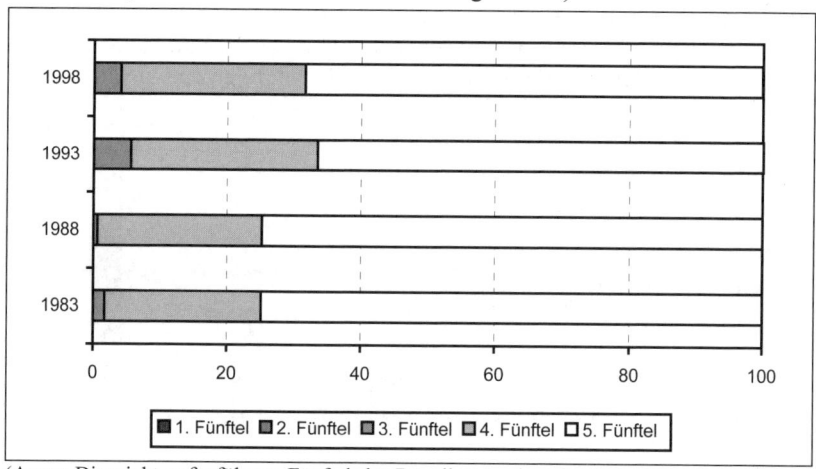

(Anm.: Die nicht aufgeführten Fünftel der Bevölkerung besaßen kein Netto-Immobilienvermögen.)

Quelle: Stein 2001: 3

Geldvermögen bildet den kleineren Teil der Vermögensbestände der Bevölkerung. Es liegt in sehr unterschiedlicher Form vor: als Sparguthaben, Bausparguthaben, Versicherungsguthaben, Termingelder, Wertpapiere etc. Ein Teil der Geldvermögen ist verhältnismäßig gleich in der Bevölkerung verteilt. Dies gilt u.a. für Sparguthaben und Bausparverträge. Sie dienen vielen Haushalten eher als „Notgroschen" oder als Rücklage für bestimmte Anschaffungen und weniger als langfristige Vermögensanlage. Andere Teile des Geldvermögens, z.B. Eigentum an Unternehmen und Aktienbesitz, konzentrieren sich dagegen in sehr kleinen Bevölkerungsteilen.

Ein Haushalt in Westdeutschland hatte 1998 ein durchschnittliches Bruto*geldvermögen* (ohne Schuldenabzug) von 71.000 DM, ein ostdeutscher Haushalt nur von 32.000 DM. In der Regel handelt es sich hierbei um Ersparnisse für bestimmte Zwecke (z.b. Autokauf) (Bundesregierung 2001: Armutsbericht Anhang, 91).

Im Ganzen war 1998 das Nettogeldvermögen fast so ungleich verteilt wie das Immobilienvermögen. Das reichste (5.) Fünftel der Bevölkerung war Eigentümer von 67,5% allen Nettogeldvermögens in Westdeutschland. In Ostdeutschland war diese Konzentration kaum geringer (63,7%). Dagegen hatte das an Geldvermögen ärmste (1.) Bevölkerungsfünftel mehr Schulden als Guthaben. Das an Geldvermögen nächste (2.) Fünftel der Bevölkerung hatte 1998 so unwesentliche Geldvermögensbestände, dass eher von kleineren Ersparnissen als von Vermögen gesprochen werden kann. Die Konzentration des Geldvermögens hat sich in den letzten 20 Jahren in Westdeutschland nicht nennenswert verändert.

Abb. 7.9: Die Verteilung des Nettogeldvermögens privater Haushalte in (West) Deutschland 1983 bis 1998 (Anteile der nach dem Wert ihres Nettogeldvermögens geordneten Bevölkerungsfünftel am gesamten Nettogeldvermögen)

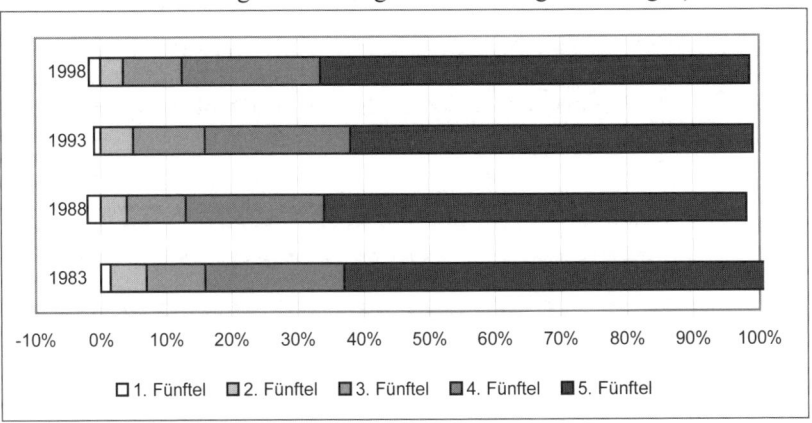

Quelle: Stein 2001: 3

Entwicklungstendenz

Wurde die Vermögensverteilung im Ganzen in Deutschland in den letzten Jahrzehnten gleicher oder ungleicher? Es liegen nur wenige Daten vor, die es erlauben, diese Frage exakt zu beantworten. Ihnen zu Folge hat sich an der Ungleichheit der Vermögensverteilung nicht allzu viel geändert. Einige Daten weisen darauf hin, dass seit den 1950er Jahren bis in die 1990er Jahre hinein eine leichte Angleichung zu verzeichnen war. Seither wurde die Vermögensungleichheit wahrscheinlich wieder etwas stärker. Ob man dies schon als Trendumkehr bezeichnen kann, bleibt abzuwarten (Stein 2001; Crouch 1999: 158; Bundesregierung 2001: Armutsbericht Anhang, 81).

Abb. 7.10: Die Konzentration des Nettogesamtvermögens privater Haushalte in Westdeutschland 1973 bis 1998 (Gini-Koeffizienten)

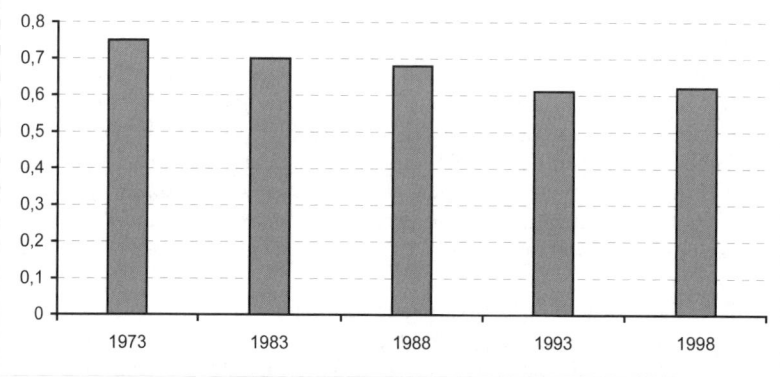

Daten EVS; Quelle: Stein 2001: 2

Abb. 7.11: Die Verteilung des Nettogesamtvermögens privater Haushalte in Westdeutschland von 1973 bis 1998 (Anteile der nach dem Wert ihres Nettogesamtvermögens geordneten Bevölkerungsfünftel am gesamten Nettogesamtvermögen)

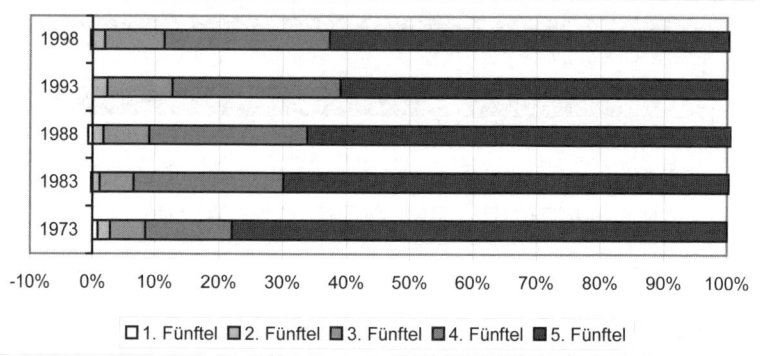

Quelle: Stein 2001: 3

Internationaler Vergleich

Es ist schwierig zu entscheiden, in welchen Ländern die Vermögensbestände gleichmäßiger oder aber ungleicher verteilt sind (zeitlicher Querschnitt). Denn hierzu liegen praktisch keine verwertbaren Untersuchungen vor (Crouch 1999: 158). Auf den ersten Blick lassen sich zwar die Ergebnisse der einzelnen Länderstudien vergleichen, indem man z.b. gegenüberstellt, wie groß der Anteil am Gesamtvermögen ist, den die reichsten 1% oder 10% der jeweiligen Haushalte ihr Eigen nennen. Aber bei genauerem Hinsehen gehen die Definitionen sowie die Erhebungs- und Berechnungsverfahren so weit auseinander, dass internationale Vergleiche nicht seriös wären.

Fundiertere Antworten lassen sich auf die Frage geben, ob sich die Vermögensbestände im Zuge der Modernisierung immer mehr in den Händen reicher Haushalte zusammenballen oder aber immer breiter gestreut werden (zeitlicher Längsschnitt): Vieles spricht für eine Entwicklung der Vermögenskonzentrationen, die parallel verläuft zu der Veränderung der Einkommensverteilungen moderner Gesellschaften (vgl. Kap 7.2.1).

Nach einer Phase wahrscheinlich wachsender Vermögenskonzentration breitete sich im Verlauf des 20. Jahrhunderts der Vermögensbesitz in fast allen westlichen Industrienationen immer gleichmäßiger aus. Dieser Angleichungstrend hielt bis in die 1970er Jahre an (vgl. die ausführlich Datenzusammenstellung bei: Kaelble 1987: 52)

– In Großbritannien begann diese Entwicklung bereits im 19. Jahrhundert und hielt dort auch länger an als in anderen Industrieländern. Der Anteil der 1% reichsten Haushalte am Gesamtvermögen belief sich 1924 in England und Wales noch auf 58% und sank bis 1970 in Großbritannien auf 30% (Atkinson/Harrison 1978: 165, zit. n. Ring 2000: 126) bzw. bis 1980 auf 23% (Shorrocks 1987: 32, zit. n. Ring 2000: 126).
– Auch in den USA glich sich die Vermögensverteilung im 20. Jahrhundert an, wenn auch langsamer als in Großbritannien. Die 1% reichsten Haushalte waren 1929 Eigentümer von 44,2% allen Vermögens. Bis 1976 war deren Anteil auf 19,9% gefallen (Wolff 1996: 436, zit. n. Ring 2000: 126). Manches spricht jedoch dafür, dass schon seit 1960 die Angleichungstendenz in den USA zum Stillstand gekommen ist (Smith 1987: 74ff., zit. n. Ring 2000: 126).
– Ähnlich verlief die Entwicklung in Schweden: Hier schrumpfte der Vermögensanteil der 1% reichsten Haushalte von 50% im Jahr 1920 auf 21% im Jahr 1975 (Spant 1987: 59, zit. n. Ring 2000: 126).

Seit Ende der 1970er Jahre bricht dieser Trend jedoch in vielen modernen Ländern ab. Noch ist es in den meisten Ländern unklar, ob bereits eine Gegenbewegung hin zu ungleicheren Vermögensverteilungen eingesetzt hat. Es gibt zwar solche Behauptungen (Wilterdink 1995 zit. n. Ring 2000: 127), aber eindeutig ist dies bisher nur in Großbritannien und vor allem in den USA bewiesen. Dort stieg der Anteil des Vermögens der 1% reichsten Haus-

halte von 22% im Jahr 1976 bis auf 42% im Jahr 1992. Von allen Vermögensbeständen, die zwischen 1983 und 1989 in den USA neu entstanden sind,
entfielen volle 99% auf das vermögensreichste Fünftel der Haushalte (Wolff,
zit. n. Ring 2000: 128).

7.2.3 Armut

Armut bedeutete früher in traditionalen Gesellschaften und bedeutet auch
heute noch in Entwicklungsländern, sich in unmittelbarer Gefahr des Ver-
hungerns oder körperlichen Verfalls zu befinden. Diese *physische* Armut ist
in modernen wohlhabenden Gesellschaften erfreulicherweise selten geworden. Deswegen wird dort von „Armut" nicht nur dann gesprochen, wenn physische Not herrscht, sondern auch dann, wenn *soziokulturell* definierte Man-
gellagen bestehen. Als „arm" gelten in modernen Gesellschaften jene Gesellschaftsmitglieder, die über so geringe Mittel verfügen, dass sie nach Auffassung ihrer Mitmenschen nicht in Menschenwürde leben können. Dies kommt
u.a. in der Armutsdefinition der Europäischen Union (1984) zum Ausdruck.
Hiernach sind jene Menschen arm, die „über so geringe (materielle, kulturelle
und soziale) Mittel verfügen, dass sie von der Lebensweise ausgeschlossen
sind, die in dem Mitgliedsstaat, in dem sie leben, als Minimum annehmbar ist".
    Diese minimale Lebensweise gilt in modernen Gesellschaften spätestens
dann als unterschritten, wenn Menschen von wesentlichen Teilhabemöglich-
keiten ausgeschlossen sind. Armut in wohlhabenden Gesellschaften besteht
somit in Ausstattungsmängeln, die in Exklusion münden (vgl. Kronauer 2002).
    Im Prinzip besteht in modernen Gesellschaften Einigkeit darüber, dass
Armut vermieden und bekämpft werden sollte. Dies wird einerseits moralisch
begründet: Armut wird als ungerecht und inhuman angesehen. Armut wird
aber auch aus instrumentellen Gründen abgelehnt: Es wird befürchtet, dass
Armut Konflikte, politischen Radikalismus und Kriminalität nach sich zieht,
dann die Gesellschaft zerfällt, wodurch auch Wohlhabende beeinträchtigt
werden.
    Um Armut näher zu bestimmen, ist zunächst einzugrenzen, um welche
Arten von „Mittel" es geht, wenn von Armut als einem Mangel an Mitteln die
Rede ist. Im Konzept der *Ressourcen*armut liegt Armut dann vor, wenn zu
wenige Hilfsmittel des Handelns vorhanden sind, insbesondere wenn es an
Geld mangelt. Wer das Konzept der *Lebenslagen*armut benutzt, sieht Armut
dann als gegeben, wenn die konkreten Lebensbedingungen von Menschen
Unterversorgung erkennen lassen. Es geht hierbei um zahlreiche Arten von
Lebensbedingungen: Ernährung, Bekleidung, Wohnung, Gesundheitsbedin-
gungen, Bildung, Arbeits- und Arbeitplatzbedingungen, Einkommen, Ansehen, Integration, Partizipation, Freizeit etc. Aus der Sicht des Ressourcenansatzes einerseits, des Lebenslagenansatzes andererseits kommt man nicht
notwendigerweise zu den gleichen Schlussfolgerungen. So erscheint ein Er-
werbstätiger, der sein auskömmliches Einkommen immer wieder verspielt

oder vertrinkt, aus dem Blickwinkel des Ressourcenansatzes nicht als arm; er kann aus der Sicht des Lebenslagenansatzes aber sehr wohl in Armut leben. Auf der anderen Seite gilt ein Studierender, der ausschließlich vom BAFöG-Transfereinkommen[3] lebt, vor dem Hintergrund des Ressourcenansatzes als arm, nach Maßgabe des Lebenslagenansatzes aber nicht unbedingt. Denn er verfügt u.u. über eine sichere Wohnung, einen ausgedehnten Kontaktkreis, gute Zukunftsaussichten etc.

In den Sozialwissenschaften besteht Einigkeit darüber, dass Lebenslagenkonzeptionen eine umfassendere und angemessenere Sicht der Armutsproblematik ermöglichen als die Ressourcenkonzeptionen. Dennoch soll aus Gründen der Datenlage und der internationalen Vergleichbarkeit im Folgenden der Ressourcenansatz verfolgt und nur die Einkommensarmut dargestellt werden. Sie stellt wohl auch den „harten Kern" der Armut in modernen Gesellschaften dar. In der Regel wird in den Sozialwissenschaften das (vgl. 7.2.1) bedarfsgewichtete Pro-Kopf-Haushaltseinkommen (Netto-Äquivalenzeinkommen) zur Messung von Armut herangezogen.

Wenn Armut näher bestimmt werden soll, muss ferner festgelegt werden, unterhalb welcher Einkommens*grenzen* von Armut gesprochen werden soll.

Häufig werden *die* Einkommenshöhen als Armutsgrenzen festgelegt, unterhalb derer in den einzelnen Ländern Sozialhilfe oder ähnliche armutsbekämpfende Leistungen gewährt werden. Diese *politischen Armutsgrenzen* haben den Vorteil, dass sie nicht willkürlich von Forschern festgesetzt sind, sondern sich an realen sozialpolitischen Maßnahmen orientieren. Diese beruhen auf Festlegungen des Mindestbedarfs, die in den einzelnen Ländern von maßgebenden gesellschaftlichen und politischen Instanzen getroffen werden. Durch die Unterstützungsleistungen werden bestimmte Gesellschaftsmitglieder fühl- und sichtbar als „Hilfsbedürftige" und damit als Arme eingeordnet. Allerdings sind die Einkommensgrenzen der sozialpolitischen Armutsbekämpfung für historisch und international vergleichende Untersuchungen kaum geeignet. Werden nämlich die Einkommensgrenzen von Sozialhilferegelungen verändert, so geraten dadurch mehr bzw. weniger Menschen unter die Armutsgrenze. Nach Maßgabe der „Sozialhilfegrenze" scheinen dann mal weniger, mal mehr Menschen „arm" zu sein, so dass die verschiedenen historischen Phasen nicht vergleichbar sind. Vergleiche über Ländergrenzen sind noch schwieriger. Denn in vielen Ländern existiert keine flächendeckende Armenunterstützung. Und wo es sie gibt, wird nach völlig unterschiedlichen Regeln vorgegangen.

Geeigneter für internationale Vergleiche ist es, jene Menschen als arm anzusehen, die weniger als 40% (strenge Armut), 50% (Armut) oder 60% (Niedrigeinkommen) des durchschnittlichen[4] Äquivalenzeinkommens eines

---

3   Als Transfereinkommen bezeichnet man Zuwendungen von staatlichen oder quasi-staatlichen sozialpolitischen Einrichtungen (s. Kap. 8).

4   Wie erwähnt (7.2.1), macht es einen Unterschied, ob der in der Regel niedrigere Median oder das durchweg höhere arithmetische Mittel als Bezugsgröße gewählt wird. Im Falle des arithmetischen Mittels liegen die Armutsgrenzen höher. Im Resultat erscheinen mehr Menschen als arm.

Landes zur Verfügung haben. Diese *relativen Armutsgrenzen* bezeichnen den Abstand zum „üblichen" Einkommen im jeweiligen Land. Sie werden heute in den meisten Armutsstudien verwendet. Statistisch sind sie sowohl für historische als auch für internationale Vergleiche gut geeignet. Freilich besagen sie inhaltlich wenig darüber, welcher Lebensstandard im jeweiligen Land als minimal angesehen wird. Sie nehmen auch auf den Bedarf der untersuchten Menschen keine Rücksicht. Relative Armutsgrenzen stellen im Grunde keine Armutsgrenzen, sondern Maße sozialer Ungleichheit dar (s.o. 7.2.1). In Ländern, in denen die Einkommen eher gleich verteilt sind, wird mit relativen Armutsgrenzen wenig Armut ermittelt – auch dann, wenn diese Länder im Ganzen arm sind. „Nach dieser Sicht der Dinge sind Menschen, die gemeinsam hungern, niemals arm." (Krämer 1997: 12) In Ländern, in denen die Einkommen sehr ungleich verteilt sind, wird hingegen viel Armut ermittelt – auch dann, wenn es sich um sehr reiche Länder handelt und die „Armen" immerhin die Hälfte des durchschnittlichen Reichtums zur Verfügung haben.

Trotz dieser Einschränkungen werden im Folgenden in internationalen Vergleichen aus Gründen der Praktikabilität relative Armutsgrenzen verwendet. Die Entwicklung der Armut innerhalb Deutschlands wird auch mit Hilfe politisch definierter Armutsgrenzen dargestellt. Hier trennt der Anspruch auf Fürsorge- bzw. später Sozialhilfeleistungen Arme von Nicht-Armen.

Übersicht: Armut in Deutschland

Zwischen den beiden Weltkriegen wuchs der Anteil armer Menschen in Deutschland zunächst an. In der Zeit der Weltwirtschaftskrise erhielten im Jahr 1933 volle 15,3% der Bevölkerung Fürsorgeleistungen. Bis 1939 reduzierte sich diese Quote auf 3,1% und bis 1944 auf 1,5%. Nach dem Zweiten Weltkrieg sank auch in der SBZ/DDR der Anteil der armen Personen. Die Quote der Fürsorgempfänger ging von 5,8% im Jahr 1947 auf 1,1% im Jahr 1959 zurück und wurde später statistisch minimal. Ähnlich war es auch in Westdeutschland. Hier sank der Anteil der Fürsorgempfänger von 6,1% im Jahr 1949 auf 1,4% im Jahr 1961 (Schulz 2001: 161).

Seit den 1970er Jahren stieg der Bevölkerungsanteil der Sozialhilfeempfänger aber wieder an, um seit Ende der 1990er Jahre auf wesentlich höherem Niveau zu stagnieren. Im Jahre 1997 bezogen 3,5%, im Jahre 2000 3,3% der Bevölkerung Deutschlands Sozialhilfe in Form von „Laufender Hilfe zum Lebensunterhalt" (Stat. Bundesamt 2002: Stat. Jahrbuch 2002, 470). Rechnet man hierzu eine Dunkelziffer von Personen hinzu, die (aus Scham oder aus Angst, ihre Kinder könnten zu Regresszahlungen herangezogen werden) keine Sozialhilfe bezogen, obwohl sie dazu berechtigt waren, und berücksichtigt auch die Menschen, die Leistungen nach dem „Asylbewerberleistungsgesetz" erhielten, so kommt man zum Ergebnis, dass im Jahr 2000 nach Maßgabe der *politischen* Armutsgrenze mindestens 5% der Menschen arm waren.

Abb. 7.12: Empfänger laufender Armenfürsorge in Deutschland 1928 bis
1944 (in % der Bevölkerung Deutschlands)

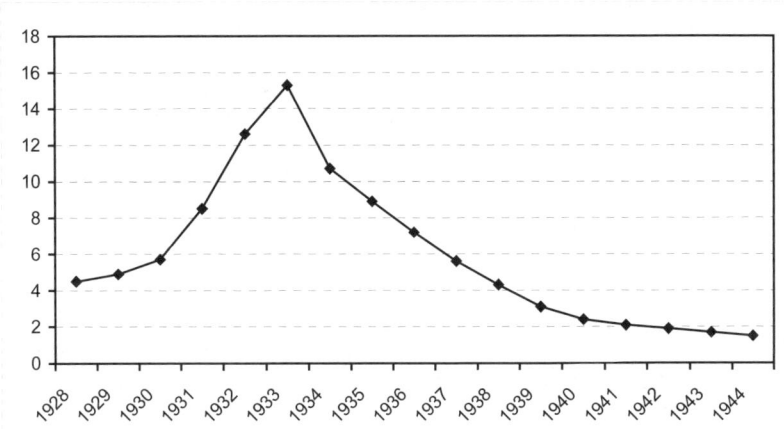

Quelle: Länderrat 1949 (Hg.): Stat. Handb. Deutschland 1928-1944: 610

Abb. 7.13: Fürsorge- und Sozialhilfeempfänger in Deutschland 1950 bis
2001 (bis 1991 in % der Bevölkerung Westdeutschlands, seither
Gesamtdeutschlands)

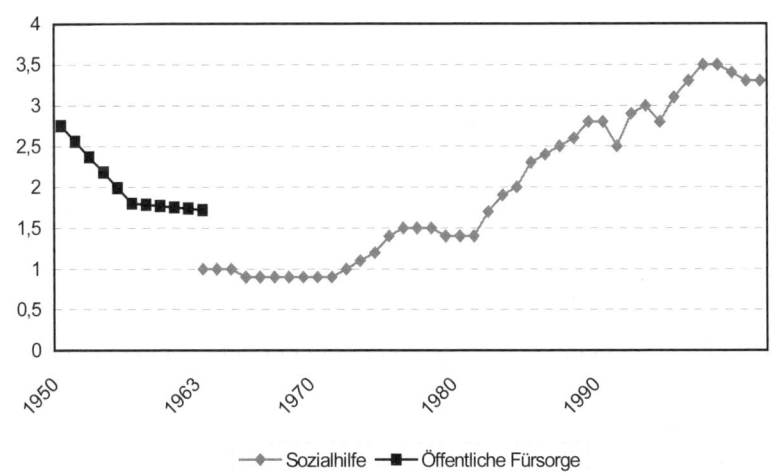

Quellen: Daten 1950-1962: Frerich/Frey 1996, Bd. 3; Daten 1963-2000: Bundesregierung
2001: Armuts- und Reichtumsbericht, Anhang, S. 126; Daten 2001: Stat. Bundesamt 2002:
Statistisches Jahrbuch 2002

Die gleiche Tendenz zeigt sich, wenn man *relative* Armutsgrenzen anlegt:
Von der Nachkriegszeit bis Mitte der 1970er Jahre ging der Bevölkerungs-
anteil der Menschen in Westdeutschland stetig zurück, die weniger als die
Hälfte des Durchschnittseinkommens gleich großer Haushalte zur Verfügung
hatten. Diese Entwicklung verlief parallel zum wachsenden Wohlstand (vgl.
Kap. 6.2) sowie zur Angleichung der Einkommensverteilung (7.2.1) und der
Vermögensverteilung (7.2.2). Seither wuchs aber der Anteil der relativ armen
Menschen wieder stetig an. Denn immer mehr Menschen wurden arbeitslos;
immer mehr Menschen wanderten nach Deutschland ein, wovon ein Teil auf
dem Arbeitsmarkt nicht dauerhaft Fuß fassen konnte; und immer mehr Frau-
en waren Alleinerziehende und hatten angesichts der bestehenden Kinderbe-
treuungssituation oft schlechte Erwerbschancen.

Abb. 7.14: Einkommensarmut in Westdeutschland 1963 bis 1998
            (in % der Bevölkerung; Armutsgrenze: 50% des arithmetischen
            Mittels der westdeutschen Äquivalenzeinkommen;
            alte OECD-Skala)

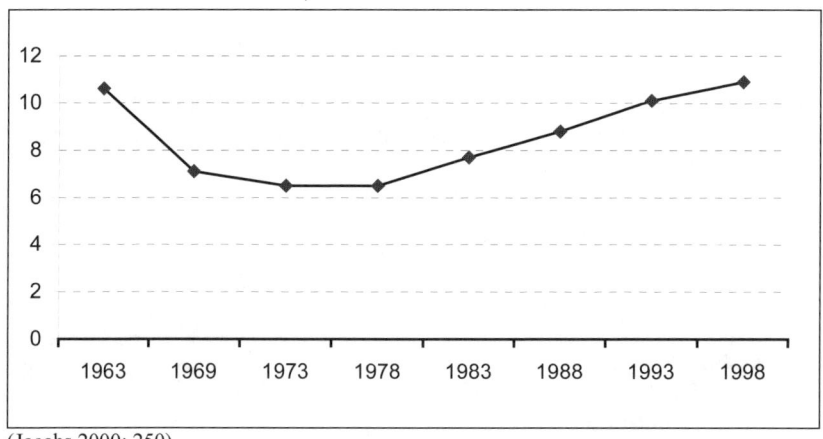

(Jacobs 2000: 250)

Dass Armut im wohlhabenden Deutschland in den letzten drei Jahrzehnten
wieder zugenommen hat, zeigt sich auch an der wachsenden Zahl von Menschen, die nicht mehr in der Lage sind, ihren Zahlungsverpflichtungen nach-
zukommen. Ende 1999 waren 2,77 Millionen Haushalte in Deutschland über-
schuldet. Ausgelöst wurde diese Zwangslage u.a. durch Arbeitslosigkeit (38%),
Trennung/Scheidung   (22%), Unerfahrenheit gegenüber dem Kredit- und
Konsumangebot (20%) und dauerhaftem Niedrigkeinkommen (19%) (Bundesregierung 2001: Armuts- und Reichtungsbericht).

Risikogruppen

Das Risiko zu verarmen war nie gleichmäßig in der gesamten Bevölkerung verteilt. So lebten – wie seit Jahrhunderten – auch noch in den 1970er Jahren weit überdurchschnittlich viele *Ältere*, insbesondere ältere Frauen, in Armut. „Normale" Familien mit Kindern waren dagegen von der Nachkriegszeit bis in die 1970er Jahre hinein eher selten arm. Die verbesserten Rentenleistungen führten dann dazu, dass in den 1990er Jahren das Armutsrisiko der älteren Menschen sich vom Bevölkerungsdurchschnitt nicht mehr unterschied. Dies stellt einen wirklich historischen Fortschritt dar.

Seit den 1970er Jahren ist das Armutsrisiko von *Kindern* beträchtlich gestiegen. Ursachen hierfür waren die verbreitete Arbeitslosigkeit von „Familienernährern" und die schlechten Erwerbschancen von Alleinerziehenden. 1993, als 10,1% der gesamten Bevölkerung als arm galten, lebten volle 17%, 1998 lebten immer noch 15,9% aller Kinder unter sechs Jahren unter der Armutsgrenze (Bundesregierung 2001: Armutsbericht Anlage, 49). In Deutschland hat sich also das Armutsrisiko von den Älteren auf die Kinder verschoben.

Frauen hatten auch noch in den 1990er Jahren in Westdeutschland ein etwa doppelt so hohes Armutsrisiko zu tragen wie Männer. Daran hat sich in den vergangenen Jahrzehnten nur wenig geändert.

Das Armutsrisiko von (Zwei-Eltern-)*Familien* steigt in Deutschland mit der Zahl ihrer Kinder. 1998 waren in Deutschland von allen Ehepaaren ohne Kinder nur 5,4% arm. Ihr Armutsrisiko war also weit unterdurchschnittlich. Von den Ehepaaren mit 3 und mehr Kindern lebten dagegen schon 13,6% in Armut. Die Ursachen für diesen Umstand liegen offenkundig in einer unzureichenden (horizontalen) Einkommensumverteilung (z.B. durch die Besteuerung) von den kinderlosen hin zu den kinderreichen Haushalten. Ursachen für das hohe Armutsrisiko kinderreicher Familien bestehen ferner darin, dass Familie und Beruf für Frauen schwierig zu vereinbaren sind. Insbesondere Mütter von mehreren Kindern können häufig nicht erwerbstätig sein und nichts zum Familienbudget beitragen. Das Vorhandensein mehrerer Kinder bringt also die Armut hervor. Nicht etwa tendieren arme Familien dazu, wesentlich mehr Kinder als wohlhabendere zu bekommen.

Dem weitaus höchsten Armutsrisiko waren 1998 *Alleinerziehende* ausgesetzt. Mehr als ein Viertel (26,5%) der Alleinerziehenden mit einem Kind und fast die Hälfte (42,1%) der Alleinerziehenden mit zwei Kindern lebten 1998 in Deutschland unter der Armutsgrenze.

Im Jahr 2000 bezogen 2,8% der deutschen Bevölkerung, aber 8,2% der *ausländischen Bevölkerung* laufende Sozialhilfe. Arbeitslosigkeit ist der wichtigste Grund für das fast drei Mal so hohe Armutsrisiko der ausländischen Bevölkerung in Deutschland.

Abb. 7.15: Armutsrisiko unterschiedlicher Lebensformen in Deutschland
1998 (arme Haushalte in % der jeweiligen Gruppe; Armutsgrenze:
50% des durchschnittlichen gesamtdeutschen Äquivalenzeinkommens; alte OECD-Skala)

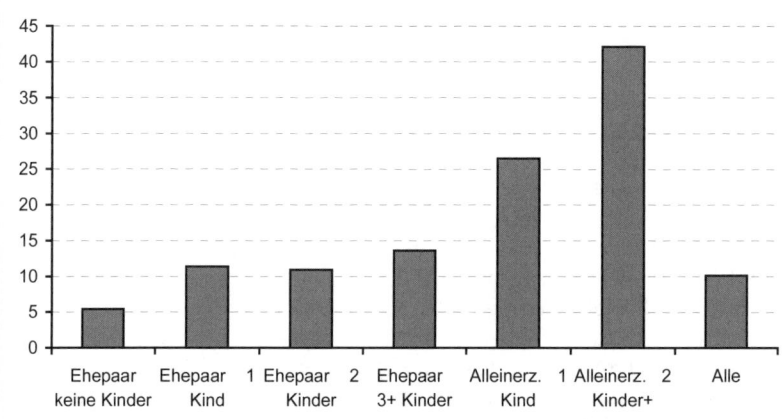

Quelle: Bundesregierung 2001: Armutsbericht Anhang: 59, Tab. I.23

Internationaler Vergleich mit den EU-Ländern

In der Europäischen Union hatte 1998 mehr als jede sechste Person (18%)
nur ein niedriges Einkommen (60% des durchschnittlichen Äquivalenzeinkommens) zur Verfügung. Hierbei besteht ein Nord-Süd-Gefälle. In Skandinavien, aber auch in Luxemburg, in den Niederlanden und in Österreich sind
Niedrigeinkommen selten. In den weniger wohlhabenden Mittelmeerländern
Griechenland, Portugal, Italien und Spanien müssen weitaus mehr Menschen
mit niedrigen Einkommen wirtschaften. Auch in Großbritannien sind trotz
eines relativ hohen Volkseinkommens vergleichsweise viele Menschen arm.

Abb. 7.16: Einkommensschwache Personen in den EU-Ländern 1998
(Bevölkerungsanteil der Personen, die in einkommensschwachen
Haushalten lebten; Armutsgrenze: 60% des nationalen
Äquivalenzmedianeinkommens[5])

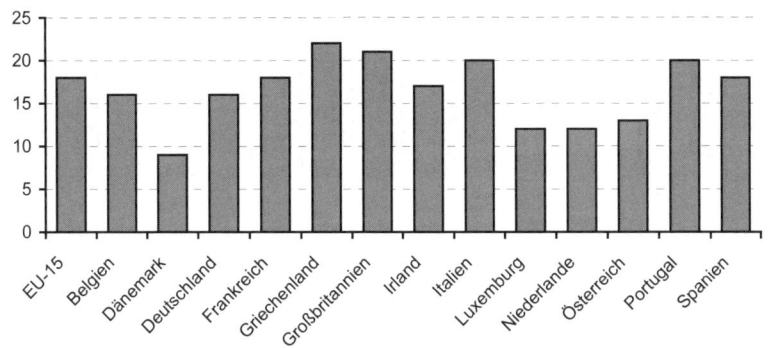

Quelle:Daten: Haushaltspanel der EU; Quelle: Eurostat/Europ. Komm 2002: Soz. Lage: 94

Die Armut älterer Menschen ist noch nicht überall in der EU so weit zurückgegangen wie in Deutschland. So lebte 1996 in Griechenland jede(r) dritte
(36%) und in Portugal gar jeder zweite (51%) Alleinlebende über 65 Jahren
unter der Niedrigeinkommensschwelle. In Deutschland musste jeder fünfte,
in den Niederlanden und in Spanien nur jeder elfte bzw. zehnte mit so wenig
Geld haushalten. Die Gründe für diese Ungleichheiten liegen in sehr unterschiedlichen Systemen der jeweiligen Altersversorgung (vgl. Kap. 8).
Nicht nur in Deutschland sind Kinder überproportional häufig arm. In der
gesamten EU insgesamt leben überproportional viele Kinder (21%) in einkommensschwachen Haushalten. Die folgende Abbildung zeigt, dass vor allem in den ärmeren EU-Ländern besonders viele Kinder in einkommensschwachen Haushalten leben. Wiederum bildet unter den wohlhabenden
Ländern Großbritannien eine Ausnahme. Dort leben relativ die meisten Kinder in Armut.

---

5   Im Unterschied zum arithmetischen Mittel stellt der Median den Mittelwert (hier des
    Äquivalenzeinkommens) dar, über bzw. unter dem jeweils eine Hälfte der Bevölke-
    rung eingeordnet ist. Da das arithmetische Mittel durch hohe Spitzeneinkommen über
    die Bevölkerungshälfte nach oben verschoben ist, liegt das Medianeinkommen niedri-
    ger als das arithmetische Mittel. Armutsquoten auf der Grundlage des Medianein-
    kommens fallen daher geringer aus als Armutsquoten auf der Grundlage des arithme-
    tischen Mittels.

Abb. 7.17: Kinder in einkommensschwachen Haushalten in den EU-Ländern
1996 (Prozentsatz der Kinder unter 16 Jahren, die in Haushalten
mit Einkommen unter 60% des nationalen
Äquivalenzmedianeinkommens lebten)

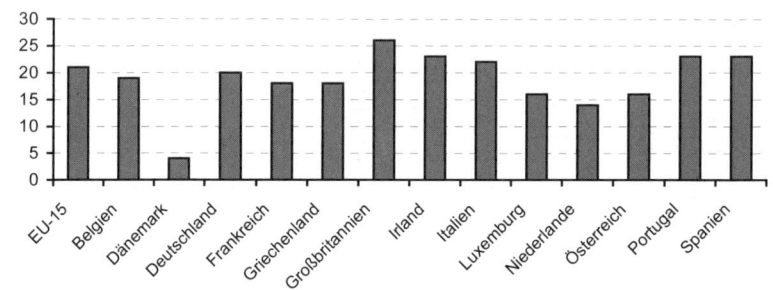

Quelle: Europ. Komm. Eurostat 2001: Jahrbuch 2001: 172

Kinderreiche Familien (drei und mehr Kinder) und Alleinerziehende stellen in
vielen EU-Ländern besondere Risikogruppen der Armut dar. Ein Viertel (25%)
aller Mitglieder kinderreicher Familien und sogar ein gutes Drittel aller Personen, die in Familien von Alleinerziehenden leben, müssen mit weniger als 60%
der Durchschnittseinkommen gleich großer Haushalte wirtschaften.

Abb. 7.18: Einkommensschwäche bei kinderreichen Familien in den
EU-Ländern 1996 (Anteil der einkommensschwachen an den
Personen, die in Haushalten mit zwei Erwachsenen und drei oder
mehr Kindern leben)

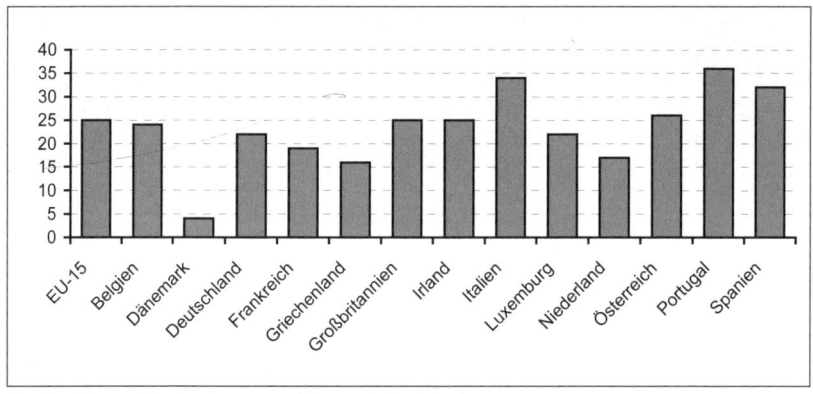

Quelle: Europ. Komm./Eurostat 2001: Jahrbuch 2001: 173

Abb. 7.19: Einkommensschwäche bei Alleinerziehenden in den EU-Ländern 1996 (Anteil der einkommensschwachen Personen an allen, die in Haushalten von Alleinerziehenden leben)

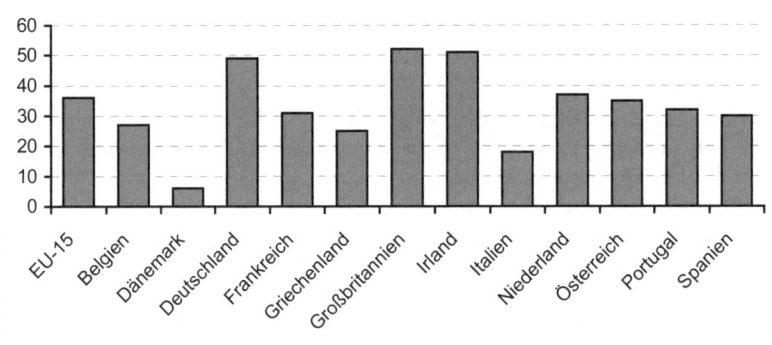

Quelle: Europ. Komm/Eurostat 2001: Jahrbuch 2001: 173

Alleinerziehende sind in Großbritannien, Irland und Deutschland besonders schlecht gestellt. Ihr Risiko der Einkommensschwäche ist drei mal so hoch wie das des Bevölkerungsdurchschnitts. Andererseits geht es Alleinerziehenden in Italien und in Griechenland nicht schlechter als der Bevölkerung insgesamt. In Dänemark ist ihr Armutsrisiko sogar nur halb so groß wie das der Gesamtbevölkerung. – Die wirtschaftliche Lage von Alleinerziehenden ist also keine Frage des generellen Reichtums eines Landes, sondern eine Frage ihrer Erwerbsmöglichkeiten (und damit der Kinderbetreuungschancen) sowie ihrer sozialen Unterstützung.

Entwicklungstendenz der Armut in modernen Gesellschaften

In Deutschland hat, wie oben dargestellt, die Zahl der armen Menschen von den 1980er bis Mitte der 1990er Jahre deutlich zugenommen. Dies war auch in den Niederlanden, Großbritannien und Italien der Fall. Es gibt aber keinen allgemeinen Trend der Zunahme von Armut in modernen Gesellschaften, weder innerhalb der 15 Länder der Europäischen Union, noch im weiteren Kreis der 30 Mitgliedsländer der OECD. Von Mitte der 1980er bis Mitte der 1990er Jahre hat Einkommensarmut in sechs OECD-Ländern abgenommen, in fünf zugenommen und ist in neun etwa gleichgeblieben (Armutsgrenze: 50% des Medians der verfügbaren Äquivalenzeinkommen; OECD 2003: 13). Im Ganzen hat sich das Armutsrisiko der Menschen in modernen Gesellschaften in den letzten 20 Jahren nicht sehr verändert.

Wohl aber blieben die erheblichen Ungleichheiten der Armutsbelastung zwischen modernen Industriegesellschaften bestehen: Gemessen an der relativen Armutsgrenze von 50% des verfügbaren durchschnittlichen Äquivalenzeinkommens waren Mitte der 1990er Jahre in Mexiko ein Drittel, in den USA und in der Türkei mehr als ein Viertel, in Griechenland und in Italien fast ein Viertel der Menschen arm. In Finnland, Dänemark, den Niederlanden und in Schweden musste dagegen nur ein Zwanzigstel der Bevölkerung mit so wenig Geld auskommen (OECD 2003: 13).

Internationaler Vergleich weltweit

Das Wirtschaftswachstum in den fortgeschrittenen Ländern traf in den letzten Jahrzehnten auf eine kaum noch wachsende Bevölkerung. Der auf jedes Individuum entfallende durchschnittliche Wohlstand hat sich daher auch dann vermehrt, wenn das Bruttoinlandsprodukt nur noch langsam wuchs. In vielen Entwicklungsländern musste dagegen jedes Wirtschaftswachstum auf Grund (noch) hoher Geburtenraten auf viele zusätzliche Personen aufgeteilt werden. Wirtschaftswachstum musste so oft für die bloße Ernährung und Behausung der zunehmenden Bevölkerung aufgewendet werden und konnte nicht der Wohlstandssteigerung sowie Zukunftsinvestitionen zugute kommen (Andorka 2001: 107). So ist in zahlreichen Entwicklungsländern insgesamt nicht genügend vorhanden, um große Teile der Menschen aus der (physischen) Armut zu führen – auch wenn man berücksichtigt, dass große Teile der erwirtschafteten Güter in vielen Entwicklungsländern in die Taschen weniger Personen bzw. Familien fließen.

Weltweite Vergleiche können nicht auf Begriffen soziokultureller Armut beruhen, denn die soziokulturellen Standards der einzelnen Länder sind sehr unterschiedlich. Globale Armtusvergleiche müssen vielmehr *physische* Armut (s.o.) untersuchen. Armutsgrenzen in weltweiten internationalen Studien können auch nicht relativ (Prozentabstände von den jeweiligen Durchschnittsverdiensten), sondern müssen *absolut* angelegt sein. Die Weltbank hat daher erhoben, wie viele Menschen Mitte der 1990er Jahre in den einzelnen Ländern täglich von weniger als dem Kaufwert eines Dollars leben müssen.

Im Verlauf der 1990er Jahre hat der Bevölkerungsanteil armer Menschen (die täglich weniger als den Kaufwert von 1 US-$ zur Verfügung haben)

- in Ostasien und Südasien deutlich abgenommen,
- in Südasien leicht abgenommen,
- in Lateinamerika, im Mittleren Osten und in Nordafrika sowie in Zentralafrika gleich geblieben und
- in Europa und Zentralasien deutlich zugenommen.

Insgesamt ist die Armut nach den Berechnungen der Weltbank auf dem Rückzug. 1990 waren fast 30% der Weltbevölkerung absolut arm, 1999 nur noch 23,2% (Worldbank 2003: 30).

Abb. 7.20: Armut in der Welt ca. 1995 (Bevölkerungsanteil mit einem Pro-Kopf-Einkommen von weniger als einem US-Dollar pro Tag; kaufkraftbereinigt)

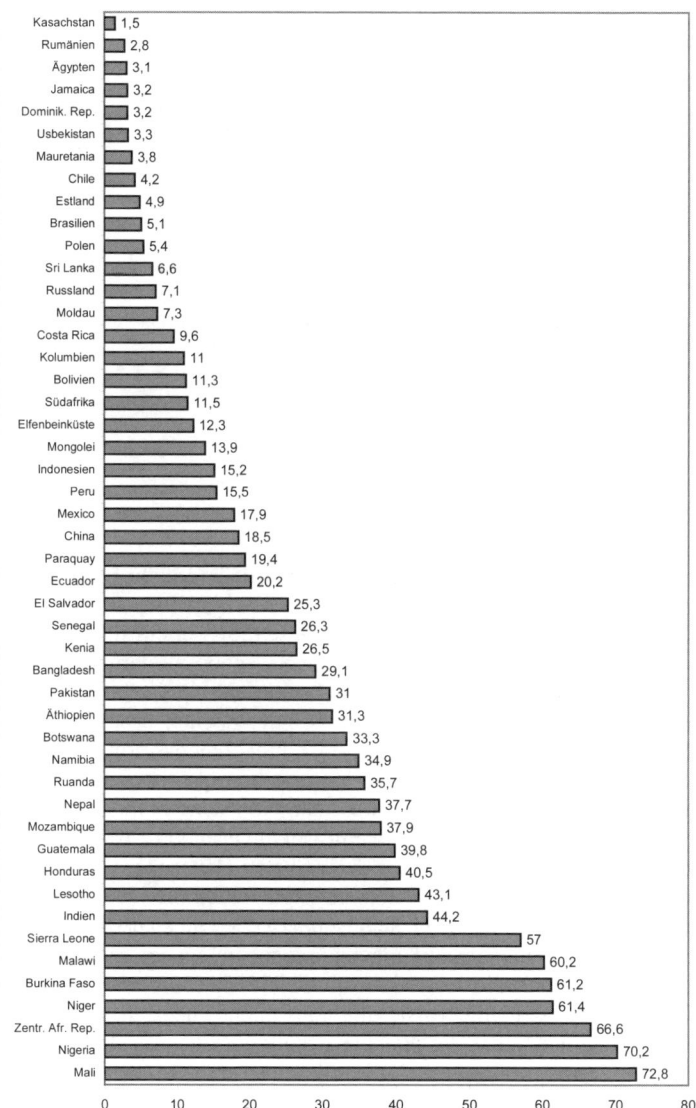

Quelle: World Bank 2000: 280

Abb. 7.21: Die Entwicklung der Armut in der Welt 1990 bis 1999

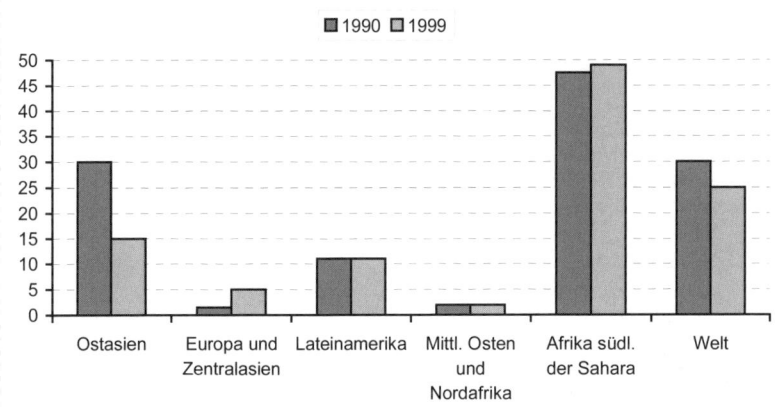

Quelle: nach: World Bank 2003: 30

7.3 Fazit

Das modernisierungstheoretische Modell der sozialstrukturellen Entwicklung moderner Gesellschaften (Kap. 2.2) besagt *erstens*, dass die sozialen Ungleichheiten *zwischen* den einzelnen Gesellschaften im Verlauf der Modernisierung abnehmen. Insbesondere die Abstände zwischen modernen Ländern und Entwicklungsländern werden hiernach schrumpfen.

Die Daten zu internationalen Wohlstandsungleichheiten bestätigen diese These nicht. Zwar nehmen die extremen Formen physischer Armut und Unterentwicklung in der Welt ab. Aber die Einkommensungleichheiten zwischen den Ländern der Erde wachsen. Insbesondere der Wohlstand in modernen Ländern wächst deutlich schneller als der in Entwicklungsländern. Auch die globalen Einkommensdisparitäten zwischen den privaten Haushalten werden größer. Anders als die Modernisierungstheorie besagt, ziehen die modernen Länder die Entwicklungsländer nicht nach sich, sondern eilen ihnen davon.

Zweitens wird im modernisierungstheoretischen Sozialstrukturmodell (2.2) behauptet, dass auch die Verteilungsungleichheiten *innerhalb* der einzelnen Länder im Zuge der Modernisierung abnehmen. Theorien, die auf diese Prozesse genauer eingehen, besagen (Kuznets 1955), dass die Einkommensungleichheit zwar zu Beginn der Modernisierung vorübergehend ansteigt, dann aber in der Tat laufend geringer wird.

Die empirischen Befunde zeigen, dass das Ausmaß der Einkommensungleichheit, die in den einzelnen Ländern heute vorzufinden ist, tatsächlich in erster Linie vom Modernisierungsgrad, d.h. insbesondere vom Niveau des allgemeinen Wohlstands einer Gesellschaft abhängt. In reicheren Ländern sind die Einkommen üblicherweise gleicher verteilt als in ärmeren. Allerdings gibt es reiche Länder mit wesentlich stärker gestreuten Einkommen als andere. Dies ist vor allem eine Frage der wohlfahrtsstaatlichen Umverteilung. Länder mit gering ausgebautem Wohlfahrtsstaat (z.B. Großbritannien, USA, Irland) weisen eine deutlich stärkere Ungleichheit der Einkommen und Vermögen als typische Wohlfahrtsstaaten (Schweden, Dänemark etc.) auf.

Während zu Beginn der Industrialisierung die ökonomische Ungleichheit zunahm, erfolgte dann in den meisten modernen Gesellschaften im Laufe des 20. Jahrhunderts eine allmähliche Angleichung. Dies steht im Einklang mit Modernisierungstheorien. Auffällig ist aber, dass in den letzten beiden Jahrzehnten die Verteilung von Einkommen und Vermögen in vielen modernen Gesellschaften wieder ungleicher wird – sicher die Einkommensverteilung, in letzter Zeit anscheinend auch die Vermögensverteilung. Die gleiche Tendenz läßt auch die Zunahme von soziokultureller Armut in vielen modernen Gesellschaften erkennen. Wenn man sich fragt, wie beständig diese Tendenzen zu mehr sozialer Ungleichheit sein werden, so gibt die Vorreiter-Rolle der USA zu Denken: „If the USA, as the largest advanced country in the world, is a trendsetter, postmodern or post-industrial societies will be far more unequal than their mid-century predecessors, and will see a return to levels of inequality of earlier decades and centuries." (Crouch 2001: 166)

Die Gründe für die derzeitige Verschärfung sozialer Ungleichheit liegen unter anderem in der wachsenden Nachfrage nach hochqualifizierten Arbeitskräften und der drastisch sinkenden Nachfrage nach wenig qualifizierten Arbeitskräften. Dadurch steigen die Einkommen in den oberen und sinken die Einkommen in den unteren Zonen der Berufshierarchie. Diese Verschärfung der Einkommensungleichheit wird beschleunigt durch die härtere internationale Konkurrenz auf Arbeits- und Gütermärkten. Sie zwingt moderne Gesellschaften zu beschleunigter Tertiarisierung, insbesondere zum Ausbau des Informationssektors und zum Abbau herkömmlicher industrieller Kapazitäten. Außerdem erweisen sich (einkommensangleichende) Sozialleistungen zum Teil als hinderlich im ökonomischen Konkurrenzkampf der Gesellschaften. Mit Modernisierungstheorien sind diese Entwicklungen kaum zu vereinbaren. Eher entsprechen ihnen schon die o.a. (vgl. 2.2.1), gegen Modernisierungsvorstellungen gerichteten Regulationstheorien.

Das modernisierungstheoretische Modell der sozialstrukturellen Entwicklung kommt *drittens* zum Schluss, dass die Chancenungleichheiten zwischen wichtigen sozialen Gruppierungen im Laufe der Modernisierung abnehmen.

Die empirischen Daten zeigen tatsächlich eine allmähliche Angleichung der Einkommensverteilung zwischen Männern und Frauen in praktisch allen modernen Ländern. Frauen sind nicht nur in der Bildung, sondern auch beim Einkommen Modernisierungsgewinner. Die Einkommensdisparitäten zwischen den Berufsgruppen (bzw. den sozialen Schichten) und den ethnischen Gruppierungen gehen jedoch in vielen Ländern auseinander. Das gilt auch für die Armut in einem Teil der modernen Länder: Wenn auch die Altersarmut in den meisten modernen Ländern in den letzten Jahrzehnten abgenommen hat, so spricht die Zunahme der Armut von Kindern, Ausländern und Alleinerziehenden in vielen Ländern gegen eine Einkommensangleichung der großen sozialen Gruppen. Zudem wird vielfach befürchtet, dass die kommenden Jahrzehnte wachsende Chancenungleichheiten zwischen den Generationen mit sich bringen werden. Die Erwerbstätigen der nächsten Jahrzehnte werden nicht nur durch Selbstvorsorge und die Sicherung der Älteren doppelt belastet sein, sie werden auch umfangreiche Schulden öffentlicher Haushalte abzutragen haben. Allerdings wird ihre Arbeitsmarktsituation vermutlich besser sein, als dies seit den 1970er Jahren der Fall war.

7.4 Literatur

Alderson, Arthur S./Nielsen, François 1999: Income Inequality, Development and Dependence: A Reconsideration, in: American Sociological Review 64, S. 606-631

Andorka, Rudolf 2001: Einführung in die soziologische Gesellschaftsanalyse. Ein Studienbuch zur ungarischen Gesellschaft im europäischen Vergleich, Opladen: Leske + Budrich

Berger-Schmitt, Regina 2002: Unterschiede in den Lebensbedingungen innerhalb der europäischen Union kaum verringert. Indikatoren zur Entwicklung der sozialen Kohäsion in Europa von der Mitte der 80er bis zum Ende der 90er Jahre, in: Informationsdienst soziale Indikatoren 27, S. 1-5

Bundesregierung 2001: Lebenslagen in Deutschland. Der erste Armuts- und Reichtumsbericht der Bundesregierung

Burtless, Gary 1995: International Trade and the Rise in Earnings Inequality, in: Journal of Economic Literature 33, S. 800-816

Crouch, Colin 1999: Social Change in Western Europe, Oxford: University Press

Davis, Kingsley/Moore, Wilburt E. 1967 (zuerst 1945): Einige Prinzipien der sozialen Schichtung, in: Hartmann, Heinz (Hg.): Moderne amerikanische Soziologie, Stuttgart: Enke, S. 237-357

Europäische Kommission/Eurostat 2001: Eurostat Jahrbuch 2001. Der statistische Wegweiser durch Europa. Daten aus den Jahren 1989-1999, Luxemburg: Amt für amtliche Veröffentlichungen der Europäischen Gemeinschaften

Europäische Kommission/Eurostat 2002: Eurostat Jahrbuch 2002. Der statistische Wegweiser durch Europa. Daten aus den Jahren 1990-2000, Luxemburg: Amt für amtliche Veröffentlichungen der Europäischen Gemeinschaften

Eurostat/Europäische Kommission 2001: Beschreibung der sozialen Lage in Europa 2001, Luxemburg: Amt für amtliche Veröffentlichungen der Europäischen Gemeinschaften

Foehl, Carl 1964: Kreislaufanalytische Untersuchung der Vermögensbildung in der Bundesrepublik Deutschland und der Beeinflussbarkeit ihrer Verteilung: Gutachten erstellt im Auftrage des Bundeswirtschaftsministeriums, Tübingen: Mohr

Frerich, Johannes/Frey, Martin 1996: Handbuch der Geschichte der Sozialpolitik in Deutschland, Bd. 3, 2. Aufl., München/Wien: Oldenbourg

Glatzer, Wolfgang 1979: Soziologischer Almanach, 3. Aufl., Frankfurt-New York: Campus

Geißler, Rainer 1996: Kein Abschied von Klasse und Schicht. Ideologische Gefahren der deutschen Sozialstrukturanalyse, in: KZfSS 48, S. 319-338

Hanesch, Walter (Hg.) 2000: Armut und Ungleichheit in Deutschland: der neue Armutsbericht der Hans-Boeckler-Stiftung, des DGB und des Paritaetischen Wohlfahrtsverbands/hrsg. von der Hans-Boeckler-Stiftung, Reinbek bei Hamburg: Rowohlt

Hauser, Richard 1997: Globalisierung und personelle Einkommensverteilung, in: Fricke, Werner (Hg.): Jahrbuch Arbeit und Technik, Bonn: Dietz, S. 72-84

Heidenreich, Martin 2000: Beschäftigungsordnungen in Europa, Bamberger Beiträge zur Europaforschung und zur internationalen Politik, Nr. 4, Bamberg

Hradil, Stefan 2001: Soziale Ungleichheit in Deutschland, 8. Auflage, Opladen: Leske + Budrich

Jacobs, Herbert 2000: Armut, in: Allmendinger, Jutta/Ludwig-Mayerhofer, Wolfgang (Hg.): Soziologie des Sozialstaates. Grundlagen, historische Zusammenhänge und aktuelle Entwicklungstendenzen, Weinheim/München: Juventa, S. 237-268

Kaelble, Hartmut 1987: Auf dem Weg zu einer europäischen Gesellschaft. Eine Sozialgeschichte Westeuropas 1880-1980, München: C.H. Beck

Kanbur, Ravi/Lustig, Nora 2000: Why Inequality ist Back on the Agenda? in: Pleskovic, Boris/Stiglitz, Joseph E. (eds.): Annual World Bank Conference on Development Economics 1999, Washington, DC: The International Bank for Reconstrucion and Development/The World Bank, S. 285-306

Krämer, Walter 1997: Statistische Probleme bei der Armutsmessung: Gutachten im Auftrag des Bundesministeriums für Gesundheit (Schriften im Auftrag des Bundesministeriums für Gesundheit, Bd. 94), Baden-Baden: Nomos

Kraus, Franz 1995: The Historical Development of Income Inequality, in: Flora, Peter/Heidenheimer, Arnold (Hg.): The Development of Welfare States in Europa and America, New Brunswick, Transaction Publ., S. 187-215

Kronauer, Martin 2002: Exklusion. Die Gefährdung des Sozialen im hoch entwickelten kapitalismus, Frankfurt am Main/New York: Campus

Kuznets, Simon S. 1955: Economic Growth and Income Inequality, in: American Economic Review 65, S. 1-28

Länderrat des amerikanischen Besatzungsgebietes (Hg.) 1949: Statistisches Handbuch von Deutschland 1928 – 1944, München: Ehrenwirth

Levy, Frank/Murnane, Richard J. 1992: U.S. Earnings Levels and Earnings Inequality: A Review of Redent Ternds and Proposed Explanations, in: Journal of Oconomic Literature 30, S. 1333-1381

Messner, Dirk 2001: Armut und Reichtum in der Welt. Informationen zur politischen Bildung (Heft 274), hrsgg. von der Bundeszentrale für politische Bildung

OECD 2001: Society at a Glance. OECD Social Indicators, Paris: OECD Publications

OECD 2002: OECD Economic Studies No. 34, 2002/1

Parsons, Talcott 2000 (zuerst 1971): Das System moderner Gesellschaften, 5. Aufl., Weinheim: Juventa

Petzina, Dietmar 1978: Sozialgeschichtliches Arbeitsbuch: Materialien zur Statistik des deutschen Reiches 1914-1949, München: C.H. Beck

Ring, Alexander M. 2000: Die Verteilung der Vermögen in der Bundesrepublik Deutschland. Analyse und politische Schlussfolgerungen, Frankfurt am Main u.a.: Lang

Schlomann, Heinrich 1993: Die Entwicklung der Vermögensverteilung, in: Huster, Ernst-Ulrich (Hg.): Reichtum in Deutschland, Der diskrete Charme der sozialen Distanz, Frankfurt am Main: Campus, S. 54-83

Schulz, Günther 2001: Armut und soziale Sicherung. Zwischen Versorgung und Versicherung, in: Spree, Reinhard: Geschichte der deutschen Wirtschaft im 20. Jahrhundert, München: Beck, S. 157-177

Snower, Dennis J. 1999: Causes of Changing Earnings Inequality, (discussion paper) Bonn: IZA

Statistisches Bundesamt (Hg.) 2002: Statistisches Jahrbuch 2002. Stuttgart: Metzler-Poeschel
Stein, Holger 2001: Trend zu abnehmender Konzentration der Vermögen scheint gestoppt, in: Informationsdienst Soziale Indikatoren 25, S. 1-4
Tumin, Melville 1968: Schichtung und Mobilität, München
World Bank 2000: World Development Report 2000/2001. Attacking Poverty, Oxford: University Press
World Bank 2002: Entering the 21th Century World Development Report 1999/2000: Oxford etc.: Oxford University Press
World Bank 2003: Global Economic Prospects and the Developing Countries, Washington D.C.

8. Soziale Sicherung

Die Sozialstruktur einer Gesellschaft und die sozialen Stellungen der Einzelnen werden in modernen Gesellschaften auch durch sozialstaatliche Einrichtungen und deren Leistungen geprägt. Zusammen mit Bildungseinrichtungen zählen die Einrichtungen zur sozialen Sicherung zu den Bereichen, die erst in modernen Gesellschaften sozialstrukturell wirksam wurden.

8.1 Der Bezugsrahmen

Sicherheit gegen die Wechselfälle des Lebens zu erhalten, war seit jeher ein Ziel menschlichen Strebens. In diesem Kapitel geht es nicht um Sicherungen durch Selbstschutz, durch Familienangehörige oder persönlich bekannte Mitmenschen, sondern um gesellschaftliche Sicherungseinrichtungen. In erster Linie dienen sie dem Schutz gegen Krankheit und Armut – zum Beispiel in Folge von Alter, Unfall oder Arbeitslosigkeit.

Die gesellschaftliche Modernisierung war mit wachsender wirtschaftlicher Leistungsfähigkeit, mit zunehmendem Wohlstand und mit einer Vermehrung des Wissens verbunden. Damit wuchsen die Möglichkeiten, Menschen gegen Gefahren zu sichern. Gleichzeitig brachte die Modernisierung und Industrialisierung aber auch neue Risiken mit sich, die eben diese Absicherung notwendig machten.

8.1.1 Das Modell

Das Modell der sozialstrukturellen Modernisierung (vgl. Kap. 2) sieht vor, dass in *vorindustriellen Gesellschaften* die Absicherung gegen Risiken der Armut, des Alters, der Krankheit, eines Unfalls etc. großenteils im „Ganzen Haus" erfolgte. Wer zu alt oder zu krank wurde, um seinen Lebensunterhalt verdienen zu können oder aus anderen Gründen in Armut geriet, der wurde von der Gemeinschaft des Bauernhofes oder des Handwerksbetriebs geheilt, gepflegt bzw. versorgt. Um Menschen, die nicht in der Gemeinschaft des „Ganzen Hauses" lebten (wie zum Beispiel Wanderarbeiter, Tagelöhner etc.) war es im Ernstfall schlecht bestellt. Nur ausnahmsweise (z.b. in Bischofsstädten oder in Klöstern) fanden sich für sie karitative Einrichtungen.

Mit dem Aufkommen der *modernen Industriegesellschaft* veränderten sich – dem Modell zu Folge – sowohl die Risiken als auch deren Absicherung. Auf der einen Seite hing die wirtschaftliche Existenz der Menschen mehr und mehr von der eigenen, individuellen Erwerbstätigkeit (bzw. von der des „Familienernährers") ab. Alles was diese unmöglich machte (wie Krankheit, Unfall, Alter, Verlust des Arbeitsplatzes, Tod des „Ernährers") bedeutete daher eine unmittelbare Existenzgefährdung. Denn andere Quellen des Lebensunterhalts, wie Subsistenz- und Tauschwirtschaft, gemeinschaftliches Produzieren und Haushalten, nahmen an Bedeutung ab. Zudem brachten die industrielle Technik und die fabrikmäßige Produktionsweise neue Risiken mit sich, die den Verlust der Erwerbsfähigkeit oder -tätigkeit mit sich bringen konnten: Für die Arbeitenden entstanden neue Unfallgefahren und Berufskrankheiten. Zudem schufen schlechte Wohn- und Ernährungsbedingungen zusätzliche Risiken auch für die nicht Erwerbstätigen.

Auf der anderen Seite brachen mit der Herausbildung der Industriegesellschaft herkömmliche Absicherungen zusammen: Das „Ganze Haus" stand zur Armenfürsorge, Altenversorgung, Krankenpflege etc. in der Regel nicht mehr zur Verfügung. Die isolierte Kernfamilie konnte es nur sehr unvollkommen ersetzen. Wer durch private Vermögensbildung oder durch private Versicherungen Versorgungslücken nicht schließen konnte, geriet nach dem Verlust seiner Erwerbsfähigkeit oder -tätigkeit schnell in existenzielle Not.

Im Ergebnis traf so eine Reihe von neuen bzw. verschärften Risiken große Teile der Bevölkerung in massenhaft ähnlicher Weise, ohne dass adäquate Sicherungen zur Verfügung standen. Es entstanden die *„Standardrisiken"* (vgl. Hauser 1997: 523):

- Krankheit,
- Unfall,
- Arbeitslosigkeit
- Alter

Zu diesen „Standardrisiken" wurden später teilweise auch Einkommensausfälle gezählt, die in Folge von

- Ausbildung,
- Kindererziehung oder
- Pflegeausgaben

entstehen. Außerdem werden zuweilen auch die Unterhaltsausfälle zu den „Standardrisiken" gerechnet, die wegen

- des Todes des „Ernährers", sowie wegen
- Familienlasten oder

- Armut der Familie

zu Stande kommen.

Die genannten Massenrisiken wurden im Verlauf der Entwicklung moderner Industriegesellschaften als Schutztatbestände anerkannt, deren Absicherung durch gesellschaftliche Einrichtungen erfolgen sollte. Es entstanden groß angelegte staatliche oder parastaatliche Sicherungssysteme bzw. Versorgungseinrichtungen.

Immer größere Teile der Bevölkerung (Rentner, Arbeitslose, viele Studierende, Sozialhilfeempfänger) leben nicht vom Einsatz ihres Vermögens (Klassen) oder von der eigenen Erwerbsarbeit bzw. von der ihres familiären Ernährers (Schichten), sondern von den Transferzahlungen bestimmter Sicherungseinrichtungen. Diese Gruppierungen wurden „Versorgungsklassen" genannt (Lepsius 1979: 179).

Das modernisierungstheoretische Modell (2.2) geht davon aus, dass sich in *postindustriellen Gesellschaften* bestimmte Standardrisiken durch die Alterung der Gesellschaften verschärfen. Altersversorgung, Pflege und Gesundheitssicherung werden in immer größerem Umfang notwendig. So werden immer mehr und immer längere Rentenzahlungen notwendig. Zunehmende chronische Alterskrankheiten und Pflegefälle stellen die industriegesellschaftlichen Sicherungseinrichtungen vor wachsende Aufgaben. Zudem können die immer kleineren, immer unterschiedlicher strukturierten Haushalte immer weniger Sicherungsaufgaben (z.B. Krankenversorgung oder Pflege von Alten) übernehmen und Sicherungseinrichtungen so entlasten. Dazu trägt auch die immer häufigere Erwerbstätigkeit von Frauen bei.

Außerdem entstehen zum Teil neuartige, in jedem Fall aber wachsende Risiken, wie zum Beispiel Drogenabhängigkeit, Überschuldung von Haushalten, Zerrüttung von Familien, Desintegration von Zuwanderern etc. Diese Risiken nehmen individuell sehr unterschiedliche Formen an. Viele von ihnen lassen sich mit Geld allein nicht bekämpfen. Die geläufigen großen Sicherungssysteme zur Einkommens- oder Gesundheitssicherung sind auf sie nicht eingerichtet. Neue, oft kleinere und nicht-staatliche Sicherungseinrichtungen werden notwendig (Schuldnerberatung, Familienhilfe, Jugendhilfe etc.).

Wachsende internationale Konkurrenz und die Alterung der Gesellschaft machen in vielen postindustriellen Gesellschaften die großen industriegesellschaftlichen Sicherungseinrichtungen unbezahlbar. Große Teile der Bevölkerung sind jedoch in der Lage, einen Teil der eigenen Sicherung selbst zu finanzieren und Hilfen für Mitmenschen zu leisten. Es entsteht ein „welfaremix" von (para)staatlichen, gewerblichen und privaten Sicherungen.

8.1.2 Begriffe und Organisationsprinzipien

Die Sicherungseinrichtungen, die in den Industriegesellschaften geschaffen wurden, dienen zwar überall ähnlichen Zwecken. Sie sind aber in bestimmten Ländern sehr viel umfangreicher als in anderen. Und sie sind im Einzelnen nach sehr unterschiedlichen Prinzipien organisiert (zum Folgenden: Hauser 1997: 524). Analysiert man die Organisationformen nach wichtigen Kriterien, so ergibt sich Folgendes:

– Reichweite: Sicherungssysteme umfassen entweder die *gesamte Wohn-bevölkerung* (universelle Systeme) oder *nur bestimmte Bevölkerungs-gruppen (z.B.* nur die unselbständig Beschäftigten; kategoriale Systeme*)*.

– Finanzierungsquelle: Zahlungen oder Sachleistungen zur sozialen Sicherung können durch *allgemeine Steuermittel,* durch *spezielle zweckgebundene Steuern* bzw. Umlagen oder durch *Beiträge zu Sozialversicherungen* finanziert werden. Diese Finanzierungsleistungen können in unterschiedlicher Weise auf Arbeitgeber und Arbeitnehmer aufgeteilt sein.

– Finanzierungsform: Auf Beitragsfinanzierung beruhen *parastaatliche Sozialversicherungen* (wie z.B. die deutsche Kranken-, Renten-, Unfall- und Pflegeversicherung). Auf Umlagen zu Lasten von Unternehmen oder einzelnen Bevölkerungsgruppen beruhen *Fonds.* Sie gewähren Leistungen, die anders als Sozialversicherungen in der Regel allenfalls einem Teil der Umlagezahler zu Gute kommen (z.B. der deutsche „Lastenausgleich" in der Nachkriegszeit oder der „Solidaritätsbeitrag" nach der deutschen Vereinigung). Aus Steuern werden staatliche *Leistungsgesetze* finanziert, die bei Eintritt bestimmter Schutztatbestände Ansprüche auf monetäre Transfers begründen (z.B. Kindergeld, Wohngeld, Sozialhilfe). Schließlich kann der *Staat selbst die Leistungserstellung* und deren kostenlose Abgabe im Bedarfsfall übernehmen (z.B. im steuerfinanzierten staatlichen Gesundheitsdienst Großbritanniens).

– Zielsetzung: Zum einen kann das Ziel darin bestehen, den *Lebensstandard in seiner bisherigen Höhe voll zu erhalten* bzw. den *jeweiligen Bedarf voll zu decken* (z.B. bisher noch in der deutschen Gesundheitssicherung). Zum andern kann sich das Ziel darauf beschränken, nur das Existenzminimum abzusichern (z.B. in der Armutsbekämpfung). Viele tatsächlichen Sicherungsleistungen schlagen Mittelwege zwischen diesen Extremen ein.

– Regelorientierung: Die Sicherungsleistungen können am *Aufwand* oder am *Bedarf* orientiert sein. So ist die Leistungshöhe in der deutschen beitragsfinanzierten Sozialversicherung an der Beitragshöhe ausgerichtet (Aufwandsprinzip; Kausalprinzip). In skandinavischen Ländern herrscht die Steuerfinanzierung vor. Dort bemessen sich die Leistungen zwar an der steuerlichen Leistungsfähigkeit des Landes insgesamt. Die Höhe der Leistung orientiert sich aber am individuellen Bedarf (Bedarfsprinzip; Finalprinzip).

Die genannten Merkmale werden in den einzelnen nationalen Sicherungssystemen üblicherweise nicht beliebig kombiniert, sondern fügen sich zu *typischen Bündelungen* zusammen.

- Kategoriale Sozialversicherungen mit Beitragsfinanzierung, die auf eine (teilweise) Lebensstandardabsicherung, insbesondere der unselbständig Beschäftigten, ausgerichtet sind, bezeichnet man als *„Bismarck-Typ"*. Hier dominiert die Versicherungslogik. Im Prinzip erhält nur der Leistungen, der Beiträge gezahlt hat. Der Name nimmt auf die Bauprinzipien des deutschen Sicherungssystems Bezug, das Reichskanzler Otto von Bismarck in den Jahren 1881 bis 1889 errichtete.
- Als *„Beveridge-Typ"* werden dagegen Sozialversicherungen bezeichnet, die auf eine universelle Grundsicherung der Wohnbevölkerung abzielen. Hier erhält jeder Leistungen, wenn auch nur geringe, der im betreffenden Gebiet ansässig ist. Die Bezeichnung geht auf das britische Sicherungssystem zurück, das im Wesentlichen Lord William Beveridge (1879 – 1963) schuf. Der englische Sozial- und Wirtschaftspolitiker verfasste 1941/42 eine Denkschrift („Beveridge-Plan"), die zur Grundlage der 1946 erlassenen Sozialgesetzgebung Großbritanniens wurde.
- Als dritten Typ kann man (in Skandinavien vorherrschende) universelle staatliche Leistungssysteme mit steuerfinanzierten, für alle Bürger gleichen Volksrenten betrachten (Hauser 1997: 524).

Die nationalen Sicherungssysteme sind nicht nur unterschiedlich organisiert, sie sind auch ungleich groß. Gøsta Esping-Andersen (1990) hat im Hinblick auf Art und Ausmaß der sozialen Sicherung drei Typen moderner Wohlfahrtsstaaten herausgearbeitet (vgl. Heinze 1999: 101ff.).

- *Liberale Wohlfahrtsstaaten* (z.B. Australien, Großbritannien, die Schweiz und die USA) sind durch geringe sozialpolitische Staatstätigkeit gekennzeichnet. Sie betonen vor allem die Rolle des freien Marktes und der Familie. Es bestehen nur geringe Ansprüche auf Sicherungsleistungen. Sie richten sich vor allem nach dem nachgewiesenen Bedarf. Es entstehen arme Bevölkerungsgruppen, die voll von stigmatisierender Armenfürsorge abhängig sind, weitere einkommensschwache Gruppen, die auf die Sozialversicherungen angewiesen sind, aber auch wohlhabende Gruppierungen, die fähig sind, ihre soziale Sicherheit ohne Hilfe des Staates eigenständig über Markteinkommen sicherzustellen. Die Ungleichheit der Einkommen ist vergleichsweise groß.
- *Konservative Wohlfahrtsstaaten* (z.B. Belgien, Frankreich, Deutschland, Italien, Österreich) weisen mittelgroße sozialpolitische Aktivitäten auf. Sie beseitigen zwar anders als liberale, die scharfen Klassengegensätze. Die Statusunterschiede der Erwerbstätigkeit werden aber ganz bewußt aufrecht erhalten, unter anderem durch Sozialversicherungssysteme, deren Leistungen sich nach der Höhe der gezahlten Beiträge bemessen. Die Ungleichheit der Einkommen bleibt mittelstark.

- *Sozialdemokratische Wohlfahrtsstaaten* (Dänemark, Finnland, Niederlande, Norwegen, Schweden) betreiben eine extensive Daseinsvorsorge. Die Ansprüche auf Sozialleistungen beruhen auf allgemeinen Bürgerrechten. Steuerfinanzierte, universalistische Lösungen mit dem Ziel des Lebensstandarderhalts dominieren. Fast alle Sozialleistungen werden vom öffentlichen Dienst erbracht. Der Zwang zur Existenzsicherung durch Erwerbsarbeit ist gering. Der Schutz vor Marktkräften und Einkommensausfällen ist groß. Die mittleren Schichten sind umfangreich. Die Ungleichheit der Einkommen ist relativ gering.

8.1.3 Theorien

Das Zustandekommen gesellschaftlicher Sicherungseinrichtungen erklären Sozialwissenschaftler mit drei unterschiedlichen Begründungen (Lessenich 2000: 43ff.):

1. *Funktionalistische Theorien* betonen die Prägekraft großer, umfassender Entwicklungstrends: Gegen die Modernisierung, die Industrialisierung oder die Durchsetzung des Kapitalismus können die Einzelnen wenig ausrichten. Aus diesen Entwicklungen ergeben sich vielmehr viele Zwänge, auf bestimmte Weise zu handeln. Auch der Aufbau von Systemen sozialer Sicherung stellt aus dieser Sicht eine notwendige Reaktion auf veränderte äußere Gegebenheiten dar. Die Industrialisierung, die Modernisierung bzw. der Kapitalismus, also im Grunde wirtschaftliche Entwicklungen, brachten eine Fülle von Risiken – und damit Krankheit, Not und Tod – für die Menschen mit sich. Es führte nach Ansicht von Funktionalisten kein Weg daran vorbei, Sicherungseinrichtungen aufzubauen, um ein Zusammenbrechen menschlicher Gesellschaften zu verhindern.
2. *Konflikttheorien* heben dagegen hervor, dass die Systeme sozialer Sicherung keineswegs zwangsläufig entstanden seien. Vielmehr habe erst massiver Druck von Seiten der Bevölkerung, insbesondere durch die Arbeiterbewegung, dazu geführt, dass Absicherungen gegen Existenzbedrohungen in Folge von Alter, Krankheit, Unfall oder Armut geschaffen worden seien. Die jeweilige Politik sei also durchaus wirksam. Je nach Art der vertretenen Konflikttheorie werden die Massendemokratie schlechthin oder aber spezifischer Sozialdemokratie und Gewerkschaften als politische Vertretungen der Arbeiterklassen bzw. politische Koalitionen zwischen bestimmten Parteien als Ursachen des Sozialstaats genannt.
3. *Institutionelle Ansätze* erklären das Zustandekommen sozialer Sicherung konkreter. Hier wird der Staat nicht, wie im Lichte von Konflikttheorien, als ausführendes Organ von Interessen, sozialen Bewegungen oder politischen Parteien gesehen. Vielmehr sind staatliche Instanzen selbst die Ursache, dass soziale Sicherungen entstanden. Staatliche Instanzen steuern,

entscheiden und schaffen Systeme sozialer Sicherung. Je nach Version der institutionellen Theorie ist es der Wettbewerb zwischen den Staaten, die Eigendynamik von Staatsstrukturen oder das Streben von Eliten nach Machterhalt, die als Ursachen genannt werden.

Im Zusammenhang mit institutionellen Ansätzen sind auch Theorien der „Pfadabhängigkeit" zu nennen: Hiernach macht es ein einmal eingeschlagener Weg (z.B. die Einführung eines statuserhaltenen Versicherungsprinzips) sehr schwer, diesen „Pfad" wieder zu verlassen. Freilich lassen sich so eher die Verlaufsformen als die Entstehung von sozialen Sicherungssystemen erklären.

Die genannten Theoriemuster kommen zu durchaus unterschiedlichen Schlussfolgerungen: Alle *funktionalistischen Theorien* halten soziale Sicherungen als solche für notwendig, können aber nicht erklären, weshalb so unterschiedliche Sicherungssysteme aufgebaut wurden. Funktionalistische Theorien, die die *Modernisierung* für die letztendlich prägende Entwicklung halten, kommen zum Schluss, alle Gesellschaften müssen Sicherungssysteme aufbauen, wenn sie moderne Gesellschaften werden und in deren Konkurrenzkampf bestehen wollen (vgl. Kap. 2.2.1). Funktionalistische Theorien, die die *Industrialisierung* für ausschlaggebend halten, ziehen sogar die Konsequenz, alle Industriegesellschaften seien gezwungen, im Grunde gleich strukturierte Sicherungssysteme aufzubauen (Konvergenzthese). Funktionalistische Theorien, die den *Kapitalismus* als ursächlich ansehen, gelangen zu zwiespältigen Schlussfolgerungen: Einerseits kommt der Kapitalismus ohne eine ausgleichende und Gefahren abfedernde soziale Sicherung nicht aus. Andererseits werden Systeme sozialer Sicherung zu einer Belastung des kapitalistischen Systems, weil ihren Leistungen keine Arbeitsleistung gegenüber steht, und sie zu Lasten des Erwirtschafteten finanziert werden müssen. Aus der Sicht dieser Theorien ergibt sich also, „dass der Kapitalismus weder *mit* dem Sozialstaat koexistieren, noch *ohne* ihn fortbestehen kann" (Claus Offe, zit. n.: Lessenich 2000: 53)

Konflikttheoretiker erklären das Zustandekommen sozialer Sicherungen mit den aufeinander prallenden Interessen verschiedener Gruppierungen. Je nach Verlauf bringen diese Interessenkämpfe in den einzelnen Ländern verschiedenartige und unterschiedlich große Sicherungssysteme hervor. So findet sich zum Beispiel die These, die Parteienkonkurrenz bzw. der Wettbewerb um Wähler werde zu einem ständigen Anstieg der Ausgaben für soziale Sicherung führen. Denn die Parteien werben mit dem Argument sozialer Sicherheit um die Wählergunst und überbieten sich ständig darin, ganz unabhängig von ihrer ideologischen Ausrichtung. Eine andere These meint dagegen, dass die Mittelschichten ein Interesse an der Reduzierung des Sozialstaates hätten, weil sie vergleichsweise viel zahlen und wenig erhalten (A. Wilensky).

Institutionelle Theorien, die das Aufkommen sozialer Sicherungen mit den mehr oder minder selbst bestimmten Tätigkeiten staatlicher Instanzen er-

Soziale Sicherung

klären, sind in der Lage, ganz unterschiedliche und sehr spezifische Entwicklungen zu erklären, freilich nur aus den Bestrebungen der jeweils Beteiligten heraus. Eine These solcher Theorien weist z.B. darauf hin, dass sozialstaatliche Bürokratien danach streben, ihre Etats, Maßnahmen und Zuständigkeiten auszuweiten, ein Prozess, der sich von der nationalen auf die internationale Ebene (z.b. der EU) ausweitet (Leibfried/Pierson, zit.n. Jessenich 2000: 54)

8.2 Empirische Befunde

Die folgenden empirischen Daten werden zeigen, inwieweit die oben (in 8.1) dargestellten Entwicklungsmodelle, organisatorischen Typologien und Theorien zutreffen.

8.2.1 Zur historischen Entwicklung von Sicherungssystemen in Europa

Die Anfänge einer systematischen sozialen Sicherung überhaupt finden sich in Westeuropa im ausgehenden 19. Jahrhundert. Im Gegensatz zu vielen anderen wirtschaftlichen und politischen Modernisierungsbewegungen war Deutschland in dieser Hinsicht internationaler Vorreiter. Die deutsche Krankenversicherung wurde 1883, die Unfallversicherung 1884, die Rentenversicherung 1889 und die Arbeitslosenversicherung 1927 eingerichtet. Freilich waren die Leistungen zunächst sehr bescheiden, und der Kreis der Anspruchsberechtigten war eingeschränkt. Auch in Dänemark, Belgien, Österreich, Großbritannien und in Frankreich wurden frühzeitig Sicherungseinrichtungen geschaffen.

Andere Länder, unter ihnen die Schweiz und die USA, haben diese Sicherungseinrichtungen sehr viel später und auch bei einem wesentlich höheren allgemeinen Modernisierungsgrad ihrer Länder eingeführt. Weder ein bestimmter Stand der wirtschaftlichen oder der politischen Entwicklung, noch ein bestimmter Problemdruck bzw. entsprechende Funktionslücken der Modernisierung führten also „automatisch" zur Absicherung der Standardrisiken. Dies widerspricht den o.a. funktionalistischen Erklärungen über die Entstehung von Sicherungssystemen. Auch eine bestimmte Stärke der Demokratisierung oder jeweiligen Arbeiterbewegung zogen nicht zwangsläufig soziale Sicherungsmaßnahmen nach sich. Dies widerspricht den o.a. Konflikttheorien (Schmidt 1998: 180f.). Am ehesten lassen sich die meisten Sicherungssysteme noch mittels institutioneller Theorien erklären. Meist waren es die Machterhaltungsbestrebungen bedrohter autoritärer Regime, die zum Ausbau sozialer Sicherungen führten (Alber 1982, zit. n. Schmidt 1998: 184). Dies erklärt auch die große Unterschiedlichkeit der organisatorischen Ausgestaltung (vgl. 8.2.2).

Nach ihrer Gründung wurden die Sicherungseinrichtungen in Deutschland zunächst langsam, dann nach dem Zweiten Weltkrieg sehr viel schneller ausgebaut. Nur in den Jahren der Nazi-Herrschaft und der Besatzungszeit nach dem Zweiten Weltkrieg stagnierte der Ausbau. Es waren an diesem Aufbau vor allem die daran interessierten Bürokratien, die anwachsende Zahl der Erwerbstätigen (als Zahler und Leistungsempfänger), die Alterung der Gesellschaft (als wachsende Nachfrage) und nicht zuletzt das Wirtschaftswachstum Deutschlands beteiligt. Je reicher die Länder, desto höher fallen nämlich im Allgemeinen die auf jeden Bürger entfallenden Sozialleistungen aus sowie auch die Anteile an den jeweiligen Bruttoinlandsprodukten, die für Sozialleistungen ausgegeben werden.

8.2.2 Die Organisation der sozialen Sicherungssysteme der EU-Mitgliedsstaaten

Was die Art und Zahl der *abgedeckten Risiken* betrifft, so sind sich die Sicherungssysteme in der EU recht ähnlich. Alle vier oben aufgeführte Standardrisiken (Krankheit, Unfall, Arbeitslosigkeit, Alter) werden in allen EU-Ländern abgesichert. Dies spricht zunächst für die Richtigkeit der funktionalistischen Sozialstaatstheorie, welche betont, dass in allen modernen Industriegesellschaften bestimmte funktionale Notwendigkeiten existieren, die entsprechende Sicherungsmaßnahmen notwendig machen. Auf der anderen Seite lässt sich aber auch im Sinne von Konflikttheorien zeigen, dass der gemeinsame institutionelle Druck durch das Internationale Arbeitsamt (ILO) und den Europarat nach dem Zweiten Weltkrieg auf Reformen und gegenseitige Anpassungen hinwirkte (Hauser 1997: 526).

Daneben weisen die Sicherungseinrichtungen in Europa eine weitere organisatorische Gemeinsamkeit auf: Die (quasi)staatlichen Systeme zur Kranken-, Alters-, Unfall-, Arbeitslosensicherung werden in allen europäischen Ländern nach dem *Umlageverfahren* finanziert: Die Beitrags- oder die Steuereinnahmen der laufenden Periode werden zur Finanzierung der laufenden Sozialleistungen verwendet. Selbst wenn die Beitragsleistungen zur Akkumulation eines rechtlich geschützten Anspruchs führen (z.B. Rentenanspruch), werden sie nicht durch die akkumulierten und verzinsten Beiträge (*Kapitaldeckungsverfahren*), sondern durch die Beitragszahlungen der künftigen Generation finanziert (Generationenvertrag).

Damit sind die empirisch vorfindlichen Ähnlichkeiten in Westeuropa aber auch schon erschöpft. In der Realität findet sich eine kaum überschaubare Vielfalt von Sicherungseinrichtungen. Die oben dargestellten, der ersten Übersicht dienenden Modelle und Typisierungen geben die nationalen Unterschiede nur sehr vergröbert wieder. In Wirklichkeit sind die sozialen Sicherungssysteme viel differenzierter organisiert. So enthalten viele Sicherungseinrichtungen z.B. steuerfinanzierte und beitragsfinanzierte Komponenten zugleich und sind teils am Ziel einer Lebensstandardabsicherung, teils am

Ziel einer großzügig interpretierten Grundsicherung für alle, teils am Ziel der Existenzminimumsicherung zur Armutsvermeidung orientiert (Hauser 1997: 525). Insbesondere hinsichtlich der *Finanzierungsquelle und -form*, der *Leistungen* und der dafür nötigen *Vorbedingungen* bestehen gravierende Unterschiede zwischen den Sicherungseinrichtungen der einzelnen Länder (zum Folgenden: Hauser 1997: 526-532).

In jedem Mitgliedsstaat der Europäischen Union gibt es eine soziale Absicherung des *Krankheitsrisikos*. Acht Mitgliedsländer (Dänemark, Italien, Irland, Niederlande, Portugal, Großbritannien, Finnland, Schweden) besitzen ein universell ausgestaltetes System. Sechs dieser Länder haben einen kostenlosen staatlichen oder halbstaatlichen Gesundheitsdienst etabliert, der teils aus Beiträgen, teils aus Steuermitteln finanziert wird. Die übrigen Länder (darunter Deutschland) haben Sozialversicherungen zur Krankenversorgung, die jeweils kategorial ausgestaltet sind. Die Leistungen sind in allen Ländern hoch, aber es gibt Einschränkungen und Rationierungen oder Warteschlagen, sowie Eigenbeteiligungen an den Krankheitskosten.

Absicherungen im *Alter* und für *Hinterbliebene* sind in allen EU-Ländern weit ausgebaut. Es wurden aber ganz unterschiedliche Lösungen entwickelt: In Dänemark und in den Niederlanden finden wir ein universelles Grundrentensystem. In Dänemark wird es durch Steuern und in den Niederlanden durch einkommensabhängige Beiträge finanziert. Die Briten werden durch ein kategoriales Grundrentensystem mit überwiegender Beitragsfinanzierung vor Altersrisiken geschützt, das auf Erwerbstätige und deren Ehepartner beschränkt ist. In den übrigen EU-Ländern (wie in Deutschland) gibt es Sozialversicherungen zur Altersvorsorge. Die Rentenhöhe ist am früheren Erwerbseinkommen und den darauf beruhenden Beiträgen orientiert. Meist gibt es Obergrenzen für Beiträge und Renten. In mehreren Ländern begünstigen die Systeme die unteren Einkommenschichten oder die Personen mit einer unterdurchschnittlichen Zahl von Beitragsjahren. Außerdem gibt es Regelungen für Mindestrenten. Sozialversicherungen zur Altersvorsorge sind in der Regel kategoriale Systeme. Sie schützen nur die unselbständig Beschäftigten und deren Hinterbliebene, manchmal auch die Selbständigen, nicht aber die gesamte Wohnbevölkerung. Finanziert werden die Renten typischerweise durch einkommensabhängige Beiträge der Versicherten. In den meisten Ländern werden die Finanzmittel durch Staatszuschüsse ergänzt, oder der Staat übernimmt zumindest eine Ausfallgarantie für Defizite.

Die Leistungsniveaus der Alterssicherungssysteme unterscheiden sich stark. Wer 1992 volle 40 Jahre Versicherungszeit bzw. 50 Jahre Wohnzeit und das durchschnittliche Einkommen eines Industriearbeiters vorweisen konnte, erhielt als Nettorente je nach Land zwischen 37% und über 100% des durchschnittlichen Nettolohns eines aktiven Industriearbeiters. In Italien und in Luxemburg betrugen die Altersrenten 100% und in Irland und Portugal nur knapp 50% des BIP pro Kopf der Bevölkerung. Allerdings gibt es in vielen Ländern Zusatzrenten etc. für bestimmte Personengruppen. In einigen Ländern bestehen Lücken in der Alterssicherung, die zu Altersarmut führen (s.o. Kap. 7.2.3).

Wenn Altersrenten in ihrer Höhe über längere Zeit unverändert bleiben, sinkt der Lebensstandard der Rentner wegen der Geldentwertung. Deshalb ist eine Dynamisierung der Altersrenten notwendig. Die Anpassungsregeln sind in den einzelnen Ländern aber sehr unterschiedlich gestaltet. Preissteigerungen und reale Zuwächse der Arbeitnehmereinkommen werden teilweise durch gelegentliche Anpassungen berücksichtigt, z.T. durch regelmäßige, aber nicht in der Höhe festgelegte Anpassungen, zum Teil durch regelmäßige an die Inflationsrate oder an die Nettolohnentwicklung gekoppelte Anpassungen.

Die Sicherung bei *Arbeitslosigkeit* geschieht meist durch spezielle Pflicht-Arbeitslosenversicherungen, die teilweise weitere Aufgaben der Arbeitsvermittlung und der Arbeitsmarktpolitik übernehmen. Nur in Dänemark ist die Mitgliedschaft in einer Arbeitslosenversicherung freiwillig. Die Versicherungsleistungen werden überwiegend aus Beiträgen der Arbeitgeber und -nehmer, aber teilweise auch aus Steuermitteln finanziert. Geschützt werden in der Regel nur Personen, die vorher bereits unselbstständig beschäftigt waren. Daher weist die Absicherung von arbeitslosen Berufsanfängern und Wiedereinsteigern oft Lücken auf. Leistungen für Arbeitslose sind häufig befristet sowie von der Bereitschaft zur Arbeitsaufnahme und von weiteren Vorbedingungen abhängig. Nach dem Auslaufen der Leistungen schließen sich oft weitere Leistungen an, die aber bedarfsgeprüft sind. Das Leistungsniveau bewegt sich – mit Ausnahme von Großbritannien – zwischen 60% und 90% des vorherigen Nettolohnes. Es gibt aber meist Höchstgrenzen. Die bedarfsgeprüften Anschlußleistungen sind niedriger. Die Ausgaben pro Arbeitslosem sind, gemessen am jeweiligen BIP pro Kopf, sehr unterschiedlich: Sie betragen in Italien nur 9%, in Luxemburg nur 22,9%, in Großbritannien nur 24% und in Griechenland nur 23,1% des jeweiligen BIP pro Kopf (Niedrigleistungsländer). In Belgien dagegen erhalten Arbeitslose 79,3%, in Dänemark 68,9% und in den Niederlanden sogar 80,6% des dortigen BIP pro Kopf (Hochleistungsländer). Deutschland findet sich im Mittelfeld. Hier beziehen Arbeitslose 45,9% des individuellen BIP.

Arbeitsunfälle und Berufskrankheiten werden meist durch Sozialversicherungen abgesichert. Sie werden häufig allein durch Arbeitgeberbeiträge finanziert. In Belgien gibt es Pflichtversicherungen bei zugelassenen privaten Versicherern, in Großbritannien Sozialleistungen aus Steuermitteln, in den Niederlanden eine beitragsfinanzierte allgemeine Erwerbsunfähigkeitsversicherung auch für Berufsunfälle. Die Leistungen nach Unfällen sind in der Regel großzügiger als die Altersrenten. In der Regel werden nur dann Sicherungsleistungen gezahlt, außer in den Niederlanden, wenn der Unfall oder die Krankheit innerhalb einer Berufstätigkeit aufgetreten ist. Vorzeitige Erwerbsunfähigkeit, die nicht auf Berufsunfall oder Berufskrankheit beruht, ist meist über die Altersrentenversicherung abgedeckt. Aber die Absicherung ist dort oft lückenhaft.

Familienbelastungen werden (z.B. durch Kindergeld) in vielen Mitgliedstaaten teilweise ausgeglichen. Sie sind überall universell ausgestaltet, aber unterschiedlich organisiert: Es gibt staatliche Leistungsgesetze und Finanzierung aus Steuermitteln oder aber spezielle Fonds, die aus zweckbestimmten Beiträgen, meist von Arbeitgebern, gespeist werden. Die Leistungsniveaus sind sehr ungleich: Griechenland, Spanien, Irland und Portugal gewähren nur niedrige Kindergeldleistungen. In Belgien, Dänemark, Frankreich, in den Niederlanden und in Luxemburg erhalten Eltern dagegen großzügige Leistungen. Über das Kindergeld hinaus werden häufig andere kindbezogene Transfers und Steuerbegünstigungen gewährt: Familienlastenausgleich ist meist ein kompliziertes Geflecht.

Eine systematische *Armut*sbekämpfung (wie in Deutschland durch die Sozialhilfe) gibt es nicht in allen EU-Ländern. Keine universelle Ausgestaltung der armutsbekämpfenden Leistungen findet sich in Spanien, Italien, Portugal und Griechenland. Dort verläßt man sich vielfach noch auf die Sicherung durch die Familie und die Kirche. In den genannten Ländern gibt es aber immerhin für einige Gruppen (z.B. alte Menschen) soziale Mindestleistungen ohne vorherige Beitragszahlung. Zum Teil (wie in Italien und in Spanien) wurden in bestimmten Regionen Hilfsregelungen eingerichtet.

Armutsvermeidende Sozialleistungen werden, wo es sie gibt, überall in der EU aus Steuermitteln finanziert. Sie stocken die Eigenmittel der Hilfsbedürftigen auf ein vom Staat festgelegtes Niveau auf. Aussagen über die jeweiligen Leistungsniveaus sind wegen vielfältiger Sonderregelungen kaum möglich. Sie betragen schätzungsweise 30-60% der nationalen Durchschnittseinkommen. Überall in der EU hat sich gezeigt, dass diese Sozialleistungen nicht von allen Berechtigten in Anspruch genommen werden.

8.2.3 Die Höhe der Ausgaben für die soziale Sicherung

Die Bürger der einzelnen europäischen Staaten kommen in den Genuß sehr unterschiedlich hoher Sicherungsleistungen. So erhält jeder Luxemburger mehr als drei Mal so viel Geld (nach Kaufkraft umgerechnet) zur Abwehr von Risiken als ein Portugiese. Deutschland findet sich in dieser Hinsicht, zusammen mit einigen anderen Ländern, im oberen Mittelfeld der Europäischen Union.

Gemessen an der absoluten Höhe der erhaltenen Zahlungen trifft das o.a. Modell Esping-Andersens nur bedingt zu. Zwar zählen Dänemark, Schweden und Norwegen zur Spitzengruppe, was Zahlungen für die soziale Sicherheit der Bürger betrifft. Sie werden aber von Luxemburg weit übertroffen und von den Niederlanden, von Deutschland, von Frankreich und von der Schweiz dicht gefolgt. Die Höhe der Sozialleistungen, die die einzelnen Bürger empfangen, spiegeln eher die wirtschaftliche Leistungskraft des jeweiligen Landes als bestimmte Politikausrichtungen oder Typen des Wohlfahrtsstaates.

Abb. 8.1: Sozialleistungen pro Kopf der Bevölkerung in den EU-Ländern
1998 (gemessen in Euro; Kaufkraftstandards)

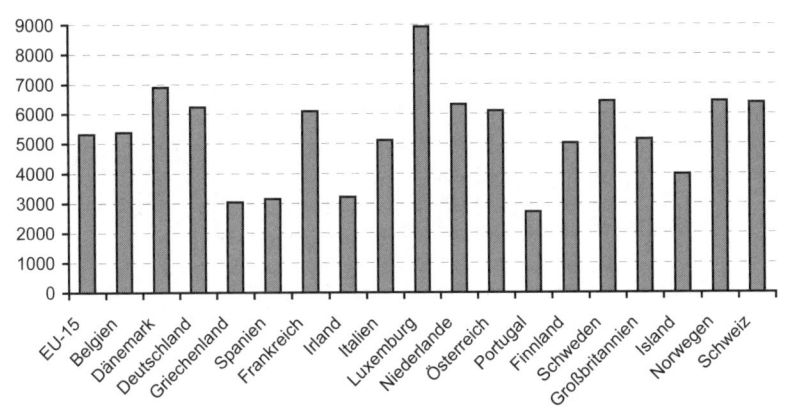

Quelle: Europ. Komm/Eurostat 2002: Jahrbuch 2002: 190

Reichere Länder können für jeden Bürger mehr Sozialleistungen als ärmere
bereit stellen, ohne dafür notwendigerweise einen größeren Teil des gesamten
gesellschaftlichen Reichtums aufwenden zu müssen. So gibt Luxemburg nur
24% seines Bruttoinlandsprodukts für Sozialleistungen aus. Auf jeden Luxemburger entfällt aber fast drei Mal so viel wie auf jeden Griechen, obwohl
Griechenland 25% seines BIP für Sozialleistungen nutzt.

Insgesamt wurden 1998 in den Ländern der Europäischen Union 28 von
100 erwirtschafteten Euro für Zwecke der sozialen Sicherung ausgegeben.
Die Sicherungsausgaben in Deutschland waren 1998 mit 29% des Bruttoin-
landsprodukts leicht überdurchschnittlich hoch. Das o.a. Modell von Esping-
Andersen bestätigt sich im Hinblick auf die Gesamtausgaben nicht unbedingt.
Nicht alle skandinavischen Wohlfahrtsstaaten gaben 1998 die größten BIP-
Anteile von allen EU-Ländern zur sozialen Sicherung aus. Zwar nahm
Schweden – dem Modell von Esping-Andersen gemäß – den Spitzenplatz
ein. Aber an zweiter Stelle folgte Frankreich, und an vierter Stelle rangierten
die Niederlande und Deutschland, die im Modell alle zu den Staaten mit nur
mittelgroßem Sozialstaat gerechnet werden.

Abb. 8.2: Sozialleistungsquoten in westeuropäischen Ländern 1998
(zu jeweiligen Preisen, in % des BIP)

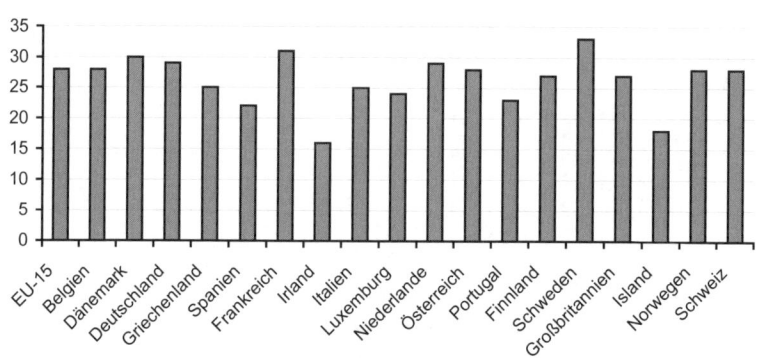

Quelle: Europ. Komm./Eurostat 2002: Jahrbuch 2002: 186

In der Zeit des „Wirtschaftswunders" von 1960 bis 1975 befand sich Westdeutschland in der internationalen Spitzengruppe der sozialen Sicherung. Damals wurden in Westdeutschland zahlreiche Sicherungsleistungen großzügig ausgebaut. Die Sozialleistungsquote stieg steil an. (West-)Deutschland gab zuletzt wesentlich höhere Anteile des Wirtschaftsergebnisses für Zwecke der sozialen Sicherung aus als die meisten anderen westeuropäischen Länder. Ab Mitte der 1970er Jahre, als die ersten ökonomischen Probleme aufkamen, wurde die deutsche Sozialleistungsquote langsam zurückgenommen. Im Vergleich mit anderen EU-Ländern fiel Westdeutschland ins untere Mittelfeld der sozialen Sicherung zurück (Alber 1998: 209). Allerdings reduzierten in dieser Zeit auch andere Länder, vor allem Schweden und Großbritannien, ihre Aufwendungen für soziale Leistungen und entlasteten so die öffentlichen Kassen.

Dies änderte sich erst wieder nach 1990. Denn die deutsche Vereinigung kostete viel Geld, nicht zuletzt für Zwecke der sozialen Sicherung. Daher stieg der Anteil der Sozialleistungen am BIP in den 1990er Jahren wieder an, ohne allerdings das „westeuropäische Mittelfeld" zu verlassen. Ohne die Kosten der Wiedervereinigung wäre in der Bundesrepublik der Anteil der Sozialausgaben am BIP weiter zurück gegangen (Kaufmann 2000: 184). Berücksichtigt man, dass der Bedarf an Sicherungsleistungen in Folge der deutschen Vereinigung und der relativ weit fortgeschrittenen Alterung in Deutschland besonders hoch ist, so sticht „der deutsche Sozialstaat im internationalen Vergleich der Aggregatzahlen keineswegs als besonders aufwendig oder kostspielig hervor" (Alber 1998: 203). Dies widerspricht manchen populären Einschätzungen, die von einem besonders teuren deutschen Sozialstaat ausgehen.

Allerdings werden die Sicherungsleistungen in Deutschland weitgehend durch Sozialversicherungsbeiträge, die an die Löhne gekoppelt sind, und nicht durch Steuern bezahlt. Deutschland hatte 1999 die höchste Sozialabgabenquote und eine der niedrigsten Steuerquoten in der Europäischen Union (Hauser 2003: 13). Daher verteuern in Deutschland hohe Lohnnebenkosten die Kosten der Arbeit. Dies ist ein Nachteil im ökonomischen Wettbewerb (Kaufmann 2000: 184).

Abb. 8.3: Sozialleistungsquoten in ausgewählten OECD-Ländern 1960 bis 1995

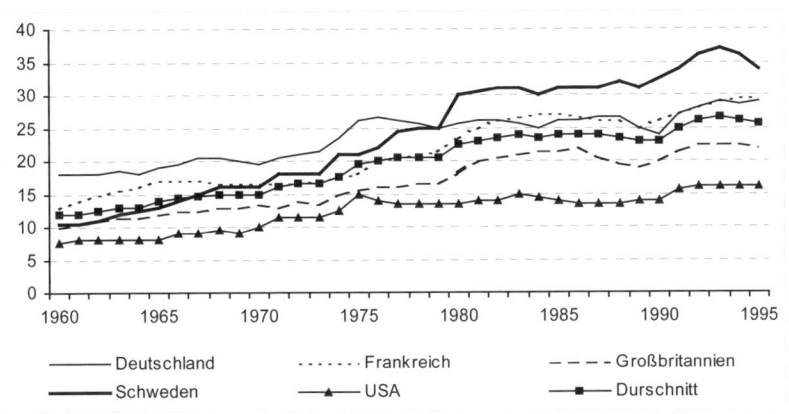

Quelle: Kaufmann 2000: 185

8.2.4 Die Struktur der Sicherungsausgaben

Die Absicherung von Risiken ist unterschiedlich teuer. So wurden 1999 in der Europäischen Union 46% aller Sicherungsleistungen für die Altersversorgung der Bürger ausgegeben. Das entspricht 12,2% des BIP der EU. Auch die Sicherung gegen Krankheit und Invalidität war mit 35% (9,2% des BIP) sehr aufwendig. Die Sicherung gegen diese beiden Risiken kostete also volle vier Fünftel aller Sozialschutzausgaben oder fast ein Viertel des gesamten Wertes der produzierten Güter und Dienstleistungen (BIP). Demgegenüber sind andere Risikoabsicherungen, die oft im Vordergrund der Diskussion stehen, vergleichsweise billig: So kostete der Schutz vor Armut und Wohnungslosigkeit nur 3,8%, der Schutz vor Arbeitslosigkeit nur 6,8% und der Ausgleich familiärer Belastungen nur 8,5% aller Sozialschutzausgaben (Eurostat 2002: Stat. Kurzgefasst 1/2002)

In den einzelnen Ländern zeigen sich bedeutende Unterschiede in der Ausgabenstruktur zur sozialen Sicherung.

–   Für die *Alterssicherung* (Renten) wird in Italien fast zwei Drittel, in Irland dagegen weniger als ein Drittel aller Sozialausgaben aufgewendet. Dies hängt mit der o.a. Höhe der Altersrenten in Italien zusammen, aber auch damit, dass in der italienischen Bevölkerung die Alterung schon

viel weiter fortgeschritten ist als in Irland (vgl. Kap. 3). In Deutschland
lagen 1999 die Ausgaben für Alters- und Hinterbliebenrenten mit 42,1%
der Gesamtleistungen zur sozialen Sicherung unter dem Durchschnitt der
EU-Länder (Eurostat. 2002: Stat. kurzgefasst 1/2002).

Abb. 8.4: Die Struktur der Sozialleistungen in den Ländern der EU 1999
(in % der Gesamtausgaben zur sozialen Sicherung)

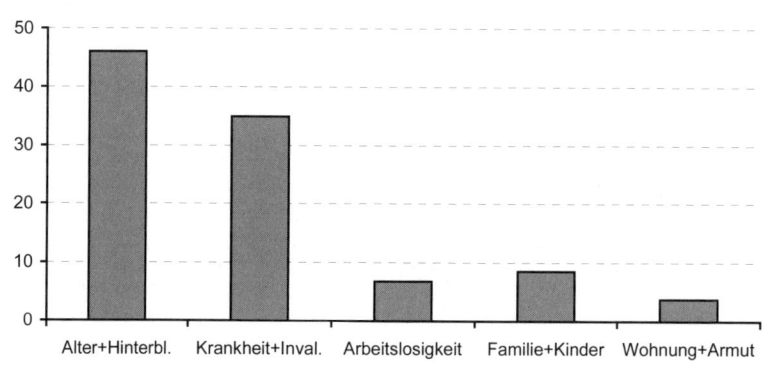

Quelle: Eurostat 2002: Stat. kurzgefasst 1/2002

– Die *Krankheitskosten* waren 1999 in Portugal, in Irland und in Finnland
(sowie außerhalb der EU auch in Island, Norwegen und in der Slowakei)
im Vergleich zu anderen Sicherungsleistungen besonders hoch. Sie sind
dort sogar höher als die Kosten der Alterssicherung. In Deutschland werden 36% der gesamten Sicherungsausgaben zur Bekämpfung von Krankheit und Invalidität aufgewendet. Dies ist mehr als im Durchschnitt der
EU-Länder (Eurostat. 2002: Stat. kurzgefasst 1/2002).
Reichen Ländern ist die Gesundheit besonders „teuer". Dort kann man es
sich leisten, einen höhereren Anteil des BIP für Gesundheit auszugeben
als in ärmeren Ländern. Deutschland wendete 1998 in deutlichem Abstand nach den USA den zweithöchsten Anteil am BIP aller OECD-
Länder für das Gesundheitswesen auf (OECD 2001: 93). Deutschland hat
im Vergleich mit ähnlich wohlhabenden Ländern ein teures Gesundheitswesen, erzielt aber (z.B. gemessen an der Lebenserwartung) bei
weitem nicht die besten Ergebnisse.
– Soziale Ausgaben für *Familien* (u.a. das Kindergeld) erreichten 1999 in
Spanien, Italien und den Niederlanden nicht einmal 5% aller Sozialleistungen. In Luxemburg, Dänemark und Irland übersteigen sie dagegen
den Anteil von 13%. In Deutschland sind sie mit 10,5% leicht überdurchschnittlich.

– Die Ausgaben zur Sicherung gegen die Folgen der *Arbeitslosigkeit* vari-
ierten 1999 zwischen 12,9% des BIP in Spanien und 2,2% in Italien. In
Deutschland bewegten sich die Ausgaben für Arbeitslose über dem EU-
Durchschnitt. Auffällig ist, dass die Ausgabenhöhe keineswegs direkt mit
dem Ausmaß der Arbeitslosigkeit in den einzelnen Ländern zusammen-
hängt, sondern vor allem mit der sehr unterschiedlichen Höhe der Leistungen für Arbeitslose (Eurostat 2002: Stat. kurzgefasst 1/2002).

Die Kosten zur Alters- und Hinterbliebenensicherung sowie zur Sicherung
gegen Krankheit und Invalidität sind nicht nur besonders hoch. Sie steigen
auch deutlich. Seit 1990 sind die Pro-Kopf-Ausgaben (in konstanten Preisen)
zur Alters- und Hinterbliebenensicherung in der EU um 25% und zur Sicherung gegen Krankheit und Invalidität um 20% in die Höhe gegangen. Dies
spiegelt trotz energischer Einsparungen in einigen Ländern die Alterung der
westeuropäischen Länder (Eurostat. 2002: Stat. kurzgefasst 1/2002). In
Deutschland lagen die Ausgabensteigerungen zur Alters-, Hinterbliebenen-
und Krankheitssicherung – im Gegensatz zu vielen Vermutungen – unter dem
Durchschnitt der EU-Länder, die Ausgabensteigerung der Invaliditätssicherung
dagegen über dem EU-Durchschnitt (Eurostat 2002: Jahrbuch 2002, 192).
Der Anteil der Frühverrentungen war nämlich in der Bundesrepublik in den
1990er Jahren sehr hoch.

8.2.5 Umverteilungseffekte

Die Ausgaben bzw. Leistungen zur sozialen Sicherung, die in den o.a. Abschnitten dargestellt wurden, stellen die Bemühungen (inputs) dar, mehr soziale Sicherung gegen bestimmte Risiken herzustellen. Hierbei stellt sich die
Frage, welche Erfolge (outputs) diese Anstrengungen haben. Dieser Frage
soll im Folgenden anhand der Armutbekämpfung nachgegangen werden.
Lässt man die erhaltenen Sozialleistungen unberücksichtigt, bezieht man
also nur die nach Steuern erzielten „Netto-Primär-Einkommen" in die Be-
rechnung mit ein, so erzielten 1995 in der gesamten EU (13 Länder) 26% der
Menschen niedrige[1] Einkommen. In Dänemark, in Irland und in Großbritannien fanden sich besonders hohe Anteile (30-33%) von Personen mit niedrigem Einkommen. Durch Sozialleistungen verringerte sich in allen EU-Ländern der Anteil dieser „Armen" – jedoch in sehr unterschiedlichem Ausmaß.
In Griechenland, Italien und Portugal waren die Rückgänge am geringsten. In
Dänemark war der Rückgang der Armut durch Sozialleistungen am stärksten.
Vor Erhalt von Sozialleistungen gab es 1995 in Dänemark mit die meisten,
nach Erhalt von Sozialleistungen die wenigsten armen Menschen in allen
EU-Ländern.

---

1   Sie verdienten weniger als 60% des Medians des nationalen Äquivalenzeinkommens
     (vgl. Kap. 7.2.2).

Abb. 8.5: Bekämpfung von Niedrigeinkommen durch Sozialleistungen in den EU-Ländern 1995

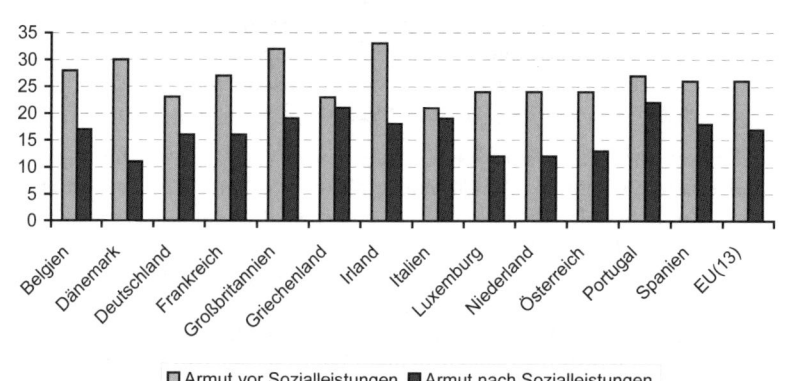

(Anm.: Die jeweils linken, helleren Säulen bezeichnen den nationalen Bevölkerungsanteil von Niedrigeinkommensbeziehern (< 60% des nationalen Nettoäquivalenzmedianeinkommens) *vor* Empfang von armutsbekämpfenden Sozialleistungen. Die jeweils rechten, dunkleren Säulen kennzeichnen den nationalen Bevölkerungsanteil von Niedrigeinkommensbeziehern *nach* Empfang von armutsbekämpfenden Sozialleistungen.)

Quelle: Eurostat 2000: Stat. Kurzgef. 9/2000: 5

Auch hier zeigt sich, dass die o.a. Sozialstrukturtypologie von Esping-Andersen nur teilweise zutrifft.[2] Zwar war 1995 – wie im Modell vorgesehen – im „sozialdemokratischen" Wohlfahrtsstaat Dänemark die Umverteilungswirkung (im Hinblick auf die Reduzierung der Armut) am größten von allen EU-Ländern. Aber die „liberalen" Länder wie Großbritannien und Irland stehen mit ihrem kleinen Wohlfahrtsstaat an den nächsten Stellen der Rangfolge der armutsbekämpfenden Einkommensumverteilungen. Der Sozialstaat der angelsächsischen Länder konzentriert sich mit relativem Erfolg auf die Behebung von Notlagen. Freilich verblieben in diesen Ländern immer noch recht hohe Anteile der Bevölkerung, die über niedrige Einkommen nicht hinauskommen. Eindeutig am geringsten waren die Umverteilungswirkungen sozialer Leistungen in den Mittelmeerländern Italien, Griechenland und Portugal, die in Esping-Andersens Modell als „konservative" mittelgroße Wohlfahrtsstaaten eingeordnet werden. Deutschland befand sich im Mittelfeld der EU-Länder, sowohl was die Umverteilungswirkung seiner Armutsbekämpfung betrifft, also auch was die verbleibende Quote von Niedrigkeinkommensempfängern angeht.

---

2   Zu einem anderen Ergebnis kommt Kohl 1999: 331f

8.3 Fazit

Wie im Modell sozialstruktureller Entwicklung (vgl. 2.2) vorgesehen, haben alle modernen Gesellschaften im Laufe der Industrialisierung Einrichtungen zur Absicherung der o.a. Standardrisiken entwickelt. Diese Sicherungssysteme haben wesentlich zum sozialen Frieden beigetragen. Soziale Ungleichheit wurde dadurch legitimiert. Denn Leistung und Bedarf, die beiden grundlegenden Prinzipien „gerechter" Zuerkennung von Geld und anderen begehrten Gütern, werden nicht länger vermischt, sondern aufgeteilt. Leistungsgerechte Zuteilung erfolgt im Rahmen von Arbeits- und Gütermärkten. Bedürfnisgerechte Zuteilung geschieht im Rahmen von Sicherungssystemen und deren politischer Aushandlung.

Allerdings berücksichtigt das o.a. Modell nicht, dass das Ausmaß der sozialen Sicherungseinrichtungen sowie Zeitpunkt und Art ihrer Ausgestaltung in den einzelnen Ländern und Teilen der Welt beträchtlich voneinander abweichen. Vor allem in Europa finden sich breit ausgebaute, staatliche Sicherungssysteme. Sie fußen auf einer historisch gewachsenen Kultur, in der Herrscher und Kirchenobere seit jeher für das Wohl ihrer Untertanen verantwortlich gemacht wurden. Der Sozialstaat kann so als eines der Kennzeichen Europas gelten (vgl. Kaelble 1997: 37ff.). In Asien und in vielen anderen Teilen der Welt gab es nie eine Kultur staatlicher Sicherung. Sicherheit garantierten dort vor allem die (Groß-)Familien. Dementsprechend gering ausgebaut sind dort bis heute Sicherungseinrichtungen des Staates.

Aber auch innerhalb Europas finden sich beträchtliche Unterschiede. In den nordeuropäischen Ländern haben sich breit ausgebaute Systeme sozialer Sicherung, wenig Armut, geringe Verteilungsungleichheiten der Einkommen und eine geringe Ungleichheit zwischen Berufsgruppen (Klassen und Schichten) entwickelt. Finanziert werden die umfangreichen Sicherungsleistungen durch hohe Steuerlasten und einen Arbeitsmarkt, in den große Anteile der erwerbsfähigen Bevölkerung (auch der Frauen) einbezogen sind. Dadurch verbreitert sich die Steuerbasis der Sicherungsleistungen und die Schutztatbestände (z.B. Armut von Alleinerziehenden) werden geringer.

In den südeuropäischen Ländern finden wir relativ geringe Sicherungsleistungen. Sie werden erklärlich, wenn man bedenkt, dass aus den dort vergleichsweise kleinen Arbeitsmärkten mit den niedrigen Erwerbsquoten (vor allem von Frauen) auch nur schmale Finanzierungsgrundlagen für Sicherungen vorhanden sind. Es verwundert daher nicht, dass die Tradition der sozialen Sicherung durch die Familie noch weitgehend fortbesteht. Den vorliegenden Daten zu Folge kann die Familie Sicherungsaufgaben aber nicht so effektiv bewerkstelligen wie soziale Sicherungssysteme (Vogel 1999: 106). Armutsquoten und Einkommensungleichheit sind daher in Südeuropa sehr ausgeprägt.

Wie die Sicherungssysteme vieler mitteleuropäischer Länder, so bewegt sich auch die soziale Sicherung in Deutschland zwischen den nord- und den südeuropäischen Mustern. Die Sicherungsleistungen sind mittelstark ausge-

baut. Der mittelgroße Arbeitsmarkt liefert entsprechende Finanzierungsgrundlagen. Familiäre Sicherungsleistungen haben (z.b. in der Pflege und
Kinderbetreuung) durchaus noch erhebliche Bedeutung. Abweichend hiervon
hat sich jedoch in Großbritannien eine Kombination von einem sehr großem
Arbeitsmarkt mit einer hohen Quote der Frauenerwerbstätigkeit und einem
recht kleinen, auf die Behebung von deutlichen Mängellagen konzentrierten
Sicherungssystem herausgebildet. Die gegebene breite Basis, öffentliche Sicherungsleistungen zu finanzieren, wird also bewußt wenig genutzt. Die Sozialleistungsquote (Anteil der Sozialleistungen am BIP) bleibt gering. Noch
ausgeprägter ist dies in den USA festzustellen. Den Bürgern bleibt im Sinne
einer liberalen Konzeption viel individueller Spielraum, aber auch ein hohes
Risiko.

Im Übergang zu *postindustriellen Gesellschaften* macht vielen europäischen Wohlfahrtsstaaten die zunehmende Alterung zu schaffen, obwohl deren Höhepunkt noch weit entfernt ist. Trotz Sparmaßnahmen steigen die Aufwendungen für Alters- und Krankheitssicherung. Deren Finanzierung, die in
allen europäischen Ländern durch die Erwerbstätigen im Umlageverfahren
erfolgt („Generationenvertrag"), wird immer schwieriger. Zugleich werden
immer umfangreichere Maßnahmen zur Stützung von Familien (Ganztags-
schule, Kinderbetreuung, Vorschulen etc.) notwendig. Trotz steigenden Be-
darfs zwingt der immer schärfere internationale ökonomische Wettbewerb
zur Herabsetzung von Sozialleistungen. Die private Eigensicherung nimmt so
immer größeren Raum ein.

Zahlreiche in postindustriellen Gesellschaften wachsende Probleme (wie
z.b. Drogenabhängigkeit, Zerrüttung von Familien, Überschuldung, Integration von Zuwanderern) lassen sich mit den klassischen industriegesellschaftlichen Sicherungseinrichtungen überhaupt nicht bewältigen, da sie hauptsächlich auf pauschalisierte Geld- oder Sachleistungen ausgerichtet sind.
Diese „neuen" Sicherungsprobleme erfordern häufig „weichere" Sicherungsmaßnahmen (Beratung, persönliche Unterstützung etc.) durch staatliche Instanzen, private Organisationen oder im Zusammenwirken von Bürgern. In
vielen modernen Ländern entsteht so – wie im Modell beschrieben – ein
„welfare mix" sehr unterschiedlicher Sicherungsweisen. Dies steigert auf der
einen Seite die Aktivitätsfelder, die den Einzelnen zur Verfügung stehen.
Dies steigert andererseits aber auch die Gefahr, durch falsch angelegte Eigensicherung, durch unzureichende Mittel oder Sorglosigkeit unterlassene Sicherung, durch mangelnde Integration in Hilfsnetzwerke etc. den vielfältigen Risiken moderner Gesellschaften zum Opfer zu fallen.

8.4 Literatur

Alber, Jens 1998: Der deutsche Sozialstaat im Licht international vergleichender Daten, in: Leviathan 26, S. 199-227

Bäcker, Gerhard/Bispinck, Reinhard/Hofemann, Klaus/Naegele, Gerhard 2000: Sozialpolitik und soziale Lage in Deutschland, Bd. 1, 3. Aufl. Wiesbaden: Westdt. Verlag

Esping-Andersen, Gøsta 1990: The Three Worlds of Welfare Capitalism, Cambridge: Polity Press

Eurostat 2002: Jahrbuch 2002

Eurostat 2002: Statistik kurzgefasst 1/2002

Hanesch, Walter 1998: Soziale Sicherung im europäischen Vergleich, in: APUZ B 34-35, S. 15-27

Hauser, Richard 1997: Soziale Sicherung in westeuropäischen Staaten, in: Hradil, Stefan/Immerfall, Stefan (Hg.): Die westeuropäischen Gesellschaften im Vergleich, Opladen: Leske + Budrich S. 521-545

Hauser, Richard 2003: Zukunft des Sozialstaats. Manuskript, Frankfurt

Lampert, Heinz 1998: Lehrbuch der Sozialpolitik, 5. Aufl. Berlin: Springer

Leibfried, Stephan/Wagschal, Uwe (Hg.) 2000: Der deutsche Sozialstaat. Bilanzen – Reformen – Perspektiven, Frankfurt am Main: Campus

Lessenich, Stephan 2000: Soziologische Erklärungsansätze zu Entstehung und Funktion des Sozialstaats, in: Allmendinger, Jutta/Ludwig-Mayerhofer, Wolfgang (Hg.): Soziologie des Sozialstaats. Gesellschaftliche Grundlagen, historische Zusammenhänge und aktuelle Entwicklungstendenzen, Weinheim-München: Juventa, S. 39-

Heinze, Rolf G. 1999: Vom Wohlfahrtsstaat zum Wettbewerbsstaat: Arbeitsmarkt- und Sozialpolitik in den 90er Jahren, Opladen: Leske + Budrich

Kaelble, Hartmut 1997: Europäische Vielfalt und der Weg zu einer europäischen Gesellschaft, in: Hradil, Stefan/Immerfall, Stefan (Hg.): Die westeuropäischen Gesellschaften im Vergleich, Opladen: Leske + Budrich, S. 27-70

Kaufmann, Franz-Xaver 2000: Der deutsche Sozialstaat als Standortbelastung? Vergleichende Perspektiven, in: Leibfried, Stephan/Wagschal, Uwe (Hg.): Der deutsche Sozialstaat. Bilanzen – Reformen – Perspektiven, Frankfurt/NewYork: Campus, S. 171-198

Kohl, Jürgen 1999: Wohlfahrtsstaatliche Regimetypen im Vergleich. In: Glatzer, Wolfgang/Ostner, Ilona (Hrsg.): Deutschland im Wandel. Sozialstrukturelle Analysen, Opladen: Leske + Budrich, S. 321-336

Lepsius, Rainer M. 1979: Soziale Ungleichheit und Klassenstrukturen in der Bundesrepublik, in: Wehler, Hans-Ulrich (Hg.): Klassen in der europäischen Sozialgeschichte, Göttingen, S. 166-209

OECD 2001: Society at a Glance. OECD Social Indicators, Paris: OECD Publications

Schmid, Josef 1996: Wohlfahrtsstaaten im Vergleich. Soziale Sicherungssysteme in Europa: Organisation, Finanzierung, Leistungen und Probleme, Opladen: Leske + Budrich

Schmidt, Manfred G. 1998: Sozialpolitik in Deutschland. Historische Entwicklung und internationaler Vergleich, 2. Aufl., Opladen: Leske + Budrich

Vogel, Joachim 1999: Der europäische „Welfare Mix". Institutionelle Konfigurationen und Verteilungsergebnisse der Europäischen Union und Schweden. Eine Längsschnitt- und vergleichende Perspektive. In: Flora, Peter/Noll, Heinz-Herbert (Hrsg.): Sozialberichterstattung und Sozialstaatsbeobachtung. Individuelle Wohlfahrt und wohlfahrtsstaatliche Institutionen im Spiegel empirischer Analysen, Frankfurt/New York: Campus, S. 73-109

9. Kultur und Lebensweise

Das folgende Kapitel befasst sich mit der Kultur von Gesellschaften, mit kulturellen Unterschieden in und zwischen Gesellschaften sowie mit hierauf beruhenden Lebensweisen von Menschen.

9.1 Bezugsrahmen

Mit dem Begriff „Kultur" werden in der Soziologie teilweise sehr umfassende, teilweise enger eingegrenzte Phänomene zusammengefasst. Mit „Kultur" *im weiteren Sinne* ist alles von Menschen Geschaffene gemeint, das Bestand und Auswirkungen auf menschliches Zusammenleben hat: So schlägt Reinhard Kreckel vor, „den Begriff Kultur auf alle die relativ dauerhaften materiellen und symbolischen Erzeugnisse menschlichen Handelns (bzw. „menschlicher Geschichte") zu beziehen, die sich als Bedingungen auf aktuelles menschliches Handeln auswirken und deren jeweilige Bedeutungen und Anwendungsmöglichkeiten von einer Mehrzahl von Individuen erlernt, verstanden und bei ihrem Zusammenarbeiten und Zusammenleben berücksichtigt werden" (Kreckel 1976: 121). Hierunter fallen insbesondere „Weltanschauungen und Weltbilder, einschließlich der religiösen Überzeugungen und ihrer Institutionen; sozialmoralische Leitideen einschließlich der handlungsleitenden und -steuernden Wertsysteme; Sprache und Symbolsysteme; Wissen (einschließlich der Wissenschaften); Institutionen wie Ehe und Familie, Wirtschaft, Recht und Staat, Bildung und Ausbildung, Arbeits- und Sozialordnung; Techniken der Daseinsgestaltung und der Daseinsfürsorge, einschließlich der technischen Geräte, Ausstattungen und Bauwerke." (Büschges 1996: 61) Verwendet man den Begriff „Kultur" in diesem umfangreichen Sinne, so bleibt als Nicht-Kultur allein die Natur. Anders ausgedrückt: „Kultur ist die vom Menschen handelnd veränderte Natur." (Gehlen 1961: 21)

Im Folgenden wird jedoch der Kulturbegriff *im engeren Sinne* verwendet. Als „Kultur" werden in diesem Kapitel nur die gedanklichen und symbolischen Produkte von Menschen bezeichnet, die sein Denken und Handeln beeinflussen. So begriff Edward Tyler (1832-1917) „Kultur" als „Inbegriff von Wissen, Glauben, Kunst, Moral, Gesetz, Sitte und allen übrigen Fähigkeiten und Gewohnheiten, welche der Mensch als Glied der Gesellschaft sich angeeignet hat". (Tyler 1972: 51, zit. n. Büschges 1996: 58)

Auf der Grundlage ihrer Kultur, insbesondere auf der Basis ihrer jeweiligen Werte, Normen, Einstellungen und Wissensbestände, aber auch in Abhängigkeit vom materiell Hervorgebrachten (Lebensstandard, Wohn-, Arbeits-Freizeitbedingungen etc.) führen Menschen ihr Leben in durchaus unterschiedlicher Weise. Die sich hieraus ergebenden typischen alltäglichen Denk- und Verhaltensmuster werden „Lebensweisen" genannt. Der Begriff Lebensweise unterscheidet sich demnach von den Begriffen Lebens*formen* (vgl. 4.1.1) und Lebens*bedingungen* (vgl. 7.1.1).

Außerhalb der Sozialwissenschaften wird der Begriff „Kultur" in der Regel noch enger gefasst. In den Medien und im alltäglichen Sprachgebrauch werden unter „Kultur" vor allem wissenschaftliche und künstlerische Produkte verstanden. Dieser Teil der „Kultur" wird in den Sozialwissenschaften als „Hochkultur" bezeichnet und als Teil der „Kultur" angesehen, die im Folgenden zur Darstellung kommt.

9.1.1 Das Modell

Das modernisierungstheoretische Modell (vgl. 2.2.2) sieht folgende Entwicklungen vor: In *traditionalen Gesellschaften* wird der Zusammenhalt der Menschen durch gemeinsame kulturelle Überzeugungen, insbesondere durch eine gemeinsame Sprache und eine gemeinsame Religion sichergestellt. Hierauf beruhen auch die jeweiligen Moralvorstellungen und Herrschaftsverbände. Wenn er nicht gegeben ist, wird der kulturelle Konsens in einem Herrschaftsgebiet oftmals durch Zwangsmaßnahmen (z.B. durch gewaltsame Christianisierung) durchgesetzt.

„Unterhalb" dieses gemeinsamen kulturellen Dachs existieren in Agrargesellschaften jedoch zahlreiche lokale und gruppenspezifische Traditionen, Rechte, Sitten und Gebräuche. Sie stehen häufig im Zusammenhang mit den jeweiligen Religionen bzw. Konfessionen.

In *modernen Industriegesellschaften* büßt die Religion viel von ihrer Prägekraft für die Alltagsethik und die Weltdeutung ein. Zentrale Werte und Normen orientieren sich zunehmend am Diesseits (Säkularisierung). Sie (wie z.B. die Menschenrechte) werden in modernen Gesellschaften mit Anspruch auf universelle Gültigkeit verfochten. Sie gelten also für alle Gruppen, Religionen und Kulturen.

Im Alltagsleben handeln die Menschen immer seltener nach überkommenen Wertvorstellungen (Wertrationalität) und immer häufiger nach Gesichtspunkten der Zweckmäßigkeit (Zweckrationalität). Damit verbunden sind: die Beschleunigung des Alltags, mehr Mobilität in jeder Hinsicht (Wechsel des Ortes, des Berufs, der Denk- und Lebensweise, der politischen Präferenzen etc.) und mehr Kontakte zu Mitmenschen. Die Kontakte verlaufen jedoch anonymer, emotionsloser und sachbetonter als zuvor. Diese beruflichen, bürokratischen, politischen etc. Beziehungen umfassen keineswegs „den ganzen Menschen", sondern konzentrieren sich jeweils auf bestimmte Aspekte des jeweiligen Gegenübers.

Gleichzeitig mit den übergreifenden religiösen Deutungsmustern verlieren in Industriegesellschaften auch viele alltägliche Sitten und Gebräuche der einzelnen Regionen und Gruppierungen an Bedeutung. An deren Stelle treten einerseits nationalstaatliche und andererseits arbeitsweltlich geprägte (klassen- und schichtspezifische) Großkulturen. So lassen sich auf der einen Seite „typisch" französische, „typisch" deutsche etc. Denk- und Lebensweisen auseinander halten. Auf der anderen Seite unterschieden sich in Industriegesellschaften die Werte, Normen und Lebensführungen von Arbeitern, auch im Selbstverständnis der Menschen, beträchtlich von denen anderer Gesellschaftsschichten (z.B. „bürgerlicher" Gesellschaftsgruppen).

Insgesamt haben die Kultur und die Lebensweisen der Menschen in modernen Industriegesellschaften nur noch wenig mit denen in vormodernen Gesellschaften gemein. Viele der Veränderungen im Übergang zu modernen Industriegesellschaften brechen mit Macht über die Menschen herein. Sie werden erzwungen durch die industrialisierte Arbeitswelt, durch die urbanisierte Wohnumgebung, durch das standardisierte Konsumangebot, durch die mächtigen Nationalstaaten etc. Dieser Umbruch wird von den Einzelnen auch als revolutionär und übermächtig erlebt.

In *modernen postindustriellen Gesellschaften* geht auf der einen Seite der kulturelle Universalisierungsprozess weiter. Nicht nur allgemeine Normen und Werte verbreiten sich weltweit (Menschenrechte, demokratische Werte usw.), auch zahlreiche konkrete Kulturmuster werden zu globalen Erscheinungen: Auf der ganzen Welt finden sich ähnliche Musikstile, Konsumstile etc.

Auf der anderen Seite pluralisieren sich in postindustriellen Gesellschaften die Kulturen und Lebensweisen. Sowohl in als auch zwischen postindustriellen Gesellschaften werden Unterschiede sichtbarer. Teils werden alte kulturelle Differenzierungen wiederbelebt (religiöse Einstellungen bis hin zum Fundamentalismus, regionale Identitäten wie zum Beispiel die Verbundenheit mit der „Heimat", lokale Verwurzelungen etc.). Teils entstehen neue kulturelle Unterschiede (soziale Milieus, Lebensstile, „Szenen"). Die Menschen definieren sich in wachsendem Maße nach ihrer Zugehörigkeit zu diesen spezifischen Kulturen und Lebensweisen. Sie sind im Gegensatz zu industriegesellschaftlichen Kulturmustern, die meist arbeitszentriert waren, häufig auf Freizeit und Konsum bezogen.

Schließlich breiten sich – dem modernisierungstheoretischen Sozialstrukturmodell zufolge – die selbstbezüglichen Werte, Einstellungen und Verhaltensweisen immer mehr aus. Werte der persönlichen Selbstverwirklichung treten an die Stelle von allgemein verpflichtenden Werten. Die Menschen sind immer weniger gezwungen und geneigt, bestimmte Lebensweisen (von

der Familie, Klasse, Gemeinde etc.) zu übernehmen. Sie können ihre Lebensziele, Lebensweisen und Lebensführungen bis zu einem gewissen Grad frei
wählen.

9.1.2 Erklärende Theorien

Wieso kommt es zu den modellhaft dargestellten kulturellen Veränderungen?
Wieso leben die Menschen in modernen Gesellschaften so weitgehend anders
als in vormodernen? Diese Fragen werden von zahlreichen Theorien in jeweils unterschiedlicher Weise beantwortet.

Georg Simmel: Der Mensch im Schnittpunkt sozialer Kreise

Georg Simmel (1858-1918) erkannte, dass im Laufe der Modernisierung der
Mensch immer mehr und immer verschiedeneren „sozialen Kreisen" angehört. Während z.b. der mittelalterliche Dorfbewohner im Wesentlichen nur
den sozialen Kreis seines Heimatortes kannte, lebt der moderne Mensch in
sehr vielfältigen sozialen Kreisen. (So kann ein Berufsoffizier den Kreisen
seines Berufs, seines Standes, seiner Familie, seiner Gemeinde, Vereinen etc.
angehören.) Von Generation zu Generation leben die Einzelnen also im
Schnittpunkt von immer mehr und immer unterschiedlicheren sozialen Kreisen. Jedem dieser Kreise allein ist der Einzelne immer weniger verpflichtet.
Er gehört ihnen jeweils nur mit Ausschnitten seiner Person an. Damit wachsen die individuellen Entfaltungschancen (Simmel 1989, zuerst 1900).

Norbert Elias: Der Prozess der Zivilisation

Norbert Elias (1897-1990) sieht den einzelnen Menschen in enger Verflechtung mit gesellschaftlichen Strukturen. Diese „Figurationen" verändern sich
in langfristiger historischer Perspektive. Die Funktionsteilung nimmt zu. Die
Ketten der Menschen, mit denen der Einzelne direkt, vor allem aber indirekt
in Beziehung steht, werden vielfältiger und länger. Mit den „Menschenketten" wachsen aber auch die Verantwortung und die Folgen des eigenen Tuns.
Ein Verhalten, das geprägt ist von unberechenbaren Affekten, Leidenschaften
und Spontaneität, wird immer weniger möglich. Ein Verhalten, das Emotionen zurück nimmt und von zivilisierter Kontrolle und Selbstkontrolle geprägt
ist, wird unerlässlich (Elias 1976, zuerst 1936).
      Diese Theorie von der Zivilisierung des Menschen im Laufe der Moder-
nisierung kommt im Grunde zu optimistischen Schlussfolgerungen. Sie laufen darauf hinaus, dass nicht nur Unhöflichkeit und Grausamkeit von Einzelnen, sondern auch Barbarei von ganzen Gesellschaften und Staaten immer
seltener werden. Zwar deckt sich diese Zivilisationstheorie mit Aussagen
prominenter Historiker (Johan Huisinga 1975, zuerst 1941; Jakob Burckhardt
1913, zuerst 1860). Aber vor dem Hintergrund der ganz und gar nicht zivili-

sierten Weltkriege und Völkermorde des 20. Jahrhunderts ist verständlich, dass auch massive Zweifel an dieser These geäußert wurden. So argumentiert Hans Peter Dürr, dass entgegen der Behauptung Norbert Elias' die Menschen früher einer wesentlich „unterbittlicheren sozialen Kontrolle" (1993: 27) unterworfen waren als heute. Daher weisen – nach H.P. Dürr – „moderne" Menschen keine höheren Schamschranken und Peinlichkeitsbarrieren, nicht mehr Höflichkeit, „Etikette" und gegenseitige Rücksichtnahme auf und zeigen nicht weniger Spontaneität, Aggressivität und Grausamkeit als die Menschen früherer Zeiten (1993: 26).

Talcott Parsons: Pattern Variables

In der strukturfunktionalistischen Systemtheorie von Talcott Parsons (1902-1979) wird davon ausgegangen, dass sich Gesellschaften dann im Gleichgewicht befinden, wenn die einzelnen Struktureinheiten bestimmte Beiträge zum „Funktionieren" des Ganzen leisten, d.h. letzen Endes zum Erreichen konsensuell definierter Systemziele beitragen. Für die Einzelnen heißt das, dass sich ihr Denken und Verhalten vor allem während ihrer Sozialisation an bestimmte Rollenmuster anpasst, die der Erbringung wesentlicher Aufgaben dienen.

Im Übergang zu modernen Industriegesellschaften stehen die Einzelnen vor der Entscheidung, sich zwischen bestimmten „pattern variables" (Orientierungsalternativen) zu entscheiden. Moderne (industrialisierte, urbanisierte, demokratisierte, marktwirtschaftliche etc.) Strukturen drängen die Einzelnen immer häufiger zur funktionalen Anpassung und damit zur Wahl der nachfolgend genannten zweiten Alternativen. Auch umgekehrt treiben die Entscheidungen der Einzelnen für die als zweite genannten Alternativen die Modernisierung vorwärts (Parsons 1951; Parsons/Schils (Hg.) 1951; zusammenfassend vgl. Abels 2001). Es besteht also eine Wechselbeziehung zwischen den Einzelnen und den sie umgebenden sozialen Strukturen. Die Orientierungsalternativen sind

– Affektivität versus affektive Neutralität: Affektives Handeln (z.B. in Familie oder unter Freunden) bedeutet den Wunsch nach unmittelbarer Bedürfnisbefriedigung. Affektive Neutralität (z.B. im Geschäftsleben oder in der Bürokratie) schließt durchaus auch die Möglichkeit ein, Bedürfnisbefriedigung zu erlangen, aber nur mittelbar über die Ergebnisse der affektiv neutralen Kooperation mit anderen.

– Statuszuschreibung vs. Leistungsorientierung: Zugeschrieben wird ein Status, wenn Vor- bzw. Nachteile aufgrund leistungsfremder persönlicher oder sozialer Merkmale (Geschlecht, Herkunft, ethnische Zugehörigkeit) zugeteilt werden. Ein Lehrer vergibt z.B. eine bessere Note, weil er davon überzeugt ist, dass das Kind es „im Prinzip besser kann" und „heute einen schlechten Tag hatte". Auf Grund von Leistungsorientierung erworben ist ein Status, wenn Vor- oder Nachteile ausschließlich auf Grund nachgewiesener individueller Leistungen vergeben werden.

- Partikularismus vs. Universalismus: Auf partikularistischen Orientierungen beruhen Verhaltensweisen, die (z.B. in einer Freundschaft oder einer Therapie) den einzelnen Menschen und seine Situation in den Mittelpunkt stellen. Universelle Orientierungen weisen Menschen (Polizisten, Ärzte, Lehrer etc.) auf, die alle Menschen „ohne Ansehen der Person" nach gleichen Regeln behandeln.
- Diffuses vs. spezifisches Verhalten: Ein diffuses Verhalten weist zum Beispiel eine Mutter in der Familie auf, die „Mädchen für alles" sein muss. Ein spezifisches Verhalten kommt durch eine sehr begrenzte Rolle oder Aufgabe zu Stande, wenn zum Beispiel ein Unfallarzt eine Reanimation vornimmt.
- Kollektivorientierung vs. Selbstorientierung: Kollektiv orientiert ist der in der Arbeiterbewegung engagierte sozialistische Arbeiter früherer Tage oder der Priester, von dem erwartet wird, das gemeinsame Interesse der Beteiligten im Auge zu haben. Von einem Unternehmer oder einem professionellen Tennisspieler oder einem individualisierten Mitglied einer postindustriellen Gesellschaft wird dagegen erwartet, den eigenen Interessen zu folgen.

Sowohl in vormodernen als auch in modernen Gesellschaften stehen die Menschen immer wieder vor der Entscheidung zwischen den genannten Alternativen. Aber die jeweils erstgenannten Alternativen stellen hierbei überwiegend funktionale Verhaltens- und Lebensweisen in traditionalen Gesellschaften dar. Die jeweils zweiten Alternativen sind als Verhaltensorientierungen in modernen Industriegesellschaften mehr und mehr funktional. Damit wurde mit Hilfe dieser Orientierungsalternativen die Entwicklung von Gesellschaften weg von Traditionalität und hin zur Modernität beschrieben (Hoselitz 1952).

Pierre Bourdieu: Habitustheorie

Pierre Bourdieu (1930-2002) geht bei seiner Erklärung der Kulturen und Lebensweisen moderner Gesellschaften im Wesentlichen von Klassenstrukturen aus. Die zentralen Unterschiede der Lebensgestaltung moderner Menschen sind also – Bourdieu zu Folge – Unterschiede zwischen Klassenkulturen (Bourdieu 1979; 1982; 1983; 1985; zusammenfassend: Krais 1983; Krais/Gebauer 2002; H.-P. Müller 1985; 1992: 238ff.).

Bourdieu geht aus von der ungleichen Verteilung dreier Ressourcenarten unter der Bevölkerung: dem ökonomischen Kapital, dem Bildungskapital und dem „sozialen Kapital" (soziale Beziehungen). Je nachdem, wieviel „Kapital" die einzelnen Menschen insgesamt besitzen, stehen sie höher oder tiefer in der Klassenordnung. Sie gehören der „Arbeiterklasse", dem „Kleinbürgertum" oder der „Bourgeoisie" an. Je nach Zusammensetzung bzw. Zukunftstauglichkeit ihres Kapitalbesitzes werden die Mitglieder des Bürgertums und des Kleinbürgertums horizontal anzuordnenden Klassenfraktionen zugerechnet:

Tab. 9.1: Die Klassenstruktur nach Pierre Bourdieu

„Besitzbürgertum" (Unternehmer)		„Bildungsbürgertum" (Hochschullehrer, Kunstproduzenten)
„absteigendes Kleinbürgertum" (z.B. Handwerker, Kleinunternehmer	„exekutives Kleinbürgertum" (z.B. Büroangestellte, Techniker, Meister)	„neues Kleinbürgertum" (Werbefachleute, Journalisten, Lehrer)
„Arbeiterklasse" (Vorarbeiter, Facharbeiter, angelernte Arbeiter, Hilfsarbeiter)		

Quelle: eig. Darst.

Das Aufwachsen innerhalb der jeweiligen Lebensbedingungen bestimmter Klassen lässt – Bourdieu zu Folge – klassenspezifische Habitusformen entstehen. Dies sind Denk-, Wahrnehmungs- und Bewertungsmuster, die den Menschen weitgehend unbewußt bleiben. Sie begrenzen einerseits ihre Möglichkeiten alltäglichen Verhaltens. Andererseits bringen sie in diesem Rahmen eine Fülle von Handlungsformen hervor.

So entsteht nach Bourdieu der Habitus der *Arbeiterklasse* in einer Lage harter Notwendigkeiten. Sie ziehen ein weitgehendes Funktionsdenken und eine „Kultur des Mangels" nach sich. Dies äußert sich z.B. in Kleidungskäufen und Wohnungseinrichtungen, wo Kriterien des Preises, der Haltbarkeit und des Nutzens ästhetische Gesichtspunkte überwiegen. Während also der Habitus der Arbeiterklasse ein „Sich-Einrichten" in gegebenen Verhältnissen nahelegt, ist der Habitus des *Kleinbürgertums*, seiner Mittellage entsprechend, auf sozialen Aufstieg ausgerichtet. Die ehrgeizige, teils ängstliche, teils plakative Erfüllung vorgegebener kultureller Normen dominiert, auch in Fragen der Bildung und des Geschmacks. Der Habitus des Kleinbürgertums konzentriert sich auf das angestrengte Bemühen, das „Richtige" zu tun. Nach Bourdieu ermöglicht es hingegen der Habitus des *Bürgertums*, sich in Kenntnis der „richtigen" kulturellen Standards über diese zu erheben, einen eigenen Stil zu entwickeln, diesen als gesellschaftliche Norm zu propagieren und durchzusetzen. Das Kleinbürgertum ist wiederum darauf angewiesen, dieser neuen „Orthodoxie" gerecht zu werden. Die Arbeiterklasse verharrt, aus der Sicht Bourdieus, in ihrer Kultur des Mangels. Somit reproduziert sich nach Bourdieus Auffassung die Herrschaft der Bourgeoisie auf kulturelle Weise.

Wie umfassend sich diese Habitusformen auswirken, zeigt sich im Alltagsverhalten und in den kulturellen Vorlieben der Menschen: Im Hinblick auf Wohnungseinrichtungen, Sportarten, Kleidung, Speisen, bevorzugte Sänger und Musikwerke, geschäte Maler, die Häufigkeit von Museumsbesuchen und die Kenntnis von Komponisten u.v.a.m. unterscheidet sich – folgt man der Theorie Pierre Bourdieus – das Leben der Klassen bzw. Klassenfraktionen.

Zusammen mit der Wertewandeltheorie Ronald Ingleharts (s.u.) und der Individualisierungstheorie Ulrich Becks (s.u.) ist die Habitustheorie Pierre Bourdieus zur bekanntesten Erklärung zur Entstehung von Denk- und Verhaltensweisen in modernen Gesellschaften geworden. In der kritischen Diskussion schälten sich die Stärken und Schwächen der Argumentation Bourdieus heraus: Die Habitustheorie hat sich, „elastisch" verwendet, in vielen Studien auf ganz unterschiedlichen Feldern als fruchtbar erwiesen, so z.B. in der Sozialstrukturanalyse (Vester 2001), in der Frauenforschung und in der Bildungsforschung (Krais 1983; 1993; 2000; 2001)

Aber einige Annahmen Bourdieus erwiesen sich dennoch als überzogen (Blasius/Winkler 1989): So unbewußt angeeignet, so unausweichlich einstellungsprägend, so zählebig anhaftend, in allen Lebensbereichen verhaltensregulierend und für große Gruppen übereinstimmend sind klassenspezifische Habitusunterschiede nicht, zumindest nicht heute und nicht in Deutschland. Neuere Nachprüfungen der Daten Bourdieus kamen zum Ergebnis, dass zwar die Unterschiede hochkultureller Verhaltensweisen (Musik, darstellende Kunst etc.) der Menschen mit ihrer Klassenzugehörigkeit und insbesondere mit dem Bildungsgrad deutlich einhergehen. Dies trifft aber für die große Menge des sonstigen Verhaltens weit weniger zu. Hierin macht sich bemerkbar, dass Bourdieus theoretische und empirische Studien im Wesentlichen aus dem Frankreich der 1960er Jahre stammen. Wohlstandsmehrung, Bildungsexpansion, Wertewandel, Individualisierung etc. hielten sich damals noch in engen Grenzen.

Ronald Inglehart: Wertewandeltheorie

Der US-amerikanische Politikwissenschaftler Ronald Inglehart geht davon aus (1977), dass die Werte der Menschen davon abhängen, inwieweit sie im Wohlstand aufwachsen. Er weist darauf hin, dass die Generation, die im und unmittelbar nach dem Zweiten Weltkrieg ihre Jugend verbrachte, in dürftigen materiellen Umständen aufwuchs. Diese Menschen entwickeln – nach Inglehart – „materielle" Werteinstellungen. Sie vertreten Pflichtwerte, sie streben nach Besitz und Verbesserung ihrer Lebensbedingungen. Jene Generation, die in den späten 1960er und in den 1970er Jahren ihre Jugend verbrachte, wuchs dagegen im Wohlstand auf. Die Werte dieser Menschen, d.h. ihre „Vorstellungen vom Wünschenswerten" (C. Kluckhohn) konzentrieren sich – Inglehart zu Folge – auf ihre eigene Selbstverwirklichung und ihre persönliche Entfaltung. In der Gesellschaft ergibt sich also in der Generationenfolge ein „Wertewandel" weg von den „materiellen" Pflicht- und Besitzwerten hin zu den von Inglehart so genannten „postmateriellen Werten" der Selbstverwirklichung und Kommunikation. Sie äußern sich nach der Theorie Ronald Ingleharts auch im Verhalten der Menschen: Die Einzelnen werden jene Berufe, Lebensformen (vgl. Kap. 4) und Lebensstile (s.u.) wählen, die jeweils den eigenen Vorstellungen von persönlicher Selbstverwirklichung am ehesten entsprechen.

Hinter diesen Aussagen stehen zwei Hypothesen: Ronald Inglehart ging *erstens* davon aus, dass Menschen *das* am höchsten schätzen und begehren, was in ihrer Umwelt relativ knapp ist (Mangelhypothese). Hierbei ergeben sich mehrere Stufen: Wenn wenig vorhanden ist, stellen die Menschen nach Ingleharts Auffassung zunächst materielle Werte obenan und wollen ihre äußeren Lebensbedingungen (Wohnbedingungen, Arbeitsplatz, Einkommen etc.) verbessern. Erst nach der Erfüllung dieser Ziele dominieren dann die „höheren" sozialen und individuell-psychischen Werte, z.B. jene der Selbstverwirklichung. Hierbei lehnt sich Inglehart an die vom amerikanischen Psychologen Abraham Maslow in den 1950er Jahren herausgearbeitete „Bedürfnishierarchie" an.

Zweitens nahm Inglehart an, dass die persönlichen Werte, die ein Mensch vertritt, zum größten Teil in seiner Jugendzeit, in der sog. „formativen Phase", geprägt werden. Im Laufe des weiteren Lebens verändern sich die so ausgebildeten Werte der Einzelnen kaum noch entscheidend (Sozialisationshypothese).

Daher wird – Inglehart zufolge – die Zahl der „Postmaterialisten" mit der Wohlstandsmehrung im Laufe der Zeit immer weiter zunehmen. Die ältere Generation der „Materialisten" wird schrumpfen und dereinst aussterben. Die Verdrängung materieller Werte wird sich im Gefolge der Modernisierung und der Wohlstandssteigerung in allen Ländern der Erde zeigen (vgl. Inglehart 1989 und 1998).

Die Theorie Ronald Ingleharts wurde in den Sozialwissenschaften ausführlich diskutiert und empirisch geprüft. Dabei stellte sich heraus, dass empirische Daten die These vom „Wertewandel" im Großen und Ganzen bestätigen. Ferner hat die Ausbreitung von Selbstverwirklichungswerten allem Anschein nach weitreichende Auswirkungen, u.a. auf die Geburtenrate, auf die Pluralisierung von Lebensformen, auf die Emanzipation von Frauen, auf die Herausbildung von „neuen sozialen Bewegungen". Weiterhin hat die Theorie erheblich praktische Konsequenzen. Sie macht u.a. verständlich, wieso es sich empfiehlt, junge Menschen heute durch die Weckung persönlicher Überzeugungen zu motivieren und nicht länger durch Appelle an das Pflichtgefühl. Anders als in vielen Sonntagsreden geäußert, geht der „Wertewandel" nicht notwendigerweise mit „Werteverfall", mit wachsendem Egoismus und/oder mit sinkender Leistungsbereitschaft einher. Gerade Menschen, die nach Selbstverwirklichung streben, können sich mit großer Hingabe für bestimmte Aufgaben einsetzen, auch für Aufgaben im Dienste anderer (z.B. in Bürgerinitiativen und in sozialen Umweltbewegungen).

Dennoch deckte die Diskussion Schwächen der Theorie Ingleharts auf: *Erstens* stellen die Pole des Materialismus und des Postmaterialismus wohl kein eindimensionales Gegenüber dar. Der Wertewandel vollzieht sich offenbar in unterschiedlichen Dimensionen (z.B. in Hedonismus und Pflichtbewußtsein) unabhängig voneinander und in unterschiedlicher Geschwindigkeit (Gensicke 1998; Klages 1996; 2001). *Zweitens* stimmt die Sozialisationshypothese wohl nur eingeschränkt. Die Menschen verfolgen nicht notwendigerweise ihr Leben lang die gleichen Werte. Es gibt sehr wohl ein gewisses Zurück zu materiellen Werthaltungen, wenn die wirtschaftliche Lage sich verschlechtert. Und *drittens* reagieren auch die Werte der Menschen – anders als dies Ronald Inglehart annimmt – auf Moden, Konjunkturen und den jeweiligen „Zeitgeist". Es sind also auch Moden, die einen „Wertewandel" zu Stande bringen können. – Trotz dieser Einwände gehen nur wenige Sozialwissenschaftler so weit, Inglehart s Theorie völlig abzulehnen. Sein Ansatz gilt als grob, aber im Wesentlichen zutreffend.

Ulrich Beck: Individualisierungstheorie

Nach Ulrich Beck (1986) haben der steigende Wohlstand, die zunehmende Freizeit, die schärfere individuelle Konkurrenz in Bildungseinrichtungen und im Beruf, die vermehrte Mobilität und die höheren Bildungsniveaus dazu geführt, dass die Menschen seit den 1960er Jahren sehr viel individueller handeln können und handeln müssen als früher. Wie sie leben, ist ihnen immer weniger von Familie, Gemeinde, Religion oder Schicht bzw. Klasse vorgegeben. Es liegt heute weitgehend am Einzelnen selbst, wie er sein Leben gestaltet. Er kann sich dabei immer weniger auf Muster oder Vorbilder stützen, die als selbstverständlich gelten. Diese Entwicklung bezeichnet Ulrich Beck als Individualisierung (1986: 206). Die individualisierten Einzelnen können sich einerseits darüber freuen, dass sie autonomer und freier als zuvor sind. Andererseits sind die Einzelnen den Gefahren der Anomie (Norm- und Orientierungslosigkeit) mehr denn je ausgesetzt. Wer frei ist, kann sich leicht verirren.

Um dies zu vermeiden, suchen die Menschen Halt. Sie finden sich in neuen Gemeinschaften zusammen. Mit anderen gemeinsam entwerfen, wählen, mischen oder verändern die Einzelnen neue Lebensstile und Lebensweisen. Eine Pluralisierung von sozialen Milieus und Lebensstilen findet statt. Immer neue gesellschaftliche Formationen und soziale Identitäten entstehen.

Aber nicht nur Neues entsteht: Gerade weil sie weitgehend auf sich allein gestellt sind, halten sich viele der individualisierten Mitglieder moderner Gesellschaften an sehr konventionelle Lebensmuster, die ihnen von Medien, Werbung etc. vorgestellt werden. Wenn Ulrich Beck die Auffassung vertritt, dass den Einzelnen in individualisierten Gesellschaften nichts anderes übrig bleibt, als ihre Lebensführung weitgehend in die eigenen Hände zu nehmen, heißt dies keineswegs, dass alle Menschen nun anders als ihre Mitmenschen leben. Eher das Gegenteil trifft zu.

Zusammenfassend spricht Beck von drei Dimensionen der Individualisierung: *„Herauslösung* aus historisch vorgegebenen Sozialformen und -bindungen im Sinne traditionaler Herrschafts- und Versorgungszusammenhänge („Freisetzungsdimension"), *Verlust von traditionalen Sicherheiten* im Hinblick auf Handlungswissen, Glauben und leitende Normen („Entzauberungsdimension") und – womit die Bedeutung des Begriffs gleichsam in ihr Gegenteil verkehrt wird – eine *neue Art der sozialen Einbindung* („Kontroll- bzw. Reintegrationsdimension"). (Beck 1986: 206)

Was die Sozialstruktur moderner Gesellschaften betrifft, so behauptet Beck, dass das Gefüge sozialer Ungleichheit sich seit den 1960er Jahren nicht wesentlich geändert hat. Die Einkommensabstände, Prestigeabstufungen, Machtgefälle etc. und die dadurch geprägten Lebenschancen (z.B. ungleiche Gesundheit, Lebenserwartung, Bildungschancen) seien im Großen und Ganzen gleich geblieben. Nur sei die gesamte Gesellschaft wohlhabender geworden. Der sozialstrukturelle „Fahrstuhl" sei im Laufe der letzten Jahrzehnte gewissermaßen eine Etage höher gefahren.

Beck behauptet aber, dass sich im Zuge der Wohlstandsmehrung und Individualisierung viele sozialstrukturelle Gruppierungen mit ihren jeweiligen kulturellen Besonderheiten aufgelöst hätten. Insbesondere die Kulturmuster, Mentalitäten und alltäglichen Verhaltensweisen der einzelnen Schichten und Klassen seien immer weniger unterscheidbar. An ihre Stelle sei eine Fülle von größeren oder kleineren, stabilen oder flüchtigen Gruppierungen und Lebensweisen getreten, die teilweise „quer" zu herkömmlichen Gruppen stehen.

In mancher Hinsicht stellt die Individualisierungstheorie Ulrich Becks einen Gegenentwurf zur o.a. Habitustheorie Pierre Bourdieus dar. Während Bourdieu die Wirksamkeit des Unbewußten und die unwillkürliche Anpassung der Menschen an die gemeinsamen Lebensbedingungen ihrer sozialen Klasse betont, hebt Beck die individuell bewußte Gestaltung des Lebens hervor, behauptet, dass die spezifischen Lebensweisen sozialer Klassen in Auflösung begriffen sind und zeichnet ein geradezu „postmodernes" Bild struktureller Unübersichtlichkeit.

Kritiker haben unter anderem darauf hingewiesen, dass der Individualisierungsbegriff Ulrich Becks unklar ist. So bleibe im Dunkeln, inwieweit Individualisierung ein „subjektiver" Vorgang ist, der eine bewußt betriebene Emanzipation der Einzelnen aus (Zwangs-)Gemeinschaften thematisiert, oder inwieweit er ein „objektiver" Prozess ist, der mehr oder minder unbemerkt abläuft. – Weiterhin wird von Differenzierungstheoretikern darauf hingewiesen, dass sich die Sozialstruktur moderner Gesellschaften keineswegs so entstrukturiert und „verflüssigt" darstellt, wie es in der Konsequenz der Individualisierungstheorie liegt. Vielmehr sind zwar teilweise neue und weitergehend pluralisierte, aber durchweg überschaubare Strukturen zu erkennen. – Zudem wurde kritisiert, dass ein Begriff, der neben der individuellen Herauslösung aus Konventionen und Gemeinschaften auch das Gegenteil umfasst (konventionelles Verhalten, Vergemeinschaftung) empirisch nicht geprüft werden kann. – Weiterhin wurde darauf hingewiesen, dass die Individualisierung sowie deren von Beck angeführte Ursachen allenfalls zum Teil stattgefunden haben. Individualisierung sei ein Phänomen der jüngeren städtischen Mittelschichten. Und keineswegs (Mayer/Blossfeld 1990) seien Auf- und Abstiege und Umzüge so häufig geworden, dass die Gesellschaft, wie es Beck formulierte, „durcheinander gewirbelt" wurde. – Becks These von der Auflösung klassen- und schichtspezifischer Milieus unterstellt, dass Klassen bzw. Schichten früher in sich geschlossen, einheitlich und einbindend gewesen seien. Diese Klassen bzw. Schichten – so wird entgegnet – habe es aber in Wirklichkeit nie gegeben. Somit können auch die von Beck geschilderten Herauslösungsprozesse diese Dramatik nicht haben. – Schließlich wird darauf verwiesen, dass auch heute noch zahlreiche klassen- und schichtspezifische Strukturen wirksam seien, darunter solche mit großer Prägekraft für das Denken und Verhalten der Einzelnen. So heiraten die Menschen immer häufiger Partner aus der gleichen Schicht, das Gesundheitsverhalten und die Kriminalitätsmuster der einzelnen Schichten unterscheiden sich unverändert krass (Geißler 1996).

Schon die Fülle der genannten Kritikpunkte macht deutlich, dass Ulrich Becks Thesen eine überaus heftige Diskussion innerhalb und außerhalb der Soziologie ausgelöst haben. Klar ist, dass Becks Aussagen überzeichnet sind und so (noch?) nicht überall in der Gesellschaft Realität sind. Gleichwohl treffen aber die Beckschen Thesen den Zeitgeist und den Nerv vieler Menschen. Die Individualisierungsthese weckt einerseits Hoffnungen auf Autonomie und Selbstverwirklichung. Sie bringt aber auch die Befürchtungen vieler Menschen zum Ausdruck, einsam, haltlos und mit dem ständigen Risiko des Scheiterns leben zu müssen. Die Individualisierungsthese trifft so die gemischten Gefühle, mit denen viele Menschen heute dem Modernisierungsprozess entgegensehen.

George Ritzer: Die globale McDonaldisierung

Alle bisher genannten Theorien – auch die zu Anfang des Buches aufgeführten generellen Theorien der Postindustriellen Gesellschaft, des Postfordismus und der Postmoderne – kamen zum Schluss, dass sich die Kulturmuster und Lebensweisen der Menschen zunehmend auffächern. Im Gegensatz dazu vertritt George Ritzer (1995; 2000) die Auffassung, dass die Kulturen der Welt immer homogener werden. In seinem Buch „Die McDonaldisierung der Gesellschaft" zieht er die Gaststätten der Firma McDonalds als „Modellfall" für einen weitreichenden Prozess heran, „durch den die Prinzipien der Fast-Food-Restaurants immer mehr Gesellschaftsbereiche in Amerika und auf der ganzen Welt beherrschen" (1995: 15). Fast alle Sektoren moderner Gesellschaften, wie Ausbildung, Sport, Politik, Religion, Arbeitswelt, Reisen, Freizeitgestaltung, Ernährung und Familie seien heute von den Prinzipien der Fast-Food-Kette durchdrungen.

Hinter allen Erscheinungsformen der McDonaldisierung stehen nach Ritzer die Prinzipien der Rationalisierung. Sie sei ein unumkehrbarer Prozess, der uns unentrinnbar einer zwiespältigen Zukunft entgegenführt. Man kann das mit den Worten Max Webers auch als „ehernes Gehäuse" bezeichnen (Ritzer 1995: 245). Der Prozess der „McDonaldisierung der Gesellschaft" zeichnet sich Ritzer zufolge durch vier Merkmale aus: Effizienz, Berechenbarkeit, Vorhersagbarkeit und Kontrolle. Diese Faktoren haben durchaus positive Auswirkungen für die Menschen. Sie bieten z.B. den Kunden die Möglichkeit, sehr schnell große Portionen eines Essens von voraussehbarer Art in gewohntem Rahmen für wenig Geld und geringen Aufwand zu erhalten. Diese effiziente Art der Bedürfnisbefriedigung, die sich nicht nur in Fast-Food-Restaurants findet, sondern z.B. auch in Bürokratien, Supermärkten und bei Pauschalreisen, schließt aber auch die Kontrolle der Menschen ein. Sie können kaum noch selbst nach dem bestmöglichen Weg zur Erreichung eines Ziels suchen, sondern müssen auf Standardwege zurück greifen. Ihr Handeln wird (z.B. an der Kasse) auf maschinenartige Tätigkeiten reduziert und selbst

Effizienzkriterien unterworfen. So versucht man in Fast-Food-Restaurants, durch unbequeme Stühle und eine begrenzte Speisekarte einem langen Aufenthalt entgegen zu wirken. Auch die Bürokratie kontrolliert die Menschen – sowohl die Bürokraten selbst als auch deren Klienten – mit ihren „nichtmenschlichen Strukturen mit unzähligen Regeln, Vorschriften, Richtlinien, Positionen, Befehlswegen und hierarchischen Ebenen" (Ritzer 1995: 30).

Zu den zwiespältigen Auswirkungen der McDonaldisierung gehört auch, dass sie – wie alle rationalisierten Systeme – zwangsläufig irrationale Konsequenzen hat (Ritzer 1995: 205). „Genauer gesagt, bedeutet Irrationalität, dass rationale System vernunftwidrig sind: Sie dienen dazu, das grundlegend Menschliche zu leugnen, die Vernunft der Menschen, die in ihnen arbeiten oder ihre Leistungen in Anspruch nehmen." (Ritzer 1995: 206) Die Menschen werden in der Erwerbsarbeit mit niedrigen Qualifikationsanforderungen und fließbandähnlichen Tätigkeiten konfrontiert und entfremden sich ihrer Arbeit. Kinder werden immer häufiger zur Verrichtung von unbezahlten Arbeiten eingesetzt, so dass die Frage entsteht, für wen rationalisierte Systeme eigentlich effizient sind. Zwischenmenschliche Beziehungen verarmen. Der Kontakt zwischen Menschen wird auf ein Minimum an Kommunikation reduziert. Gesundheitsgefährdungen und Umweltschädigungen (z.B. durch Fast-Food-Restaurants) stellen weitere Beispiele für irrationale Auswirkungen dar. Die McDonaldisierung der Welt bringt so schließlich Ineffizienz, Unvorhersagbarkeit, Unberechenbarkeit und Verlust von Kontrolle mit sich.

Letzten Endes wird nach Meinung Ritzers durch den Prozess der „McDonaldisierung" die kulturelle Vielfalt unserer Welt vermindert oder sogar beseitigt. Die amerikanische Kultur des Massenkonsums ergreift immer größere Teile der Welt und macht auch vor den exotischsten Plätzen unserer Erde keinen Halt mehr. Amerika beeinflusst nicht nur, *was* konsumiert wird, sondern auch, *wie* es konsumiert wird. Es kommt zu einer Vereinheitlichung und Amerikanisierung von Lebensstilen und Verhaltensweisen.

Die „McDonaldisierung" ist nach Auffassung Ritzers nicht aufzuhalten. Denn *erstens* wird sie von materiellen Interessen begünstigt, insbesondere von wirtschaftlichen Zielen und Bestrebungen. *Zweitens* ergibt sie sich, weil die McDonalisierung inzwischen selbst als erstrebenswertes Ziel gilt. Effizienz, Berechenbarkeit, Vorhersagbarkeit und Kontrolle sind zu „Werten" geworden. „Wir suchen sogar dann nach einer effizienten Handlungsweise, wenn sie wirtschaftlich nicht besonders sinnvoll ist." (Ritzer 1995: 248) Und *drittens* wird die McDonaldisierung von langfristigen gesellschaftlichen Entwicklungen gefördert: In immer mehr Doppelverdiener-Haushalten hat niemand mehr Zeit zum Kochen. Die gesellschaftliche Mobilität, der Einfluss der Massenmedien und der technische Fortschritt wachsen. Nicht zuletzt der Computer begünstigt so die McDonaldisierung.

Insgesamt ist die Theorie der McDonaldisierung als Gegenthese zu den o.a. Theorien der kulturellen Differenzierung und Individualisierung zu verstehen. Sie widerspricht auch den eingangs (Kap. 2) vorgestellten Theorien der postindustriellen Gesellschaft, des Postfordismus und der Postmoderne.

Dadurch läuft die These von der McDonaldisierung auch dem (in 2.2.2 vorgestellten) Modell der Sozialstrukturentwicklung zuwider. Ritzer behauptet, dass die Standardisierung und die starren Strukturen der Industriegesellschaft uns nicht nur erhalten bleiben, sondern sich weiterhin mit Macht ausbreiten.

Samuel P. Huntingtons These vom Kampf der Kulturen

In allen bisher skizzierten Theorien dieses Kapitels wurde unterstellt, dass die technologische und ökonomische Modernisierung auch „moderne" Kulturmuster und Lebensweisen nach sich zieht. (Wobei die Meinungen darüber freilich stark auseinander gehen, wie sich die Modernisierung von Kultur und Lebensweise äußert.) Die Übernahme modernen Wissens und moderner Technologie vernichtet so traditionelle Werte und Gewohnheiten. Am deutlichsten trat diese Auffassung in der zuletzt vorgestellten These von der McDonaldisierung hervor.

Samuel Huntington, ein prominenter US-amerikanischer Politikwissenschaftler, bestreitet zwar nicht, dass Schnellrestaurants, Coca Cola und Jeans sich weltweit verbreiten. Ansonsten ist er aber vom Gegenteil überzeugt: Die wirtschaftliche Modernisierung führt seines Erachtens in den meisten Schwellen- und Entwicklungsländern dazu, dass diese zu ihren angestammten Kulturmustern und Lebensweisen zurückkehren, um so ein kulturelles und letzten Endes auch politisches Gegengewicht zur westlichen Moderne herzustellen. Eine große Rolle spielen seiner Meinung nach hierbei die Religionen, um die herum sich ganze Kulturkreise und politische Allianzen kristallisieren.

In der Welt entstehen so nach Huntington sechs große Kulturkreise: der chinesische (Konfuzianismus), der japanische (Schintoismus), der hinduistische, der islamische, der orthodoxe sowie der jüdisch-christliche Kulturkreis des Westens. Das gegenseitige Verhältnis dieser Kulturkreise ist durchaus spannungsgeladen. Von besonderer Bedeutung sind hierunter:

- der chinesische Kulturkreis, der die höchsten wirtschaftlichen Wachstumsraten aufweist,
- der westliche Kulturkreis, der noch dominiert, sich aber in vieler Hinsicht im Niedergang befindet, sowie
- der islamische Kulturkreis, der zwar die materiellen Güter der Modernisierung schätzt, aber die kulturelle Verwestlichung entschieden ablehnt. Träger der radikalen Islamisierung sind, nach Huntington, nicht etwa ungebildete und zurückgebliebene Landbevölkerungen, sondern die Mittelschichten sowie viele technologisch gebildete jüngere Muslime. Die Bevölkerungsexplosion heizt die Aggressivität des Islamismus weiter an.

Huntington kommt zum Schluss, dass es Illusion sei, nach dem Ende des West-Ost-Konflikts eine harmonische Durchsetzung westlicher Werte und Lebensstile in der gesamten Welt zu erwarten. Die Zukunft bestehe vielmehr im Kampf der Kulturkreise (vgl. Lange 2000: 291ff.).

9.2 Empirische Befunde

Wie im vorigen Abschnitt dargestellt wurde, liegt mittlerweile eine ganze Reihe von zum Teil viel beachteten Theorien vor, die die Richtung und die Ursachen des soziokulturellen Wandels in Auseinandersetzung mit Modernisierungstheorien zu bestimmen suchen. Manche dieser Theorien ergänzen einander. Andere widersprechen sich. Im Folgenden werden empirische Befunde dargestellt, die zeigen, inwieweit bestimmte Theorien zutreffen oder nicht.

9.2.1 Der Wertewandel

Wenn Sozialwissenschaftler den „Wertewandel" in einer Gesellschaft erforschen, fragen sie üblicherweise danach, welche beiden der vier folgenden Zielsetzungen den Befragten am wichtigsten sind:

1. Aufrechterhaltung von Ruhe und Ordnung in diesem Land
2. Mehr Einfluss der Bürger auf die Entscheidung der Regierung
3. Kampf gegen steigende Preise
4. Schutz des Rechts auf freie Meinungsäußerung

Hierbei gelten die Ziele 1 und 3 als „materialistische", die Ziele 2 und 4 als „postmaterialistische" Ziele. Befragte, die zwei „materialistische" Ziele nennen, werden als „Materialisten" klassifiziert. Wer zwei „postmaterialistische" Ziele anführt, wird als „Postmaterialist" eingeordnet. Befragte, die jeweils ein materialistisches und ein postmaterialistisches Ziel nennen, werden einer „Mischgruppe" zugeschlagen.

Aufgrund der theoretischen Annahmen Ronald Ingleharts (s.o.) ist davon auszugehen, dass sich der Bevölkerungsanteil der Materialisten stetig vermindert, der Anteil der Postmaterialisten dagegen ständig zunimmt. Die empirischen Studien ergaben, dass in der Tat seit Beginn der 1970er Jahre bis zum Beginn der 1990er Jahre in Westdeutschland die Menschen mit „materialistischer" Werthaltung immer seltener wurden. Sie machten 1989 nur noch ein Sechstel der Bevölkerung aus. Die Zahl der „Postmaterialisten" stieg dagegen erwartungsgemäß an. 1988 wurde schon ein gutes Viertel der Westdeutschen als „Postmaterialisten" eingeordnet. Insoweit bewahrheiteten sich die Prognosen Ronald Ingleharts. Der vorausgesagte Generationenwandel fand tatsächlich statt.

Das Heranwachsen einer Generation von Menschen, deren Zielvorstellungen zum hohen Teil auf sich selbst gerichtet sind, hatte weitreichende Auswirkungen: Es wurde immer mehr zu einer Frage der individuellen Wertschätzung und immer weniger das Produkt genereller Regeln, ob eine Familie gegründet wurde, welche Lebensform gewählt wurde, welche Erwerbstätigkeit bevorzugt wurde, inwieweit berufliche Leisung erbracht wurde, inwieweit politisches Engagement eingegangen wurde, welche Konsumgüter gekauft wurden usw. Gerhard Schulze hat diese abnehmende Außenorientierung und die zunehmende Innenorientierung der Menschen in den Begriff „Erlebnisgesellschaft" (1992) gekleidet. Entgegen manchen Befürchtungen war das Aufkommen von Selbstverwirklichungswerten aber nicht notwenigerweise von immer mehr Egoismus, immer weniger Leistungsbereitschaft und immer weniger gesellschaftlichem Engagement begleitet. Wenn und so lange sie davon persönlich überzeugt waren, waren die Mitglieder der jüngeren Generation durchaus bereit, sich – auch für andere – zu engagieren und viel zu leisten. Aus bloßem Pflichtgefühl jedoch immer weniger.

Unter den empirischen Befunden zum „Wertewandel" gab seit jeher der hohe und immer noch ansteigende Anteil des „Mischtyps" zu denken. Im Laufe der Jahre nahm der Bevölkerungsanteil mit „gemischter Werthaltung" von knapp 50% auf über 60% zu. Allzu trennscharf kann die Unterscheidung von „Materialisten" und „Postmaterialisten" daher nicht sein.

Wenn die Bevölkerungsmehrheit Deutschlands einem „Mischtyp" von Materialismus und Postmaterialismus zuzuordnen ist, dann spricht viel dafür, dass der Wertewandel sich nicht eindimensional zwischen diesen beiden Polen vollzieht. Es ist vielmehr anzunehmen, dass der Wertewandel in mehreren von einander unabhängigen Dimensionen verläuft und innerhalb der großen „Mischgruppe" mehrere Gruppierungen mit unterschiedlichen Wertekombinationen zu unterscheiden sind. Auf der Grundlage solcher Überlegungen kamen Helmut Klages (1996) und Thomas Gensicke (1998: 29) dazu, folgende Wertetypen auseinanderzuhalten. Sie weisen unterschiedlich intensive Werthaltungen innerhalb dreier Wertedimensionen auf.

– „Ordnungsliebende Konventionalisten" sind anpassungsbereite Pflichtmenschen. Sie streben vor allem nach den Werten „Pflichterfüllung und Akzeptanz". Sie halten also wenig von Selbstentfaltung, sei es aus egoistischen oder aus altruistischen Motiven. An den Werten „hedonistisch-materialistische Selbstentfaltung" sowie „idealistische Selbstentfaltung" liegt ihnen wenig. Diesen Wertetypus fand man 1997 besonders häufig unter ostdeutschen Männern und unter Nichterwerbstätigen.

– Die „perspektivenlos Resignierten" weisen ein niedriges Ausmaß an Werten in allen drei erfassten Dimensionen auf. Sowohl „Pflicht- und Akzeptanzwerte" als auch Werte der „hedonistisch-materialistischen Selbstentfaltung" wie auch Werte der „idealistischen Selbstentfaltung" bedeuten ihnen wenig. Diese Menschen streben nach nichts (mehr). Solche Häufungen von „Nicht-Werten" weisen unter anderen arbeitslose Menschen auf.

– Den Typus des „nonkonformen Idealisten" traf man 1997 in Westdeutschland häufiger an als in Ostdeutschland. Hierunter sind Menschen zu verstehen, die primär nach Selbstentfaltung streben, aber nicht aus egoistischer Genusssucht, sondern aus idealistischen Motiven (Sie arbeiten z.B. in Hilfs- und Umweltorganisationen mit). Sie haben das Ziel der „idealistischen Selbstentfaltung", nicht aber der „hedonistisch-materialistischen

Selbstentfaltung", auch trachten sie nicht nach „Pflichterfüllung und Akzeptanz".
– Während alle bisher genannten Wertetypen mit 15% bis 17% ungefähr gleich häufig in Deutschland vertreten sind, war ein gutes Drittel der Menschen dem Typus des „Hedonistischen Materialisten" zuzuordnen. Dieser Typus hält von Pflichten genauso wenig wie von „idealistischer Selbstentfaltung", um so mehr von „hedonistisch-materialistischer Selbstentfaltung". Er möchte materielle Genüsse erfahren – je eher, desto lieber.

Insgesamt sprechen die zuletzt dargestellten Befunde nicht so sehr für einen Wandel der Werthaltungen von einer in eine bestimmte andere Richtung, sondern für eine Pluralisierung in durchaus unterschiedliche Richtungen.

Noch viel irritierender ist der Befund, dass in den 1990er Jahren der Anteil der westdeutschen „Materialisten" wieder kräftig stieg, und die Quote der „Postmaterialisten" in Westdeutschland seit Ende der 1980er Jahre stetig abnahm. Dies steht in deutlichem Widerspruch zu Ingleharts Thesen des Wertewandels.

Abb. 9.1: Der Wertewandel in Westdeutschland 1970 bis 1997

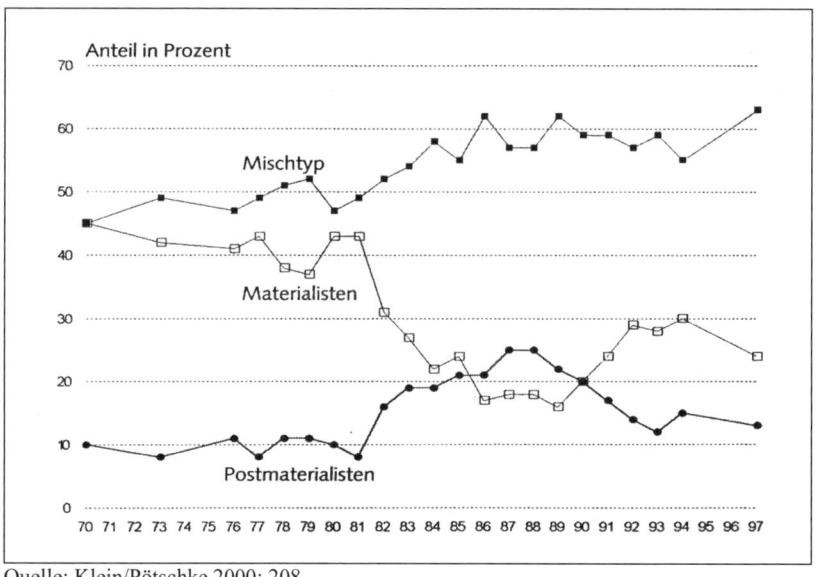

Quelle: Klein/Pötschke 2000: 208

Diese Trendumkehr dauert schon so lange an, dass von einer kurzen Unterbrechung des Wertewandels nicht mehr gesprochen werden kann. Eher schon ist von einem „Wandel des Wertewandels" auszugehen. Auffällig ist, dass seit den 1990er Jahren vor allem für Jugendliche die Werte der Gemeinschaft, der Ordnung und der Sicherheit eine immer größere Rolle spielen und mit an die Spitze der Werterangordnung aufgerückt sind (Hradil 2002). Offenbar ist – ganz im Sinne der Mangelhypothese und zum Teil auch der Sozialisationshypothese Ingleharts – eine Generation von Jugendlichen herangewachsen, der es nicht mehr an Autonomie und Partizipation mangelt, wie noch ihren Eltern. Die Jugendlichen von heute haben somit auch keinen Anlass, Selbstverwirklichungs- und Selbstentfaltungswerte ganz obenan zu stellen. Woran es Jugendlichen – und vielen Erwachsenen – derzeit jedoch fehlt, ist Sicherheit, Orientierung und Gemeinschaft. Unsicherheit entstand z.B. durch die Erfahrung drohender Arbeitslosigkeit. Viele Jugendliche haben erfahren, wie eine zu weitgehend ausgelebte individuelle Autonomie kräftezehrende Aushandlungs- und Konfliktprozesse und oft auch die Zerstörung von Gemeinsamkeit nach sich zieht. Viele Heranwachsende mussten lernen, dass man sich in allzugroßer Freiheit auch verirren und orientierungslos werden kann. Nach solchen Erfahrungen machen seit den 1990er Jahren viele der Jüngeren in zunehmendem Maße Gemeinschafts-, Ordnungs- und Sicherheitswerte zu Leitlinien ihres Handelns (vgl. hierzu auch: Gensicke 2002).

Internationaler Vergleich

Inwieweit stimmen die Voraussagen Ingleharts in anderen Ländern? Darüber sind wir leider nur bis ins Jahr 1994 informiert. Von 1970 bis zu diesem Zeitpunkt ist, ähnlich wie zur gleichen Zeit in Deutschland, in den meisten Ländern Westeuropas ein Wandel hin zum Postmaterialismus festzustellen. Ob dieser Trend danach wie in Deutschland auch in anderen Ländern zu Ende ging, ist u.W. nicht bekannt.

Abb. 9.2:   Der Wertewandel in ausgewählten Ländern 1970 und 1993

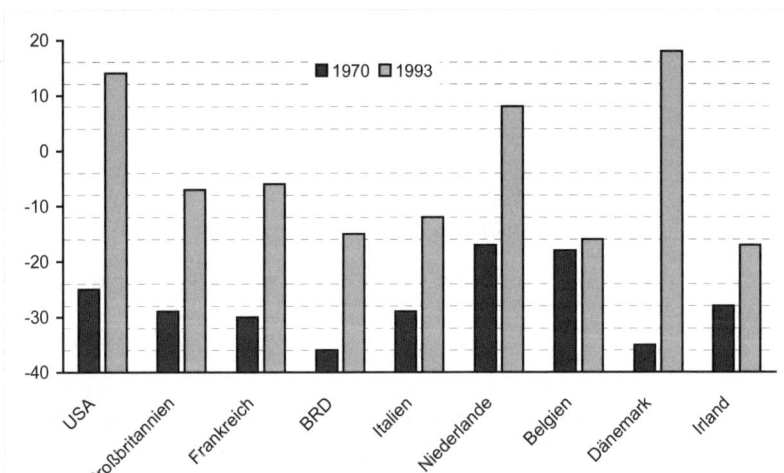

Quelle: Inglehart 1998: 201

Tab. 9.2: Der Wertewandel in den EU-Ländern 1970, 1980 und 1992

		1970	1980	1992
Belgien	Materialisten	31,3	32,6	30,3
	Mischtypen	50,9	47,5	54,8
	Postmaterialisten	13,4	9,3	14,9
Dänemark	Materialisten		37,6	8,8
	Mischtypen		47,9	63,8
	Postmaterialisten		8,0	27,4
Deutschland				
West	Materialisten	42,2	40,0	29,7
	Mischtypen	40,5	43,9	55,1
	Postmaterialisten	9,9	8,8	15,2
Ost	Materialisten			33,5
	Mischtypen			59,7
	Postmaterialisten			6,7
Frankreich	Materialisten	37,2	41,0	24,4
	Mischtypen	48,4	43,4	54,4
	Postmaterialisten	10,6	10,7	21,2
Griechenland	Materialisten		46,1	34,4
	Mischtypen		42,9	54,6
	Postmaterialisten		7,6	11,0
Großbritannien	Materialisten		34,8	23,3
	Mischtypen		53,6	60,2
	Postmaterialisten		8,8	11,0
Irland	Materialisten		41,2	26,2
	Mischtypen		52,5	55,2
	Postmaterialisten		4,5	14,4
Italien	Materialisten	33,4	53,5	28,3
	Mischtypen	47,9	38,6	62,4
	Postmaterialisten	12,4	4,9	9,3
Luxemburg	Materialisten		37,0	15,1
	Mischtypen		51,7	57,9
	Postmaterialisten		9,0	9,3
Niederlande	Materialisten	27,5	35,5	15,3
	Mischtypen	52,2	47,7	59,1
	Postmaterialisten	19,1	13,2	25,6
Portugal	Materialisten			46,7
	Mischtypen			45,5
	Postmaterialisten			7,8
Spanien	Materialisten			29,0
	Mischtypen			54,8
	Postmaterialisten			16,2

(Anm: die Einteilung in „Materialisten" und „Postmaterialisten" wurden mit Hilfe des o.a. Ingleharts Postmaterialismus-Index vorgenommen).

Daten: Eurobarometer; Quelle: Brettschneider u.a. 1994: 570f.

9.2.2 Soziale Milieus und Lebensstilgruppierungen

Bereits die o.a. Wertetypen ließen erkennen, dass Menschen in modernen Gesellschaften sehr unterschiedliche Mentalitäten und Lebensweisen aufweisen. Hierfür existieren gesellschaftliche „Muster" in Form von vergleichsweise stabilen sozialen Milieus und Lebensstilgruppierungen.

Soziale Milieus

Unter einem „sozialen Milieu" versteht man eine Gruppierung von Menschen, die eine ähnliche Mentalität und häufig auch ein gemeinsames sachliches Umfeld (Region, Stadtviertel, Berufswelt etc.) aufweisen. Daher stimmen ihre Werthaltungen, Lebensziele, Prinzipien der Lebensgestaltung und der Beziehungen zu Mitmenschen weitgehend überein. Diejenigen, die dem gleichen sozialen Milieu angehören, interpretieren und gestalten ihre Umwelt in ähnlicher Weise und unterscheiden sich dadurch von anderen sozialen Milieus. Kleinere Milieus, zum Beispiel Organisations- oder Stadtviertelmilieus, sind nicht nur Gruppierungen Gleichgesinnter. Sie weisen darüber hinaus häufig einen inneren Zusammenhang auf, der sich in einem gewissen „Wir-Gefühl" und in verstärkten Kontakten untereinander äußert (Schulze 1992: 746).

Vieles spricht dafür, dass sich die Mitglieder moderner Dienstleistungsgesellschaften nicht mehr so vorrangig wie die Menschen in typischen Industriegesellschaften nach ihrer Berufs- und Schichtzugehörigkeit definieren, sondern ihre gesellschaftliche Ortsbestimmung auch im Hinblick auf ihre Milieuzugehörigkeit und ihren Lebensstil (s.u.) ausbilden. Oft symbolisieren sie diese Identität in Kleidung, Musikgeschmack etc. und tragen so ihre Zugehörigkeit nach außen.

Die Menschen, die einem bestimmten sozialen Milieu angehören, verhalten sich in der Praxis ähnlich, und zwar in recht unterschiedlichen Bereichen: Sie kaufen ähnliche Konsumgüter, wählen ähnliche Parteien, erziehen ihre Kinder in ähnlicher Weise etc. Milieugliederungen sind daher wichtige Hilfsmittel für Marketinganalysten, Wahlkampfstrategen, Sozialisationsforscher etc.

Das Gefüge sozialer Milieus in Deutschland ist bis zu einem gewissen Grade abhängig von der Schichtstruktur. Es gibt typische Unterschicht-, Mittelschicht- und Oberschicht-Milieus. Welche Werthaltungen und Mentalitäten ein Mensch aufweist, ist also auch eine Frage seiner Einkommenshöhe, seines Bildungsgrades und seiner beruflichen Stellung. Milieuzugehörigkeiten können Trennlinien zwischen sozialen Schichten schaffen. „Die Grenze der Distinktion trennt die oberen von den mittleren Milieus. Die Grenze der Respektabilität trennt die mittleren von den unteren." (Vester 2001: 26) Aber die Schichtzugehörigkeit gibt keineswegs zureichend über die Milieuzugehörigkeit Auskunft. In der Regel finden sich innerhalb der einzelnen Schichten mehrere Milieus „nebeneinander". Bestimmte soziale Milieus erstrecken sich aber auch „senkrecht" über Schichtgrenzen hinweg.

Neben ihrer Schichtzugehörigkeit lenkt auch ihre Kohortenzugehörigkeit[1] die Menschen in bestimmte Milieus: Ältere Menschen, die in Zeiten des materiellen Mangels und autoritärer Ordnung aufgewachsen sind, haben sich meist andere Mentalitäten bewahrt als Menschen im mittleren Alter, die im Wohlstand und in der 1968er Zeit ihre wichtigsten Prägungen erfahren haben (Schulze 1992).

„Horizontal" unterscheiden sich soziale Milieus vor allem nach dem Grade ihrer Traditionsverhaftung bzw. ihrer Modernität. Denn die einzelnen Milieus sind in unterschiedlichem Maß vom o.a. Wertewandel (weg von „alten" Pflicht-, hin zu „neuen" Selbstentfaltungswerten) sowie von der Individualisierung erfasst. So weisen die Angehörigen des „Traditionsverwurzelten", des „DDR-nostalgischen" und des „Konservativen" Milieus Mentalitäten auf, die dem Bewahren, den Pflichten der Menschen und ihrer Eingebundenheit in Regeln großes Gewicht geben. Auf der anderen Seite stehen die „modernen" Milieus der „Hedonisten", der „Experimentalisten" und „modernen Performer", in denen die Menschen dem jeweils Neuen nachstreben und sich als Einzelne relativ losgelöst von Bindungen und Zugehörigkeiten empfinden. In diesen Milieus finden sich zwar Gemeinsamkeiten des individuellen Bewußtseins und Verhaltens, aber kaum das Bewußtsein der Gemeinsamkeit mit anderen Milieuzugehörigen und schon gar nicht Gefühle des Zusammengehörens.

Abb. 9.3:   Soziale Milieus in Deutschland 2004

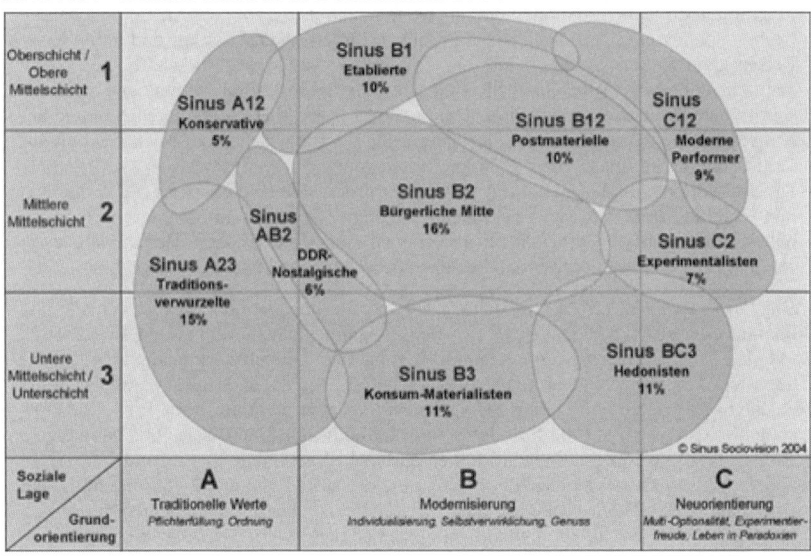

Quelle: Sinus Sociovision 2004

---

1   Unter einer Kohorte werden die Menschen verstanden, die im selben Zeitraum zur Welt kamen.

Die einzelnen sozialen Milieus lassen sich wie folgt beschreiben (nach: Sinus Sociovision 2004):

Die Konservativen (2004: 5% der Bevölkerung Deutschlands) repräsentieren das alte deutsche Bildungsbürgertum. Sie pflegen bewährte Traditionen, eine humanistisch geprägte Pflichtauffassung und gehobene Umgangsformen. Sie leiden unter dem „Verfall der Werte und guten Sitten". Sie betonen ihre gehobene Stellung in der Gesellschaft und legen großen Wert auf Abgrenzung. Viele von ihnen befinden sich nach einer erfolgreichen, verantwortungsbewußten Berufskarriere im Ruhestand. Ihr Engagement richtet sich heute oft auf ehrenamtliche Tätigkeiten. Der Zusammenhalt der Familie ist ihnen sehr wichtig. Vom technologischen Fortschritt distanzieren sie sich kritisch. Sie interessieren sich für klassische Kunst und Kultur (Theater, Oper, Museen) und verfolgen besorgt das Zeitgeschehen in Politik, Gesellschaft und Wirtschaft. Da sie überwiegend wohlhabend sind, streben sie vor allem immaterielle Werte an. Wenn sie Anschaffungen vornehmen, dann sind es oft besondere, stilvolle Dinge.
Die Konservativen sind oft älter als 60 Jahre und befinden sich im Ruhestand, sie beziehen häufig gehobene Einkommen und besitzen teilweise größere Vermögen, sie leben meist in Zwei-Personen-Haushalten und haben häufig einen akademischen Abschluss erworben.

Die Etablierten (2004: 10%) verstehen sich als die gebildete, gutsituierte und selbstbewußte Elite. Sie haben hohe Exklusivitätsansprüche und grenzen sich bewußt von anderen ab. Beruflicher Erfolg ist ihnen wichtig. Dabei verfolgen sie klare Karrierestrategien. Sie übernehmen gerne Verantwortung und Führung. Dabei sind sie sicher, ihre hohen Ziele zu erreichen. Sie haben eine pragmatische Lebensphilosophie, reagieren mit Flexibilität auf neue Situationen und engagieren sich in Vereinigungen, Verbänden und Clubs – nicht zuletzt, um auch soziale Ziele zu fördern. Kunst, Kultur und individuelle Reisen gehören zum Lebensgenuss der Etablierten. Andererseits beschäftigen sie sich auch mit Politik und Wirtschaft. Sie sind sehr aufgeschlossen für technologischen Fortschritt und nutzen dessen berufliche wie private Vorteile. Sie konsumieren edel und haben ein sicheres Gespür für das Besondere. Sie genießen den Luxus, den sie sich auf Grund ihrer guten finanziellen Situation leisten können.
Die Etablierten befinden sich meist in mittlerem Alter. Sie sind überwiegend verheiratet und leben in Drei- und Mehr-Personenhaushalten. Sie haben ein überdurchschnittlich hohes Bildungsniveau, arbeiten oft als leitende Angestellte, höhere Beamte sowie als Unternehmer und Freiberufler und beziehen daher hohe und höchste Einkommen.

Die Postmateriellen (2004: 10%) sind überwiegend hochgebildet, kosmopolitisch und tolerant eingestellt. Sie denken in globalen Zusammenhängen und setzen sich kritisch mit den Auswirkungen von Technologisierung und Globalisierung auseinander. Ihr höchster Wert ist die Lebensqualität des Einzelnen. Sie haben großes Vertrauen in die eigenen Fähigkeiten und wollen Erfolg im Beruf – aber nicht um jeden Preis. Ihre Ansprüche richten sich auf die Entfaltung ihrer individuellen Bedürfnisse und Neigungen, auf das Schaffen von Freiräumen für sich und mehr Verfügung über die eigene Zeit. In hohem Maße sind sie interessiert an Literatur, Kunst und Kultur. Weiterbildung ist ein lebenslängliches Thema. Intellekt und Kreativität ist ihnen wichtiger als Besitz und Konsum. Ihr Lebensstil ist umwelt- und gesundheitsbewußt. Sie schätzen subtile Genüsse, die durchaus teuer sein dürfen. Überflüssigen Konsum lehnen sie aber ab.
Die Postmateriellen finden sich in allen Altergruppen. Sie leben häufig in größeren Haushalten mit Kindern, sie weisen eine hohe bis höchste Bildung auf und beziehen oft hohe Einkommen. Unter ihnen gibt es besonders viele qualifizierte und leitende Angestellte und Beamte sowie Freiberufler, Schüler und Studierende.

Die modernen Performer (2004: 8%) sind die junge, unkonventionelle Leistungselite. Sie wollen ein intensives Leben, in dem sie ihre vielen Bestrebungen ausleben und ihre beruflichen wie sportlichen Leistungsgrenzen erfahren können. Ihr ausgeprägter Ehrgeiz richtet sich auf die Verwirklichung eigener Ziele, oft auf die eigene wirtschaftliche Selbstständigkeit. Treibende Motive sind nicht nur materieller Erfolg, sondern ebenso, zu experimentieren, spontan Chancen zu nutzen und die eigenen Fähigkeiten zu erproben. Die modernen Kommunikationstechnologien nutzen sie intensiv und lustvoll. Das Gleiche gilt für sportliche Betätigung und für außerhäusliche Aktivitäten. Sie konsumieren mit Lust auf das Besondere, dabei integrieren sie Einflüsse aus vielen Kulturen und Szenen („Multikulti"). Dafür geben sie auch viel Geld aus.
Die modernen Performer sind meist jung, haben ein hohes Bildungsniveau. Unter ihnen finden sich viele Schüler und Studierende, (kleinere) Selbstständige und Freiberufler, sowie qualifizierte und leitende Angestellte. Sie weisen ein hohes Einkommen auf und kommen oft aus gut situierten Elternhäusern.

Die DDR-Nostalgischen (2004: 6%) stellen fast ein Viertel der ostdeutschen Bevölkerung und sehen sich mit Verbitterung als Verlierer der Wende. Sie verklären die Vergangenheit und ziehen sich aus der „westlich" geprägten Welt zurück. Früher waren sie oft in Führungspositionen tätig, heute haben sie meist einfache Berufe oder sind arbeitslos. Sie führen – zum Teil demonstrativ – ein einfaches Leben, konzentrieren sich auf die Familie, auf gleichgesinnte Freunde und Vereine. Sie betonen die alten Werte des Sozialismus (Gerechtigkeit, Solidarität) und kritisieren den „Turbo-Kapitalismus". Ihre Freizeitaktivitäten konzentrieren sich auf Heimwerken, Renovieren, aber auch auf das Engagement in Vereinen und lokaler Politik. Prestigekonsum lehnen sie ab. Geld geben sie nur für das Notwendigste aus.
Die DDR-Nostalgischen sind oft über 50 Jahre alt und haben meist einfache bis mittlere Bildung, aber nicht selten auch Hochschulabschlüsse. Kleine bis mittlere Einkommen überwiegen, sie kommen oft aus staatlichen Quellen (Altersübergangsgeld, Rente).

Die Bürgerliche Mitte (2004: 16%): Lebensziel dieser Menschen ist es, in gut gesicherten, harmonischen Verhältnissen zu leben. Ein gepflegtes Ambiente und gleichgesinnte Freunde stellen ihren angestrebten Lebensrahmen dar. Sie zeigen Leistung und Zielstrebigkeit. Beruflicher Erfolg, eine gesicherte Position und die Etablierung in der Mitte der Gesellschaft sind ihnen wichtig. Manchmal sind sie geplagt von Abstiegsängsten. Sie wollen sich einen angemessenen Wohlstand erwerben, sie leisten können, worauf sie Lust haben. Dabei bleiben sie flexibel und realistisch.
Wer der Bürgerlichen Mitte angehört, ist oft mittleren Alters, kinderfreundlich und lebt häufig in Mehr-Personen-Haushalten. Mittlere Bildungsabschlüsse und Einkommensklassen, einfache bis mittlere Angestellte und Beamte sowie Facharbeiter dominieren.

Die Experimentalisten (2004: 7%) haben große Lust am Leben und am Neuen. Sie sind tolerant und offen gegenüber unterschiedlichen Lebensstilen, Szenen und Kulturen. Sie lehnen Zwänge, Routinen und Rollenvorgaben ab und leben stattdessen lustvoll unterschiedliche Rollen und auch Widersprüche aus. Weniger wichtig ist ihnen materieller Erfolg, Status und Karriere. Sie lehnen es oft ab, sich „lebenslänglich" festzulegen. Das führt zu oft ungewöhnlichen Patchwork-Biographien und -karrieren. Sie nutzen intensiv die neuen Medien. Sie engagieren sich auch für gesellschaftliche Randgruppen, betreiben nicht selten Esoterik und gehen kreativen Tätigkeiten nach. Ihr Hauptinteresse richtet sich auf Musik, Kunst, Kultur, auf einschlägige Filme und Bücher. Sie haben großes Interesse an Kommunikation und Unterhaltung, sind ständig in Bewegung und dort zu finden, wo etwas Spannendes und Neues los ist.
Die Experimentalisten sind meist jung und leben oft als Singles. Viele können gehobene Bildungsabschlüsse vorweisen und arbeiten als (mittlere) Angestellte, (kleinere)

Selbstständige und Freiberufler, aber gelegentlich auch als Arbeiter. Unter ihnen finden sich relativ viele Personen ohne eigenes Einkommen. Infolge oft gut situierter Elternhäuser liegt das Haushaltseinkommen in der Regel über dem Durchschnitt.

Die Traditionsverwurzelten (2004: 15%) stellen die sicherheits- und ordnungsliebende Kriegsgeneration dar. Sie sind in der kleinbürgerlichen Welt oder in der traditionellen Arbeiterkultur groß geworden. Sie verstehen sich als Bewahrer der traditionellen Werte Pflichterfüllung, Disziplin und Moral. Nach einem Arbeitsleben in der unteren Mitte der Gesellschaft sind die meisten inzwischen Rentner oder Pensionäre. Sie setzen fort, was sie auch früher gelebt haben: die Pflege von Familien- und Nachbarschaftsbeziehungen, die Suche nach Anerkennung im unmittelbaren sozialen Umfeld. Sich selbst in den Mittelpunkt zu stellen, Traditionelles und Bewährtes aufzugeben, kommt für sie nicht in Frage. Ihre Interessen kreisen eng um die eigenen vier Wände, die Familie und vor allem inzwischen um die eigene Gesundheit. Fernsehen, Basteln, Gartenarbeit, manchmal auch Ausflüge und Kaffeefahrten füllen die freie Zeit. Nach einem arbeitsreichen Leben genießen sie es, sich auszuruhen. Die Traditionellen sind sehr zurückhaltende Konsumenten. Ein Leben lang haben sie gespart und nur „Sinnvolles" und Notwendiges angeschafft. Auch heute noch halten sie ihr Geld zusammen und sind für sich selbst sehr sparsam. Kinder und Enkelkinder unterstützen sie dagegen gerne.

Die Traditionsverwurzelten sind meist älter als 65 Jahre. Unter ihnen gibt es viele Frauen. Sie haben überwiegend „Volksschulbildung" und eine abgeschlossene Berufsausbildung. Heute findet sich unter ihnen ein hoher Anteil an Rentnern und Pensionären. Früher arbeiteten sie als kleine Angestellte und Beamte, Arbeiter, Facharbeiter und Bauern. Sie erzielen meist kleine bis mittlere Einkommen.

Die Konsum-Materialisten (2004: 11%) konzentrieren sich auf das Hier und Jetzt. Trotz beschränkter finanzieller Mittel wollen sie durch spontanen und prestigeträchtigen Konsum beweisen, dass sie mithalten können. Sie möchten als „normale Durchschnittsbürger" gelten, haben aber häufig das Gefühl, benachteiligt zu sein. Ihre Wünsche von einem komfortablen Leben und ihre Träume vom plötzlichen Reichtum stehen oft im krassen Gegensatz zur Realität. Ihre beruflichen Chancen sind häufig eingeschränkt durch mangelnde Ausbildung und ungünstige persönliche Rahmenbedingungen. Oft sind sie arbeitslos. In ihrer Freizeit möchten sie Unterhaltung, Ablenkung, Action und Spaß haben. Ausgehen ist ebenso beliebt wie zu Hause fernsehen, Videos ansehen, Videospiele und Musik hören. Ihre Konsumwünsche richten sich auf moderne Unterhaltungselektronik, einer „repräsentatives" Auto, Urlaub und alles, was die eigene Erscheinung ins „recht Licht" rücken kann. Konsum-Materialisten gibt es in allen Altersgruppen, sie haben meist Volks- oder Hauptschulabschluss mit oder ohne Berufsausbildung. Unter ihnen finden sich besonders viele Arbeiter. Die Verdienste sind eher gering. Soziale handicaps (Arbeitslosigkeit, Krankheit, unvollständige Familien) sind häufig.

Hedonisten (2004: 11%) bilden die spaßorientierte untere Mittel- bis Unterschicht. Sie wollen nicht so sein wie „Spießer", suchen ständig nach Unterhaltung und Bewegung. Gleichzeitig haben sie oft Träume von einem geordneten Leben mit Familie, geregeltem Einkommen und schönem Auto bzw. Motorrad. Viele von ihnen führen ein Doppelleben: Sie sind einerseits angepasst an den pflichtgemäßen und routinisierten Berufsalltag, andererseits pflegen sie ihren hedonistischen Lebensstil in der Freizeit. Aggressive Gefühle gegenüber der (Arbeits-)Umwelt sind häufig. Sie leben ganz im Hier und Jetzt und machen sich wenig Gedanken um die Zukunft. Sie zeigen Spaß an der Provokation der „Spießer" und identifizieren sich mit „krassen" Szenen, Clubs und Fangemeinden. In besonderem Maße interessieren sie sich für Fernsehen, Video, Musik, Computerspiele, Sport, Kino-, Disco- und Kneipenbesuche. Sie konsumieren viel und gern – sofern es ihr begrenztes Budget zulässt.

Hedonisten sind jung oder mittleren Alters. Sie haben einfache bis mittlere Bildungsabschlüsse, relativ oft verfügen sie über keine abgeschlossene Berufsausbildung. Unter ihnen gibt es viele einfache Angestellte und Arbeiter, viele Schüler und Auszubildende sowie viele Personen ohne eigenes Einkommen.

In der Wirklichkeit sind die Grenzen zwischen den dargestellen Milieus fließend. Viele Menschen stehen am Rand eines Milieus, zwischen Milieus bzw. sind zwei oder mehr Milieus zugleich zuzuordnen. Denn soziale Milieus stellen keine „natürlichen" gesellschaftlichen Gruppen mit allgemein bekannten Namen und symbolisch verdeutlichten Grenzen dar. Es sind vielmehr von Sozialwissenschaftlern „künstlich" geordnete Gruppierungen aufgrund ähnlicher Mentalität. Dies ist notwendig in Gesellschaften, in deren Sozialstruktur kaum noch „festgefügte" Gruppierungen mit jeweils eigener Kultur und Lebensweise existieren, wie dies früher der Adel, das Großbürgertum und in Teilen auch die Industriearbeiterschaft einmal waren.

Soziale Milieus verändern sich im Laufe der Zeit. Sie werden u.U. größer oder kleiner. Neue Milieus bilden sich heraus; alte verschwinden oder teilen sich. Ganz deutlich wurde das seit den 1980er Jahren. So hat sich der Bevölkerungsanteil traditioneller Milieus fast halbiert (Hradil 2001: 434; Vester 2001: 48f). Dies geschah wohl seltener, weil Menschen ihre Milieuzugehörigkeit wechselten. (Obwohl die Sozialwissenschaftler über Prozesse der Milieu-Mobilität bislang wenig wissen.) Vielmehr sind die Menschen in den genannten Milieus häufig schon alt. Diese Milieus sterben langsam aus.

Die folgende Abbildung stellt einen Versuch dar, die historischen Entwicklungslinien der wichtigsten Milieus in Deutschland seit etwa 1900 nachzuzeichnen.

Abb. 9.4: Die historische Entwicklung sozialer Milieus in Deutschland 1900 bis 2000

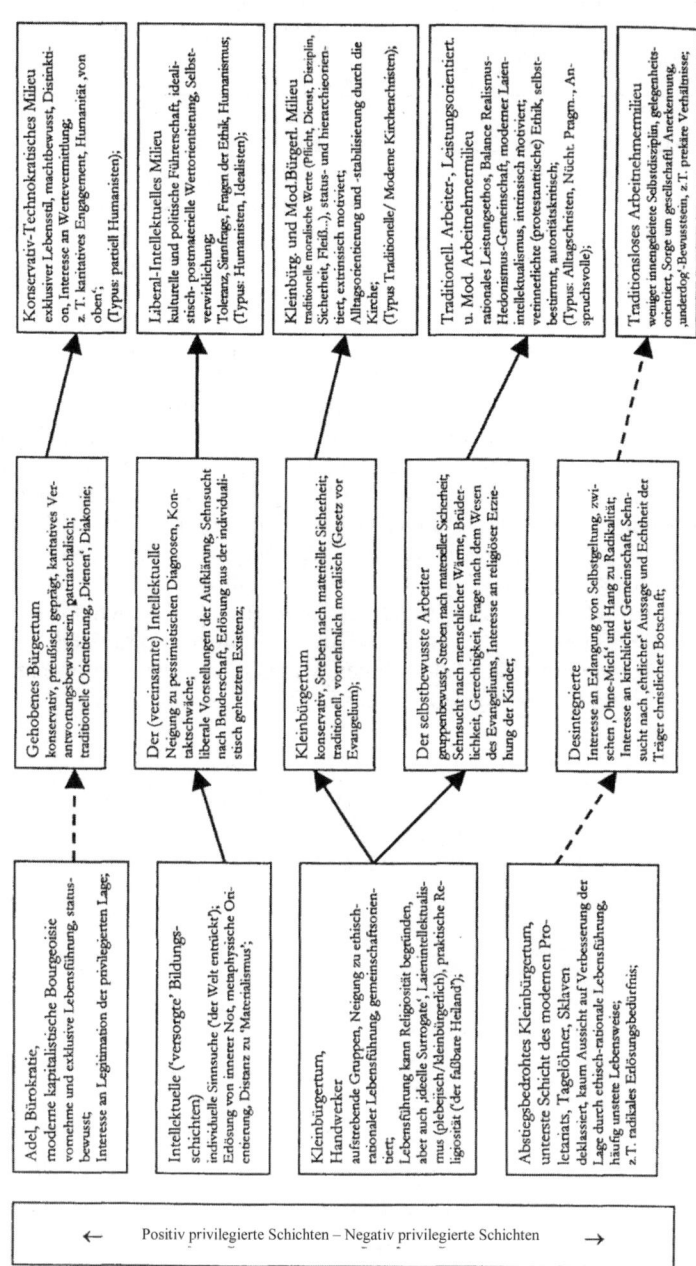

Quelle: Weber 1921, v. Bismarck 1957 und Vester u.a. 2001, zusammengestellt von: Vögele u.a. 2002: 130

Lebensstile

Die Zugehörigkeit zu bestimmten sozialen Milieus ist tief verankert in den grundsätzlichen Werthaltungen und Mentalitäten der Menschen. Demgegenüber gehören die Einzelnen bestimmten Lebensstilgruppierungen in viel oberflächlicherer Weise an. Personen können ihren Lebensstil durchaus wechseln und tun das auch immer wieder. Milieuwechsel sind viel schwieriger.

Menschen, und seien sie noch so chaotisch, leben nicht jeden Tag anders. Sie organisieren ihren Alltag in bestimmter Weise und behalten die jeweiligen Organisationsprinzipien über längere Zeit aufrecht. Es ergibt sich so in ihrem Lebens ein regelmäßig wiederkehrender Gesamtzusammenhang von Verhaltensweisen, Meinungen, Wissensbeständen und bewertenden Einstellungen. Was die leitenden Prinzipien ihrer Alltagsorganisation betrifft, so stehen Menschen in der Regel nicht allein. Es ergeben sich Ähnlichkeiten mit bestimmten Mitmenschen, unter anderem deshalb, weil Menschen sich ähnlichen Lebensbedingungen gegenüber sehen (sie sind z.B. Familienväter, Gymnasiallehrer, Großstadtbewohner etc.), weil sie bestimmten Kulturen anhängen (sie sind z.B. katholisch, gehören dem „modernen bürgerlichen Milieu" an) und weil sie sich bei der Gestaltung ihres Lebens an Muster, Vorbilder und Mitmenschen anlehnen. Solche gruppenspezifischen Muster der Alltagsorganisation bezeichnet man als „Lebensstile".

Der Begriff „Lebensstil" setzt voraus, dass Menschen eine gewisse Freiheit in der Gestaltung ihres Alltags besitzen. Je wohlhabender, sicherer, gebildeter und liberaler eine Gesellschaft ist, desto mehr Raum haben die Einzelnen, ihr Leben selbst zu führen. Deshalb haben die Erhöhung des Lebensstandards, der Ausbau des Wohlfahrtsstaats, die Bildungsexpansion und die dadurch verlängerte Experimentierphase der „Postadoleszenz" (vgl. Kap. 4.2) vor allem in den 1970er und 1980er Jahren bewirkt, dass sich die Lebensstile der Menschen auffächerten.

Den Menschen in modernen Gesellschaften wird offenkundig ihr Lebensstil immer wichtiger. Sie definieren sich nicht nur über beruflichen Erfolg und familiäres Glück, sondern auch über ihre persönliche Lebensweise. Sie wählen, gestalten und „stilisieren" ihr Leben oft sehr bewußt, sind dabei häufig auch auf Außenwirkung bedacht und machen gerade diese zum Maßstab für ein ge- oder misslungenes Leben.

Trotzdem können die Einzelnen ihren Lebensstil keineswegs völlig frei wählen. Eine Reihe von Gegebenheiten wirkt sich mehr oder minder prägend auf die eigene Lebensführung aus. So unterliegen ältere Personen anderen Einflüssen als jüngere, gebildetere anderen als weniger gebildete, alleinstehende anderen als Familienmitglieder, männliche andern als weibliche, einkommensstarke anderen als arme. Außerdem enthalten Berufe durch die Art ihrer Tätigkeit prägende Einflüsse. Dies ist als „déformation professionelle" seit langem bekannt. Ändern sich diese Faktoren oder die Kontaktpersonen von Menschen, so kann sich auch der Lebensstil eines Menschen schnell ändern.

Beschreibt man die Lebensstile der Menschen aufgrund des jeweiligen Freizeitverhaltens und Musikgeschmacks, der Lektüregewohnheiten, Fernsehinteressen, des Kleidungsstils, der Lebensziele und der Wahrnehmung des persönlichen Alltags (Spellerberg 1999: 101) und ordnet die Personen je nach ihrer Ausprägung der genannten Merkmale in einander ähnliche Gruppierungen, so ließen sich im Jahre 1996 sowohl in West- wie auch in Ostdeutschland jeweils neun Lebensstile erkennen.

Abb. 9.5:   Lebensstile in Westdeutschland 1996

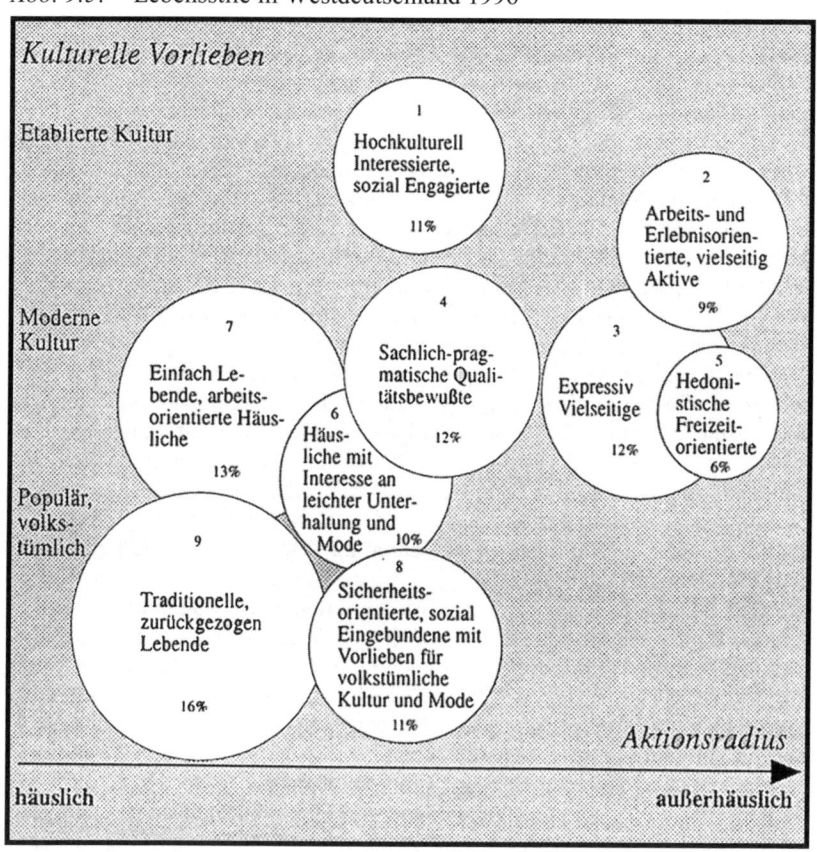

Quelle: Schneider/Spellerberg 1999: 106

Sie lassen sich zum einen „horizontal" nach ihrem Aktionsradius von häuslichen bis hin zu weniger häuslichen Lebensstilen ordnen. Zum andern kann man die Lebensstile nach ihrem „kulturellen Status" „vertikal" gliedern: „Oben" stehen jene mit Vorlieben für etablierte Hochkultur, „in der Mitte" rangieren Lebensstile, die moderne Unterhaltung bevorzugen, und „unten" sind die Lebensstile mit Präferenzen für volkstümliche Kulturformen angeordnet. Wie soziale Milieus so gibt es auch Lebensstile, die typisch für die Ober-, für die Mittel- oder für die Unterschicht sind. Freilich finden sich innerhalb jeder Schicht mehrere unterschiedliche Lebensstile.

Menschen entwickeln in unterschiedlichen Verhaltensbereichen oft sehr unterschiedliche Lebensstile. Die selben Menschen weisen in ihrer Freizeit, in der Familie, in der Öffentlichkeit und im Konsum oft ganz unterschiedliche Organisationsprinzipien des Alltags auf. Marketingforscher, Wahlforscher, Freizeitsoziologen etc. sind an diesen recht verschiedenartigen Aspekten interessiert, verwenden unterschiedliche Erhebungsinstrumente und kommen zu jeweils anderen Ergebnissen in ihren Lebensstilstudien.

Internationale Vergleiche

Bei der international vergleichenden Untersuchung sozialer Milieus geht es nicht um den Vergleich nationaler Mentalitäten, also nicht um den Versuch, z.B. die „typischen Italiener" den „typischen Deutschen" gegenüberzustellen. Es geht um den Vergleich nationaler Binnendifferenzierungen, also um den Vergleich der sozialen Milieus, die innerhalb der einzelnen Länder vorhanden sind.

Wie erwähnt, stellen diese „Gruppen Gleichgesinnter" in der Regel keine historisch gewachsenen „natürlichen" Gruppierungen dar, die jeweils feste Grenzen, eigene Symbole und allseits bekannte Namen aufweisen. Es handelt sich vielmehr, wie übrigens auch Lebensstile, um Gruppierungen mit ähnlichen Mentalitäten, die von Sozialforschern durch das Ordnen von Werten und Einstellungen der Menschen „künstlich" ermittelt wurden. Um Lesern wenigstens grob zu signalisieren, um welche Mentalitäten es sich handelt, werden diesen Gruppierungen auch „künstliche Namen" gegeben, die auf besondere Eigenarten der jeweiligen Milieus hinweisen (z.B. „Etablierte" oder „Konsum-Materialisten"). In manchen Fällen führen diese bei Lesern bislang unbekannten Namen, die nur auf wenige, hervorstechende Merkmale hinweisen können, allerdings zu Fehldeutungen.

Insgesamt zeigt sich, dass die wesentlichen „Mentalitätsgruppen" der großen westeuropäischen EU-Länder durchaus vergleichbar sind. Bestimmte Grunddifferenzierungen (z.B. zwischen Traditionalisten und Avantgardisten) sind in allen untersuchten Ländern festzustellen. Allerdings sollte man diese internationalen Gemeinsamkeiten auch nicht überstrapazieren. Mögen sich Traditionalisten auch über Ländergrenzen hinweg recht gut verstehen, so sorgen doch historische und kulturelle Besonderheiten für anhaltende Unterschiede zwischen Regionen, Nationen und Ländergruppen.

Tab. 9.3: Soziale Milieus in Westeuropa 2003 (Bevölkerungsanteile in %)

Generelle Charakteristik	Frankreich	Deutschland	Großbritannien	Italien	Spanien
Traditionalisten	Traditionels conservateurs 15%	Traditionsver- wurzelte 15%	Traditionals 20%	Tradizionali conservatori 21%	Tradicionales 15%
	Populaires précaires 7%	DDR- Nostagische 6%		Classe post-operaia 9%	
Etablierte	Bourgeoisie installé 10%	Etablierte 10% Konservative 5%	Established 10%	Borghesia illuminata 10%	Burguesia establecida 9%
Intellektuelle	Intellectuels 11%	Postmaterielle 10%	Post- Materialists 11%	Progressisti toleranti 10%	Progresistas acomodados 13%
Moderne Mitte	France tranquille 12%	Bürgerliche Mitte 16%	Quiet Peaceful Britain 18%	Italia media ambiziosa 17%	Escaladores 10%
					Consumidores adaptados 16%
materialistische Konsum- orientierte	Consomma- teurs populaires 16%	Konsum- Materialisten 11%	Precarious 12%	Consumisti precari 14%	Pasotas 11%
Eskapisten	Toniques frustrés 10%	Hedonisten 11%	Pleasure Seekers 13%	Edonisti ribelli 7%	Rebeldes reactivos 11%
Experimentie- rende/ Avant- gardisten	Expérimen- talistes 10%	Experimentali- sten 7%	Ground Breakers 7%		Vanguradistas 6%
„postmoderne" Leistungsträger	Néo- Standing 9%	Moderne Performer 8%	Modern Performer 9%	Neo- Achievers 11%	Postmodernos 9%

Quelle: erstellt nach: Sinus Sociovision 2003

In internationalen Vergleichen zeigt sich, dass sich z.b. Essensgewohnheiten und Freizeitstile von Region zu Region, von Land zu Land sowie von Süd- zu Mittel-Nord-Europa recht stark unterscheiden (Scardigli 1987; 1992; 1993a + b). Sie sind von historischen, geographischen, klimatischen und kulturellen Besonderheiten oft mehr bestimmt als von den Gemeinsamkeiten der Modernisierung. Menschen unterschiedlicher Nationen verteilen sich so nicht nur unterschiedlich auf gegebene Lebensstile, es finden sich in den einzelnen Ländern oft recht unterschiedliche Lebensstile.

Dagegen fallen Konsumstile international vergleichsweise ähnlich aus. Sie können, wenn auch grob, mit übereinstimmenden Typologien erforscht werden. Unterschiedlich sind dann nur noch die Bevölkerungsanteile, die auf die einzelnen Typen entfallen.

Tab. 9.4: Lebensstile in Ländern Europas 1990
(in % der erwachsenen Bevölkerung)

Name des Lebensstils	Beschreibung des Lebensstils	EU	D	A	CH	NL	B	I	SP	POR	F
Prudent	Vorsichtiger, Resignierter – Sicherheit kommt zuerst	5	8	8	9	5	5	4	3	3	4
Defense	Heimchen, der Defensive – Eigentum und lange nichts mehr	8	3	3	5	6	6	12	9	7	9
Vigilante	Misstrauisch, frustriert, vorsichtig, konservativ	6	6	6	6	7	6	5	8	3	5
Olvidados	Abgekoppelter – vergessen und neidisch	4	3	3	2	4	5	6	2	7	7
Romantic	Träumer – Harmonie, Heim und Familie kommen zuerst	8	12	9	9	3	3	9	6	2	2
Squadra	Aktiver – Freizeit und Freude sind alles	7	5	5	3	5	6	12	10	4	7
Rocky	Rocker, junge Außenseiter – Augen zu und durch	14	9	12	13	22	22	11	7	12	18
Dandy	Angeber, vergnügungssüchtig – immer auf der schönen Seite des Lebens	7	8	6	6	5	5	6	7	9	5
Business	Karriere-Macher – immer auf der Leiter	5	5	5	5	3	4	4	3	13	6
Protest	Protestler – allein gegen das ganze System	2	1	2	1	1	1	2	2	3	2
Pioneer	Idealist, die Alternativen – verändern wir die Welt	6	10	8	7	7	5	4	6	7	5
Scout	Wohltäter, Generöser – helfen wir den andern!	5	4	3	4	3	5	7	8	5	9
Citizen	Verantwortungsvoller, der gute Nachbar – dienen wir der Öffentlichkeit	5	4	5	5	5	8	8	7	5	7
Moralist	Gut Bürgerlicher, religiös, prinzipientreu, aber auch tolerant	7	15	12	12	6	7	5	5	7	6
Gentry	Nobler – Gesetz, Ordnung und Tradition	6	4	6	6	5	5	3	8	9	6
Strict	Puritaner – führt ein untadeliges Leben	5	4	8	6	9	6	2	10	3	1

Quelle: GfK, zit. n. Kramer 1991: 223

In einer europaweit durchgeführten Studie konsumorientierter Lebensstile (Cathelat 1990) hat man die folgenden 16 „Euro-Styles" herausgearbeitet. Sie sind im Prinzip in allen Ländern der EU zu finden, sofern man bereit ist, sich auf den „kleinsten gemeinsamen Nenner" von Konsumstilen zu beschränken, der in diesem Modell zum Ausdruck kommt.

Neben den o.a. nationalen Lebensstilen in Deutschland weist auch die internationale Lebensstiltypologie darauf hin, dass Modernisierung nicht notwendigerweise kulturelle Unterschiede einebnet, wie das in Industriegesellschaften lange der Fall zu sein schien. Postindustrielle Gesellschaften scheinen sich im Gegenteil in kultureller Vielfalt zu modernisieren. Es kommt hierbei sowohl zur Ausdifferenzierung „neuer" Lebensstile also auch zu Wiederbelebung „alter" (z.b. regionaler) Lebensweisen. Die starke Zuwanderung aus fremden Ethnien tut ein Übriges zur Verstärkung der kulturellen Vielfalt in postindustriellen Gesellschaften.

9.2.3 Regionale, nationale und europäische Identitäten

Wenn die Lebensweisen der Menschen in modernen Gesellschaften auseinandergehen und es als charakteristisch für postindustrielle Gesellschaften gelten kann, dass sehr unterschiedliche Lebensstile nebeneinander bestehen, dann stellen sich Fragen:

Was hält moderne Gesellschaften bei so viel kultureller Ausdifferenzierung noch zusammen? Welches Gebilde stellt für die Menschen die „Gesellschaft" dar, in der sie leben? Wo verorten sich die Menschen selbst?

In den aufkommenden Industriegesellschaften überragten die nationalstaatlichen Identitäten alle anderen bei weitem. Das Bewußtsein, z.B. Deutscher zu sein, stellte für die Menschen den zentralen Bezugspunkt dar. Die „Gesellschaft", in der die Menschen lebten, war wie selbstverständlich die deutsche bzw. die französische etc. Um die jeweiligen Nationalgefühle zu schaffen und zu stärken, wurden Gemeinsamkeiten der Geschichte, der Sprache, der Kultur beschworen und notfalls (re)konstruiert. Viele ethnische, religiöse, sprachliche u.a. Unterschiede innerhalb von Nationalgesellschaften wurden von den Herrschenden im Zeitalter der entstehenden Nationalstaaten eingeebnet, notfalls mit Gewalt. Die Nationen bestanden also nicht „natürlich", sondern waren in hohem Maße hergestellt. Die nationalen Wir-Gefühle der Menschen sorgten auch angesichts heftiger sozialer, ethnischer und religiöser Konflikte für den Zusammenhalt der Gesellschaft. Diese dominierenden nationalen Identitäten waren allerdings auch die Quelle entsetzlicher Kriege und Auseinandersetzungen.

Die zunehmende weltweite Verflechtung, die Globalisierung scheint in postindustriellen Gesellschaften darauf hinzuwirken, dass zusammen mit den Nationalstaaten auch nationale Identitäten an Kraft verlieren. Supranationale Identitäten (z.B. das Gefühl, Europäer oder Weltbürger zu sein) und – gewissermaßen als Gegengewichte – auch regionale und lokale Identitäten (etwa sich als Pfälzer oder als Hamburger zu fühlen) rücken anscheinend nach vorne. Die Identitäten der Menschen scheinen sich zu verlagern und teilweise auf mehrere Ebenen zu verteilen.

Die wichtigsten Ebenen postindustrieller Identität, über die auch empirische Befunde vorliegen, lassen sich folgendermaßen kennzeichnen:

Europäische Identität besteht im starken Gefühl, Europäer zu sein, sich in Europa zu Hause zu fühlen und sich gemeinsam mit den Europäern von den Menschen in anderen Weltteilen zu unterscheiden. Wer diese Identität

aufweist, schätzt die große Vielgestaltigkeit und die weitreichenden historischen, kulturellen und sprachlichen Unterschiede Europas. Sie sind geradezu
sein Markenzeichen. Andererseits besteht die europäischen Identität in der
Betonung und Anerkennung gemeinsamer demokratischer „Spielregeln".
Dies dokumentiert sich u.a. in der Menschenrechtskonvention des Europarats
1950, in der Kulturkonvention 1954, in der europäische Sozialcharta 1961
und in der Erklärung der Grundrechte und Grundfreiheiten durch das Europäische Parlament 1989 (vgl. Mickel 1997, 21f.). Weiterhin besteht europäische Identität in der Hochschätzung der künstlerischen und wissenschaftli-
chen Leistungen, die von Europa ausgingen. Schließlich ist als Komponente
europäischer Identität der Rückblick auf die lange gemeinsame, aber keinesfalls friedliche Geschichte zu nennen und der entsprechende Reichtum an Erfahrungen, die dieser Rückblick erbringt. Matthias Horx hat versucht, diesen
Erfahrungsschatz mit dem Begriff der „herbstlichen Melancholie" zu um-
schreiben: Er meint damit nicht Depression, sondern jene Melancholie, die
nur eine Kultur entwickeln kann, die „sehr viel gesehen" hat.

„Die ihre Erinnerung aufbewahrt über all die Kaiser und Könige, Systeme
und Ideen, Wahnbilder und Schrecken ihrer Geschichte. Deren Protokolle über
den Aufstieg und den Niedergang von Imperien gut archiviert sind, deren Bi-
bliotheken über zahllose getragene und wieder abgelegte Ideologien, Dogmen,
Wirtschaftsformen und Lebensstile Auskunft geben, die den Wechsel und den
Wandel, gegen den sie sich heute scheinbar sperrt, immer in Extremen erlebt
hat – in Kriegen, Barbarei, Tyrannei, aber auch in den Gestaltungen der europäischen Künste, Poesie und Musik. Vielleicht ist es diese herbstliche Melan-
cholik, die den Kern unserer Identität ausmacht. Wir sind nicht mehr so begei-
sterungsfähig, uns fehlt die parsifaleske Naivität Amerikas oder der bedin-
gungslose Aufstiegswille der Schwellenländer. Aber wir wissen, wie man sein
Haus winterfest macht und dass auch nach den ärgsten Eiszeiten wieder Früh-
linge kommen." (Horx 1997: 260; vgl. Hradil, in: Hamburger 2002)

Nationale Identität kann (wie z.B. in Deutschland) primär als eine Art
Blutsverwandtschaft, also hauptsächlich unter ethnischen Gesichtspunkten
gesehen werden. Nationale Identität kann aber auch (wie z.B. in Frankreich)
primär als politische Gemeinschaft verstanden werden als „eine große Soli-
dargemeinschaft, getragen von dem Gefühl der Opfer, die man gebracht hat,
und der Opfer, die man noch zu bringen gewillt ist." (Renan 1993, zuerst
1882) Drei Komponenten sind in aller Regel zugleich in Gefühlen nationaler
Identität enthalten: *Erstens* ein Zusammengehörigkeitsgefühl, das absetzt von
den Mitgliedern anderer Nationen. Es hat unterschiedliche Wurzeln. Historische Erfahrungen stellen die wichtigste dar. Sie werden meist stilisiert, über-
höht, wenn auch kaum frei erfunden. *Zweitens* ein hohes Maß an Binnen-
kommunikation: eine gemeinsame Sprache, gemeinsame Bräuche, Erinne-
rungen und Normen, gemeinsame Wirtschaftsbeziehungen etc. *Drittens* eine
gemeinsame politisch-staatliche Organisation. Wenn sie nicht vorhanden ist,
wird sie zumindest angestrebt. Sie erlaubt es, zu gemeinsamen Entschlüssen
zu kommen und diese auszuführen.

Tab. 9.5:   Regionale, nationale und europäische Identitäten in den EU-Ländern 1991 und 2000

	Jahr	Indivi-dualist	Regio-nalist	Natio-nalist	Euro-päist	Traditio-nalist	Regiona-listischer Europäist	Moder-nist	Holist
EU	1991	3	4	3	1	39	2	3	45
	2000	5	4	4	1	29	1	6	52
Frankreich	1991	2	3	3	1	37	1	5	48
	2000	5	3	5	1	28	1	8	49
Belgien	1991	8	10	3	3	30	5	3	38
	2000	6	7	1	3	20	3	5	55
Niederlande	1991	9	6	10	3	44	2	4	23
	2000	9	5	10	3	21	3	10	39
West-deutschland	1991	2	4	1	1	43	3	1	45
	2000	5	6	2	1	26	1	3	56
Italien	1991	2	3	3	1	25	3	4	59
	2000	5	2	5	1	19	2	13	53
Luxemburg	1991	3	3	3	1	32	1	5	52
	2000	3	1	3	1	10	3	10	70
Dänemark	1991	1	1	2	<1	36	1	3	57
	2000	2	2	2	<1	22	<1	17	50
Irland	1991	2	1	4	<1	56	0	2	35
	2000	3	2	3	<1	37	<1	3	53
Großbritan-nien	1991	3	5	6	1	47	2	3	32
	2000	5	4	7	1	42	1	4	36
Griechenland	1991	1	1	1	0	42	1	1	53
	2000	1	3	2	<1	50	<1	1	44
Spanien	1991	1	5	2	<1	35	3	2	51
	2000	2	4	1	<1	20	2	2	69
Portugal	1991	<1	3	3	<1	49	<1	1	43
	2000	2	2	1	<1	33	1	2	60
Ostdeutsch-land	1991	1	8	2	<1	42	3	1	43
	2000	5	8	2	1	26	1	5	52
Finnland	1991	2	1	7	<1	48	1	4	37
	2000	2	2	4	1	25	1	6	59
Schweden	1991	1	1	2	<1	49	<1	2	44
	2000	2	2	4	1	15	1	6	69
Österreich	1991	1	3	1	<1	43	1	1	50
	2000	5	2	2	1	24	1	3	61
	Jahr	keine von drei Identi-täten	nur Region	nur Nation	nur Europa	Region + Nation	Region + Europa	Nation + Europa	alle drei

Daten: Eurobarometer;

Quelle: Tab. verkürzt nach: Westle 2003:131f.

Regionale Identitäten drohen in letzter Zeit in vielen Ländern der Welt, Nationalstaaten zu zerbrechen. In Europa war dies in letzter Zeit u.a. in Italien, Spanien und Belgien der Fall. Die Tschechoslowakei ist 1993 in die Tschechische Republik und in die Slowakei auseinandergebrochen. Frankreich hat 1982/83 der gewachsenen politischen Kraft regionaler Bewegungen Rechnung getragen, indem es von seiner starken zentralstaatlichen Tradition ein Stück weit abging und Regionen sowie Gemeinden mehr Rechte einräumte. Die politische Bedeutungszunahme von Regionen ging anscheinend einher mit einer gewachsenen Bedeutung von Regionen im Leben der Menschen.

Es gibt viele Belege dafür, dass die Einzelnen immer stärkere Verbundenheitsgefühle mit übernationalen Gemeinschaften einerseits (wie z.B. der Europäischen Union) entwickeln und sich andererseits immer mehr mit ihrer Region und Gemeinde („Heimat") identifizieren. Beide gegenläufigen Tendenzen, die sich die Waage halten, wurden im Schlagwort von der „Glokalisierung" (Robertson 1998: 192-220) zusammengefasst. Dem zu Folge bewirken unter anderem das Internet und die wachsende Globalisierung, dass die Welt in den Augen der Menschen zum „globalen Dorf" wird. Daher vermuten viele Wissenschaftler und Publizisten, dass die Menschen sich mit ihrer Nation immer weniger identifizieren. Der Nationalismus wird also im Niedergang gesehen.

Die empirische Forschung ergab, dass dies nur teilweise zutrifft (vgl. Tab. 9.5). In allen Mitgliedsstaaten der Europäischen Union (außer Großbritannien und Griechenland) identifizierten sich im Jahr 2000 klare Mehrheiten zugleich mit ihrer Region, ihrer Nation und mit Europa. Diese „holistische" Identität ist im Laufe der 1990er Jahre in allen EU-Ländern (außer Griechenland) gewachsen. Eine starke Minderheit der Menschen in den einzelnen Ländern fühlte sich 2000 mit der eigenen Region und Nation, kaum jedoch mit Europa verbunden. Diese „traditionelle" Ausrichtung hat in allen Ländern der EU (außer Griechenland) seit 1990 abgenommen.

Alle anderen Formen der Identität, z.B. rein nationale, rein regionale oder rein europäische Identitäten, die „moderne" gleichzeitige Identifizierung mit Nation und Europa oder die „postmoderne" Kombination von regionaler und europäischer Identität bleiben auf kleine Minderheiten der Bevölkerung beschränkt (Westle 2003: 130).

Man kann davon ausgehen, dass in Westeuropa im Empfinden der meisten Menschen das Nationalgefühl noch relativ gegenüber anderen Identitäten vorherrscht. Das Gefühl der Verbundenheit z.B. mit Europa oder mit der eigenen Region oder mit der Heimatstadt wird sich der nationalen Identität im Zweifel unterordnen. Nur in bestimmten Regionen (z.B. im Baskenland oder in Katalonien) ist dies anders. Absolute Dominanz freilich kommt der nationalen Gesinnung kaum noch zu. Mit der Gleichzeitigkeit und der gegenseitigen Relativierung unterschiedlicher sozialräumlicher Identitäten ist einerseits die Orientierungssicherheit und die verbindende Kraft geschwunden, die nationale Identitäten einstmals vermittelten. Andererseits hat damit auch die Gefahr abgenommen, dass nationale Konflikte eskalieren oder gar gewaltsam ausgetragen werden.

In vielen anderen Teilen der Welt ist freilich von diesen Entwicklungen wenig zu bemerken. Hier ist die „typisch industriegesellschaftliche" Bildung von ethnisch homogenen Nationalstaaten erst voll im Gange. Multiethnische Staatsgebilde, die zum Beispiel in der Kolonialzeit geschaffen wurden, sind im Begriff zu zerfallen. Aber auch supranationale Identitäten, wie z.b. islamistische, rücken in den Vordergrund und sorgten dafür, dass kulturelle Spaltungen der Welt den früheren Ost-Welt-Konflikt weitgehend abgelöst haben.

9.3 Fazit

Überblickt man die dargestellten Theorien und empirischen Befunde dieses Kapitels, so bleibt der Eindruck, dass die Lebensweisen der Menschen im Zuge der Modernisierung vielgestaltiger werden. Für das Selbstverständnis und Identität der Menschen hat ihre Lebensweise, z.b. als „konservativ" oder „avantgardistisch", großes und oft wachsendes Gewicht.

In modernen Gesellschaften entstehen *neue „postindustrielle" oder gar „postmoderne" Lebensstile und soziale Milieus*. Dahinter stehen unter anderem die neuen individuelleren und selbstbezogeneren Werthaltungen, die im Zuge des „Wertewandels" aufgekommen sind und sich vor allem in städtischen Gebieten unter jüngeren und gebildeteren Menschen verbreitet haben. Im Unterschied zu älteren Lebensweisen, in die die Menschen meist ohne ihr Zutun geraten sind, haben die Einzelnen heute in modernen Gesellschaften erhebliche Freiheiten, sich bestimmten Milieus und Lebensstilgruppierungen anzuschließen, diese aber auch wieder zu verlassen.

Die *im Zuge der Industrialisierung dominierenden nationalen und klassen- bzw. schichtspezifischen Lebensweisen* haben auch in postindustriellen Gesellschaften nach wie vor erhebliche Bedeutung. Diese ist offenbar größer, als dies z.b. in den „Entstrukturierungstheorien" des Wertewandels oder der Individualisierung angenommen wird. In vielen modernen Ländern dominieren nationale und schichtspezifische Identitäten (noch?). In vielen Ländern auf dem Weg in die Moderne werden sie gar erst stärker. Die Menschen verstehen sich nach wie vor häufig in erster Linie als Deutsche, Polen etc. sowie als Arbeiter, Angestellte, selbstständiger Kaufmann etc.

Anders als in vielen Modernisierungstheorien angenommen wird, greifen die Menschen im Zuge der Modernisierung und der Globalisierung häufig auf *traditionale, „vormoderne" Lebensweisen und Identitäten* zurück. Dies sind einerseits regionale Bräuche, Vereinigungen und Identitäten. So spielt die „Heimat" für viele Menschen, auch und gerade in sehr modernen Ländern, eine eher wachsende Rolle. Andererseits sind traditionelle supranationale Identitäten und Lebensweisen, häufig religiös fundierte (z.B. islamistische, christlich-westliche), in großen Teilen der Welt von wachsender Bedeutung. In Europa, wo Säkularisierung und nationale Besonderheiten stärker wirksam waren als in fast allen anderen Erdteilen, ist die Orientierung an übernationalen und religiösen Kulturmustern vergleichsweise wenig ausgeprägt. Auch die Europäische Union greift in ihren Legitimationen in der Regel nicht auf die abendländische Geschichte oder auf das Christentum zurück, sondern betont säkulare demokratische Werte.

9.4 Literatur

Abels, Heinz 2001: Einführung in die Soziologie, Bd. II, Die Individuen in der Gesellschaft, Wiesbaden: Westdt. Verlag
Abraham, Martin/Büschges, Günter/Funk, Walter 1996: Grundzüge der Soziologie, 2. durchges. Aufl., München, Wien: Oldenbourg
Beck, Ulrich 1986: Risikogesellschaft. Auf dem Weg in eine andere Moderne, Frankfurt am Main: Suhrkamp
Beck, Ulrich (Hg.) 2001: Die Modernisierung der Moderne, Frankfurt am Main: Suhrkamp
Bell, Daniel 1976: Die nachindustrielle Gesellschaft, 2. Aufl., Frankfurt a. M., New York: Campus-Verlag
Blasius, Jörg/Winkler, Joachim 1989: Gibt es die „feinen Unterschiede"? in: Kölner Zeitschrift für Soziologie und Sozialpsychologie 41, S. 72-94
Bourdieu, Pierre 1979: Entwurf einer Theorie der Praxis, Frankfurt am Mainz: Suhrkamp
Bourdieu, Pierre 1982: Die feinen Unterschiede. Kritik der gesellschaftlichen Urteilskraft, Frankfurt am Main: Suhrkamp
Bourdieu, Pierre 1983: Ökonomisches Kapital, kulturelles Kapital, soziales Kapital, in: Kreckel, Reinhard (Hg.): Soziale Ungleichheiten (Soziale Welt, Sonderband 2), Göttingen: Schwartz, S. 183-198
Bourdieu, Pierre 1985: Sozialer Raum und „Klassen", Frankfurt am Main: Suhrkamp
Brettschneider, Frank/Ahlstich, Katja/Klett, Bettina/Vetter, Angelika 1994: Materialien zu Gesellschaft. Wirtschaft und Politik in den Mitgliedstaaten der Europäischen Gemeinschaft, in: Gabriel, Oscar W./Brettschneider, Frank (Hg.): Die EU-Staaten im Vergleich. Strukturen, Prozesse, Politikinhalte, Opladen: Westdeutscher Verlag, S. 441-624
Büschges, Günter (mit M. Abraham und W. Funk) 1996: Grundzüge der Soziologie, München: Oldenbourg
Burckardt, Jacob 1913 (1860): Die Kultur der Renaissance in Italien, Stuttgart: Kröner
Cathelat, Bernard 1990: Socio-Styles-Système: les «styles de vie», théorie, méthode, application, Paris
Dürr, Hans Peter 1993: Obszönität und Gewalt. Der Mythos vom Zivilisationsprozess, Frankfurt am Main: Suhrkamp
Dürr, Hans Peter 1988-2002: Der Mythos vom Zivilisationsprozess, 5 Bde., Frankfurt am Main: Suhrkamp
Duncker, Christian 1998: Dimensionen des Wertewandels in Deutschland. Eine Analyse anhand ausgewählter Zeitreihen, Frankfurt a. M.: Peter Lang
Eickelpasch, Rolf/Rademacher, Claudia 1997: Postindustrielle Gesellschaft, in: Kneer, Georg/Nassehi, Armin/Schroer, Markus (Hrsg.): Soziologische Gesellschaftsbegriffe. Konzepte moderner Zeitdiagnosen, München: Fink, S. 205-227
Elias, Norbert 1976 (1936): Über den Prozess der Zivilisation, Frankfurt am Main: Suhrkamp
Europäische Kommission 2001: Wie die Europäer sich selbst sehen. Aktuelle Themen im Spiegel der öffentlichen Meinung, Luxemburg: Amt für amtliche Veröffentlichungen der Europäischen Gemeinschaften

Europäische Kommission 2002: Eurobarometer 57 – Länderbericht. Auf dem Weg zur Erweiterung. Image, Aufgaben und Zukunft der Europäischen Union, Brüssel: Europäische Kommission

Europäische Kommission 2003: Eurobarometer. Die öffentliche Meinung in der Europäischen Union, Bericht Nr. 58, Brüssel: Europäische Kommission

Gehlen, Arnold 1961: Anthropologische Forschung, Reinbek: Rowohlt

Geißler, Rainer 1996: Kein Abschied von Klasse und Schicht. Ideologische Gefahren der deutschen Sozialstrukturanalyse, in: Kölner Zeitschrift für Soziologie und Sozialpsychologie Jg. 48, S. 319-338

Gensicke, Thomas 1998: Deutschland im Wandel. Sozialer Wandel und Wertewandel in Deutschland vor und nach der Wiedervereinigung, Speyerer Forschungsberichte 154, 2. Aufl.

Gensicke, Thomas 2002: Individualität und Sicherheit in neuer Synthese? Wertorientierungen und gesellschaftliche Aktivität, in: Deutsche Shell (Hg.): Jugend 2002, Frankfurt: Fischer, S. 139-212

Hauchler, Ingomar/Messner, Dirk/Nuscheler Franz (Hrsg.) 2001: Globale Trends 2002. Fakten Analysen Prognosen, Frankfurt am Main: Fischer

Heming, Ralf 2000: Systemdynamiken, Lebenswelt und Zivilgesellschaft. Zeitdiagnostische Aspekte der Gesellschaftstheorie von Jürgen Habermas, in: Schimank, Uwe/ Volkmann, Ute (Hrsg.): Soziologische Gegenwartsdiagnosen 1. Eine Bestandsaufnahme, Opladen: Leske + Budrich, S. 57- 73

Horx, Matthias 1997: Das Zukunfts-Manifest. Wie wir uns auf das 21. Jahrhundert vorbereiten können, Düsseldorf-München: Econ

Hoselitz, Berthod F. 1952: The Progress of Underdeveloped Areas, Chicago: University Press

Hradil, Stefan 1997: Soziale Ungleichheiten, Milieus und Lebensstilen in den Ländern der EU, in: Hradil, Stefan/Immerfall, Stefan (Hg.): Die Westeuropäischen Gesellschaften im Vergleich, Opladen: Leske + Budrich, S. 475-520

Hradil, Stefan 2001: Soziale Ungleichheit in Deutschland, 8. Aufl., Opladen: Leske + Budrich

Hradil, Stefan 2002: Vom Wandel des Wertewandels. Die Individualisierung und eine ihrer Gegenbewegungen, in: Glatzer, Wolfgang/Habich, Roland/Mayer, Karl Ulrich (Hg.): Sozialer Wandel und gesellschaftliche Dauerbeobachtung. Für Wolfgang Zapf, Opladen: Leske + Budrich 2002, S. 31-48

Hradil, Stefan 2002: In guter Gesellschaft? Soziologische Überlegungen zu Eigenheiten und Entwicklungspotenzialen Europas, in: Hamburger, Franz u.a. (Hg.): Gestaltung des Sozialen – eine Herausforderung für Europa. Bundeskongress Soziale Arbeit 2001, Opladen: Leske + Budrich 2002, S. 114-133

Huisinga, Johan 1975 (1941): Herbst des Mittelalters, Stuttgart: Kröner

Huntington, Samuel P. 1993: The Clash of Civilizations? in: Foreign Affairs 72, Summer 1993, S. 22-49

Huntington, Samuel P. 1996: Der Kampf der Kulturen. Die Neugestaltung der Weltpolitik im 21. Jahrhundert, München, Wien: Europa (amerik. Original: Huntington, S.P. 1996: The Clash of Civilizations and the Remaking of the World Order)

Inglehart, Ronald 1977: The Silent Revolution, Princeton, N.J.: Univ. Press

Inglehart, Ronald 1989: Kultureller Umbruch. Wertwandel in der westlichen Welt, Frankfurt am Main, New York: Campus

Inglehart, Ronald 1998: Modernisierung und Postmodernisierung: kultureller, wirtschaftlicher und politischer Wandel in 43 Gesellschaften, Frankfurt am Main, New York: Campus

Klages, Helmut 1996: Der Wertewandel in der Bundesrepublik Deutschland, in: Janssen, Edzard u.a. (Hg.): Gesellschaften im Umbruch? Aspekte des Wertewandels in Deutschland, Japan und Osteuropa, München, S. 65-85

Klages, Helmut 2001: Werte und Wertewandel, in: Schäfers, Bernhard/Zapf, Wolfgang (Hrsg.): Handwörterbuch zur Gesellschaft Deutschlands, 2. erw. und aktualisierte Aufl., Opladen: Leske + Budrich, S. 726-738

Klein, Markus/Pötschke, Manuela 2000: Gibt es einen Wertewandel hin zum „reinen" Postmaterialismus? Eine Zeitreihenanalyse der Wertorientierungen der westdeutschen Bevölkerung zwischen 1970 und 1997, in: ZfS, H. 3, Jg. 29, S. 202-216

Krais, Beate 1983: Bildung als Kapital. Neue Perspektiven für die Analyse der Sozialstruktur? in: Kreckel, Reinhard (Hg.): Soziale Ungleichheiten (Soziale Welt, Sonderband 2), Göttingen: Schwartz, S. 199-220

Krais, Beate 1993: Geschlechterverhältnis nd symbolische Gewalt, in: Gebauer, Gunter/Wulf, Christoph (Hg.): Praxis und Ästhetik. Neue Perspektiven im denken Pierre Bourdieus, Frankfurt am Main: Suhrkamp, S. 208-250

Krais, Beate 2000: Das soziale Feld Wissenschaft und die Geschlechterverhältnisse. Theoretische Sondierungen, in: Dies. (Hg.): Wissenschaftskultur und Geschlechterordnung. Über die verborgenen Mechanismen männlicher Dominanz in der akademischen Welt, Frankfurt am Main: Campus, S. 31-54

Krais, Beate 2001: Die feministische Debatte und die Soziologie Pierre Bourdieus: Eine Wahlverwandtschaft, in: Knapp, Gudrun-Axeli/Wetterer, Angelika (Hg.): Soziale Verortung der Geschlechter, Gesellschaftstheorie und feministische Kritik, Münster: Westfälisches Dampfboot, S. 317-338

Krais, Beate/Gebauer, Gunter 2002: Habitus, Bielefeld: transcript

Kramer, S. 1991: Europäische Life-Style-Analysen zur Verhaltensprognose von Konsumenten, Hamburg

Kreckel, Reinhard 1976: Soziologisches Denken. Eine kritische Einführung, 2. Aufl., Opladen: Leske + Budrich

Lahusen, Chistian/Stark, Carsten (Hrsg.) 2002: Theorien der Gesellschaft. Einführung in zentrale Paradigmen der soziologischen Gegenwartsanalyse, München, Wien: Oldenbourg

Lange, Stefan 2000: Universale Zivilisation oder Kampf der Kulturkreise. Samuel P. Huntingtons Thesen zur internationalen Politik, in: Schimank, Uwe/Volkmann, Ute (Hg.): Soziologische Gegenwartsdiagnosen 1. Eine Bestandsaufnahme, Opladen: Leske + Budrich, S. 291-306

Mayer, Karl Ulrich/Blossfeld, Hans-Peter 1990: Die gesellschaftliche Konstruktion sozialer Ungleichheit im Lebensverlauf, in: Berger, Peter/Hradil, Stefan (Hg.): Lebenslagen, Lebensläufe, Lebensstile (Soziale Welt, Sonderband 2), Göttingen: Schwartz, S. 297-318

Meulemann, Heiner 1996: Werte und Wertewandel. Zur Identität einer geteilten und wieder vereinten Nation, München, Weinheim: Juventa

Mintzel, Alf 1997: Multikulturelle Gesellschaften in Europa und Nordamerika: Konzepte, Streitfragen, Analysen, Befunde, Passau: Rothe

Müller, Hans-Peter 1985: Kultur, Geschmack und Distinktion. Grundzüge der Kultursoziologie Pierre Bourdieus, in: Neidhardt, Friedhelm/Lepsius, M. Rainer/Weiß, Johannes (Hg.): Kultur und Gesellschaft (KZfSS, Sonderheft 27), Opladen: Westdeutscher Verlag, S. 162-190

Müller, Hans-Peter 1992: Sozialstruktur und Lebensstile. Der neuere theoretische Diskurs über soziale Ungleichheit, Frankfurt am Main: Suhrkamp

Noelle-Neumann, Elisabeth/Köcher, Renate (Hg.) 2002: Allensbacher Jahrbuch der Demoskopie 1998-2002, Band 11, Allensbach: Verlag für Demoskopie

Parsons, Talcott 1951: The Social System, London 1951

Parsons, Talcott/Shils, Edward E. (Hg.) 2001: Toward a General Theorie ov Action, Cambridge, Mass.: Harvard Univ. Press

Renan, Ernest 1993 (zuerst 1882): Was ist eine Nation? In: Jeismann, Michael/Ritter, Henning (Hg.): Grenzfälle – Über neuen und alten Nationalismus, Leipzig, Reclam

Resasade, Hadi 1984: Zur Kritik der Modernisierungstheorien. Ein Versuch zur Beleuch-
tung ihres methodologischen Basissyndroms, Opladen: Leske + Budrich
Richter, Dirk 1997: Weltgesellschaft, in: Kneer, Georg/Nassehi, Armin/Schroer, Markus
(Hg.): Soziologische Gesellschaftsbegriffe. Konzepte moderner Zeitdiagnosen, Mün-
chen: Fink, S. 184-204
Ritzer, George 1995: Die McDonaldisierung der Gesellschaft, Frankfurt am Main: Fischer
Ritzer, George 2000: Globalisation, McDonaldisierung und Amerikanisierung, in: Bögen-
hold, Dieter (Hg.): Moderne amerikanische Soziologie, Stuttgart: Lucius und Lucius,
S. 219-242
Robertson, Roland 1996: Globalization. Social Theory and Global Culture, London, New-
bury Park, New Delhi: Sage Publications
Robertson, Roland (1998): Glokalisierung: Homogenität und Heterogenität in Raum und
Zeit, in: Beck, Ulrich (Hg.): Perspektiven der Weltgesellschaft. Frankfurt: Suhrkamp:
192-220
Scardigli, Victor 1987: L'Europe des modes de vie, Paris: CNRS Edition
Scardigli, Victor 1992: Européens du Nord, Européens du sud, in: futuribles 163, S. 35-40
Scardigli, Victor 1993a: L'Europe de la diversité. La dynamique des identités régionales, Pa-
ris: CNRS Edition
Scardigli, Victor 1993b: La dynamique de la diversité culturelle en Europe, in: futuribles 182,
S. 15-26
Schulze, Gerhard 1992: Die Erlebnisgesellschaft. Kultursoziologie der Gegenwart, Frank-
furt am Main: Campus
Segers, Rien T./Viehoff, Reinhold 1999: Die Konstruktion Europas. Überlegungen zum
Problem der Kultur in Europa, in: Segers, Rien T./Viehoff, Reinhold (Hg.): Kultur.
Identität. Europa, Frankfurt a. M.: Suhrkamp, S. 9-49
Simmel, Georg 1989 (1900): Die Philosophie des Geldes, Gesamtausgabe, Bd. 6, Frankfurt
am Main: Suhrkamp
Sinus-Institut 1998: Die Sinus-Milieus und ihre Anwendung, Heidelberg
Sinus Sociovision 2003: Sinus-Milieus International 2003
Sinus Sociovision 2004: Informationen zu den Sinus-Milieus 2004, WWW-Dokument:
www.sinus-milieus.de, Stand: 6. April 2004
Schneider, Nicole/Spellerberg, Annette 1999: Lebensstile, Wohnbedürfnisse und räumliche
Mobilität, Opladen: Leske + Budrich
Spellerberg, Annette 1996: Soziale Differenzierung durch Lebensstile. Eine empirische
Untersuchung zur Lebensqualität in West- und Ostdeutschland, Berlin: Edition Sigma
Vester, Michael u.a. (2001): Soziale Milieus im gesellschaftichen Strukturwandel. Zwi-
schen Integration und Ausgrenzung, Frankfurt am Main: Suhrkamp
Vögele, Wolfgang/Bremer, Helmut/Vester, Michael (Hg.) 2002: Soziale Milieus und Kir-
che, Würzburg: Ergon
Westle, Bettina 2003: Universalismus oder Abgrenzung als Komponente der Identifikation
mit der Europäischen Union? in: Brettschneider, Frank/Deth, Jan van/Roller, Edeltraut
(Hg.): Europäische Integration in der öffentlichen Meinung, Opladen: Leske + Budrich, S. 115-154

10. Ausblick

Wir können uns heute, in einer Zeit, in der die Interpretationen und Zu-
kunftsdeutungen unserer gesellschaftlichen Entwicklung sehr zwiespältig
ausfallen, kaum noch vorstellen, wie euphorisch die Erwartungen an die sich
durchsetzende moderne Industriegesellschaft einmal waren. Innerhalb der
Soziologie waren es vor allem die strukturfunktionalistisch inspirierten Modernisierungstheorien der 1950er und 1960er Jahre, die diese Erwartungen
nicht zum ersten Mal, nun aber systematisch und durchgängig optimistisch
zum Ausdruck brachten: Zweckrationalität und für alle gleiche Wertmaßstäbe
schienen sich endgültig durchzusetzen. Die gesellschaftliche Stellung und das
Zusammenleben der Menschen schienen sich immer mehr auf die jeweils
bewirkten Funktionen und persönlichen Leistungen zu gründen. Es wurde
erwartet, dass die Einzelnen sich aus den Fesseln von Tradition und Herkunft
befreien werden. Die Menschen würden wohlhabender, gebildeter, freier,
gleicher, gesünder und langlebiger werden. Im Denken und Handeln der
Menschen – so die optimistischen Hoffnungen – werden Mobilität, Wissen,
Empathie, Toleranz, Kontaktfähigkeit, Vorurteilsfreiheit, zivilisierte Umgangsformen, Rationalität, Effektivität, effizienter Umgang mit Zeit, Zukunftsorientierung, Planung, und die vernünftige Gestaltung der Um- und
Mitwelt immer mehr zunehmen. Man erwartete, dass die Menschen dadurch
zufriedener und letzten Endes glücklicher werden.

Blickt man auf die sozialstrukturelle Entwicklung Deutschlands zurück,
so stellt man fest, dass sich diese Hoffnungen nur begrenzt erfüllt haben. Vor
allem seit den 1990er Jahren haben sich manche Hoffnungen zerschlagen.
Während bis dahin der Wohlstand, die Angleichung der Lebensbedingungen,
die Bildungsexpansion und viele Freiheitsgrade (z.B. bei Wahl eigener Erwerbstätigkeit, bei der Gestaltung von Lebensformen und Lebenswegen)
wuchsen, treten diese Modernisierungsentwicklungen seither mehr oder weniger auf der Stelle. Für die Gesundheit, die Lebenserwartung und die Zu-
friedenheit der Menschen gilt diese Stagnation bislang nicht. Hier lassen sich
bisher weitere Verbesserungen beobachten. Insgesamt ergibt sich aber im
Großen und Ganzen das Bild einer „Modernisierungspause". Dies mag mit
deutschen Besonderheiten wie den Lasten der deutschen Wiedervereinigung

oder den besonders ungünstigen demographischen Verschiebungen zu tun haben. Hierfür sind sicher aber auch Faktoren wie die sog. Globalisierung maßgebend, denen auch andere Länder ausgesetzt sind.

Was die zukünftige sozialstrukturelle Entwicklung in Deutschland betrifft, so werden sich (vor allem im Gefolge der demographischen Veränderungen) weitere Probleme aufbauen, die von Modernisierungserwartungen wegzuführen drohen. Absehbar sind eine geringere Wohlstandsmehrung und eine weitere Verschärfung von Einkommensungleichheiten ebenso wie geringer werdende Chancen sozialstaatlicher Umverteilung.

Vergleicht man die deutsche Sozialstrukturentwicklung mit der in anderen Ländern, so ergibt sich ein zwiespältiges Bild. In vielen mehr oder minder modernen Gesellschaften lassen sich durchaus anhaltende Prozesse der Bildungsexpansion, des Beschäftigungswachstums, der Wohlstandsmehrung und der Liberalisierung von Lebensformen und Lebensweisen beobachten. Allerdings werden moderne Gesellschaften in der Regel wieder ungleicher. Es gibt hiervon nur wenige Ausnahmen. Zwar gelingt es, die absolute Armut in der Welt zurückzudrängen, aber die Ungleichheiten zwischen modernen und weniger modernen Gesellschaften wachsen. Zudem sinken in vielen sich modernisierenden und modernen Gesellschaften die Chancen, im Rahmen einzelner Länder sozialstaatliche Umverteilungsprozesse zu realisieren.

Die zuletzt genannten Entwicklungen lassen sich nicht mit den durchweg optimistischen Erwartungen vereinbaren, die vor allem in der Nachkriegszeit und während des „Kurzen Traums immerwährender Prosperität" (Burkart Lutz) vorherrschten. Dies muss nicht das Ende der Hoffnungen sein, die einmal mit der gesellschaftlichen Modernisierung einhergingen. Es wird aber sicher notwendig werden, viele Entwicklungen international koordinierter zu beobachten, zu durchdenken und zu steuern, als dies bisher geschieht.

Verzeichnis der Abbildungen

3.1:   Das Modell des Ersten und Zweiten Demographischen Übergangs   39
3.2:   Stand der Demographischen Übergänge in verschiedenen Weltregionen
       1995   40
3.3:   Die Lebenserwartung Neugeborener in Deutschland 1901 bis 2050   44
3.4:   Die Lebenserwartung Neugeborener in ausgewählten Ländern Europas
       2000   45
3.5:   Die Lebenserwartung Neugeborener in ausgewählten Ländern der Welt
       2000   46
3.6:   Die Lebenserwartung in den Entwicklungsländern und in den Ländern
       mit der höchsten HIV-Infektionsrate 1950 bis 2000   47
3.7:   Geburtenraten in Ost- und Westdeutschland 1952 bis 2002   48
3.8:   Geburtenraten in den EU-Mitgliedsländern 1950 bis 1995   52
3.9:   Saldo der Wanderungen über die Grenzen Deutschlands 1954 bis 2001   58
3.10: Ausländische Bevölkerung in Deutschland 1950 bis 2001   59
3.11: Migranten und Nicht-Migranten in der Weltbevölkerung 1965, 1985 und
       2000   61
3.12: Die wichtigsten Migrationsströme auf der Erde 2001   62
3.13: Die Bevölkerungszahl Deutschlands 1950 bis 2050   65
3.14: Geborene und Gestorbene in Deutschland 1946 bis 2002   66
3.15: Sterbefälle und Geburten in Deutschland 2000 bis 2050   67
3.16: Die Altersstruktur der Bevölkerung Deutschlands 1920 bis 2050   71
3.17: Das Erwerbspersonenangebot in Deutschland 2000 bis 2050   72
3.18: Altenquotienten bei verschiedenen Altersabgrenzungen in Deutschland
       1970 bis 2050   76
3.19: Altersaufbau der Bevölkerung Deutschlands im Jahre 2040   78
3.20: Ausländeranteile in ausgewählten Staaten Europas 1999   80

4.1:   Haushaltsgrößen in Deutschland 1900 bis 2000   95
4.2:   Haushaltsgrößen in ausgewählten Ländern der Erde 1993/2000   96
4.3:   Lebens- und Familienformen in Ost- und Westdeutschland 2000   97
4.4:   Erstheiratsalter in Deutschland 1911 bis 1948   101
4.5:   Erstheiratsalter in Ost- und Westdeutschland 1950 bis 2000   102
4.6:   Erstheiratsalter in den Ländern der EU 1998   102
4.7:   Erwerbsbeteiligung von Frauen in Deutschland 1957 bis 2002   104
4.8:   Erwerbstätigenquote von Männern und Frauen in den EU-Ländern 2000..   105
4.9:   Erwerbsquoten von Männern und Frauen in ausgewählten Ländern der
       Erde ca. 2000   106
4.10: Nichteheliche Geburten in Deutschland 1950 bis 1996   108
4.11: Nichteheliche Geburten in ausgewählten Ländern Europas 1999   109
4.12: Die Zahl der Eheschließungen und Ehelösungen in Deutschland 1965 bis
       2000   111
4.13: Scheidungen nach der Ehedauer in Deutschland 2000   112
4.14: Wiederheiratsquoten geschiedener Frauen und Männer in der DDR und
       BRD 1947 bis 1989   113
4.15: Nichteheliche Lebensgemeinschaften in Deutschland 1970 bis 2001   114
4.16: Bevölkerungsanteil unverheirater Paare in den EU-Ländern 1995   116

4.17: Anteil der Einpersonen-Haushalte an allen Haushalten in Deutschland
       1871 bis 1995   118
4.18: Bevölkerungsanteil in Einpersonenhaushalten in den EU-Ländern 1995 ..   119
4.19: Alleinerziehende in Deutschland 1960 bis 2001   120
4.20: Familienstand Alleinerziehender 1957 bis 1997..............................   121
4.21: Bevölkerungsanteil in Alleinerziehendenhaushalten in den EU-Ländern
       1995...   122
4.22: Lebensformen in Deutschland 2000   124

5.1: Schulbesuch der 13-Jährigen in Deutschland an ausgewählten Schularten
       1960 und 2000   140
5.2: Schulabsolventen in Westdeutschland nach Art des Abschlusses 1970 bis
       2002   141
5.3: Erwerbstätige nach Tätigkeitsniveaus 1995 und 2010 in Deutschland   142
5.4: Personen mit Tertiärausbildung in verschiedenen Altersgruppen in den
       EU-Ländern 1996/97   143
5.5: Studienanfänger in ausgewählten OECD-Ländern 2001   145
5.6: Personen mit Grundausbildung in den EU-Ländern in verschiedenen
       Altersgruppen 1996/1997   146
5.7: Zahlenverhältnis Schüler/Lehrer im Primärbereich in den EU-Ländern
       1998/99   148
5.8: Entwicklung des Frauenstudiums in Deutschland seit 1908..................   150
5.9: Frauenanteile in verschiedenen Stadien der akademischen Laufbahn in
       Deutschland 1980 bis 2000..   151
5.10: Weibliche Studierende an Hochschulen in den EU-Ländern 1997/98   152
5.11: Schichtspezifische Schulbesuchsquoten in Westdeutschland 1950 bis
       1989..   153
5.12: Schichtspezifische Schulbesuchsquoten in Deutschland 2000   154
5.13: Studienanfängerquoten an Universitäten nach dem Beruf des Vaters in
       Westdeutschland 1969 bis 2000   155
5.14: Unterschiede zwischen der Lesekompetenz von 15-Jährigen aus Familien
       des oberen und des unteren Viertels der Sozialstruktur in OECD-Ländern
       2000..   156
5.15: Schulabschlüsse von Migrantenkindern in Deutschland 1983 bis 2000   158
5.16: Unterschiede in der Lesekompetenz von 15-Jährigen aus Familien mit
       und ohne Migrationshintergrund in OECD-Ländern 2000   159
5.17: Erwerbseinkommen in OECD-Ländern nach Bildungsstand 2001...........   162

6.1: Modellhafte Entwicklung der drei Wirtschaftssektoren.......................   169
6.2: Erwerbstätigkeit und Erwerbslosigkeit in Westdeutschland 1960 bis 2000
         174
6.3: Erwerbstätigenquote von Männern und Frauen in den EU-Ländern 2000..   175
6.4: Anteil der Frauen an den (zivilen) Erwerbstätigen in europäischen
       Ländern 1980, 1990 und 2000..   177
6.5: Erwerbstätigkeit und Arbeitslosigkeit in Deutschland 1950 bis 2003   179
6.6: Erwerbslosenquoten in den Ländern der EU 1991, 1995 und 2000...........   181
6.7: Qualifikationsspezifische Arbeitslosigkeitsrisiken in West- und Ost
       deutschland 1975 bis 2000   184
6.8: Erwerbstätige nach Wirtschaftssektoren in Deutschland 1882 bis 2000.....   185

6.9:   Erwerbstätige in westeuropäischen Ländern nach Wirtschaftssektoren
       2001 187
6.10: Volkseinkommen pro Kopf in Deutschland 1950 bis 1998 189
6.11: Bruttonationaleinkommen (Bruttosozialprodukt) westeuropäischer
       Länder 2000 190
6.12: Bruttonationaleinkommen mittel- und osteuropäischer Länder 2000 191
6.13: Bruttonationaleinkommen verschiedener Länder der Welt 2000 192

7.1:   Die Verteilung der Nettoäquivalenzeinkommen in West-Deutschland
       1973 bis 1998 205
7.2:   Äquivalenzeinkommen pro Kopf in den EU-Ländern 1996 206
7.3:   Die Ungleichheit der Einkommen in europäischen Ländern 1999 207
7.4:   Einkommensniveau und Einkommensungleichheit der EU-Länder 1996 .. 208
7.5:   Lohnspreizung und Beschäftigungswachstum in OECD-Ländern 1970 bis
       1998 211
7.6:   Fraueneinkommen in % der Männereinkommen in OECD-Ländern 1999. 213
7.7:   Vermögensverteilung in Deutschland 1998 215
7.8:   Die Verteilung des Nettoimmobilienvermögens privater Haushalte in
       Westdeutschland 1983 bis 1998 216
7.9:   Die Verteilung des Nettogeldvermögens privater Haushalte in
       Westdeutschland 1983 bis 1998 217
7.10: Die Konzentration des Nettogesamtvermögens privater Haushalte in
       Westdeutschland 1973 bis 1998 218
7.11: Die Verteilung des Nettogesamtvermögens privater Haushalte in
       Westdeutschland von 1973 bis 1998 218
7.12: Empfänger laufender Armenfürsorge in Deutschland 1928 bis 1944 223
7.13: Fürsorge- und Sozialhilfeempfänger in Deutschland 1950 bis 2001 223
7.14: Einkommensarmut in Westdeutschland 1963 bis 1998 224
7.15: Armutsrisiko unterschiedlicher Lebensformen in Deutschland 1998 226
7.16: Einkommensschwache Personen in den EU-Ländern 1998 227
7.17: Kinder in einkommensschwachen Haushalten in den EU-Ländern 1996 ... 228
7.18: Einkommensschwäche bei kinderreichen Familien in den EU-Ländern
       1996 228
7.19: Einkommensschwäche bei Alleinerziehenden in den EU-Ländern 1996 ... 229
7.20: Armut in der Welt ca. 1995 231
7.21: Die Entwicklung der Armut in der Welt 1990 bis 1999 232

8.1:   Sozialleistungen pro Kopf der Bevölkerung in den EU-Ländern 1998 249
8.2:   Sozialleistungsquoten in westeuropäischen Ländern 1998 250
8.3:   Sozialleistungsquoten in ausgewählten OECD-Ländern 1960 bis 1995..... 251
8.4:   Die Struktur der Sozialleistungen in den Ländern der EU 1999 252
8.5:   Bekämpfung von Niedrigkeinkommen durch Sozialleistungen in den EU-
       Ländern 1995 254

9.1:   Der Wertewandel in Westdeutschland 1970 bis 1997 275
9.2:   Der Wertewandel in ausgewählten Ländern 1970 und 1993 276
9.3:   Soziale Milieus in Deutschland 2004 279
9.4:   Die historische Entwicklung sozialer Milieus in Deutschland 1900 bis
       2000.. 284
9.5:   Lebensstile in Westdeutschland 1996.. 286

Verzeichnis der Tabellen

2.1: Das modernisierungstheoretische Modell der Sozialstrukturentwicklung .   30

3.1: Geburtenraten in ausgewählten Ländern der Welt 1990 bis 2000   53
3.2: Bestimmungsgründe und Beweggründe globaler Migration   62
3.3: Der Bevölkerungsanteil älterer und hochbetagter Menschen in
      Deutschland 1953 bis 2050   77

4.1: Die Häufigkeit konventioneller und unkonventioneller Haushaltsformen
      in Deutschland 1972 und 1996   98
4.2: Die Scheidungshäufigkeit ausgewählter Eheschließungsjahrgänge in
      Deutsch land 1950 bis 1995   111

5.1: Bildungsbeteiligung im Alter von 16 bis 24 Jahren in den EU-Ländern
      1998/99   147
5.2: Arbeitslosenquoten nach Bildungsniveau in den EU-Ländern 2000   161

7.1: Die Entwicklung der Einkommensungleichheit in den OECD-Ländern
      1975 bis 1995   210

9.1: Die Klassenstruktur nach Pierre Bourdieu   265
9.2: Der Wertewandel in den EU-Ländern 1970, 1980 und 1992   277
9.3: Soziale Milieus in Westeuropa 2003   288
9.4: Lebensstile in Ländern Europas 1990   289
9.5: Regionale, nationale und europäische Identitäten in den EU-Ländern
      1991 und 2000   292